專門用來打好
幾何基礎
的數學課本 3

財團法人博幼社會福利基金會 著

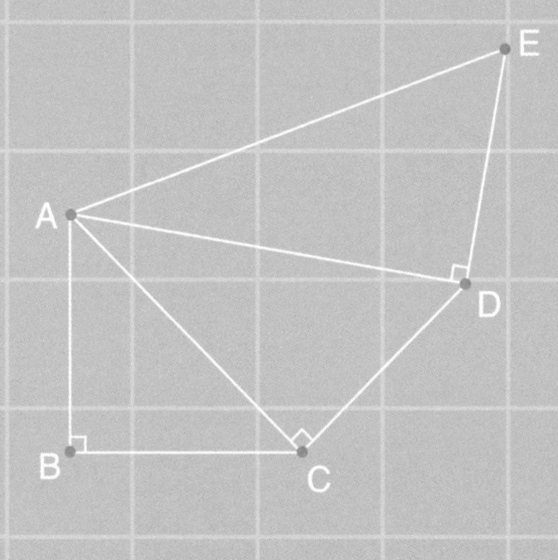

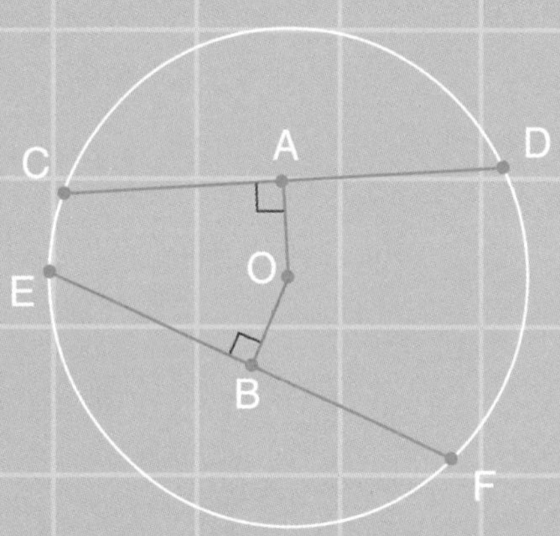

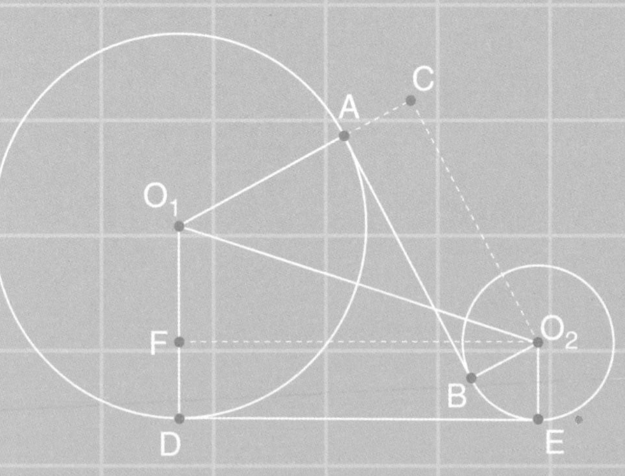

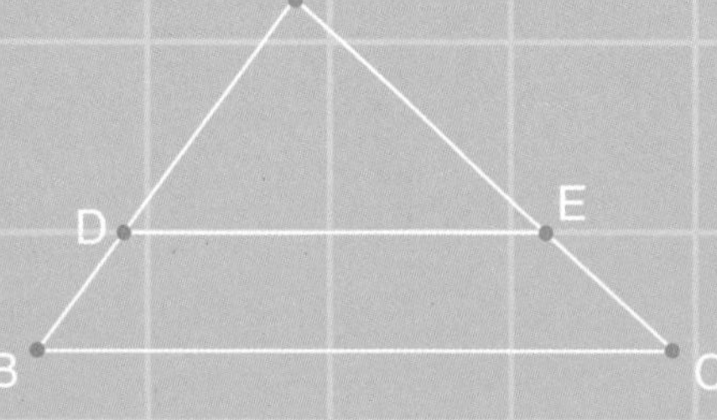

五南圖書出版公司 印行

序 | PREFACE

因爲工作和教會的服事，常需要接觸中學生，指導他們的課業，因爲求學時期的資料早已遺失，記憶也已淡忘了，因此一切都得重頭來過，還記得剛開始重新接觸國中幾何時，心中立即浮現一個疑問：現在的教材爲何變得如此簡化？

我發現我們現在的幾何教科書一開始就教作圖，比方說，教小孩如何平分一個角。我問我的學生，你怎麼知道這樣做就可以平分一個角？他的回答是，他把那個圖剪下來，然後按照平分線來對摺，這樣就可以證明角已經被平分了。

我對這件事情極感難過，因爲角平分線的原理是根據三角形全等證明而來。我小的時候絕對先學三角形全等，然後再學角平分線，我們當然不是把那個角剪下來，然後再對摺，我們是根據三角形全等的原理，可以證明我們所做的角平分線是正確的。

學幾何，其目的不是在於學有關於幾何的證明，而是要學會如何合乎邏輯地證明一個定理。現在我們的考試都不考證明題，所以學生其實是搞不清楚什麼叫做證明的。

我在成功中學唸幾何的時候，我記得非常清楚，我的老師一開始就強調幾何不可以做實驗，必須講證明。以後，我深深感覺到當年老師給我有關於幾何的教育，一輩子受用。現在我在教電子線路，我們當然可以做實驗，但是如果要解釋某一個電壓往上升，或者電流往下降，都必須要很合乎邏輯地證明電壓一定會往上升，或者電流一定會往下降，而不能做個實驗了事。

因此我在教學上，特別重視基本定理的證明，發現學生一旦理解了定理的證明過程，即使沒有背公式，在解題時也能夠一步步的推算出正確答案。從此，學生在學習上不再是背數學，而是以理解的方式學習。

當第一次見到由博幼基金會所編輯的幾何教材時，即認定它就是學生學習幾何所需要的一套教材。爲何如此說呢？因爲博幼的這套教材乃是藉由邏輯上的思考，來幫助學生從無到有建立起幾何學的概念，教材中的所有定理，都是由基本定義經過證明而得來；博幼教材是依照「點、線、面、體」的順序編輯而成，每個定理都是建立在前一個定理之上，各章節之間相互連結，其內容環環相扣，一氣呵成。本套教材共分 10 章，分爲四本書出版，教材中明列了國中範圍的 111 個定義、8 個公理以及證明了 157 個定理，凡是中學生所需要學習的幾何知識，在這套教材中全都找的到，而且都有詳細嚴謹的證明過程。

仔細看完本書，發現本書中的每一章節都是根據以下三個步驟來進行：

第一、基礎的基本定義介紹。

第二、利用基本定義來證明定理。

第三、將定理應用在幾何例題上。

爲了建立學生學習的信心，每章節例題的編排方式都是由淺入深，等學生熟悉基本的題型之後，這才導入綜合的題型，並在每單元的最後引導學生作本章節內容的重點整理歸納，最後再加入歷屆基測考題來增強本教材的實用性。（全書約有 80 種題型、728 個例題、564 個習題以及歷年 112 個基測試題。）

因此，在學習上，學生可藉著博幼幾何教材清楚知道每個定理的由來，再以這些定理爲基礎，解決各定理所延伸之種種題型，博幼的幾何教材絕對是最適合中學生學習的一套工具。

我敢說，博幼基金會的這一本幾何教科書是目前最完整的幾何教科書，其中有很多基本的教材，也有很難的教材，老師可以從中選擇教材來教。對於聰明的和不太聰明的孩子，這本書都適用。

李家同

本書使用方法

本書中的每一章節都是根據以下三個步驟來進行：

第一、基礎的基本定義介紹

第二、利用基本定義來證明定理

第三、將定理應用在幾何例題上

為了建立學生學習的信心，本書每章節例題的編排方式都是由淺入深，學生在了解每個定理的由來之後，可以這些定理為基礎，先練習前面的幾個基本題型，之後才進入綜合的題型，並在學習完一個單元之後，熟記此單元的重點整理歸納，來作歷屆基測考題的練習。最後，可搭配博幼網站上的檢測卷，做為此單元學習成果的測試。

博幼網址：http://www.boyo.org.tw/boyo/geometry/

目錄 | CONTENTS

第七章　圓形

7.1 節　圓的基本性質

我們在第一章已經敘述過圓的定義了，本章我們要討論圓的一些性質，我們先複習一下圓的定義，再討論圓的基本性質。

定義 7.1-1　圓，圓周，圓心，半徑，直徑

圓周為一封閉曲線，線上各點都與其內一點等距離，此點稱為圓心；圓周內的部份為圓；圓周上任一點與圓心的距離就是此圓的半徑；通過圓心而兩端點在圓周上的線段為此圓的直徑，如圖7.1-1所示。

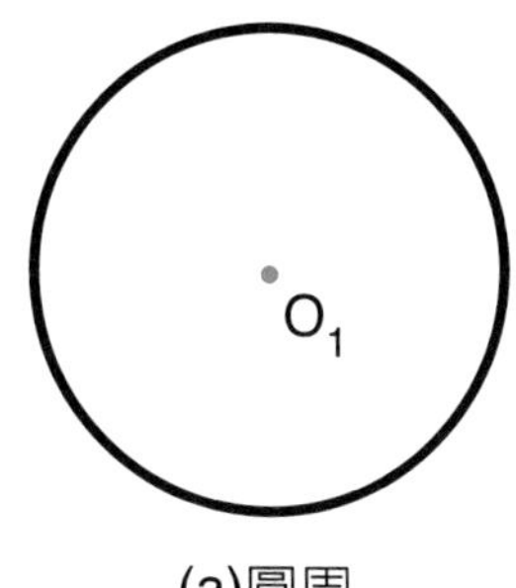

(a)圓周

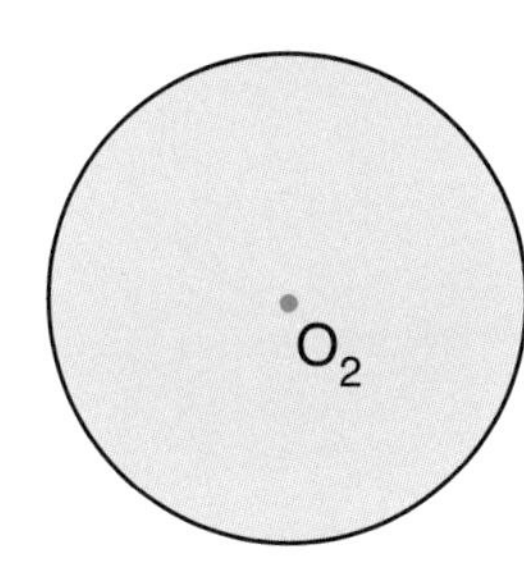

(b)圓

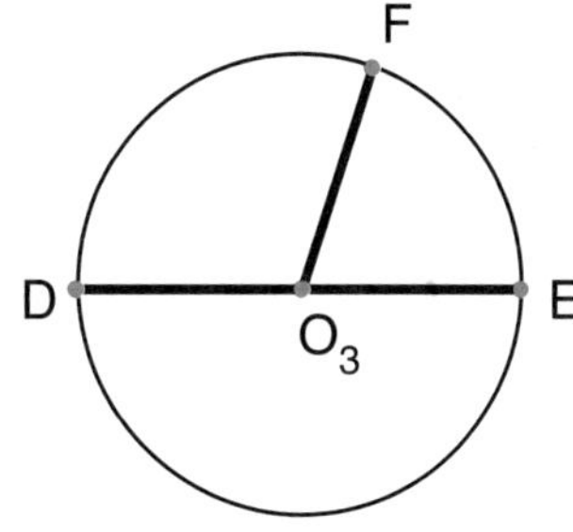

(c)直徑 $\overline{DE}$，半徑 $\overline{O_3F}$

圖 7.1-1

例題 7.1-1

有一圓的直徑是10公分。請在空格中填入外、內或上：

(1) 有一點P與圓心相距7公分，則P點必在圓________。

(2) 有一點Q與圓心相距5公分，則Q點必在圓________。

(3) 有一點R與圓心相距3公分，則R點必在圓________。

(1) 圓外一點到圓心的距離大於圓半徑

(2) 圓周上一點到圓心的距離等於圓半徑

(3) 圓內一點到圓心的距離小於圓半徑

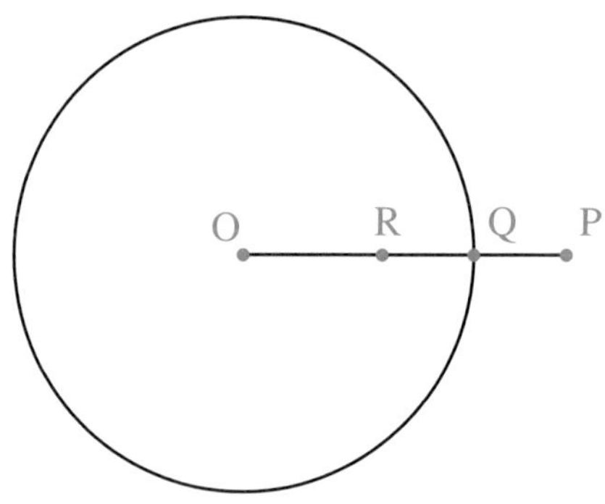

圖 7.1-2

敘述	理由
(1) 依題意作圖，如圖7.1-2。	作圖
(2) 圓半徑為5公分	圓的直徑是10公分
(3) P點必在圓外	P與圓心相距7公分，7公分＞5公分
(4) Q點必在圓周上	Q與圓心相距5公分，5公分＝5公分
(5) R點必在圓內	R與圓心相距3公分，3公分＜5公分

例題 7.1-2

已知圓O的直徑為12公分，且A、B、C三點與此圓心O的距離分別為9公分、6公分、5公分，試判斷A、B、C三點與圓O的位置關係：（填入A、B、C）

(1) 在圓內的是________點。

(2) 在圓上的是________點。

(3) 在圓外的是________點。

(1) 圓外一點到圓心的距離大於圓半徑

(2) 圓周上一點到圓心的距離等於圓半徑

(3) 圓內一點到圓心的距離小於圓半徑

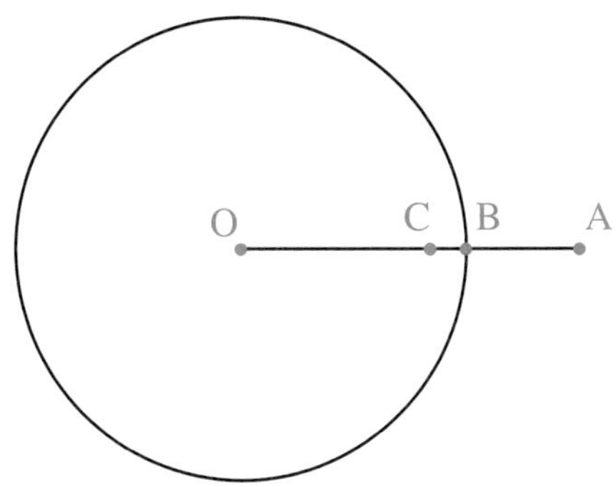

圖 7.1-3

敘述	理由
(1) 依題意作圖，如圖7.1-3。	作圖
(2) 圓O半徑為6公分	已知圓O直徑為12公分
(3) A點必在圓外	已知$\overline{OA}$＝9公分＞6公分＝圓O半徑
(4) B點必在圓周上	已知$\overline{OB}$＝6公分＝圓O半徑
(5) C點必在圓內	已知$\overline{OC}$＝4公分＜6公分＝圓O半徑

例題 7.1-3

有一圓的圓心O與A、B、C三點的距離分別為$\overline{OA}$=5公分，$\overline{OB}$=7公分，$\overline{OC}$=9公分。已知A、B、C三點中，有兩點在圓內，有一點在圓外，則此圓的半徑r可能的範圍為________________。

(1) 圓外一點到圓心的距離大於圓半徑
(2) 圓周上一點到圓心的距離等於圓半徑
(3) 圓內一點到圓心的距離小於圓半徑

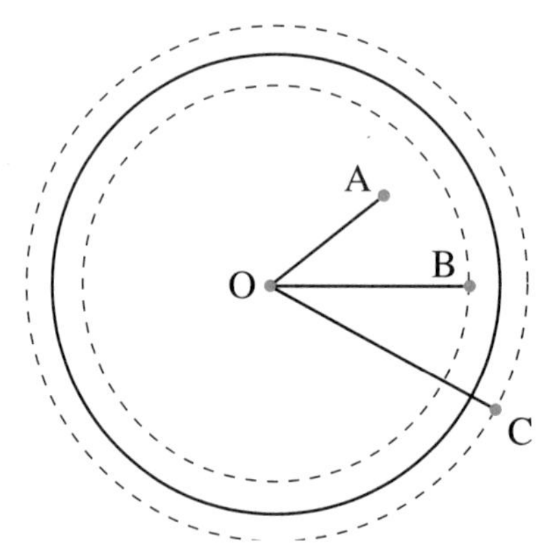

圖 7.1-4

敘述	理由
(1) 依題意作圖，如圖7.1-4。	作圖
(2) $\overline{OA}<\overline{OB}<\overline{OC}$	已知$\overline{OA}$=5公分、$\overline{OB}$=7公分、$\overline{OC}$=9公分
(3) A、B兩點在圓內，C點在圓外	已知A、B、C三點中，有兩點在圓內，有一點在圓外
(4) 7公分<r<9公分	A、B兩點在圓內，半徑必大於7公分=$\overline{OB}$ & C點在圓外，半徑必小於$\overline{OC}$=9公分

例題 7.1-4

已知圓O的半徑為6公分，且圓心O到三條直線L_1、L_2、L_3的距離分別為4公分、6公分、8公分，則：

(1) 直線________和圓O相交於兩點。

(2) 直線________和圓O相交於一點。

(3) 直線________和圓O不相交。

(1) 直線外一點到直線的最短距離為垂直線段（詳見例題4.1-1）

(2) 直線到圓心的距離大於圓半徑，則直線與圓不相交

(3) 直線到圓心的距離等於圓半徑，則直線與圓相交於一點

(4) 直線到圓心的距離小於圓半徑，則直線與圓相交兩點

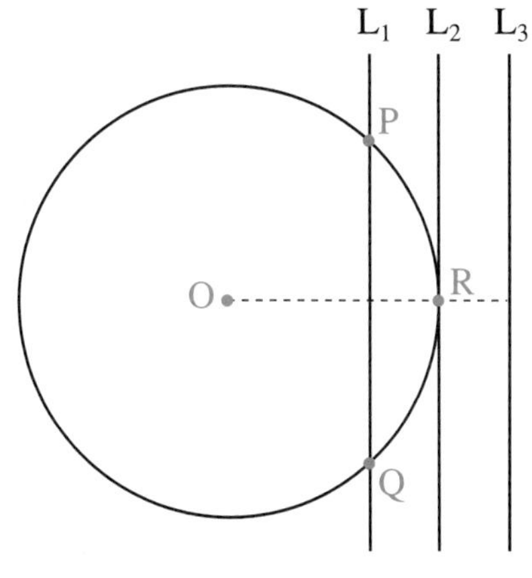

圖 7.1-5

敘述	理由
(1) 如圖7.1-5，直線L_1和圓O相交於P、Q兩點	圓心O到直線L_1的距離為4公分＜6公分＝半徑
(2) 如圖7.1-5，直線L_2和圓O相交於一點R點	圓心O到直線L_2的距離為6公分＝半徑
(3) 如圖7.1-5，直線L_3和圓O不相交	圓心O到直線L_3的距離為8公分＞6公分＝半徑

例題 7.1-5

如圖7.1-6，A在圓O外，$\overline{AC}$通過圓心O且交圓O於B、C兩點。已知$\overline{OA}$＝6公分，圓O的半徑為3公分，則：

(1) A到圓O的最短距離為________公分。

(2) A到圓O的最長距離為________公分。

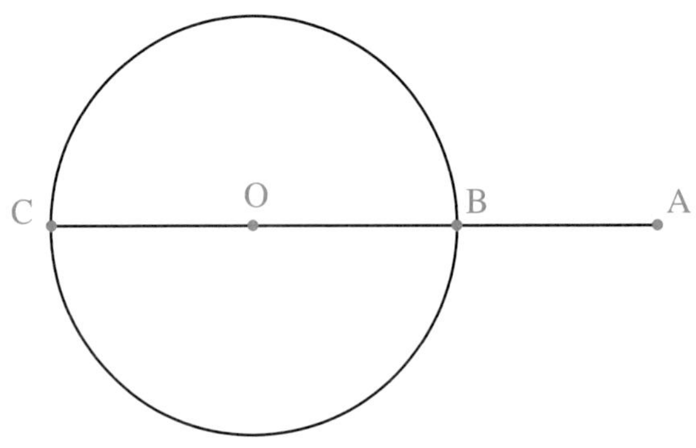

圖 7.1-6

圓外一點與圓的距離為點到圓周的線段長

敘述	理由
(1) A到圓O的最短距離為$\overline{AB}$	如圖7.1-6所示
(2) $\overline{AB}=\overline{OA}-\overline{OB}$ ＝6公分－3公分＝3公分	已知$\overline{OA}$＝6公分 & 半徑$\overline{OB}$＝3公分
(3) A到圓O的最長距離為$\overline{AC}$	如圖7.1-6所示
(4) $\overline{AC}=\overline{OA}+\overline{OC}$ ＝6公分＋3公分＝9公分	已知$\overline{OA}$＝6公分 & 半徑$\overline{OC}$＝3公分

定義 7.1-2

圓心角

兩半徑所夾的角，叫圓心角。

定義 7.1-3

圓周角

過圓周上同一點的兩弦所夾的角，叫圓周角。

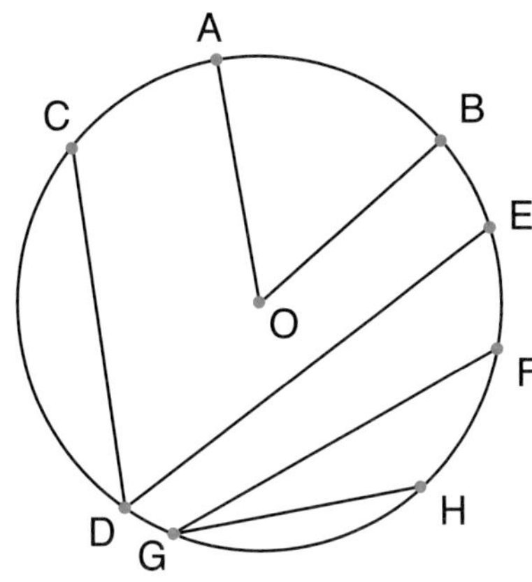

圖 7.1-7

圖7.1-7中，∠AOB為圓心角，∠CDE及∠FGH都是圓周角。

例題 7.1-6

當時鐘在六點五十分時，時針和分針的夾角為幾度？

圖 7.1-8

兩半徑所夾的角，叫圓心角

敘述	理由
(1) 分針一分鐘走6度	分針60分鐘走360度⇒一分鐘6度
(2) 分針從6點30分走到6點50分共走了120度，如圖7.1-8(a)	分針20分鐘走6度×20分＝120度
(3) 時針一分鐘走0.5度	時針60分鐘走30度⇒一分鐘0.5度
(4) 時針從6點走到6點50分共走了25度，如圖7.1-8(a)	時針50分鐘走0.5度×50分＝25度
(5) 所以六點五十分時，時針分針夾角 ＝120度－25度 ＝95度	120° 25° 圖 7.1-8(a)

定義 7.1-4

同心圓

半徑不同，圓心相同的諸圓，叫同心圓。

定義 7.1-5

扇形

兩半徑與所夾的弧圍成的圖形，叫做扇形。

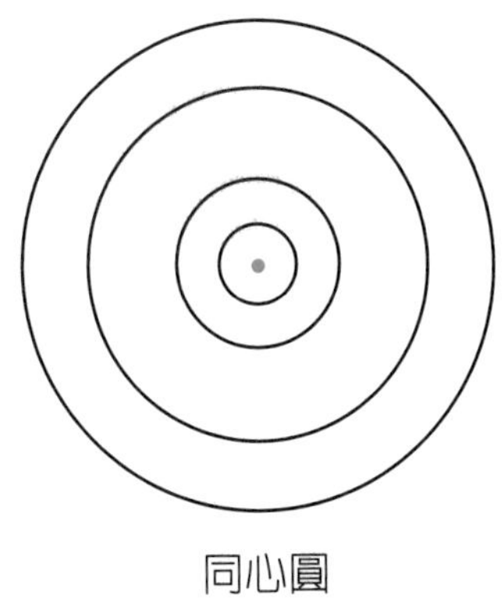

同心圓

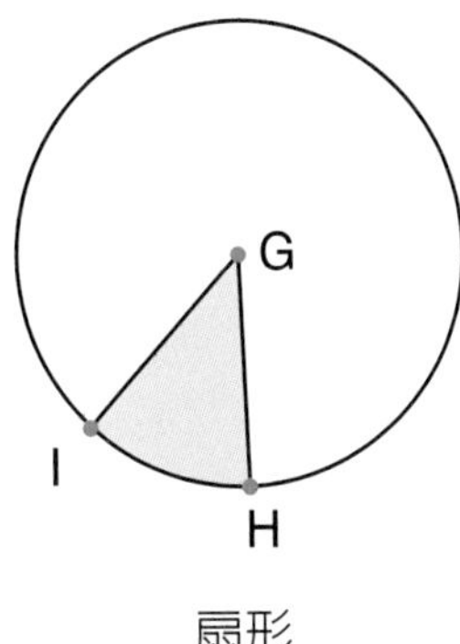

扇形

圖 7.1-9

定理 7.1-1

等半徑定理： 同圓或等圓的半徑相等。

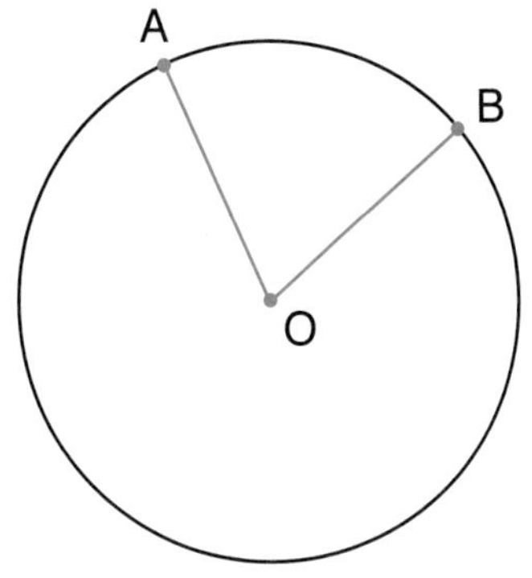

圖 7.1-10

如圖7.1-10，$\overline{OA}$與$\overline{OB}$都是圓O的半徑。

$\overline{OA}=\overline{OB}$

固定O點，旋轉$\overline{OA}$，使$\overline{OA}$與$\overline{OB}$重合。

敘述	理由
(1) 固定O點，旋轉$\overline{OA}$，使$\overline{OA}$與$\overline{OB}$重合。	不改變圖形的大小、形狀，可自一位置移至另一位置。
(2) A點與B點重合。	圓周上每一點與圓心等距離。
(3) $\overline{OA}=\overline{OB}$	等線段相等。

Q. E. D.

定理 7.1-2

全等圓定理： 兩圓的半徑相等，則兩圓相等。

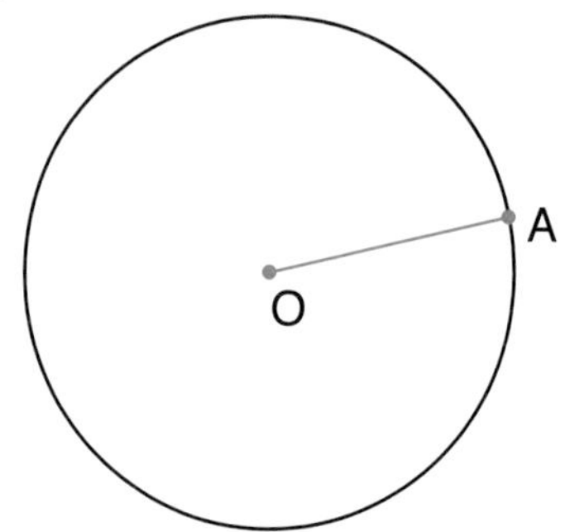

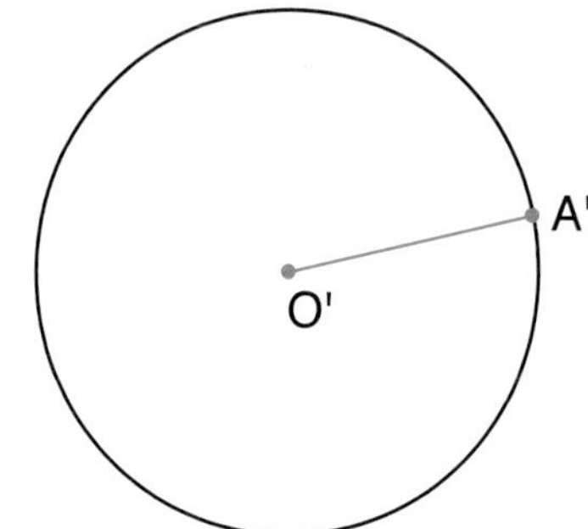

圖 7.1-11

如圖7.1-11，圓O及圓O'兩圓，$\overline{OA}=\overline{O'A'}$。

圓O及圓O'相等。

應用移形公理，證明兩圓重合。

證明

敘述	理由
(1) 將圓O'放在圓O上，使圓心O'與圓心O重合，$\overline{O'A'}$落在$\overline{OA}$上。	移形公理。
(2) 點A'與點A重合。	已知$\overline{OA}=\overline{O'A'}$
(3) 圓O'與圓O相等。	同圓相等。

Q. E. D.

習題 7.1

習題7.1-1 圓與圓周如何區別？

習題7.1-2 一個圓有多少條半徑？多少條直徑？

習題7.1-3 若圓O的半徑為8公分，根據下列判斷P點、Q點、R點與圓O的位置關係：(1) $\overline{OP}=10$公分　(2) $\overline{OQ}=8$公分　(3) $\overline{OR}=4$公分

習題7.1-4 若圓O的半徑為6公分，P為圓O內部一點，$\overline{OP}=t$，則t的範圍為__________。

習題7.1-5 圓已知圓O的半徑為12公分，且圓心O到三條直線L_1、L_2、L_3的距離分別為8公分、12公分、16公分，則：

(1) 直線________和圓O相交於兩點。

(2) 直線________和圓O相交於一點。

(3) 直線________和圓O不相交。

習題7.1-6 若圓O的半徑為6公分，圓外一點A到圓心O的距離為10公分，則A點到圓O的最短距離是________，A點到圓O的最長距離是________。

習題7.1-7 當時鐘在五點五十五分時，時針和分針的夾角為幾度？

習題7.1-8 作一圓心角為90°的扇形。

習題7.1-9　作一圓周角其角度為90°。

習題7.1-10　試作兩同心圓，其直徑分別為3公分與5公分。

習題7.1-11　試證矩形的四頂點在同一圓周上。

7.2 節 弦與弧

定義 7.2-1

弧

圓周的一部份稱為弧，大於半圓周的為優弧，小於半圓周的為劣弧，通常劣弧簡稱弧。

定義 7.2-2

弦

圓周上任意兩點的連線叫做弦。

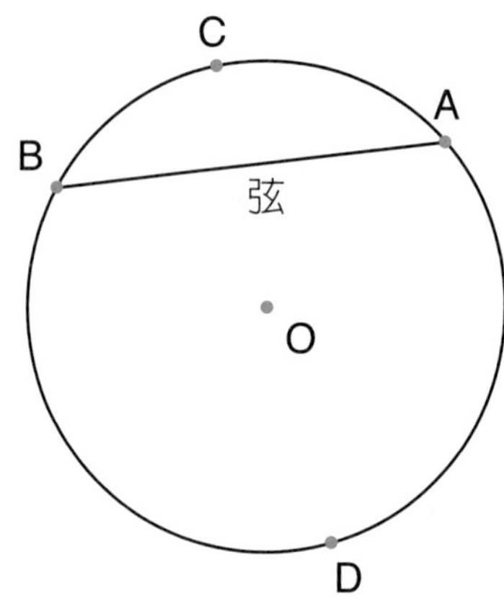

圖 7.2-1

圖7.2-1 中，$\overline{AB}$ 是此圓的一弦；$\overset{\frown}{ADB}$大於半圓周為優弧，$\overset{\frown}{ACB}$小於半圓周為劣弧。

定義 7.2-3

弧的度數

將圓周分成360等分，每一等分的弧叫做1度；而圓心角等於所對弧的度數。

例題 7.2-1

如圖7.2-2，$\overset{\frown}{AB}$的度數是45°，試求其所對應的圓心角∠AOB。

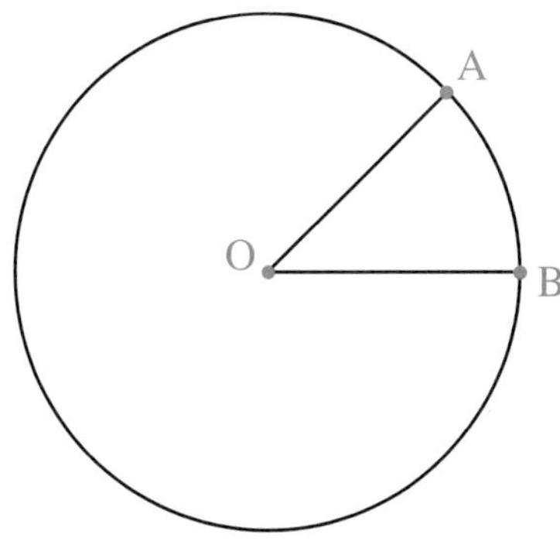

圖 7.2-2

圓心角等於所對弧的度數

敘述	理由
(1) $\overset{\frown}{AB}$＝45°	已知$\overset{\frown}{AB}$的度數是45°
(2) ∠AOB＝$\overset{\frown}{AB}$＝45°	由(1) $\overset{\frown}{AB}$＝45° & 圓心角∠AOB等於所對弧$\overset{\frown}{AB}$的度數

例題 7.2-2

如圖7.2-3，有一正十二邊形的所有頂點均在圓O上，A、B為其中兩個相鄰的頂點，試求$\overset{\frown}{AB}$的度數。

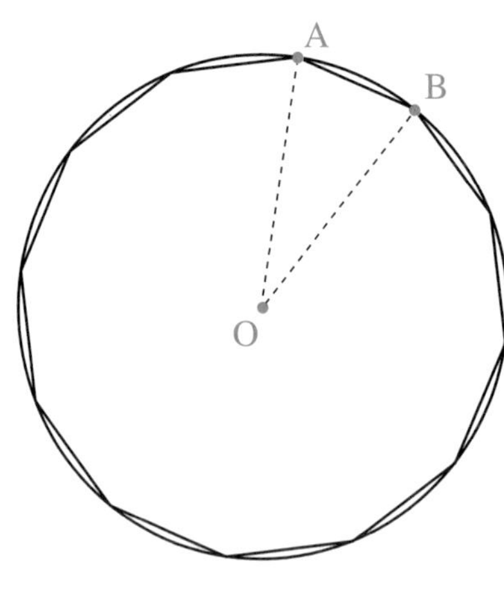

圖 7.2-3

(1) 圓周為360°

(2) 圓心角等於所對弧的度數

敘述	理由
(1) $\overset{\frown}{AB}=\frac{1}{12}\times$圓周	已知正十二邊形將圓周12等分，$\overset{\frown}{AB}$占1等分
(2) $\overset{\frown}{AB}=\frac{1}{12}\times 360^\circ=30^\circ$	將圓周360°代入(1)

例題 7.2-3

如圖7.2-4，已知圓心角∠AOB＝56 ，則$\overset{\frown}{AB}$＝____度，$\overset{\frown}{ACB}$＝____度。

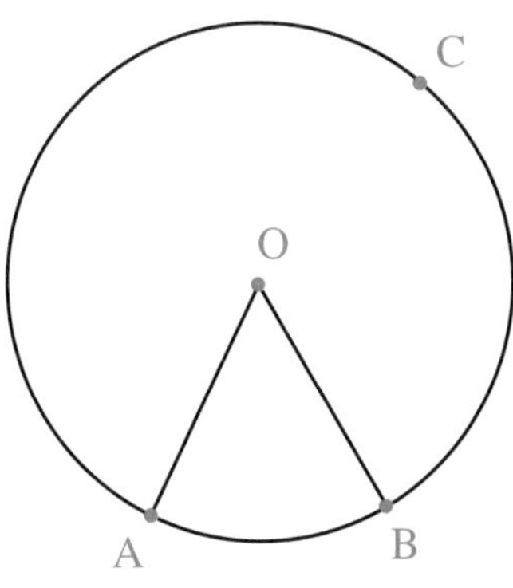

圖 7.2-4

(1) 圓周為360

(2) 圓心角等於所對弧的度數

敘述	理由
(1) $\overset{\frown}{AB}$＝∠AOB＝56	圓心角∠AOB等於所對弧$\overset{\frown}{AB}$的度數 & ∠AOB＝56
(2) $\overset{\frown}{ACB}$＝360 －$\overset{\frown}{AB}$ ＝360 －56 ＝304	$\overset{\frown}{AB}$＋$\overset{\frown}{ACB}$為圓周＝360 & 由(1) $\overset{\frown}{AB}$＝56 已證

例題 7.2-4

如圖7.2-5，若 $\overset{\frown}{AB}=70^\circ$，$\overset{\frown}{BC}=155^\circ$，則∠AOC的度數＝？

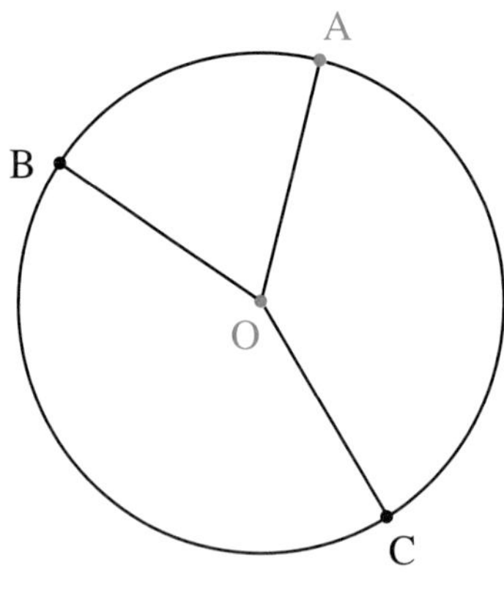

圖 7.2-5

(1) 圓周為360°

(2) 圓心角等於所對弧的度數

敘述	理由
(1) $\overset{\frown}{AB}+\overset{\frown}{BC}+\overset{\frown}{CA}=360^\circ$	$\overset{\frown}{AB}+\overset{\frown}{BC}+\overset{\frown}{CA}$ 為圓周＝360°
(2) $70^\circ+155^\circ+\overset{\frown}{CA}=360^\circ$	將 $\overset{\frown}{AB}=70^\circ$，$\overset{\frown}{BC}=155^\circ$ 代入 (1)
(3) $\overset{\frown}{CA}=360^\circ-70^\circ-155^\circ=135^\circ$	由(2) 等量減法公理
(4) $\angle AOC=\overset{\frown}{CA}=135^\circ$	圓心角∠AOC等於所對弧 $\overset{\frown}{CA}$ 的度數 & (3) $\overset{\frown}{CA}=135^\circ$

例題 7.2-5

如圖7.2-6，已知A、B、C是圓O上相異三點，若$\overset{\frown}{ACB}$的度數比$\overset{\frown}{AB}$度數的3倍多60°，則∠AOB＝______度。

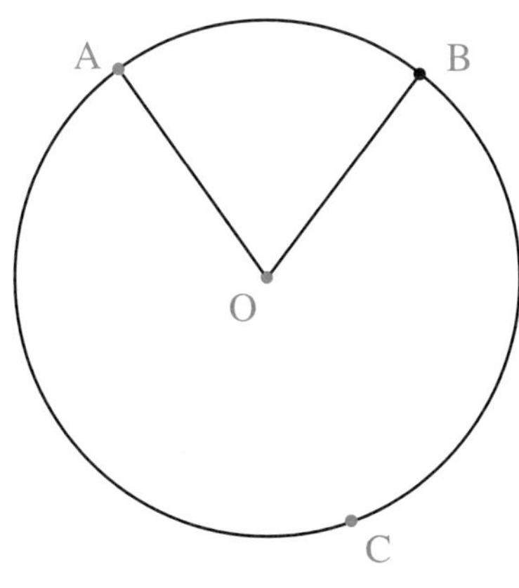

圖 7.2-6

(1) 圓周為360°

(2) 圓心角等於所對弧的度數

敘述	理由
(1) $\overset{\frown}{AB}+\overset{\frown}{ACB}=360°$	$\overset{\frown}{AB}+\overset{\frown}{ACB}$為圓周＝360°
(2) $\overset{\frown}{ACB}=3\overset{\frown}{AB}+60°$	已知$\overset{\frown}{ACB}$的度數比$\overset{\frown}{AB}$度數的3倍多60°
(3) $\overset{\frown}{AB}+(3\overset{\frown}{AB}+60°)=360°$	將(2) $\overset{\frown}{ACB}=3\overset{\frown}{AB}+60°$ 代入(1)
(4) $\overset{\frown}{AB}=75°$	由(3) 解一元一次方程式
(5) $\angle AOB=\overset{\frown}{AB}=75°$	由(4) $\overset{\frown}{AB}=75°$ & 圓心角∠AOB等於所對弧$\overset{\frown}{AB}$的度數

例題 7.2-6

如圖7.2-7，$\overline{AB}$是半圓的直徑，C為$\overset{\frown}{AB}$上一點，M為$\overset{\frown}{AC}$的中點，N為$\overset{\frown}{BC}$的中點。則$\overset{\frown}{MCN}$的弧度為________度。

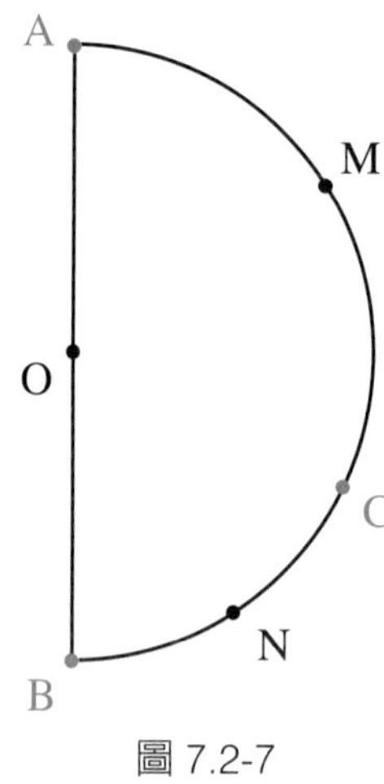

圖 7.2-7

半圓周為180

敘述	理由
(1) $\overset{\frown}{ACB}=180$	$\overset{\frown}{ACB}$為圓周的一半
(2) $\overset{\frown}{MC}=\frac{1}{2}\overset{\frown}{AC}$	M為$\overset{\frown}{AC}$的中點
(3) $\overset{\frown}{CN}=\frac{1}{2}\overset{\frown}{BC}$	N為$\overset{\frown}{BC}$的中點
(4) $\overset{\frown}{MCN}=\overset{\frown}{MC}+\overset{\frown}{CN}$	如圖7.2-7所示
(5) $\overset{\frown}{MCN}=\frac{1}{2}\overset{\frown}{AC}+\overset{\frown}{BC}$ $=\frac{1}{2}(\overset{\frown}{AC}+\overset{\frown}{BC})$ $=\frac{1}{2}\overset{\frown}{ACB}=\frac{1}{2}\quad 180$ $=90$	將(2) $\overset{\frown}{MC}=\frac{1}{2}\overset{\frown}{AC}$ & (3) $\overset{\frown}{CN}=\frac{1}{2}\overset{\frown}{BC}$ 代入(4) & 由(1) $\overset{\frown}{ACB}=180$

例題 7.2-7

如圖7.2-8，$\overline{AB}$、$\overline{CD}$、$\overline{EF}$皆為直徑，$\overset{\frown}{AC}=2x$，$\overset{\frown}{CE}=4x$，$\overset{\frown}{EB}=3x$，則：

(1) x=________。

(2)∠4=________度。

(3)∠6=________度。

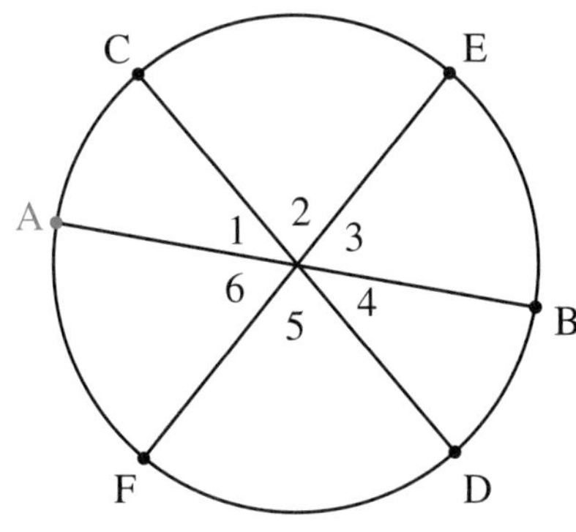

圖 7.2-8

(1) 半圓周為180

(2) 圓心角等於所對弧的度數

敘述	理由
(1) $\overset{\frown}{AC}+\overset{\frown}{CE}+\overset{\frown}{EB}=180$	$\overline{AB}$為直徑 & $\overset{\frown}{AC}+\overset{\frown}{CE}+\overset{\frown}{EB}$為半圓弧
(2) $2x\ +4x\ +3x\ =180$	將$\overset{\frown}{AC}=2x$，$\overset{\frown}{CE}=4x$，$\overset{\frown}{EB}=3x$ 代入(1)
(3) $x=20$	由(2) & 解一元一次方程式
(4)$\angle 1=\overset{\frown}{AC}=2x\ =2\quad 20\ =40$	圓心角∠1等於所對弧$\overset{\frown}{AC}$的度數 & $\overset{\frown}{AC}=2x$
(5)$\angle 4=\angle 1=40$	對頂角相等 & (4) $\angle 1=40$
(6)$\angle 3=\overset{\frown}{EB}=3x\ =3\quad 20\ =60$	圓心角∠3等於所對弧$\overset{\frown}{EB}$的度數 & $\overset{\frown}{EB}=3x$
(7)$\angle 6=\angle 3=60$	對頂角相等 & (6) $\angle 3=60$

例題 7.2-8

如圖7.2-9，若$\overline{AB}$是圓O的直徑，C在圓O上，且$\overset{\frown}{AC}=2\overset{\frown}{BC}$，則∠BOC=______度。

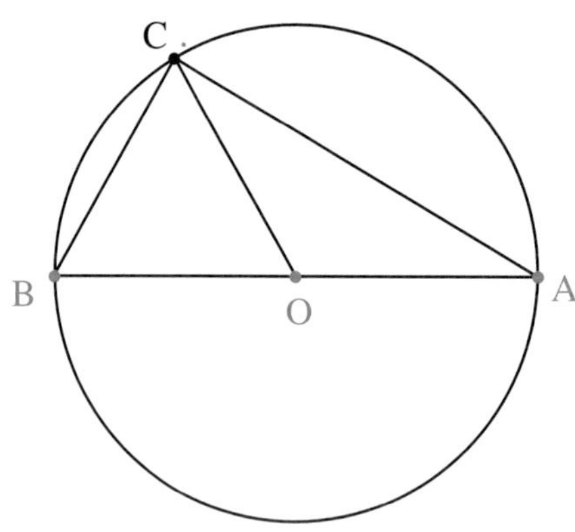

圖 7.2-9

(1) 半圓周為180°

(2) 圓心角為所對弧度數

敘述	理由
(1) $\overset{\frown}{ACB}=180°$	$\overset{\frown}{ACB}$為圓周的一半
(2) $\overset{\frown}{AC}+\overset{\frown}{BC}=\overset{\frown}{ACB}=180°$	全量等於分量之和 & 由(1) $\overset{\frown}{ACB}=180°$
(3) $2\overset{\frown}{BC}+\overset{\frown}{BC}=180°$	將已知$\overset{\frown}{AC}=2\overset{\frown}{BC}$代入(2)
(4) $\overset{\frown}{BC}=180°\div3=60°$	由(3) 解一元一次方程式
(5) $\angle BOC=\overset{\frown}{BC}=60°$	圓心角∠BOC為所對弧$\overset{\frown}{BC}$的度數 & (4)$\overset{\frown}{BC}=60°$

例題 7.2-9

如圖7.2-10，在△ABC中，∠ACB＝90°，∠B＝25°。以C為圓心，$\overline{AC}$為半徑的圓交$\overline{AB}$於D，交$\overline{BC}$於E，則$\overset{\frown}{DE}$的度數是多少？

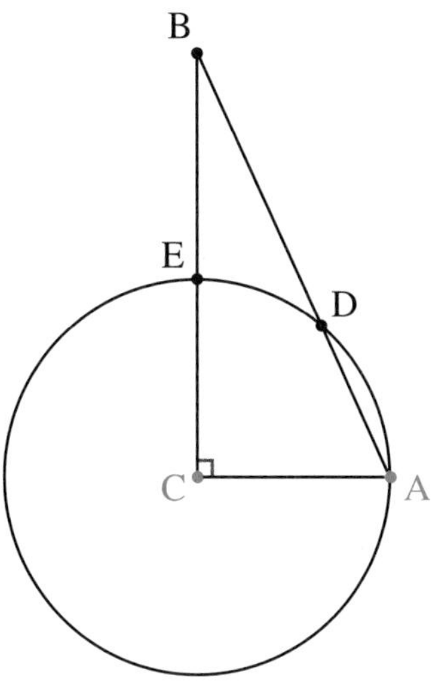

圖 7.2-10

(1) 三角形內角合180°
(2) 圓心角等於所對弧的度數

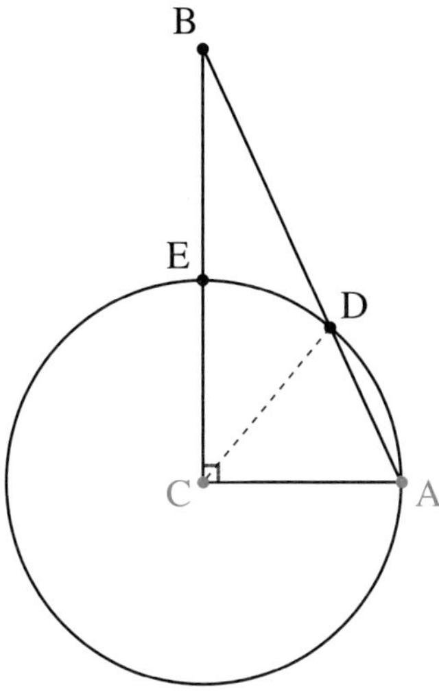

圖 7.2-10(a)

敘述	理由
(1) 作$\overline{CD}$，如圖7.2-10(a)所示	作圖
(2) △ABC中， ∠A＋∠B＋∠ACB＝180	如圖7.2-10(a)所示 & 三角形內角和180
(3)∠A＋25 ＋90 ＝180	將已知∠ACB＝90 ，∠B＝25 代入(2)
(4)∠A＝180 －25 －90 ＝65	由(3) 等量減法公理
(5) $\overline{AC}$＝$\overline{CD}$為圓C半徑	同圓半徑皆相等 & 已知$\overline{AC}$為圓C半徑
(6)△ACD為等腰三角形	由(5) $\overline{AC}$＝$\overline{CD}$ & 等腰三角形定義
(7)∠ADC＝∠A＝65	等腰三角形兩底角相等 & (4) ∠A＝65
(8)△ACD中， ∠ADC＋∠A＋∠ACD＝180	如圖7.2-10(a)所示 & 三角形內角和180
(9) 65 ＋65 ＋∠ACD＝180	將(7) ∠ADC＝∠A＝65 代入(8)
(10)∠ACD＝180 －65 －65 ＝50	由(9) 等量減法公理
(11)∠BCD＝∠BCA－∠ACD ＝90 －50 ＝40	如圖7.2-10(a)所示 & 已知∠ACB＝90 & (10)∠ACD＝50
(12) $\overset{\frown}{DE}$＝∠BCD＝40	圓心角∠BCD等於所對弧$\overset{\frown}{DE}$的度數 & (11) ∠BCD＝40

例題 7.2-10

如圖7.2-11，圓P的半徑$\overline{PA}$為15公分，圓Q的半徑$\overline{QC}$為9公分，$\angle APB=\angle CQD$。已知$\overset{\frown}{CD}=50^\circ$，則：

(1) $\angle APB=$______度。　　(2) $\overset{\frown}{AB}=$______度。

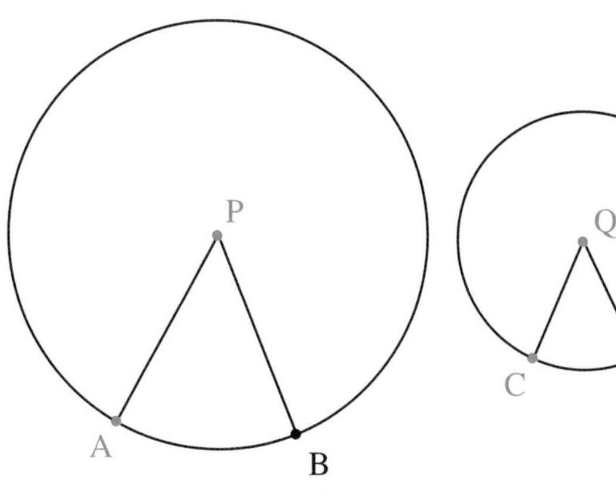

圖 7.2-11

圓心角等於所對弧的度數

敘述	理由
(1) 圓Q中，$\angle CQD=\overset{\frown}{CD}=50^\circ$	圓心角$\angle CQD$等於所對弧$\overset{\frown}{CD}$的度數 & 已知$\overset{\frown}{CD}=50^\circ$
(2) $\angle APB=\angle CQD=50^\circ$	已知$\angle APB=\angle CQD$ & (1) $\angle CQD=50^\circ$
(3) 圓P中，$\overset{\frown}{AB}=\angle APB=50^\circ$	圓心角$\angle APB$等於所對弧$\overset{\frown}{AB}$的度數 & (2) $\angle APB=50^\circ$

例題 7.2-11

如圖7.2-12，兩同心圓的圓心為O，$\overline{OA}$、$\overline{OB}$為小圓的半徑，$\overline{OC}$、$\overline{OD}$為大圓的半徑。已知$\angle AOB=120°$，則：

(1) $\angle COD=$______度。　(2) $\overset{\frown}{AB}=$______度，$\overset{\frown}{CD}=$______度。

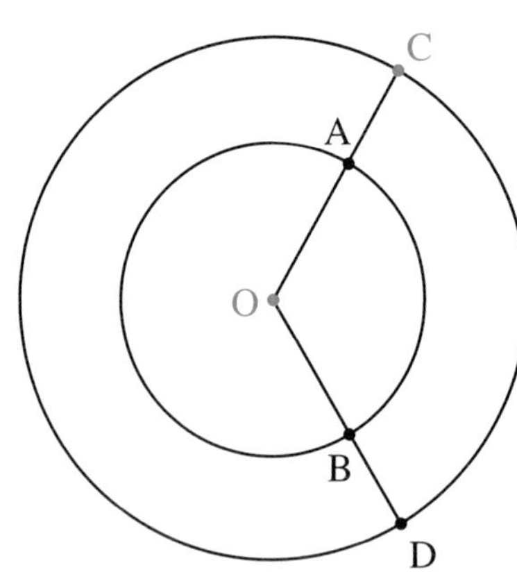

圖 7.2-12

(1) 同心圓圓心角相等

(2) 圓心角等於所對弧的度數

敘述	理由
(1) $\angle COD=\angle AOB=120°$	同心圓圓心角$\angle COD$與$\angle AOB$相等
(2) $\overset{\frown}{AB}=\angle AOB=120°$	圓心角$\angle AOB$等於所對弧$\overset{\frown}{AB}$的度數 & 已知$\angle AOB=120°$
(3) $\overset{\frown}{CD}=\angle COD=120°$	圓心角$\angle COD$等於所對弧$\overset{\frown}{CD}$的度數 & (1) $\angle COD=120°$

定理 7.2-1　等圓心角對等弧定理

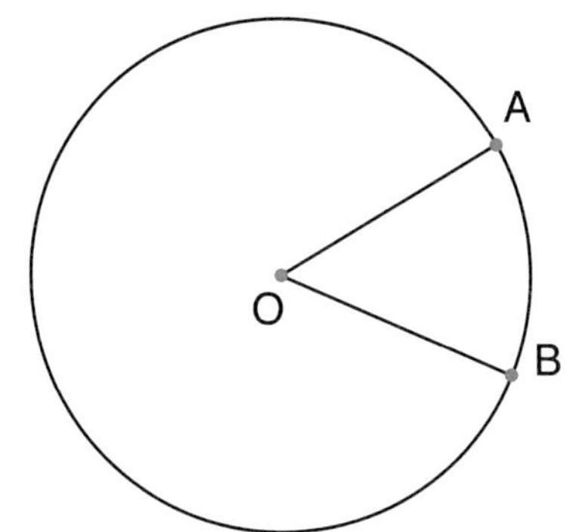

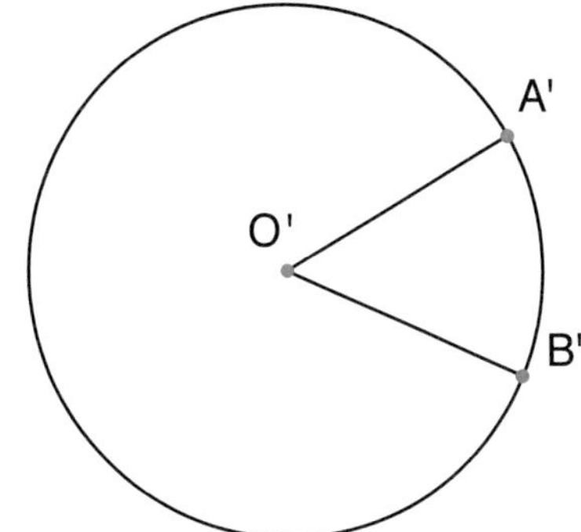

圖 7.2-13

如圖7.2-13，圓O及圓O'為等圓，∠AOB＝∠A'O'B'。

$\overset{\frown}{AB}=\overset{\frown}{A'B'}$

應用移形公理，證明兩弧重合。

敘述	理由
(1) 將圓O'放在圓O上，使∠A'O'B'與∠AOB重合。	移形公理及已知∠AOB＝∠A'O'B'。
(2) 點A'與點A重合，點B'與點B重合。	等圓半徑相等。
(3) $\overset{\frown}{A'B'}$與$\overset{\frown}{AB}$重合。	等圓周上重合兩點之兩弧也重合。
(4) $\overset{\frown}{A'B'}=\overset{\frown}{AB}$	兩弧重合。

Q. E. D.

定理 7.2-2

等弧對等圓心角定理

在同圓或等圓中，若兩弧相等，則所對的兩圓心角也相等。

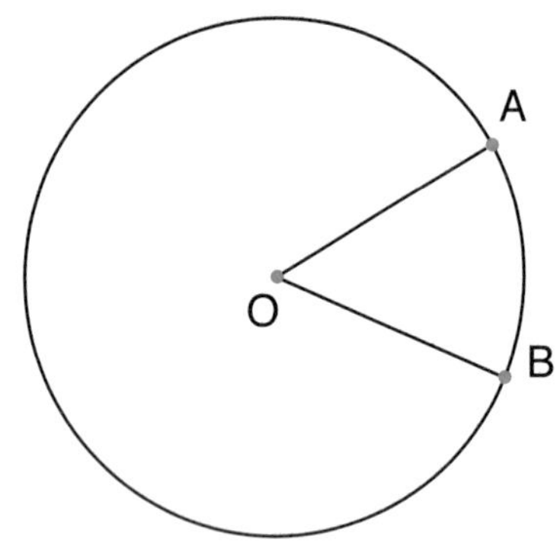

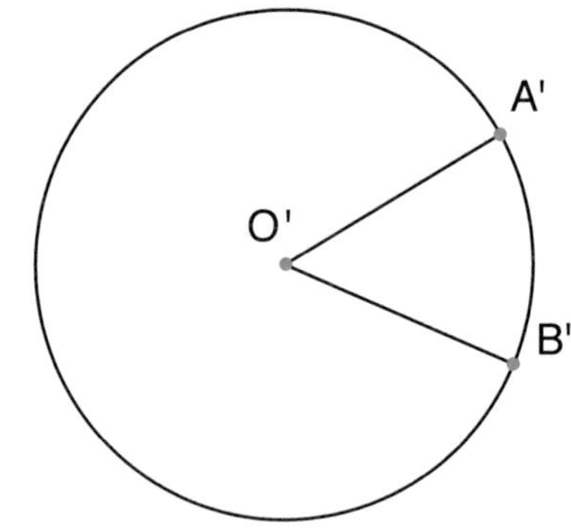

圖 7.2-14

如圖7.2-14，圓O及圓O'為等圓，$\overset{\frown}{AB}=\overset{\frown}{A'B'}$。

$\angle AOB=\angle A'O'B'$

應用移形公理。

證明

敘述	理由
(1) 將圓O`放在圓O上，使$\overset{\frown}{A'B'}$與$\overset{\frown}{AB}$重合。	移形公理。
(2) 點A'與點A重合，點B'與點B重合。	已知$\overset{\frown}{AB}=\overset{\frown}{A'B'}$
(3) $\overline{A'O'}$與$\overline{AO}$重合，$\overline{B'O'}$與$\overline{BO}$重合。	過兩點可畫一直線且只有一直線。
(4) $\angle A'O'B'=\angle AOB$	重合兩直線的夾角相等。

Q. E. D.

定理 7.2-3 等弧對等弦定理

在同圓或等圓中，若兩弧相等，則所對的弦也相等。

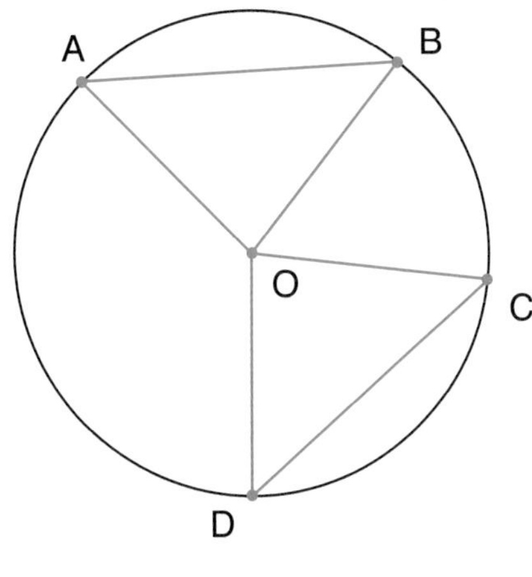

圖 7.2-15

已知 如圖7.2-15，圓O中，$\overset{\frown}{AB}=\overset{\frown}{CD}$。

求證 $\overline{AB}=\overline{CD}$

想法 利用等弧對等圓心角定理及全等三角形的對應邊相等的性質。

證明

敘述	理由
(1) $\angle AOB=\angle COD$。	已知$\overset{\frown}{AB}=\overset{\frown}{CD}$，由等弧對等圓心角定理。
(2) 在$\triangle AOB$與$\triangle COD$中	如圖7.2-15所示
$\overline{OA}=\overline{OC}$	同圓半徑等長
$\angle AOB=\angle COD$	由(1)
$\overline{OB}=\overline{OD}$	同圓半徑等長
(3) $\triangle AOB\cong\triangle COD$	由(2) & 根據S.A.S. 三角形全等定理。
(4) $\overline{AB}=\overline{CD}$	由(3) 兩全等三角形的對應邊相等。

Q. E. D.

例題 7.2-12

如圖7.2-16，已知在圓O中，$\overset{\frown}{AB}=\overset{\frown}{CD}$，求證：(1) $\overline{AB}=\overline{CD}$ (2) $\overline{AC}=\overline{BD}$

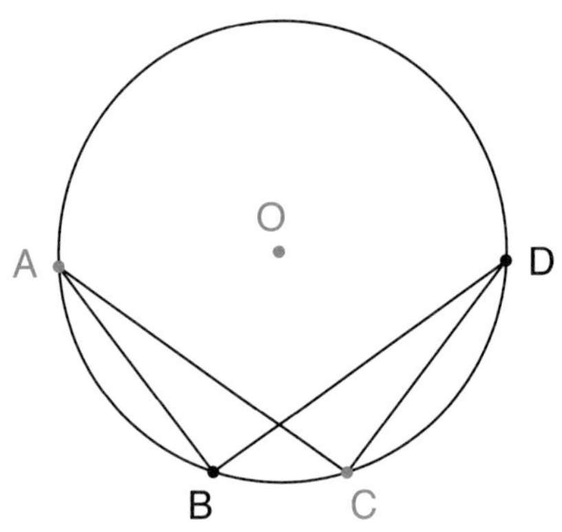

圖 7.2-16

想法　等弧對等弦定理

解

敘述	理由
(1) 圓O中，$\overline{AB}=\overline{CD}$	已知$\overset{\frown}{AB}=\overset{\frown}{CD}$ & 等弧對等弦定理
(2) $\overset{\frown}{AB}+\overset{\frown}{BC}=\overset{\frown}{CD}+\overset{\frown}{BC}$	已知$\overset{\frown}{AB}=\overset{\frown}{CD}$ & 等量加法原理、同加$\overset{\frown}{BC}$
(3) $\overset{\frown}{AC}=\overset{\frown}{BD}$	由(2) & $\overset{\frown}{AC}=\overset{\frown}{AB}+\overset{\frown}{BC}$、$\overset{\frown}{BD}=\overset{\frown}{CD}+\overset{\frown}{BC}$
(4) $\overline{AC}=\overline{BD}$	由(3) $\overset{\frown}{AC}=\overset{\frown}{BD}$ & 等弧對等弦定理

例題 7.2-13

如圖7.2-17，已知ABCDEF為正六邊形的六個頂點，且這六個頂點都落在圓O上，則：

(1) ∠AOE＝______度，∠DOB＝______度。

(2) $\overline{AE}$＝$\overline{DB}$嗎？為什麼？

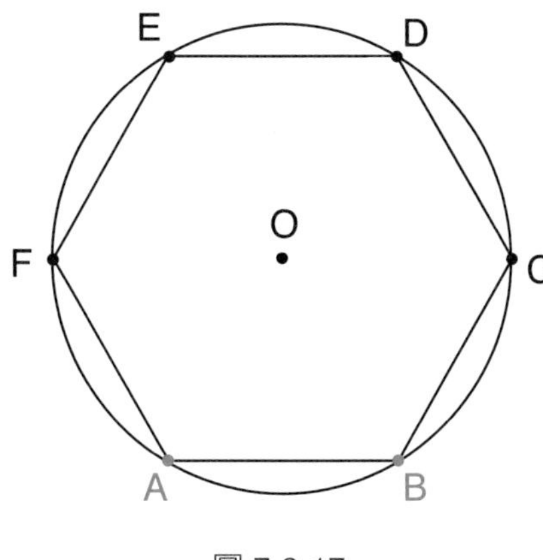

圖 7.2-17

(1) 正六邊形的六個頂點將圓周6等分

(2) 圓心角等於所對的弧度

(3) 等弧對等弦定理

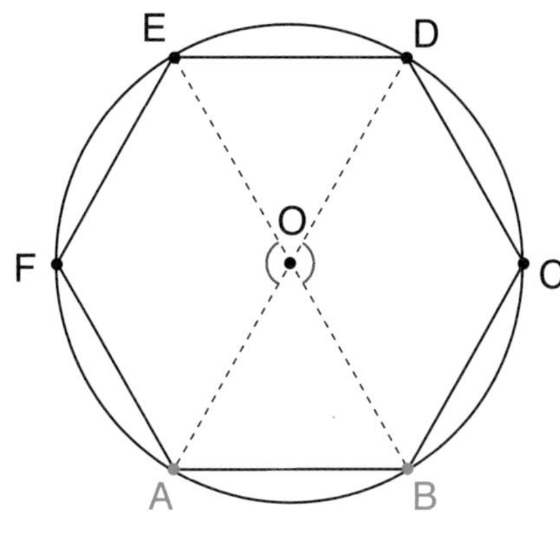

圖 7.2-17(a)

敘述	理由
(1) ABCDEF將圓周平分成6等分	已知ABCDEF為正六邊形的六個頂點
(2) $\overset{\frown}{AF}=\overset{\frown}{FE}=\overset{\frown}{CD}=\overset{\frown}{BC}=360^\circ\div6$ $=60^\circ$	由(1) & 圓周為360°
(3) 作$\overline{OC}$、$\overline{OB}$、$\overline{OD}$、$\overline{OE}$，如圖7.2-17(a)	作圖
(4) $\overset{\frown}{AE}=\overset{\frown}{AF}+\overset{\frown}{FE}$ $=60^\circ+60^\circ=120^\circ$	全量等於分量之和 & (2) $\overset{\frown}{AF}=\overset{\frown}{FE}=60^\circ$
(5) $\angle AOE=\overset{\frown}{AE}=120^\circ$	由(4) $\overset{\frown}{AE}=120^\circ$ & 圓心角∠AOE等於所對弧$\overset{\frown}{AE}$的度數
(6) $\overset{\frown}{BD}=\overset{\frown}{CD}+\overset{\frown}{BC}$ $=60^\circ+60^\circ=120^\circ$	全量等於分量之和 & (2) $\overset{\frown}{CD}=\overset{\frown}{BC}=60^\circ$
(7) $\angle DOB=\overset{\frown}{BD}=120^\circ$	由(6) $\overset{\frown}{BC}=120^\circ$ & 圓心角∠DOB等於所對弧$\overset{\frown}{BD}$的度數
(8) $\overset{\frown}{AE}=\overset{\frown}{BD}=120^\circ$	由(4)$\overset{\frown}{AE}=120^\circ$ & (6)$\overset{\frown}{BD}=120^\circ$ 遞移律
(9) $\overset{\frown}{AE}=\overline{DB}$	由(8) & 等弧對等弦定理

定理 7.2-4　等弦對等弧定理：

在同圓或等圓中，若兩弦相等，則所對的弧也相等。

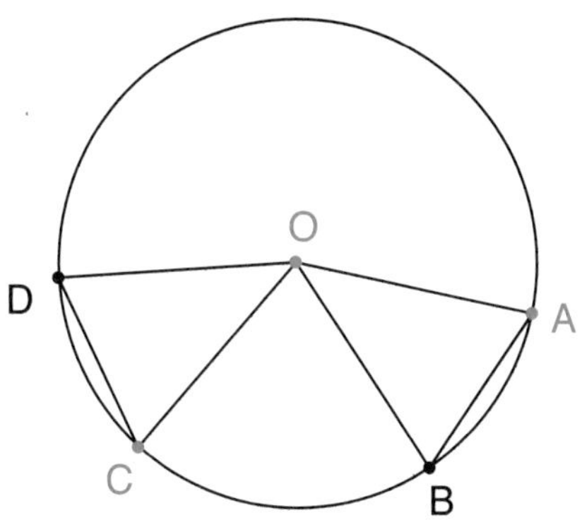

圖 7.2-18

如圖7.2-18，圓O中，$\overline{AB}=\overline{CD}$。

$\overset{\frown}{AB}=\overset{\frown}{CD}$

利用全等三角形的對應角相等的性質及等圓心角對等弧定理。

敘述	理由
(1) 在△AOB與△COD中 $\overline{AB}=\overline{CD}$ $\overline{OA}=\overline{OB}$ $\overline{OC}=\overline{OD}$	如圖7.2-18所示 已知$\overline{AB}=\overline{CD}$ 同圓的半徑相等 同圓的半徑相等
(2) △AOB ≅ △COD	由(1) & 根據S.S.S. 三角形全等定理
(3) ∠AOB＝∠COD	由(2) & 全等三角形的對應角相等
(4) $\overset{\frown}{AB}=\overset{\frown}{CD}$	由(3) & 等圓心角對等弧定理

Q. E. D.

例題 7.2-14

如圖7.2-19，$\overline{AB}$、$\overline{CD}$為圓O的兩弦，且$\overline{AB}=\overline{CD}$。若$\widehat{\mathrm{AB}}=45^\circ$，則$\widehat{\mathrm{CD}}=$______度。

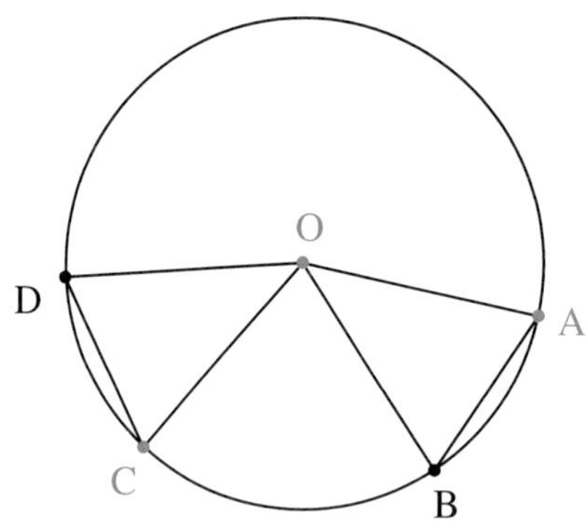

圖 7.2-19

等弦對等弧定理

敘述	理由
(1) $\widehat{\mathrm{CD}}=\widehat{\mathrm{AB}}$	已知$\overline{AB}=\overline{CD}$ & 等弦對等弧定理
(2) $\widehat{\mathrm{CD}}=\widehat{\mathrm{AB}}=45^\circ$	由(1) & 已知$\widehat{\mathrm{AB}}=45^\circ$

定理 7.2-5

垂直於弦的直徑定理

垂直於弦的直徑必平分這弦與這弦所對的弧。

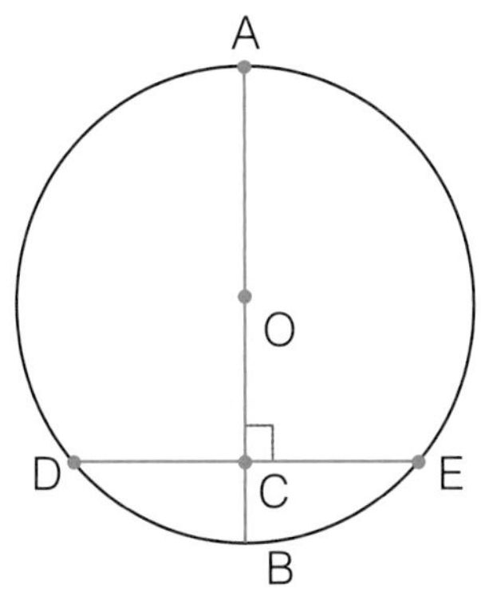

圖 7.2-20

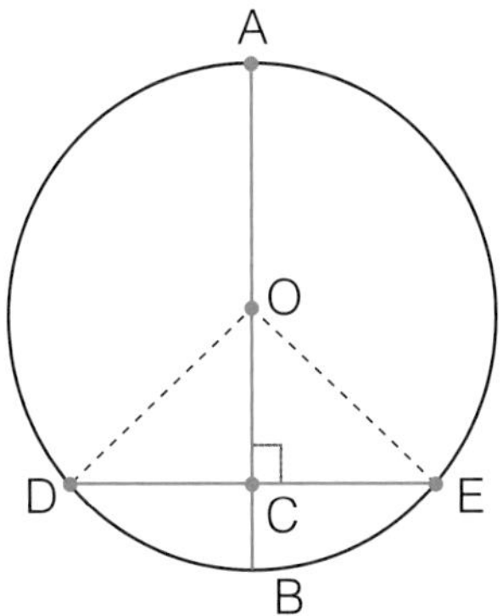

圖 7.2-20(a)

圖7.2-20圓O中，$\overline{DE}$為圓上之一弦，$\overline{AB}$為過圓心O且垂直$\overline{DE}$的直徑。

(1) $\overline{CD}=\overline{CE}$　　(2) $\overset{\frown}{DB}=\overset{\frown}{BE}$

利用全等三角形的對應邊及對應角相等性質及等圓心角對等弧定理。

敘述	理由
(1) 作$\overline{OD}$及$\overline{OE}$，如圖7.2-20(a)	兩點可作一直線
(2) 在△OCD與△OCE中 $\angle OCD=\angle OCE=90^\circ$ $\overline{OD}=\overline{OE}$ $\overline{OC}=\overline{OC}$	如圖7.2-20(a)所示 已知$\overline{AB}\perp\overline{DE}$ 同圓的半徑相等 同線段相等
(3) △OCD ≅ △OCE	由(2) & 根據R.H.S. 三角形全等定理
(4) $\overline{CD}=\overline{CE}$	由(3) & 全等三角形的對應邊相等
(5) $\angle COD=\angle COE$	由(3) & 全等三角形的對應角相等
(6) $\overset{\frown}{DB}=\overset{\frown}{BE}$	由(5) & 等圓心角對等弧定理

Q. E. D.

由定理 7.2-5（垂直於弦的直徑定理），我們可以得知，通過圓心（O 點）對弦（$\overline{DE}$）作垂直線（$\overline{OC}$），則此線段（$\overline{OC}$）必平分此弦（DE）。此一性質在本章及第八章會常用到，請同學牢記。

例題 7.2-15

如圖7.2-21，$\overline{AB}$為圓O直徑，$\overline{DE}$為圓O之一弦，若$\overline{AB}\perp\overline{DE}$，且$\overline{DE}=20$公分、$\overset{\frown}{DE}=106^\circ$，試求：(1) $\overline{CD}=$？　(2) $\overline{AE}=$？

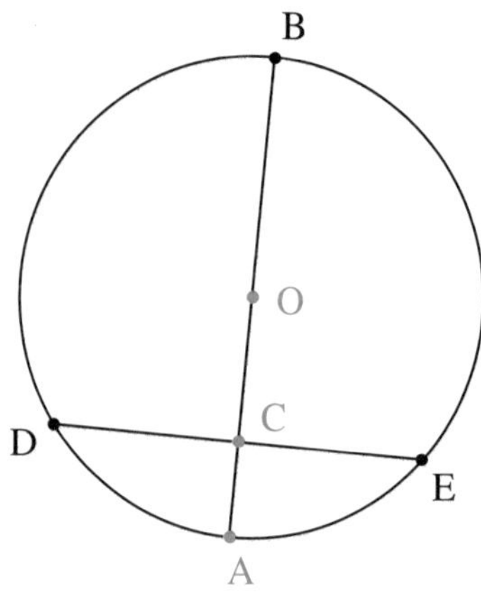

圖 7.2-21

垂直於弦的直徑必平分這弦與這弦所對的弧

敘述	理由
(1) $\overline{CD}=\overline{CE}$ & $\overset{\frown}{AD}=\overset{\frown}{AE}$	已知$\overline{AB}$為圓O直徑，$\overline{DE}$為圓O之一弦，且$\overline{AB}\perp\overline{DE}$ & 垂直於弦的直徑必平分這弦與這弦所對的弧
(2) $\overline{CD}=\overline{CE}=\frac{1}{2}\overline{DE}=\frac{1}{2}\times20$公分 $=10$公分	由(1) & 已知$\overline{DE}=20$公分
(3) $\overset{\frown}{AE}=\overset{\frown}{AD}=\frac{1}{2}\overline{DE}=\frac{1}{2}\times106^\circ$ $=53^\circ$	由(1) & 已知$\overset{\frown}{DE}=106^\circ$

例題 7.2-16

如圖7.2-22，已知A、B、C三點為同一圓上的三點，試找出這個圓的圓心並完成此圓。

A　B　C

圖 7.2-22

想法

(1) 若A、B、C三點為同一圓上的三點，則$\overline{AB}$與$\overline{BC}$為圓上之弦；

(2) 根據垂直於弦的直徑必平分這弦與這弦所對的弧，則圓心必在$\overline{AB}$的中垂線上；

(3) 根據垂直於弦的直徑必平分這弦與這弦所對的弧，則圓心必在$\overline{BC}$的中垂線上；

(4) 根據上述條件，此圓的圓心為$\overline{AB}$與$\overline{BC}$的中垂線交點。

作法

如圖7.2-22 (a)

(1) 連接A、B兩點，B、C兩點。

(2) 分別作$\overline{AB}$與$\overline{BC}$的中垂線，兩中垂線相交於O點。

(3) 連接A、O兩點，B、O兩點，C、O兩點。

(4) 以O點為圓心，$\overline{OA}$為半徑畫圓，圓O即為所求。

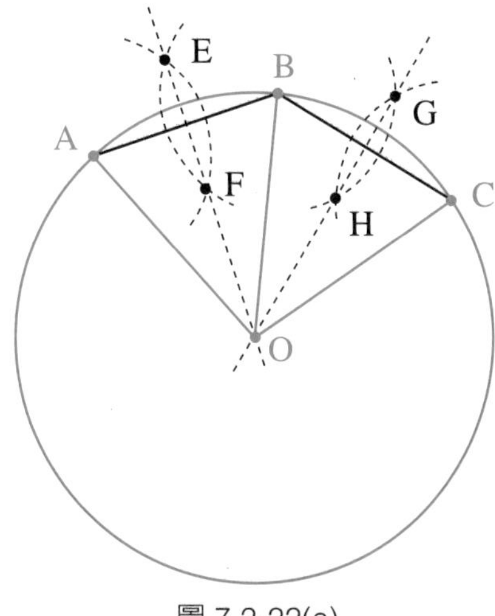

圖 7.2-22(a)

接下來我們要證明上述作法所作得的圓O通過A、B、C三點。

敘述	理由
(1) $\overline{EO}$ 為 $\overline{AB}$ 的中垂線	作圖（如作法(1)~(2)）
(2) $\overline{OA}=\overline{OB}$	由(1)&中垂線上任一點到線段兩端等距離
(3) $\overline{GO}$ 為 $\overline{BC}$ 的中垂線	作圖（如作法(1)~(2)）
(4) $\overline{OB}=\overline{OC}$	由(3)&中垂線上任一點到線段兩端等距離
(5) $\overline{OA}=\overline{OB}=\overline{OC}$	由(2)&(4)遞移律
(6) 所以圓O通過A、B、C三點	由(5) $\overline{OA}=\overline{OB}=\overline{OC}$ & 同圓半徑皆相等

定理 7.2-6

弦與圓心距離定理

在同圓或等圓中，若兩弦相等，則與圓心的距離也相等。

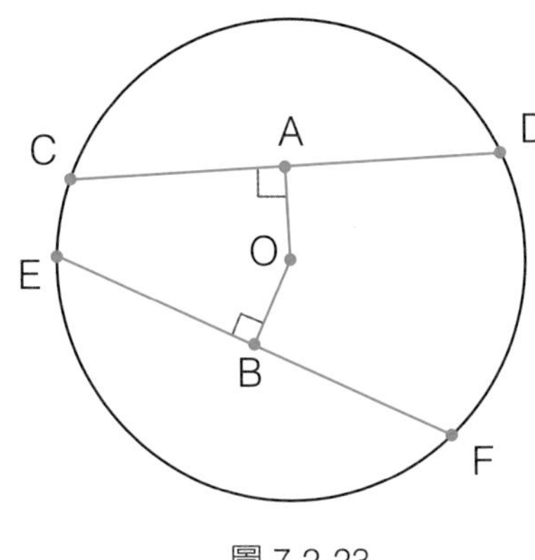

圖 7.2-23

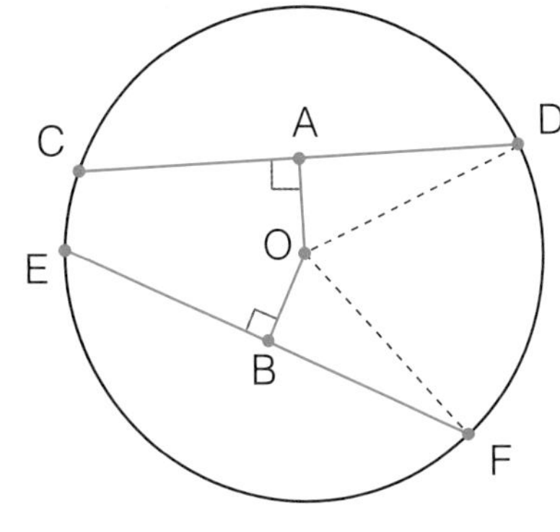

圖 7.2-23(a)

已知

如圖7.2-23，$\overline{CD}$及$\overline{EF}$為圓O中的二弦，且$\overline{CD}=\overline{EF}$，$\overline{OA}\perp\overline{CD}$，$\overline{OB}\perp\overline{EF}$。

求證

$\overline{OA}=\overline{OB}$

想法

利用全等三角形的對應邊相等的性質。

證明

敘述	理由
(1) 作$\overline{OD}$及$\overline{OF}$，如圖7.2-23(a)	兩點可作一直線
(2) $\overline{AD}=\frac{1}{2}\overline{CD}$ & $\overline{BF}=\frac{1}{2}\overline{EF}$	已知$\overline{OA}\perp\overline{CD}$，$\overline{OB}\perp\overline{EF}$ & 垂直於弦的直徑定理
(3) $\overline{AD}=\frac{1}{2}\overline{CD}=\frac{1}{2}\overline{EF}=\overline{BF}$	由(2) & 已知$\overline{CD}=\overline{EF}$
(4) 在△OAD與△OBF中 $\overline{OD}=\overline{OF}$ $\overline{AD}=\overline{BF}$ ∠OAD＝∠OBF	如圖7.2-23(a)所示 同圓的半徑相等 由(3) 已證 已知$\overline{OA}\perp\overline{CD}$，$\overline{OB}\perp\overline{EF}$
(5) △OAD ≅ △OBF	由(4) & 根據R.H.S. 三角形全等定理
(6) $\overline{OA}=\overline{OB}$	由(5) & 全等三角形的對應邊相等

Q. E. D.

例題 7.2-17

如圖7.2-24，$\overline{CD}$與$\overline{EF}$為圓O之兩弦，已知$\overline{CD}=\overline{EF}$、$\overline{OA}\perp\overline{CD}$、$\overline{OB}\perp\overline{EF}$且$\overline{OA}=4$公分，則$\overline{OB}=$？

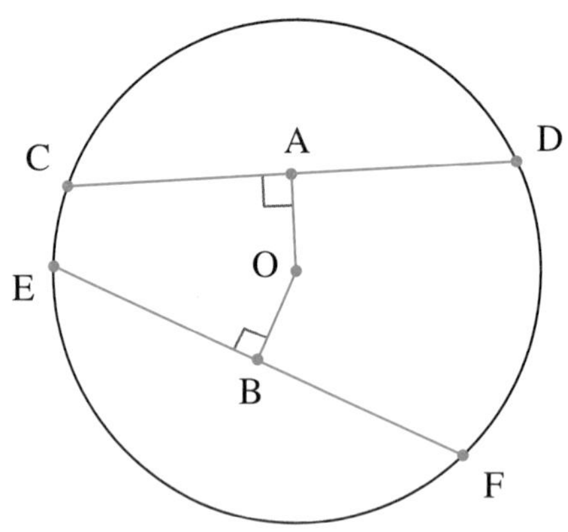

圖 7.2-24

想法　在同圓中，若兩弦相等，則與圓心的距離也相等

解

敘述	理由
(1) $\overline{OB}=\overline{OA}$	已知$\overline{CD}$與$\overline{EF}$為圓O之兩弦，且$\overline{CD}=\overline{EF}$、$\overline{OA}\perp\overline{CD}$、$\overline{OB}\perp\overline{EF}$ & 在同圓中，若兩弦相等，則與圓心的距離也相等
(2) $\overline{OB}=\overline{OA}$ $=4$公分	由(1) & 已知$\overline{OA}=4$公分

定理 7.2-7

圓周角定理

在同圓或等圓中，圓周角等於同弧或等弧的圓心角的一半。

同弧的圓心角與圓周角的情形有如圖7-2.25三種：

(a)圓心在圓周角的一邊上 (b)圓心在圓周角內 (c)圓心在圓周角外。

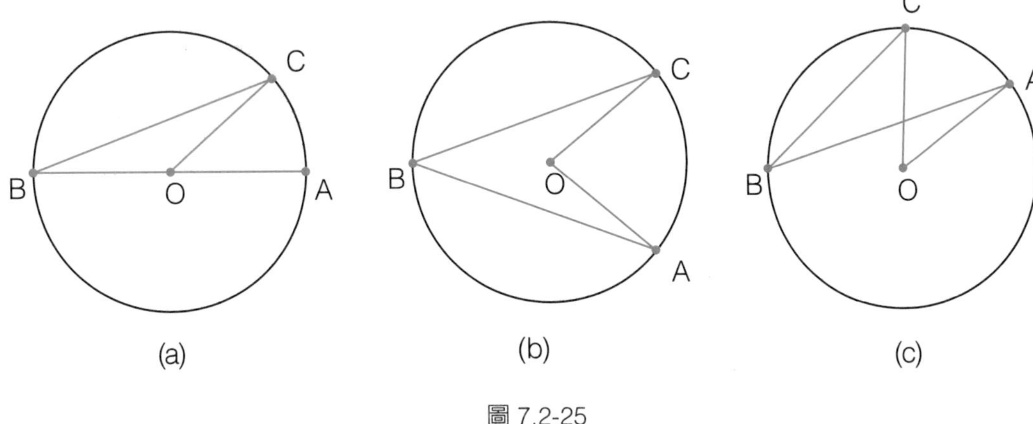

圖 7.2-25

如圖7.2-25，圓O中，$\overset{\frown}{AC}$所對的圓心角為∠AOC，圓周角為∠ABC。

$\angle ABC=\frac{1}{2}\angle AOC=\frac{1}{2}\overset{\frown}{AC}$

利用等腰三角形及三角形的外角等於兩內對角和定理。

(a) 圓心O在∠ABC的一邊上，如圖7.2-25(a)。

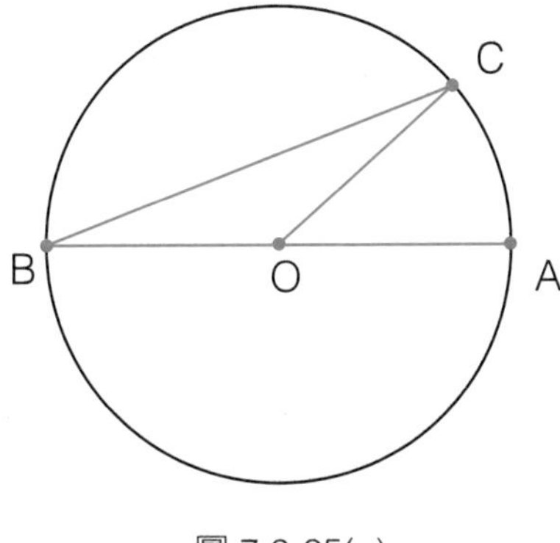

圖 7.2-25(a)

證明

敘述	理由
(1) $\overline{OB}=\overline{OC}$	同圓的半徑相等
(2)△OBC為等腰三角形 & ∠B＝∠C	由(1) & 等腰三角形兩底角相等
(3)△OBC中，∠AOC＝∠B＋∠C	三角形的外角等於不相鄰兩內角和
(4)∠AOC＝∠B＋∠C＝∠B＋∠B ＝2∠ABC	將(2)式代入(3)式得
(5)∠ABC＝$\frac{1}{2}$∠AOC＝$\frac{1}{2}\overset{\frown}{AC}$	由(4) 等式兩邊同除以2 & 圓心角等於所對弧的度數

Q. E. D.

(b) 圓心O在∠ABC內，如圖7.2-25(b)。

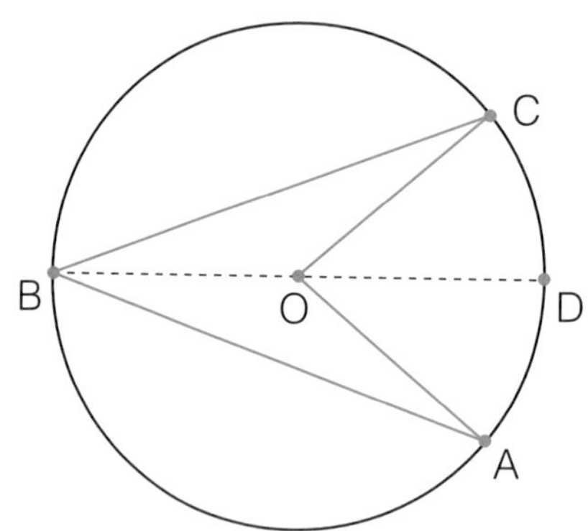

圖 7.2-2(b)

證明

敘述	理由
(1) 作直徑$\overline{BD}$（連接O、B兩點，延長$\overline{OB}$與圓周交於D點），如圖7.2-25(b)	過兩點可作一直線
(2) ∠ABD＝$\frac{1}{2}$∠AOD， ∠DBC＝$\frac{1}{2}$ ∠DOC	由(a)己證
(3) ∠ABC＝∠ABD＋∠DBC ＝$\frac{1}{2}$(∠AOD＋∠DOC) ＝$\frac{1}{2}$∠AOC	全量等於分量的總和 將(2)式代入 (3)式得 全量等於分量的總合
(4) ∠ABC＝$\frac{1}{2}$∠AOC＝$\frac{1}{2}\overset{\frown}{AC}$	由(3) & 圓心角等於所對弧的度數

Q. E. D.

(c) 圓心O不在∠ABC內，如圖7.2-25(c)。

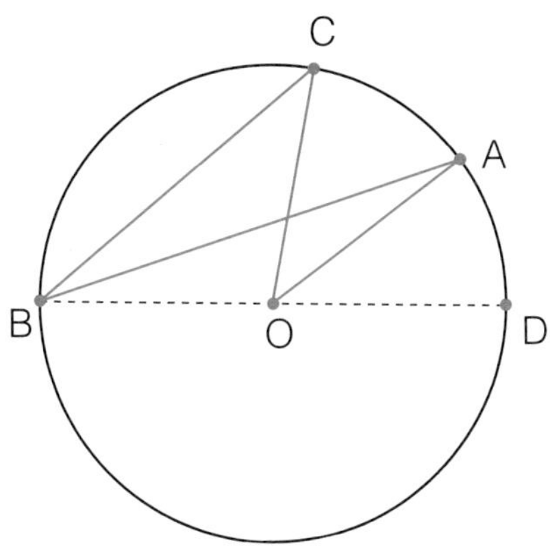

圖 7.2-25(c)

敘述	理由
(1) 作直徑　，如圖7.2-25(c)	過兩點可作一直線
(2) $\angle DBC=\frac{1}{2}\angle DOC$， $\angle DBA=\frac{1}{2}\angle DOA$	由(a)已證
(3) $\angle ABC=\angle DBC-\angle DBA$	全量等於分量的總和
$=\frac{1}{2}(\angle DOC-\angle DOA)$	將(2)式代入(3)式得
$=\frac{1}{2}\angle AOC$	全量等於分量的總和
(4) $\angle ABC=\frac{1}{2}\angle AOC=\frac{1}{2}\overset{\frown}{AC}$	由(3) & 圓心角等於所對弧的度數

Q. E. D.

透過以上三種情形的證明，我們都可以得知$\angle ABC=\frac{1}{2}\angle AOC=\frac{1}{2}\overset{\frown}{AC}$，所以可以確定圓周角定理：在同圓或等圓中，圓周角等於同弧或等弧的圓心角的一半。若將等號兩邊同乘以 2，我們可以得到 $2\angle ABC=\angle AOC=\overset{\frown}{AC}$，所以本定理也可改成：弧的度數為所對圓周角的 2 倍；或是：同弧所對之圓心角為圓周角的 2 倍。

例題 7.2-18

如圖7.2-26所示，△ABC三頂點皆在圓周上。若∠A＝30°，∠B＝45°，則∠C所對的$\overset{\frown}{AB}$弧度為多少？

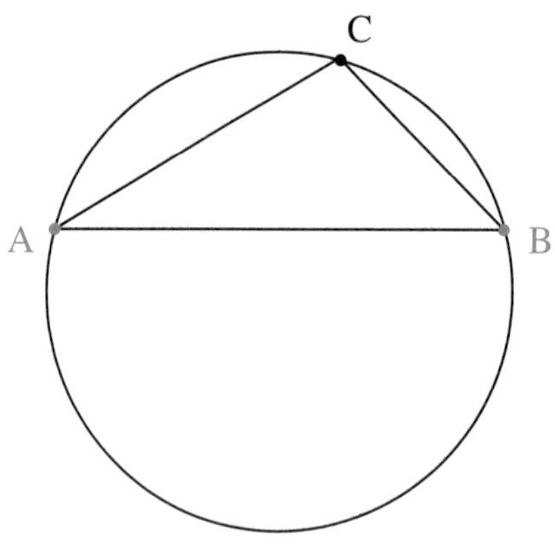

圖 7.2-26

1. 三角形內角和180°
2. 目前已知圓周角的性質有：
   (1) 圓周角為所對弧度的一半

敘述	理由
(1) △ABC中， ∠A＋∠B＋∠C＝180°	如圖7.2-26 & 三角形內角和180°
(2) 30°＋45°＋∠C＝180°	將已知∠A＝30°，∠B＝45°代入(1)式
(3) ∠C＝180°－30°－45° ＝105°	由(2) 等量減法公理
(4) $\angle C=\frac{1}{2}\overset{\frown}{AB}$	圓周角∠C等於所對弧$\overset{\frown}{AB}$度數的一半
(5) $105^\circ=\frac{1}{2}\overset{\frown}{AB}$	將(3) ∠C＝105° 代入(4)
(6) $\overset{\frown}{AB}=2\times105^\circ=210^\circ$	由(5) 等式兩邊同乘以2

例題 7.2-19

如圖7.2-27所示，D為扇形ABC的$\overset{\frown}{BDC}$上的一點。若∠BAC＝70°，則∠BDC＝？

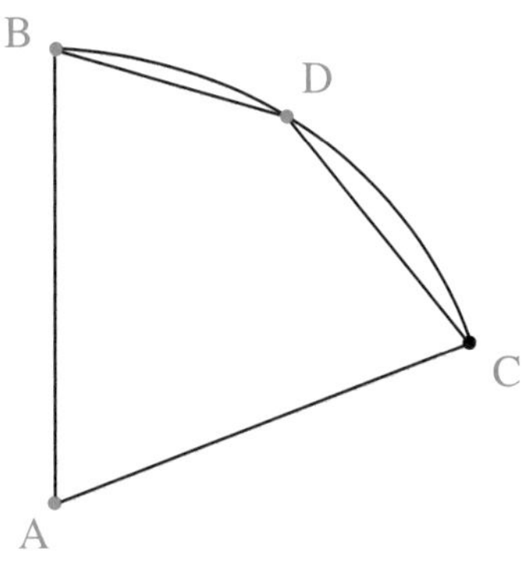

圖 7.2-27

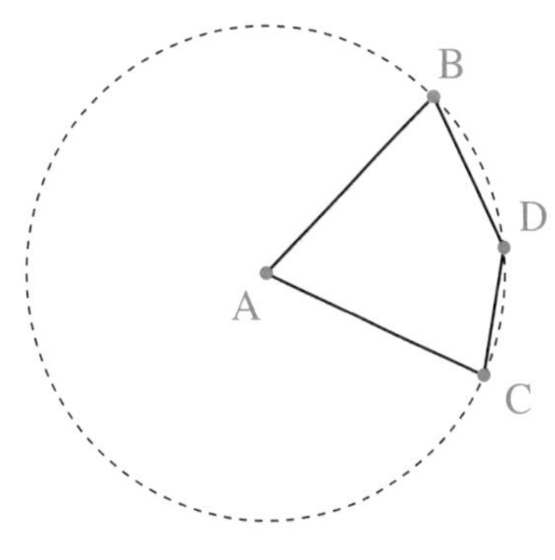

圖 7.2-27(a)

1. 目前已知圓周角的性質有：
   (1) 圓周角為所對弧度的一半
2. 圓心角等於所對弧度
3. 圓周為360°

敘述	理由
(1) 將圓A完成，如圖7.2-27(a)	作圖
(2) 劣弧$\overset{\frown}{BDC}$＝∠BAC＝70°	圓心角∠BAC等於所對的弧度$\overset{\frown}{BDC}$ & 已知∠BAC＝70°
(3) 劣弧$\overset{\frown}{BDC}$＋優弧$\overset{\frown}{BC}$＝360°	圓周為360°，且圓周分為劣弧$\overset{\frown}{BDC}$、劣弧$\overset{\frown}{BC}$
(4) 70°＋優弧$\overset{\frown}{BC}$＝360°	將(2) 劣弧$\overset{\frown}{BDC}$＝70° 代入(3)式得
(5) 優弧$\overset{\frown}{BC}$＝360°－70°＝290°	由(5) 等量減法公理
(6) ∠BDC＝$\frac{1}{2}$×優弧$\overset{\frown}{BC}$＝$\frac{1}{2}$×290°＝145°	圓周角∠BDC等於所對弧度$\overset{\frown}{BC}$的一半 & (5) 優弧$\overset{\frown}{BC}$＝290°

例題 7.2-20

如圖7.2-28，A、B、C、D四點都在圓O上，∠AOC＝150°，

則$\overset{\frown}{ABC}$＝______度，$\overset{\frown}{ADC}$＝______度，∠B＝______度。

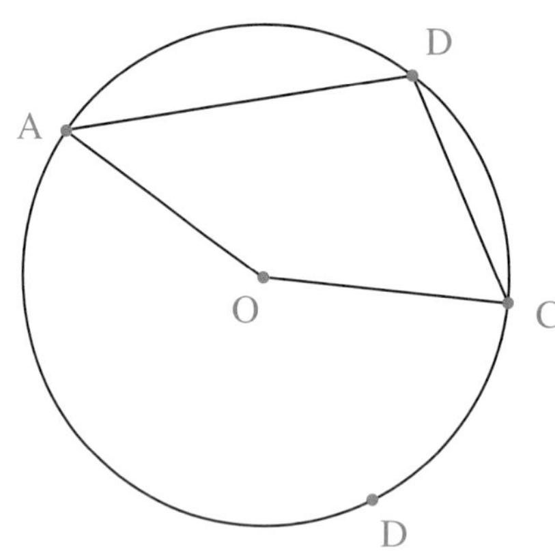

圖 7.2-28

1. 目前已知圓周角的性質有：
   (1) 圓周角為所對弧度的一半
2. 圓周360°

敘述	理由
(1) ∠AOC為$\overset{\frown}{ABC}$所對的圓心角	如圖7.2-28所示，∠AOC對$\overset{\frown}{ABC}$
(2) $\overset{\frown}{ABC}$＝∠AOC＝150°	由(1)圓心角∠AOC等於所對弧$\overset{\frown}{ABC}$的度數 & 已知∠AOC＝150°
(3) $\overset{\frown}{ABC}$＋$\overset{\frown}{ADC}$＝360°	如圖7.2-28所示， $\overset{\frown}{ABC}$＋$\overset{\frown}{ADC}$為圓周360°
(4) 150°＋$\overset{\frown}{ADC}$＝360°	將(2) $\overset{\frown}{ABC}$＝150° 代入(3)
(5) $\overset{\frown}{ADC}$＝360°－150°＝210°	由(4) 等量減法公理
(6) ∠B為$\overset{\frown}{ADC}$所對的圓周角	如圖7.2-28所示，∠B對$\overset{\frown}{ADC}$
(7) ∠B＝$\frac{1}{2}\overset{\frown}{ADC}$＝$\frac{1}{2}$×210° ＝105°	由(6) 圓周角∠B為所對弧$\overset{\frown}{ADC}$度數的一半 & (5) $\overset{\frown}{ADC}$＝210°

例題 7.2-21

如圖7.2-29，△ABC三頂點皆在圓周上，且$\overline{AB}=\overline{AC}$。已知∠A=50°，則$\overset{\frown}{AC}$的度數=？

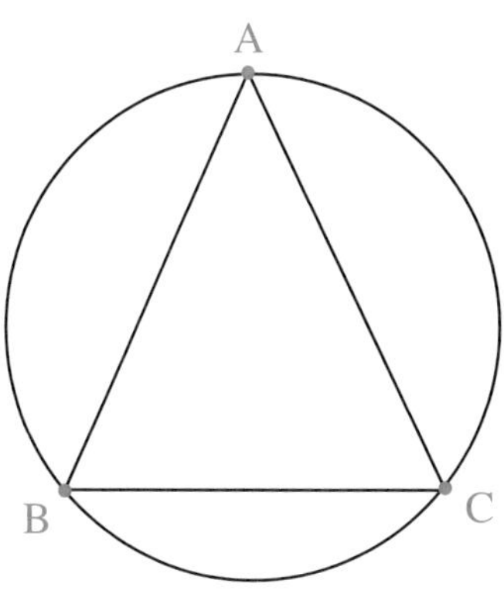

圖 7.2-29

1. 三角形內角和180°
2. 目前已知圓周角的性質有：
   (1) 圓周角為所對弧度的一半

敘述	理由
(1)△ABC為等腰三角形	已知$\overline{AB}=\overline{AC}$
(2) ∠C=∠B	等腰三角形兩底角相等
(3)△ABC中， ∠A+∠B+∠C=180°	三角形內角和180°
(4) 50°+∠B+∠B=180°	將已知∠A=50° & (2) ∠C=∠B 代入(3)式得
(5)∠B=(180°−50°)÷2=65°	由(4) 解一元一次方程式
(6)∠B=$\frac{1}{2}\overset{\frown}{AC}$=65°	圓周角∠B等於所對弧$\overset{\frown}{AC}$度數的一半
(7) $\overset{\frown}{AC}$=2×65°=130°	由(6) 等式兩邊同乘以2
(8) 所以弧$\overset{\frown}{AC}$的度數為所對圓周角∠B的2倍	由(7) $\overset{\frown}{AC}$=130° & (6) ∠B=65°

例題 7.2-22

如圖7.2-30，A、B、C、D四點在圓周上，∠A＝90°，∠B＝65°，$\overline{CD}=\overline{BC}$，求 $\overset{\frown}{AB}$ 的度數。

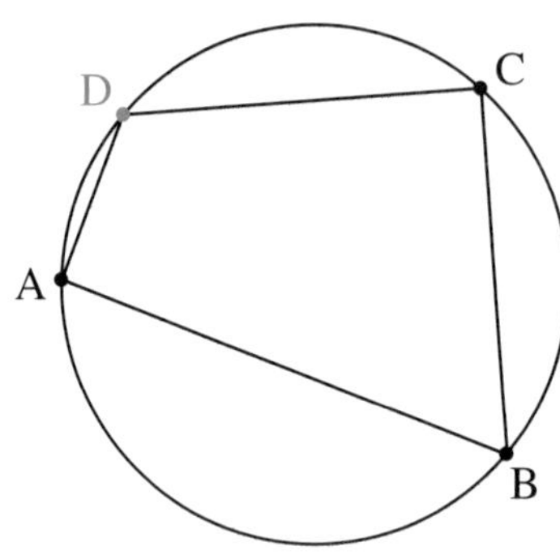

圖 7.2-30

1. 目前已知圓周角的性質有：
   (1) 圓周角為所對弧度的一半
   (2) 弧度為所對圓周角的2倍
2. 同圓中等弦對等弧

敘述	理由
(1) $\overset{\frown}{BCD}=2\angle A=2\times90^\circ=180^\circ$	弧度為所對圓周角的2倍 & 已知∠A＝90°
(2) $\overset{\frown}{BC}=\overset{\frown}{DC}$	已知$\overline{CD}=\overline{BC}$ & 同圓中等弦對等弧
(3) $\overset{\frown}{BC}=\overset{\frown}{DC}=\frac{1}{2}\overset{\frown}{BCD}=90^\circ$	由(1) & (2)
(4) $\overset{\frown}{ADC}=2\angle B=2\times65^\circ=130^\circ$	弧度為所對圓周角的2倍 & 已知∠B＝65°
(5) $\overset{\frown}{ADC}+\overset{\frown}{BC}+\overset{\frown}{AB}=360^\circ$	全量等於分量之和 & 圓周為360°
(6) $\overset{\frown}{AB}=360^\circ-\overset{\frown}{ADC}-\overset{\frown}{BC}$ $=360^\circ-130^\circ-90^\circ$ $=140^\circ$	由(5) 等量減法公理 由(4) $\overset{\frown}{ADC}=130^\circ$ & (3) $\overset{\frown}{BC}=90^\circ$ 已證

例題 7.2-23

如圖7.2-31，△ABC三頂點皆在圓周上。若∠C＝65°，

則∠AOB＝______度。

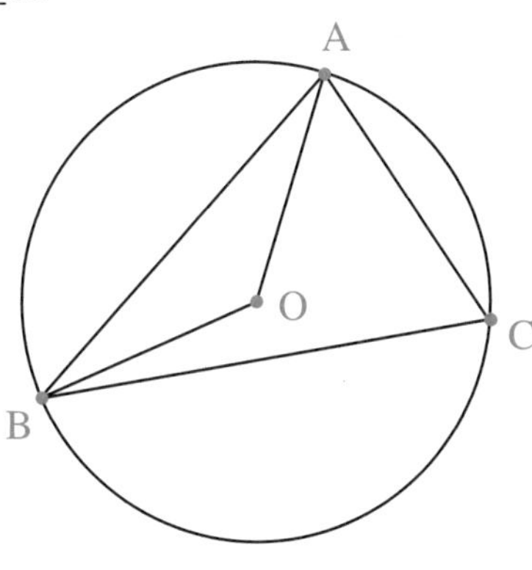

圖 7.2-31

想法

1. 目前已知圓周角的性質有：
   (1) 圓周角為所對弧度的一半
   (2) 弧為所對圓周角的2倍
2. 圓心角等於所對弧度

解

敘述	理由
(1)$\angle C=\frac{1}{2}\overset{\frown}{AB}=65^\circ$	圓周角∠C等於所對弧$\overset{\frown}{AB}$度數的一半
(2) $\overset{\frown}{AB}=2\times65^\circ=130^\circ$	由(1) 等號兩邊同乘以2
(3)$\angle AOB=\overset{\frown}{AB}=130^\circ$	圓心角∠AOB等於所對弧$\overset{\frown}{AB}$的度數
(4) 所以同弧$\overset{\frown}{AB}$之圓心角∠AOB為圓周角∠C的2倍（也可以說，同弧$\overset{\frown}{AB}$之圓周角∠C為圓心角∠AOB的一半）	由(3) $\angle AOB=130^\circ$ & (1) $\angle C=65^\circ$

例題 7.2-24

如圖7.2-32，圓O中，若$\overline{AB}$是直徑，且∠ACD＝30°，則∠AOD＝？

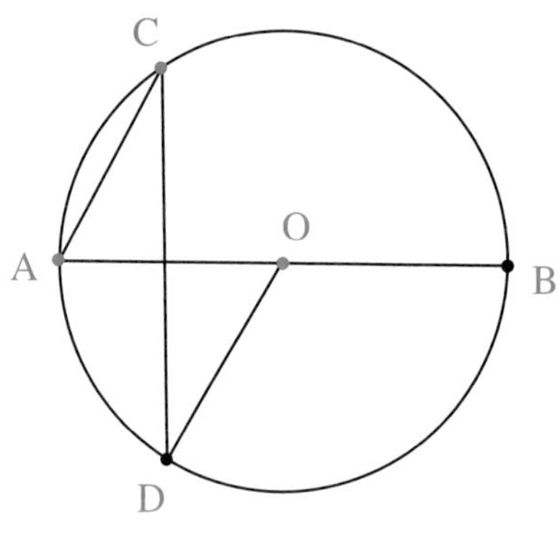

圖 7.2-32

1. 目前已知圓周角的性質有：
   (1) 圓周角為所對弧度的一半
   (2) 弧度為所對圓周角的2倍
   (3) 同弧之圓心角為圓周角的2倍
   (4) 同弧之圓周角為圓心角的一半

敘述	理由
(1)∠AOD為$\overset{\frown}{AD}$所對的圓心角	如圖7.2-32所示
(2)∠ACD為$\overset{\frown}{AD}$所對的圓周角	如圖7.2-32所示
(3)∠AOD＝2∠ACD ＝2×30°＝60°	由(1) & (2) 同弧$\overset{\frown}{AD}$之圓心角∠AOD為圓周角∠ACD的2倍 & 已知∠ACD＝30°

例題 7.2-25

如圖7.2-33，A、B、C三點都在圓周上，∠BOC＝120°，且$\overline{OC}$為∠ACB的角平分線，則∠A＝______度，∠ABC＝______度。

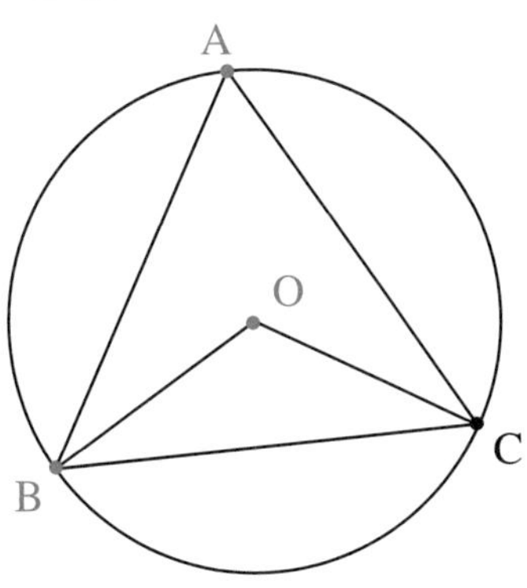

圖 7.2-33

1. 目前已知圓周角的性質有：
   (1) 圓周角為所對弧度的一半
   (2) 弧度為所對圓周角的2倍
   (3) 同弧之圓心角為圓周角的2倍
   (4) 同弧之圓周角為圓心角的一半
2. 圓的半徑等長
3. 三角形內角和180°

敘述	理由
(1)∠A為$\overset{\frown}{BC}$所對的圓周角	如圖7.2-33所示，∠A對$\overset{\frown}{BC}$
(2)∠BOC為$\overset{\frown}{BC}$所對的圓心角	如圖7.2-33所示，∠BOC對$\overset{\frown}{BC}$
(3)∠A＝$\frac{1}{2}$∠BOC＝$\frac{1}{2}$×120°＝60°	由(1)(2)同弧$\overset{\frown}{BC}$之圓周角∠A等於圓心角∠BOC的一半 & 已知∠BOC＝120°
(4)△OBC為等腰三角形	已知$\overline{OB}=\overline{OC}$為半徑
(5)∠OBC＝∠OCB	由(4) 等腰三角形兩底角相等
(6)△OBC中， ∠BOC＋∠OBC＋∠OCB＝180°	如圖7.2-33所示， 三角形內角和180°

(7) 120°＋∠OCB＋∠OCB＝180°	將已知∠BOC＝120° & (5) ∠OBC＝∠OCB 代入(6)
(8) ∠OCB＝(180°－120°)÷2＝30°	由(7) 解一元一次方程式
(9) ∠ACB＝2∠OCB＝2×30°＝60°	已知$\overline{OC}$為∠ACB的角平分線 & (8) ∠OCB＝30°
(10)△ABC中， ∠ABC＋∠ACB＋∠A＝180°	如圖7.2-33所示 三角形內角和180°
(11)∠ABC＝180°－(∠ACB＋∠A) ＝180°－(60°＋60°) ＝60°	由(10) 等量減法公理 & (9) ∠ACB＝60° & (3)∠A＝60° 已證

例題 7.2-26

如圖7.2-34，$\overline{AB}$ 和$\overline{CD}$是圓的兩弦，且相交於E點。若∠B＝60°，∠A＝50°，則：(1)∠1＝______度。(2)∠2＝______度。

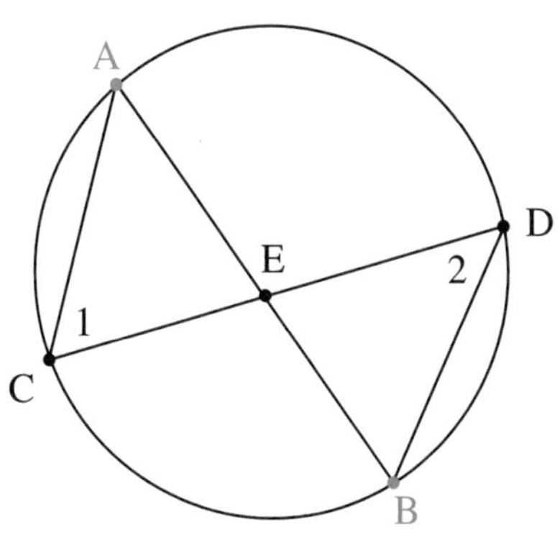

圖 7.2-34

目前已知圓周角的性質有：

(1) 圓周角為所對弧度的一半

(2) 弧度為所對圓周角的2倍

(3) 同弧之圓心角為圓周角的2倍

(4) 同弧之圓周角為圓心角的一半

敘述	理由
(1)$\angle B=\frac{1}{2}\overset{\frown}{AD}=60^\circ$	圓周角∠B等於所對弧$\overset{\frown}{AD}$度數的一半
(2)$\angle 1=\frac{1}{2}\overset{\frown}{AD}=\angle B=60^\circ$	圓周角∠1等於所對弧$\overset{\frown}{AD}$度數的一半 & (1)
(3)$\angle A=\frac{1}{2}\overset{\frown}{BC}=50^\circ$	圓周角∠A等於所對弧$\overset{\frown}{BC}$度數的一半
(4)$\angle 2=\frac{1}{2}\overset{\frown}{BC}=\angle A=50^\circ$	圓周角∠2等於所對弧$\overset{\frown}{BC}$度數的一半 & (3)
(5)所以同弧$\overset{\frown}{AD}$之圓周角∠B與∠1相等	由(2) ∠B＝∠1＝60°
(6)所以同弧$\overset{\frown}{BC}$之圓周角∠A與∠2相等	由(4) ∠A＝∠2＝50°

例題 7.2-27

如圖7.2-35，∠ACB＝47°，則∠ADB＝______度。

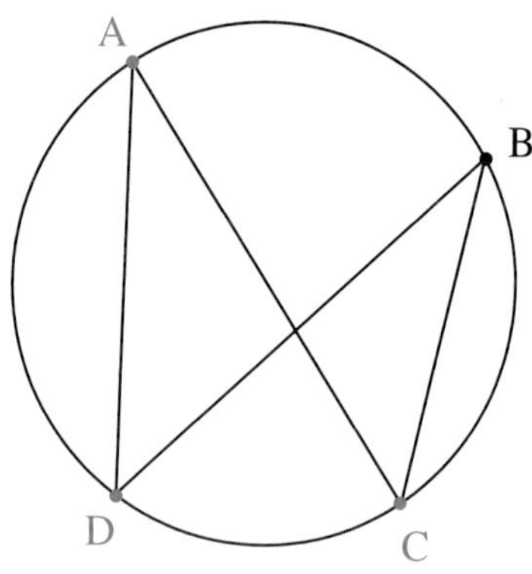

圖 7.2-35

想法

目前已知圓周角的性質有：

(1) 圓周角為所對弧度的一半

(2) 弧度為所對圓周角的2倍

(3) 同弧之圓心角為圓周角的2倍

(4) 同弧之圓周角為圓心角的一半

(5) 同弧之圓周角相等

解

敘述	理由
(1)∠ACB為$\overset{\frown}{AB}$所對之圓周角	如圖7.2-35所示，∠ACB對$\overset{\frown}{AB}$
(2)∠ADB為$\overset{\frown}{AB}$所對之圓周角	如圖7.2-35所示，∠ADB對$\overset{\frown}{AB}$
(3)∠ADB＝∠ACB＝47°	同弧$\overset{\frown}{AB}$所對之圓周角∠ADB與∠ACB相等 & 已知∠ACB＝47°

定理 7.2-8

直徑所對的圓周角為直角

△ABC三頂點皆在圓周上，且$\overline{BC}$為圓的直徑，則∠BAC＝90°

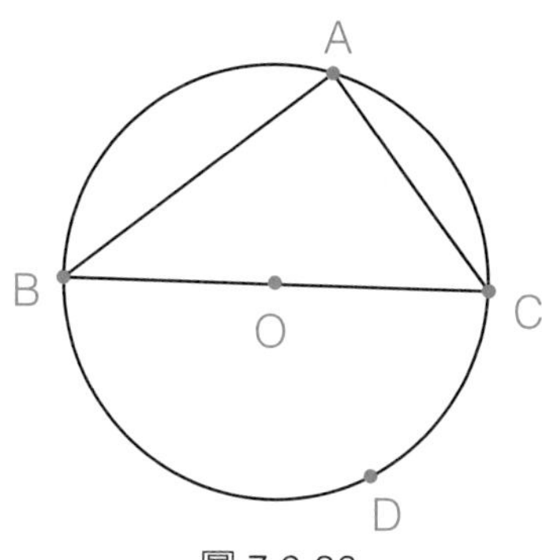

圖 7.2-36

如圖7.2-36，△ABC三頂點皆在圓周上，且$\overline{BC}$為圓O的直徑

∠A＝90°

1. 目前已知圓周角的性質有：
   (1) 圓周角為所對弧度的一半　　(2) 弧度為所對圓周角的2倍
   (3) 同弧之圓心角為圓周角的2倍　　(4) 同弧之圓周角為圓心角的一半
   (5) 同弧之圓周角相等
2. 直徑將圓周分為一半
3. 圓周360°

敘述	理由
(1) $\overset{\frown}{BAC}=\overset{\frown}{BDC}$	已知$\overline{BC}$為圓O的直徑，直徑將圓周分為一半
(2) $\overset{\frown}{BAC}+\overset{\frown}{BDC}=360°$	如圖7.2-36所示，$\overset{\frown}{BAC}+\overset{\frown}{BDC}$為圓周360°
(3) $\overset{\frown}{BDC}+\overset{\frown}{BDC}=360°$	將(1) $\overset{\frown}{BAC}=\overset{\frown}{BDC}$代入(2)式得
(4) $\overset{\frown}{BDC}=360°\div 2=180°$	由(3) 解一元一次方程式
(5) ∠A為$\overset{\frown}{BDC}$之圓周角	如圖7.2-36所示，∠A對$\overset{\frown}{BDC}$
(6) $\angle A=\frac{1}{2}\overset{\frown}{BDC}=\frac{1}{2}\times 180°=90°$	由(5) 圓周角∠A為所對弧$\overset{\frown}{BDC}$度數的一半 & (4) $\overset{\frown}{BDC}=180°$
(7) 所以直徑$\overline{BC}$所對的圓周角∠A＝90°	由(6) ∠A＝90°

Q.E.D.

例題 7.2-28

如圖7.2-37，$\overline{AB}$ 為直徑，求∠C＋∠D＋∠E＝？

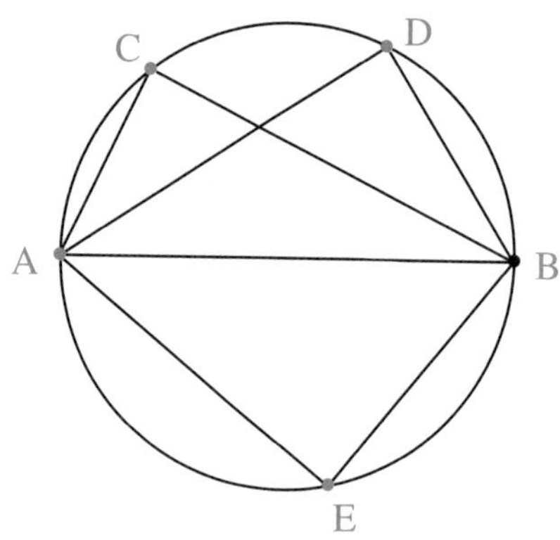

圖 7.2-37

圓周角的性質有：

(1) 圓周角為所對弧度的一半

(2) 弧度為所對圓周角的2倍

(3) 同弧之圓心角為圓周角的2倍

(4) 同弧之圓周角為圓心角的一半

(5) 同弧之圓周角相等

(6) 直徑所對的圓周角為直角

敘述	理由
(1)∠C為直徑$\overline{AB}$所對的圓周角	如圖7.2-37 & 已知$\overline{AB}$為圓O的直徑
(2)∠C＝90°	由(1) 直徑$\overline{AB}$所對的圓周角∠C為直角
(3)∠D為直徑$\overline{AB}$所對的圓周角	如圖7.2-37 & 已知$\overline{AB}$為圓O的直徑
(4)∠D＝90°	由(3) 直徑$\overline{AB}$所對的圓周角∠D為直角
(5)∠E為直徑$\overline{AB}$所對的圓周角	如圖7.2-37 & 已知$\overline{AB}$為圓O的直徑
(6)∠E＝90°	由(5) 直徑$\overline{AB}$所對的圓周角∠E為直角
(7) 所以 ∠C＋∠D＋∠E ＝90°＋90°＋90°＝270°	由(2)式＋(4)式＋(6)式

例題 7.2-29

如圖7.2-38，△ABC三頂點皆在圓周上，且$\overline{BC}$為圓O的直徑。
已知∠B＝30°，則∠C＝______度。

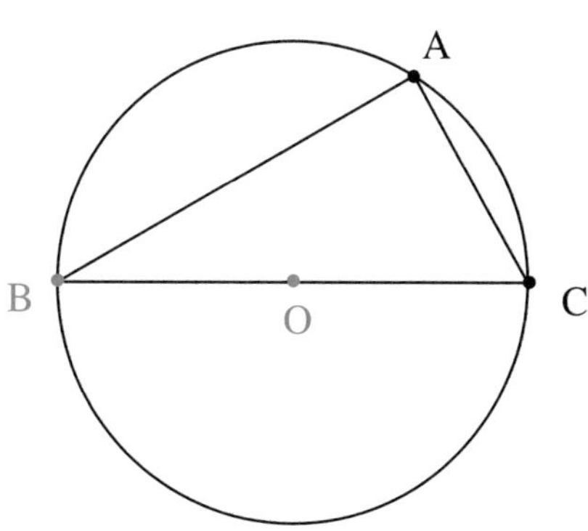

圖 7.2-38

1. 圓周角的性質有：
   (1) 圓周角為所對弧度的一半
   (2) 弧度為所對圓周角的2倍
   (3) 同弧之圓心角為圓周角的2倍
   (4) 同弧之圓周角為圓心角的一半
   (5) 同弧之圓周角相等
   (6) 直徑所對的圓周角為直角
2. 三角形內角和180°

敘述	理由
(1)∠A為直徑$\overline{BC}$所對的圓周角	如圖7.2-38所示 & 已知$\overline{BC}$為圓O的直徑
(2)∠A＝90°	由(1) & 直徑所對的圓周角為直角
(3) 三角形ABC中， ∠A＋∠B＋∠C＝180°	如圖7.2-38所示 三角形內角和180°
(4) 90°＋30°＋∠C＝180°	將(2) ∠A＝90° & 已知 ∠B＝30° 代入(3)
(5)∠C＝180°－90°－30°＝60°	由(4) 等量減法公理

例題 7.2-30

圖7.2-39是一個半圓，A點在半圓上，$\overline{BC}$為直徑。已知∠B＝55°，則$\overset{\frown}{AB}$＝______度。

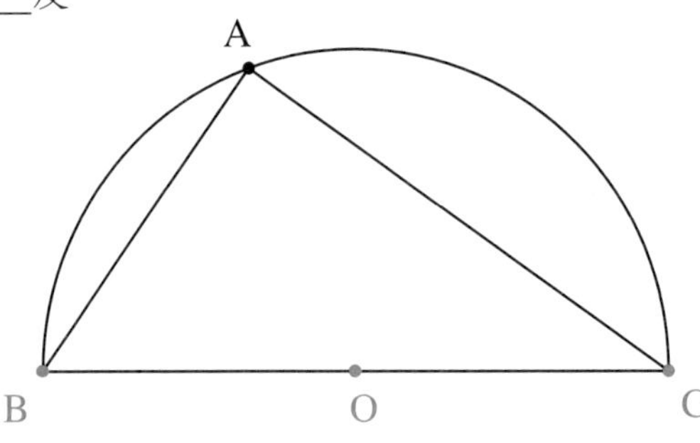

圖 7.2-39

1. 圓周角的性質有：
   (1) 圓周角為所對弧度的一半
   (2) 弧度為所對圓周角的2倍
   (3) 同弧之圓心角為圓周角的2倍
   (4) 同弧之圓周角為圓心角的一半
   (5) 同弧之圓周角相等
   (6) 直徑所對的圓周角為直角
2. 三角形內角和180°

敘述	理由
(1)∠A為直徑$\overline{BC}$所對的圓周角	如圖7.2-39所示 & 已知$\overline{BC}$為圓O的直徑
(2)∠A＝90°	由(1) & 直徑所對的圓周角為直角
(3) 三角形ABC中， ∠A＋∠B＋∠C＝180°	如圖7.2-39所示 三角形內角和180°
(4) 90°＋55°＋∠C＝180°	將(2) ∠A＝90° & 已知 ∠B＝55° 代入(3)
(5)∠C＝180°－90°－55°＝35°	由(4) 等量減法公理
(6)∠C為$\overset{\frown}{AB}$所對的圓周角	如圖7.2-39所示，∠C對$\overset{\frown}{AB}$
(7) $\overset{\frown}{AB}$＝2∠C＝2×35°＝70°	由(6) 弧$\overset{\frown}{AB}$為所對圓周角∠C的2倍 & (5) ∠C＝35°

例題 7.2-31

如圖7.2-40，$\overline{AB}$是圓O的直徑，且$\overline{AB}=\overline{AC}$，∠BAC＝50°，

則$\overset{\frown}{AE}$＝______度，$\overset{\frown}{DE}$＝______度，$\overset{\frown}{BD}$＝______度。

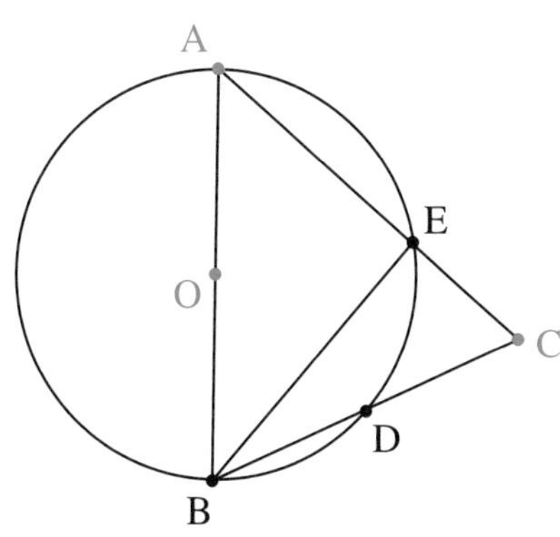

圖 7.2-40

想法

1. 圓周角的性質有：
   (1) 圓周角為所對弧度的一半
   (2) 弧度為所對圓周角的2倍
   (3) 同弧之圓心角為圓周角的2倍
   (4) 同弧之圓周角為圓心角的一半
   (5) 同弧之圓周角相等
   (6) 直徑所對的圓周角為直角
2. 等腰三角形的性質：
   (1) 兩腰等長　(2) 兩底角相等

解

敘述	理由
(1)∠AEB為直徑$\overline{AB}$所對的圓周角	如圖7.2-40 & 已知$\overline{AB}$為圓O的直徑
(2)∠AEB＝90°	由(1) 直徑$\overline{AB}$所對的圓周角∠C為直角
(3) △AEB中， ∠BAC＋∠AEB＋∠ABE ＝180°	如圖7.2-40所示 三角形內角和180°
(4) 50°＋90°＋∠ABE＝180°	將已知∠BAC＝50° & (2) ∠AEB＝90° 代入(3)
(5)∠ABE＝180°－50°－90° ＝40°	由(4) 等量減法公理

(6) $\overset{\frown}{AE}$為∠ABE所對的弧	如圖7.2-40所示，$\overset{\frown}{AE}$對∠ABE
(7) $\overset{\frown}{AE}$＝2∠ABE＝2×40°＝80°	由(6) 弧$\overset{\frown}{AE}$的度數為所對圓周角∠ABE的2倍 & (5) ∠ABE＝40°
—以下求$\overset{\frown}{DE}$— (8) △ABC為等腰三角形	已知$\overline{AB}=\overline{AC}$，兩腰等長為等腰三角形
(9)∠C＝∠ABC	由(8) 等腰三角形兩底角相等
(10)∠ABC＋∠C＋∠BAC ＝180°	由(8) 三角形內角和180°
(11)∠ABC＋∠ABC＋50° ＝180°	將(9) ∠ABC＝∠C & 已知∠BAC＝50°代入(10)
(12)∠ABC＝(180°－50°)÷2＝65°	由(11) 解一元一次方程式
(13)∠EBC＝∠ABC－∠ABE	如圖7.2-40，∠EBC＋∠ABE＝∠ABC
(14)∠EBC＝65°－40°＝25°	將(12) ∠ABC＝65° & (5) ∠ABE＝40°代入(13)
(15) $\overset{\frown}{DE}$為∠EBC所對的弧度	如圖7.2-40所示，$\overset{\frown}{DE}$對∠EBC
(16)$\overset{\frown}{DE}$＝2∠EBC＝2×25°＝50°	由(15) 弧$\overset{\frown}{DE}$的度數為所對圓周角∠EBC的2倍 & (14) ∠EBC＝25°
—以下求$\overset{\frown}{BD}$— (17) $\overset{\frown}{BDE}$為∠BAC所對的弧	如圖7.2-40所示，$\overset{\frown}{BDE}$對∠BAC
(18) $\overset{\frown}{BDE}$＝2∠BAC＝2×50° ＝100°	由(17) 弧$\overset{\frown}{BDE}$的度數為所對圓周角∠BAC的2倍 & 已知∠BAC＝50°
(19) $\overset{\frown}{BDE}$＝$\overset{\frown}{BD}$＋$\overset{\frown}{DE}$	如圖7.2-40所示，$\overset{\frown}{BDE}$＝$\overset{\frown}{BD}$＋$\overset{\frown}{DE}$
(20) 100°＝$\overset{\frown}{BD}$＋50°	將(18) $\overset{\frown}{BDE}$＝100° & (16) $\overset{\frown}{DE}$＝50°代入(19)
(21) $\overset{\frown}{BD}$＝100°－50°＝50°	由(20) 等量減法公理

例題 7.2-32

如圖7.2-41，$\overline{AB}$為圓O的直徑，且∠C＝60°，求：

(1)∠EBC＝______度。　(2) $\overset{\frown}{DE}$＝______度。

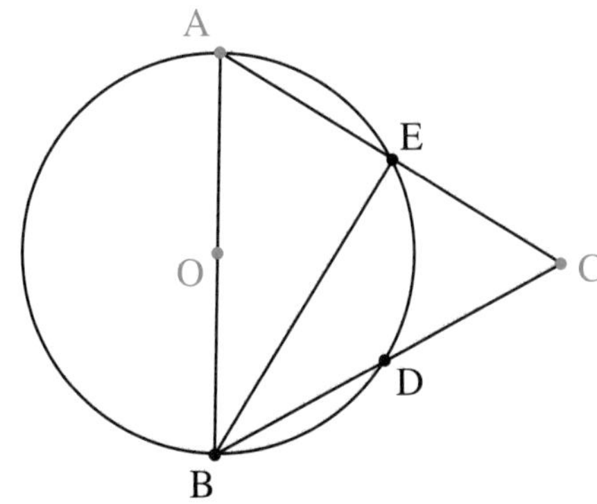

圖 7.2-41

1. 圓周角的性質有：
   (1) 圓周角為所對弧度的一半
   (2) 弧度為所對圓周角的2倍
   (3) 同弧之圓心角為圓周角的2倍
   (4) 同弧之圓周角為圓心角的一半
   (5) 同弧之圓周角相等
   (6) 直徑所對的圓周角為直角
2. 三角形外角定理：外角等於內對角的和

敘述	理由
(1)∠AEB為直徑$\overline{AB}$所對的圓周角	如圖7.2-41所示 & 已知$\overline{AB}$為圓O的直徑
(2)∠AEB＝90°	由(1) 直徑$\overline{AB}$所對的圓周角∠C為直角
(3) △CEB中， ∠AEB為∠BEC的外角	如圖7.2-41所示
(4)∠AEB＝∠C＋∠EBC	外角∠AEB等於內對角∠C與∠EBC的和
(5) 90°＝60°＋∠EBC	將(2) ∠AEB＝90° & 已知∠C＝60°代入(4)
(6)∠EBC＝90°－60°＝30°	由(5) 等量減法公理
(7) $\overset{\frown}{DE}$為∠EBC所對的弧	如圖7.2-41所示，$\overset{\frown}{DE}$對∠EBC
(8) $\overset{\frown}{DE}$＝2∠EBC＝2×30° ＝60°	由(7) 弧$\overset{\frown}{DE}$的度數為所對圓周角∠EBC的2倍 & (6) ∠EBC＝30°

接著，我們將第七章中所提到圓的弧、圓心角與圓周角之間的關係，應用到第四章中所提到的三角形的外心，來作以下的例題7.2-33~例題7.2-36。

例題 7.2-33

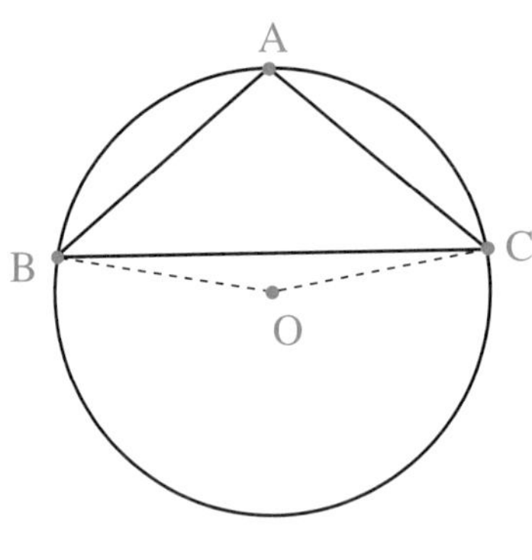

圖 7.2-42

已知 如圖7.2-42，O點為△ABC的外心，且O點在△ABC的外部。

求證 $\angle BOC = 360^\circ - 2\angle A$

想法
(1) 弧的度數為所對圓周角的2倍
(2) 圓心角的度數等於所對弧的度數
(3) 圓周為360°

證明

敘述	理由
(1) $\overset{\frown}{BC} = 2\angle A$	如圖7.2-42，弧的度數為所對圓周角的2倍
(2) $\overset{\frown}{BAC} + \overset{\frown}{BC} = 360^\circ$	如圖7.2-42，$\overset{\frown}{BAC} + \overset{\frown}{BC}$ = 圓周 = 360°
(3) $\overset{\frown}{BAC} = 360^\circ - \overset{\frown}{BC}$ $= 360^\circ - 2\angle A$	由(2) 等量減法公理 & (1) $\overset{\frown}{BC} = 2\angle A$ 已證
(4) $\angle BOC = \overset{\frown}{BAC}$	如圖7.2-42，圓心角的度數等於所對弧的度數
(5) 所以 $\angle BOC = 360^\circ - 2\angle A$	由(3) & (4) 遞移律

Q.E.D.

例題 7.2-34

圖7.2-43中，已知O點為△ABC的外心，且∠A＝100°，則∠BOC＝？

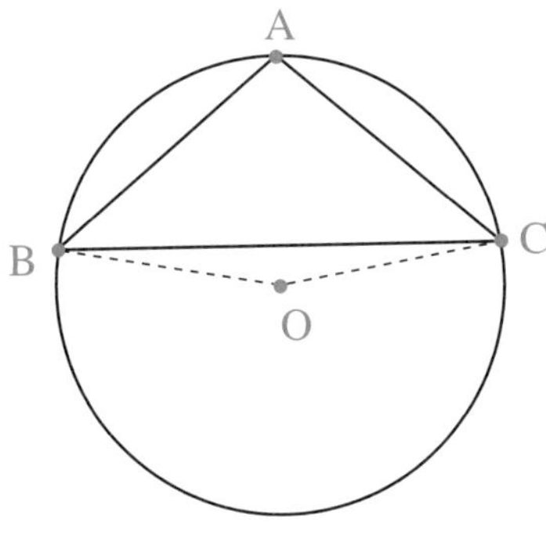

圖 7.2-43

想法

若O點為△ABC的外心，且O點在△ABC的外部，則∠BOC＝360°－2∠A

解

敘述	理由
(1)∠BOC＝360°－2∠A ＝360°－2×100° ＝160°	已知O點為△ABC的外心，且O點在△ABC的外部，則∠BOC＝360°－2∠A & 已知∠A＝100°

例題 7.2-35

如圖7.2-44，O點為△ABC的外心，
且O點在△ABC的內部，

∠BOC＝2∠A

同弧所對之圓心角為圓周角的2倍

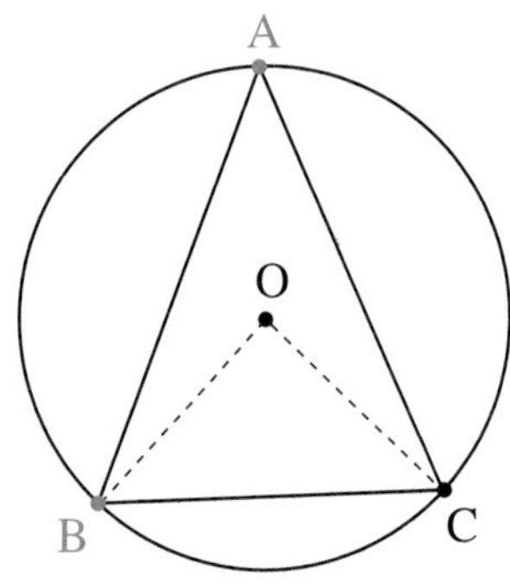

圖 7.2-44

敘述	理由
(1)∠BOC＝2∠A	同弧($\overset{\frown}{BC}$)所對之圓心角(∠BOC)為圓周角(∠A)的2倍

Q.E.D.

例題 7.2-36

圖7.2-45中，已知O點為△ABC的外心，且∠A＝45°，則∠BOC＝？

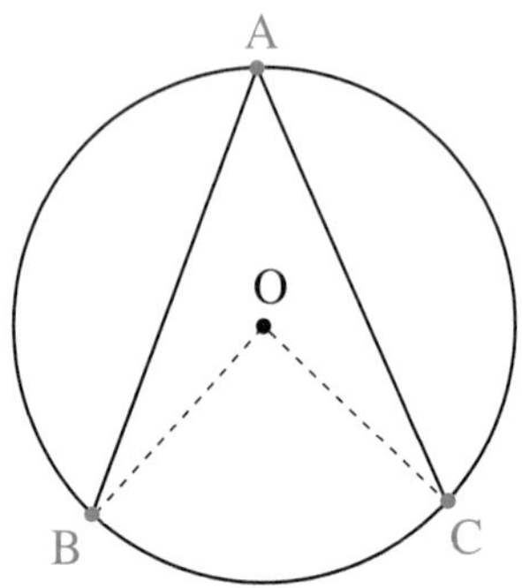

圖 7.2-45

若O點為△ABC的外心，且O點在△ABC的內部，則∠BOC＝2∠A

敘述	理由
(1)∠BOC＝2∠A ＝2×45°＝90°	若O點為△ABC的外心，且O點在△ABC的內部，則∠BOC＝2∠A & 已知∠A＝45°

在證明下一個定理7.2-9之前，我們先練習以下的這一個例題7.2-37。

例題 7.2-37

如圖7.2-46，若∠A＝45°，∠D＝60°，求∠AEC的度數。

1. 圓周角的性質有：
   (1) 圓周角為所對弧度的一半
   (2) 弧度為所對圓周角的2倍
   (3) 同弧之圓心角為圓周角的2倍
   (4) 同弧之圓周角為圓心角的一半
   (5) 同弧之圓周角相等
   (6) 直徑所對的圓周角為直角
2. 三角形外角定理：外角等於內對角的和

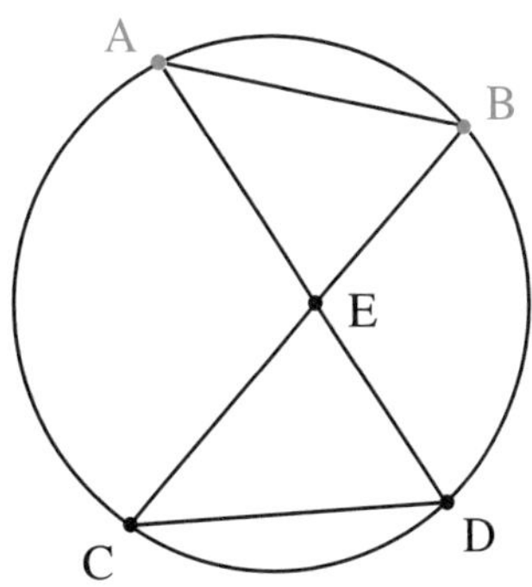

圖 7.2-46

敘述	理由
(1) ∠A與∠C皆為$\overset{\frown}{BD}$所對之圓周角	圖7.2-46所示，∠A 與∠C皆對 $\overset{\frown}{BD}$
(2) $\overset{\frown}{BC}$＝2∠A＝2×45°＝90°	由(1) 弧$\overset{\frown}{BD}$的度數為所對圓周角∠A的2倍 & 已知∠A＝45°
(3) $\angle C=\frac{1}{2}\overset{\frown}{BD}$	由(1) 圓周角∠C為所對弧$\overset{\frown}{BD}$度數的一半
(4) $\overset{\frown}{AC}$為∠D所對之弧	如圖7.2-46所示，$\overset{\frown}{AC}$對∠D
(5) $\overset{\frown}{AC}$＝2∠D＝2×60°＝120°	由(4) 弧$\overset{\frown}{AC}$的度數為所對圓周角∠D的2倍 & 已知∠D＝60°
(6) $\angle D=\frac{1}{2}\overset{\frown}{AC}$	由(4) 圓周角∠D為所對弧$\overset{\frown}{AC}$度數的一半
(7) △ECD中，∠AEC＝∠C＋∠D	如圖7.2-46所示 & 外角∠AEC等於內對角∠C與∠D的和
(8) $\angle AEC=\frac{1}{2}\overset{\frown}{BD}+\frac{1}{2}\overset{\frown}{AC}$ $=\frac{1}{2}(\overset{\frown}{BD}+\overset{\frown}{AC})$	將(3) $\angle C=\frac{1}{2}\overset{\frown}{BD}$ & (6) $\angle D=\frac{1}{2}\overset{\frown}{AC}$ 代入(7)式得
(9) $\angle AEC=\frac{1}{2}(90^\circ+120^\circ)=105^\circ$	將(2) $\overset{\frown}{BD}=90^\circ$ & (5) $\overset{\frown}{AC}=120^\circ$ 代入(8)式得

定理 7.2-9

兩弦相交定理（圓內角定理）：

圓內相交二弦所成交角的度數，等於這角與它的對頂角所對兩弧度數和的一半。

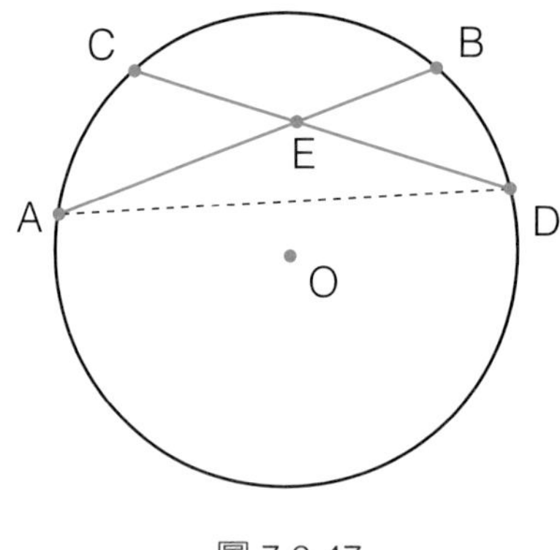

圖 7.2-47

已知 如圖7.2-47，$\overline{AB}$與$\overline{CD}$為圓O的兩弦，此兩弦相交於E點。

求證 $\angle AEC=\frac{1}{2}(\overset{\frown}{AC}+\overset{\frown}{BD})$。

想法 利用圓周角的度數等於所對弧的一半。

證明

敘述	理由
(1) 連接A點與D點，如圖7.2-47	過兩點可作一直線
(2)△EAD中， $\angle AEC=\angle EAD+\angle EDA$	如圖7.2-47所示 三角形的外角等於內對角的和
(3)$\angle EAD=\frac{1}{2}\overset{\frown}{BD}$ $\angle EDA=\frac{1}{2}\overset{\frown}{AC}$	如圖7.2-47所示 圓周角的度數等於所對弧的一半
(4)$\angle AEC=\frac{1}{2}\overset{\frown}{BD}+\frac{1}{2}\overset{\frown}{AC}$ $=\frac{1}{2}(\overset{\frown}{AC}+\overset{\frown}{BD})$	將(3)式代入 (2)式得
(5)$\angle AEC=\frac{1}{2}(\overset{\frown}{AC}+\overset{\frown}{BD})$	由(4) 已證

Q.E.D.

接著，我們將定理7.2-9：兩弦相交定理(圓內角定理)，應用在例題7.2-38~例題7.2-40之中。

例題 7.2-38

如圖7.2-48，兩弦$\overline{AB}$與$\overline{CD}$相交於圓內一點P。已知 $\overset{\frown}{AC}=124^\circ$，$\overset{\frown}{BD}=48^\circ$，則∠BPD=______度。

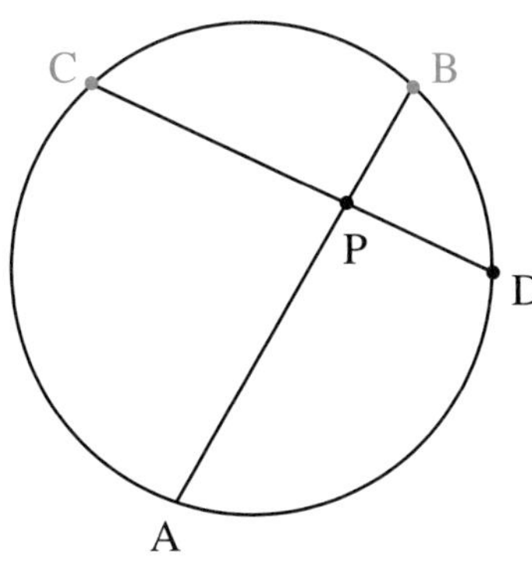

圖 7.2-48

想法　圓內角的度數，等於這角與它的對頂角所對兩弧度數和的一半

解

敘述	理由
(1)∠BPD為圓內角	已知P點為兩弦$\overline{AB}$與$\overline{CD}$在圓內的交點
(2)$\angle BPD=\frac{1}{2}(\overset{\frown}{BD}+\overset{\frown}{AC})$	由(1) 圓內角∠BPD的度數，等於這角∠BPD與它的對頂角∠CPA所對兩弧$\overset{\frown}{BD}$與$\overset{\frown}{AC}$度數和的一半
(3)$\angle BPD=\frac{1}{2}(48^\circ+124^\circ)$ $=86^\circ$	將已知$\overset{\frown}{BD}=48^\circ$ & $\overset{\frown}{AC}=124^\circ$ 代入(2)式得

例題 7.2-39

如圖7.2-49，兩弦$\overline{AB}$、$\overline{CD}$相交於圓內一點P。已知$\overset{\frown}{AD}=92^\circ$，$\angle APD=80^\circ$，則$\overset{\frown}{BC}=$______度。

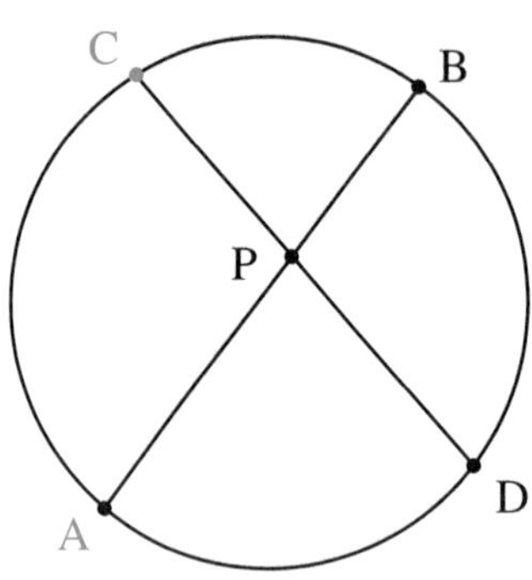

圖 7.2-49

圓內角的度數，等於這角與它的對頂角所對兩弧度數和的一半

敘述	理由
(1)$\angle APD$為圓內角	已知P點為兩弦$\overline{AB}$與$\overline{CD}$在圓內的交點
(2)$\angle APD=\frac{1}{2}(\overset{\frown}{BC}+\overset{\frown}{AD})$	由(1)圓內角$\angle APD$的度數，等於這角$\angle APD$與它的對頂角$\angle CPB$所對兩弧$\overset{\frown}{AD}$與$\overset{\frown}{BC}$度數和的一半
(3) $80^\circ=\frac{1}{2}(\overset{\frown}{BC}+92^\circ)$	將已知$\angle APD=80^\circ$ & $\overset{\frown}{AD}=92^\circ$代入(2)式得
(4) $\overset{\frown}{BC}=2\times80^\circ-92^\circ=68^\circ$	由(3) 解一元一次方程式

例題 7.2-40

如圖7.2-50，若∠DEC＝76°，且$\overset{\frown}{CD}-\overset{\frown}{AB}=20^\circ$，
則∠DAC＝______度。

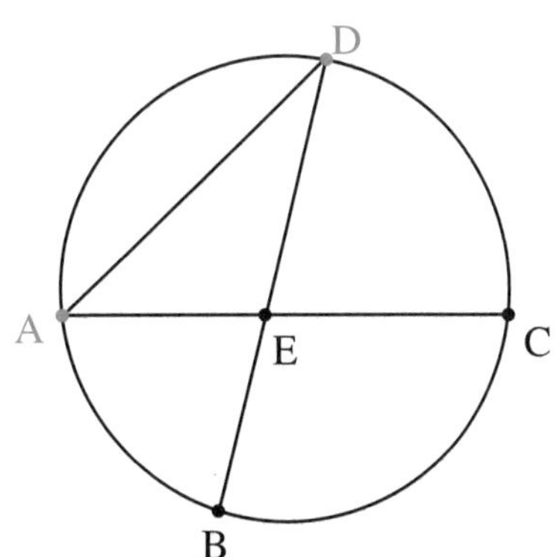

圖 7.2-50

1. 圓周角的性質有：
   (1) 圓周角為所對弧度的一半
   (2) 弧度為所對圓周角的2倍
   (3) 同弧之圓心角為圓周角的2倍
   (4) 同弧之圓周角為圓心角的一半
   (5) 同弧之圓周角相等
   (6) 直徑所對的圓周角為直角
2. 圓內角的度數，等於這角與它的對頂角所對兩弧度數和的一半

敘述	理由
(1)∠DEC為圓內角	已知E點為兩弦$\overline{AC}$與$\overline{BD}$在圓內的交點
(2)$\angle DEC=\frac{1}{2}(\overset{\frown}{CD}+\overset{\frown}{AB})$	由(1)圓內角∠DEC的度數，等於這角∠DEC與它的對頂角∠AEB所對兩弧$\overset{\frown}{CD}$與$\overset{\frown}{AB}$度數和的一半
(3) $76^\circ=\frac{1}{2}(\overset{\frown}{CD}+\overset{\frown}{AB})$	將已知∠DEC＝76°代入(2)式得
(4) $\overset{\frown}{CD}+\overset{\frown}{AB}=152^\circ$	由(3) 等號兩邊同乘以2
(5) $\overset{\frown}{CD}-\overset{\frown}{AB}=20^\circ$	已知
(6) $\overset{\frown}{CD}=(152^\circ+20^\circ)\div 2$ $=86^\circ$	由(4) & (5) 解二元一次聯立方程式
(7) ∠DAC為$\overset{\frown}{CD}$所對的圓周角	如圖7.2-50所示，∠DAC對$\overset{\frown}{CD}$
(8)$\angle DAC=\frac{1}{2}\overset{\frown}{CD}$ $=\frac{1}{2}\times 86^\circ=43^\circ$	由(7) 圓周角∠DAC為所對弧$\overset{\frown}{CD}$度數的一半 & (6) $\overset{\frown}{CD}=86^\circ$

定義
7.2-4

公弦

若兩圓相交於相異兩點，則連接相交兩圓交點的線段就叫此兩圓的公弦。如圖7.2-51所示，$\overline{CD}$為圓A與圓B的公弦。

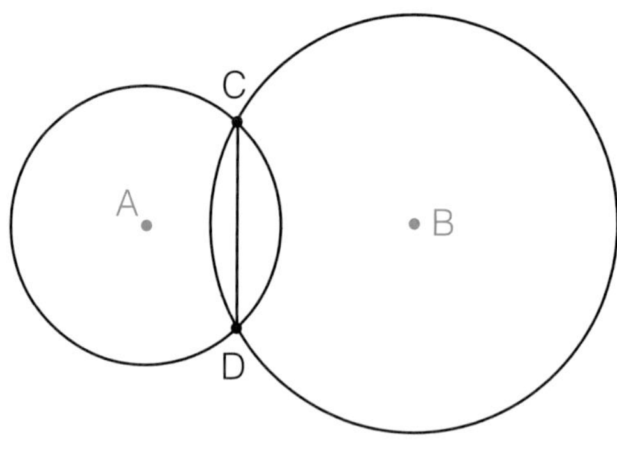

圖 7.2-51

定理 7.2-10

兩圓相交定理：

相交兩圓的兩圓心連線（連心線），必垂直平分這兩圓的公弦。

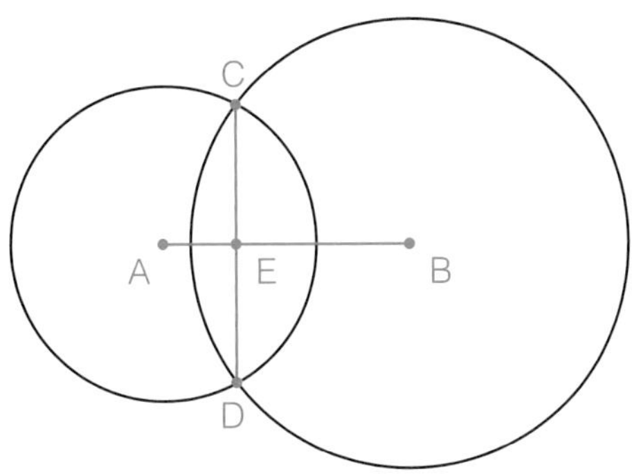

圖 7.2-52

如圖7.2-52，圓A及圓B兩圓相交於C、D兩點。

(1) $\overline{AB} \perp \overline{CD}$

(2) $\overline{CE} = \overline{DE}$

利用垂直平分線定理：到線段兩端點等距離的兩點連線必垂直平分此一線段。

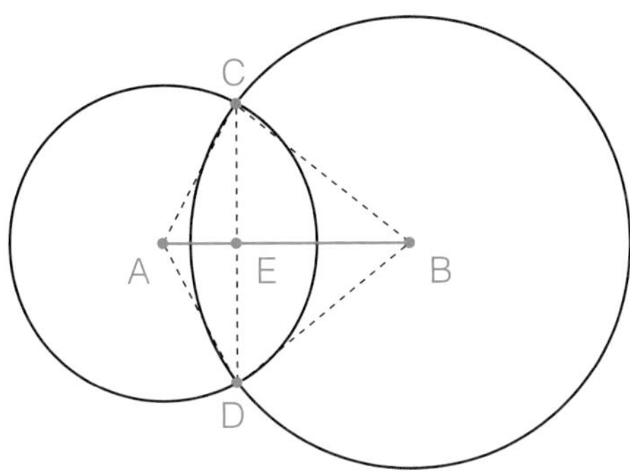

圖 7.2-52(a)

敘述	理由
(1) 作$\overline{AC}$、$\overline{AD}$、$\overline{BC}$、$\overline{BD}$，如圖7.2-52(a)	過兩點可作一直線
(2) $\overline{AC} = \overline{AD}$ 且 $\overline{BC} = \overline{BD}$	同圓半徑相等
(3) $\overline{AB} \perp \overline{CD}$ 且 $\overline{CE} = \overline{DE}$	由(2) 到線段兩端點等距離的兩點連線必垂直平分此一線段（定理3.1-1）

Q.E.D.

例題 7.2-41

如圖7.2-53，圓A與圓B相交於C、D兩點，若$\overline{CD}$＝10公分，則：

(1) $\overline{CE}$＝？　　(2) ∠CEB＝？

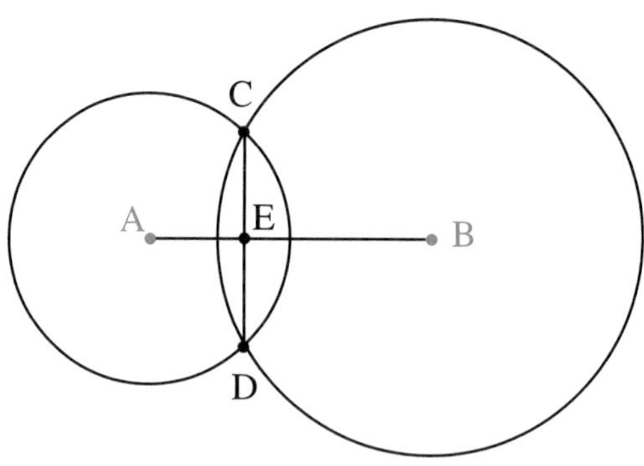

圖 7.2-53

相交兩圓的兩圓心連線（連心線），必垂直平分這兩圓的公弦

敘述	理由
(1) $\overline{AB}$ 為連心線 & $\overline{CD}$為公弦	已知圓A與圓B相交於C、D兩點
(2) $\overline{AB}\perp\overline{CD}$ & $\overline{CE}=\overline{DE}$	由(1) 連心線必垂直平分這兩圓的公弦
(3) ∠CEB＝90° & $\overline{CE}$＝5公分	由(2) $\overline{AB}\perp\overline{CD}$ & $\overline{CE}=\overline{DE}$ & 已知$\overline{CD}$＝10公分

習題 7.2

習題7.2-1 如圖7.2-54，$\overset{\frown}{AB}$的度數是60°，試求其所對應的圓心角∠AOB。

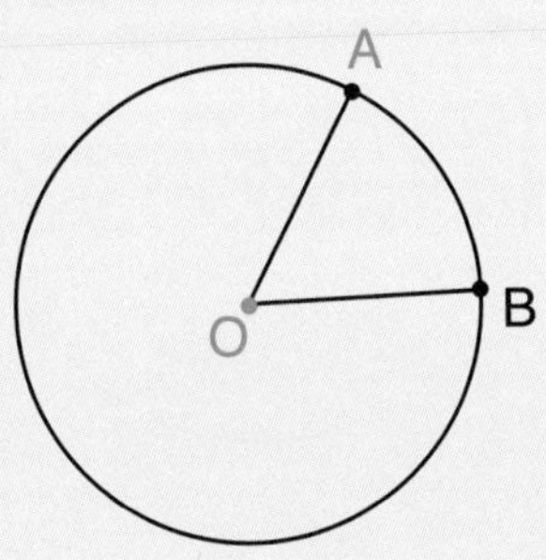

圖 7.2-54

習題7.2-2 如圖7.2-55，圓P的半徑$\overline{PA}$為8公分，圓Q的半徑$\overline{QC}$為4公分，∠APB＝∠CQD，$\overset{\frown}{AB}$＝60°。則：

(1) ∠CQD＝______度。　　(2) $\overset{\frown}{CD}$＝______度。

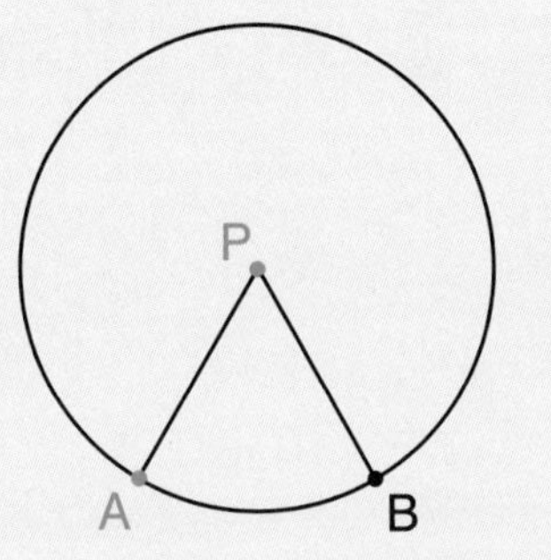

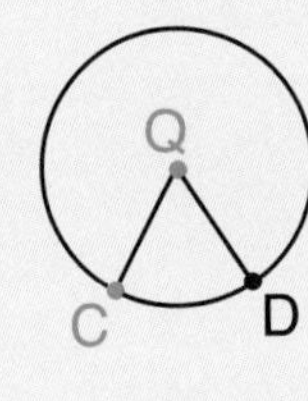

圖 7.2-55

習題7.2-3　如圖7.2-56，將一圓平分成八等分，試求優弧$\overset{\frown}{ACB}$所對應的圓心角。

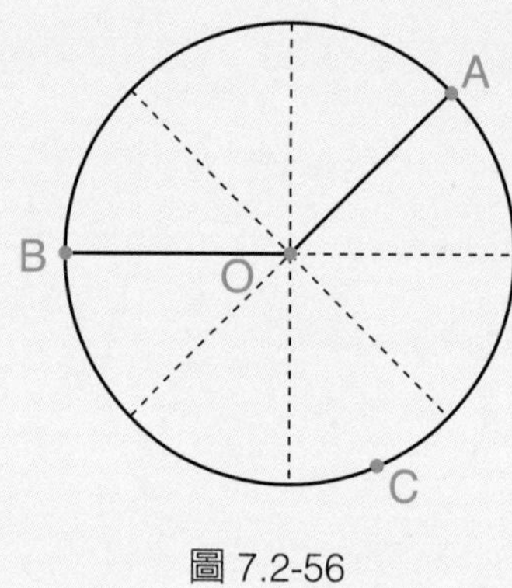

圖 7.2-56

習題7.2-4　如圖7.2-57，已知圓心角∠AOB＝60°，則$\overset{\frown}{AB}$＝_____度，$\overset{\frown}{ACB}$＝_____度。

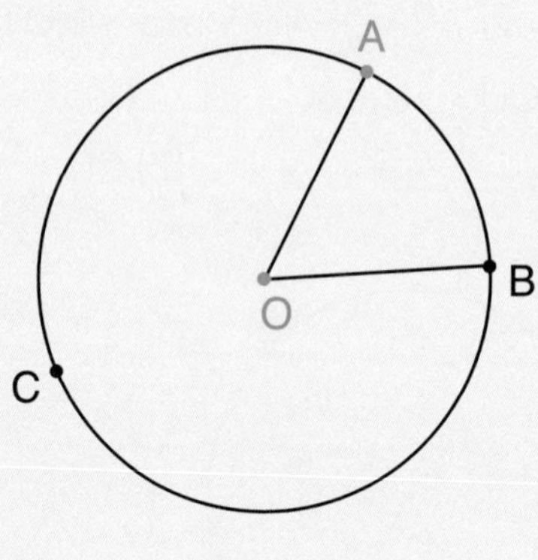

圖 7.2-57

習題7.2-5　如圖7.2-58，若$\overset{\frown}{AB}=60^\circ$，$\overset{\frown}{BC}=140^\circ$，則∠AOC的度數＝？

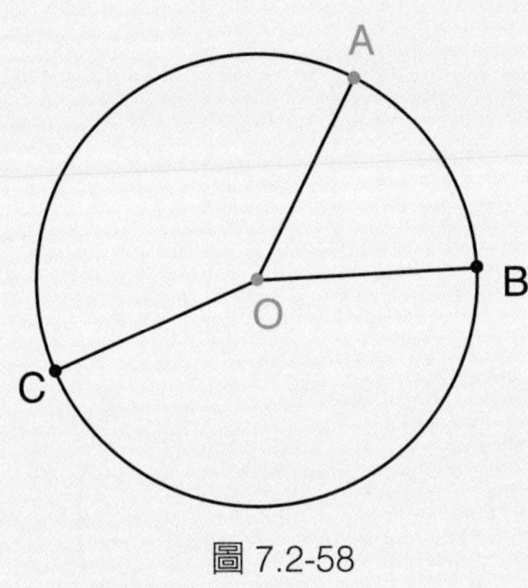

圖 7.2-58

習題7.2-6　如圖7.2-59，已知A、B、C是圓O上相異三點，若$\overset{\frown}{ACB}$的度數比$\overset{\frown}{AB}$度數的3倍少60°，則∠AOB＝_____度。

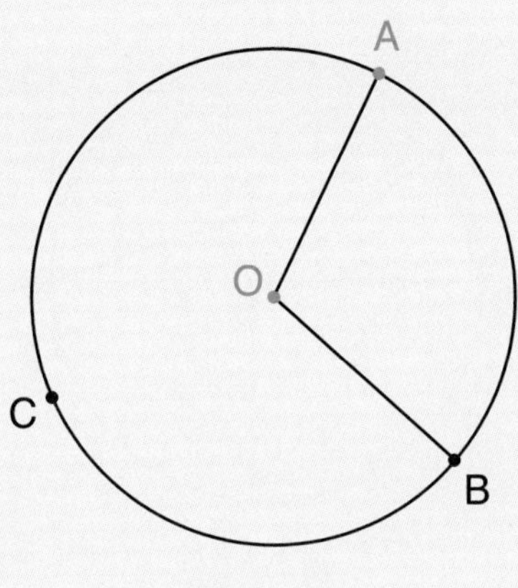

圖 7.2-59

習題7.2-7　如圖7.2-60，$\overline{AB}$、$\overline{CD}$、$\overline{EF}$皆為直徑，$\overset{\frown}{AC}=3x^{\circ}$，$\overset{\frown}{CE}=4x^{\circ}$，$\overset{\frown}{EB}=5x^{\circ}$，則：

(1) x＝________。

(2)∠4＝________度。

(3)∠6＝________度

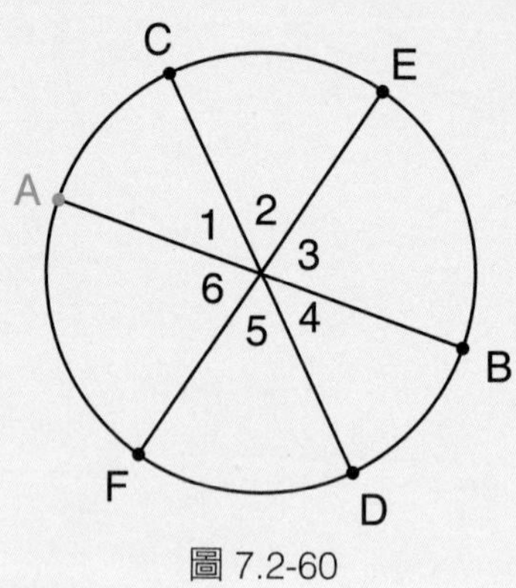

圖 7.2-60

習題7.2-8　如圖7.2-61，若$\overline{AB}$是圓O的直徑，C在圓O上，且$\overset{\frown}{AC}=4\overset{\frown}{BC}$，則∠BOC＝________度。

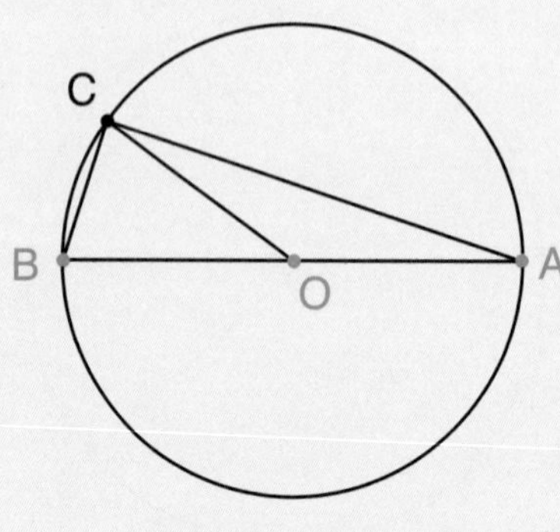

圖 7.2-61

習題7.2-9　如圖7.2-62，兩同心圓的圓心為O，$\overline{OA}$、$\overline{OB}$為小圓的半徑，$\overline{OC}$、$\overline{OC}$為大圓的半徑。已知∠AOB＝60°，則：

(1) ∠COD＝____度。　(2) $\overset{\frown}{AB}$＝____度，$\overset{\frown}{CD}$＝____度。

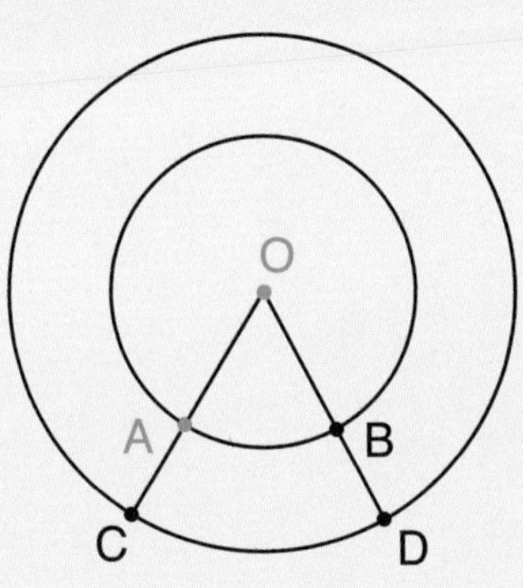

圖 7.2-62

習題7.2-10　如圖7.2-63，$\overline{AB}$、$\overline{CD}$為圓O的兩弦，且$\overline{AB}$＝$\overline{CD}$。若$\overset{\frown}{AB}$＝60°，則$\overset{\frown}{CD}$＝____度。

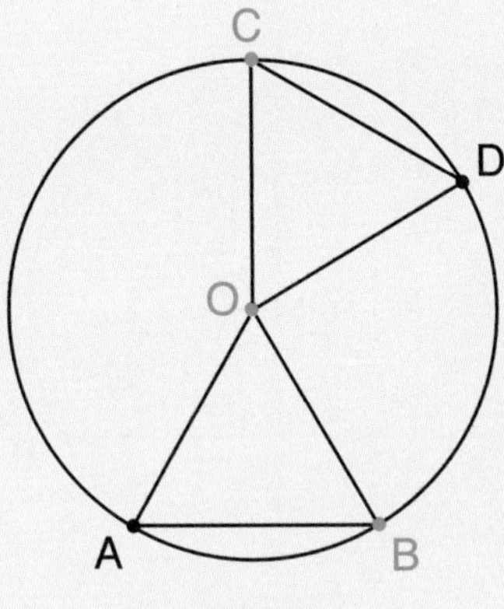

圖 7.2-63

習題7.2-11 （試證同圓或等圓中，等圓心角必對等弦。）

已知：如圖7.2-64，圓O與圓O'兩圓之半徑相等，∠AOB＝∠A'O'B'。

求證：$\overline{AB}=\overline{A'B'}$

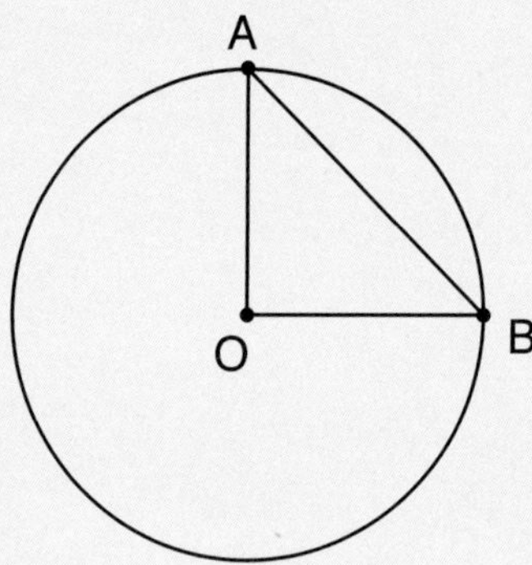

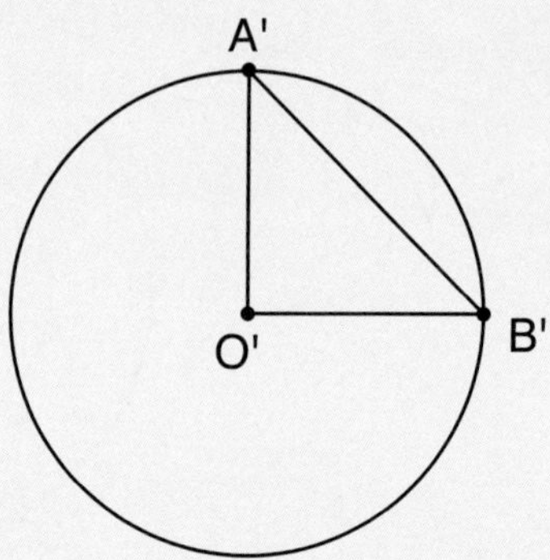

圖 7.2-64

習題7.2-12 如圖7.2-65，$\overline{AB}$為圓O直徑，$\overline{DE}$為圓O之一弦，若$\overline{AB}\perp\overline{DE}$，且$\overline{DE}$＝10公分、$\overset{\frown}{DE}$＝120°，試求：(1) $\overline{CD}$＝？ (2) $\overset{\frown}{AE}$＝？

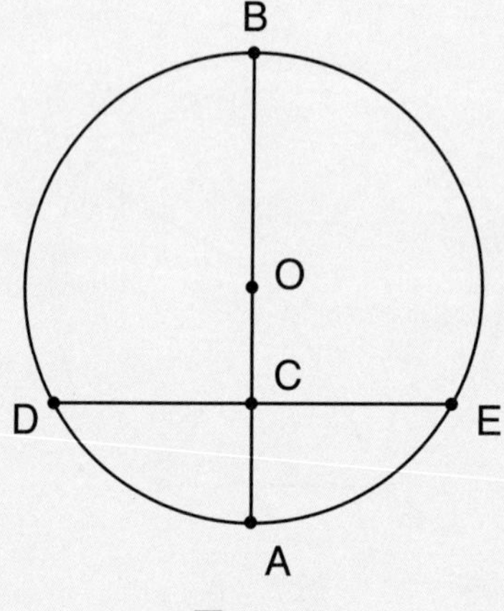

圖 7.2-65

習題7.2-13　如圖7.2-66，$\overline{CD}$與$\overline{EF}$為圓O之兩弦，已知$\overline{CD}=\overline{EF}$、$\overline{OA}\perp\overline{CD}$、$\overline{OB}\perp\overline{EF}$且$\overline{OA}=10$公分，則$\overline{OB}=$？

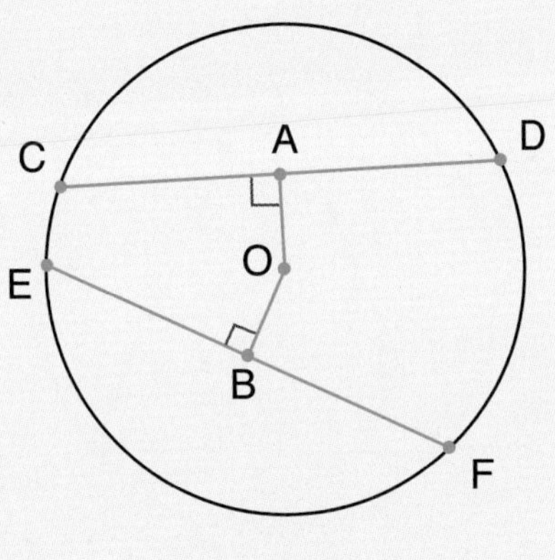

圖 7.2-66

習題7.2-14　如圖7.2-67，A、B、C、D四點都在圓O上，∠AOC＝160°，則$\overparen{ABC}=$____度，$\overparen{ADC}=$____度，∠B＝____度。

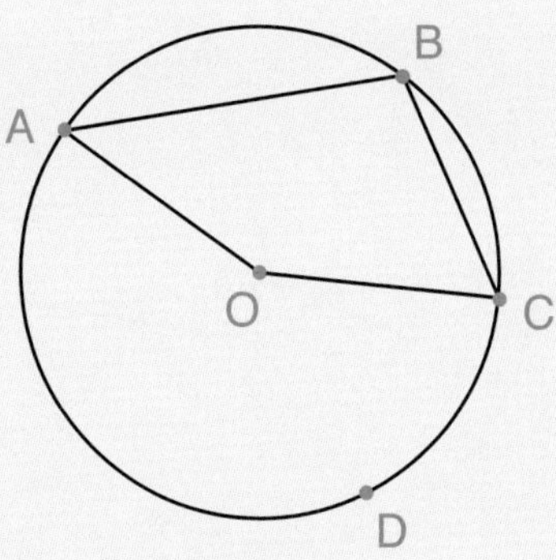

圖 7.2-67

習題7.2-15 如圖7.2-68，△ABC三頂點皆在圓周上，且$\overline{AB}=\overline{CD}$。已知∠B＝65°，則$\overset{\frown}{BC}$的度數＝？

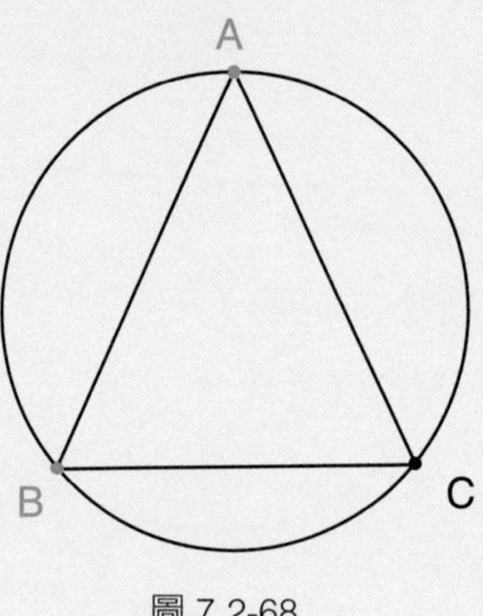

圖 7.2-68

習題7.2-16 如圖7.2-69，△ABC三頂點皆在圓周上。若∠C＝65°，則∠AOB＝____度。

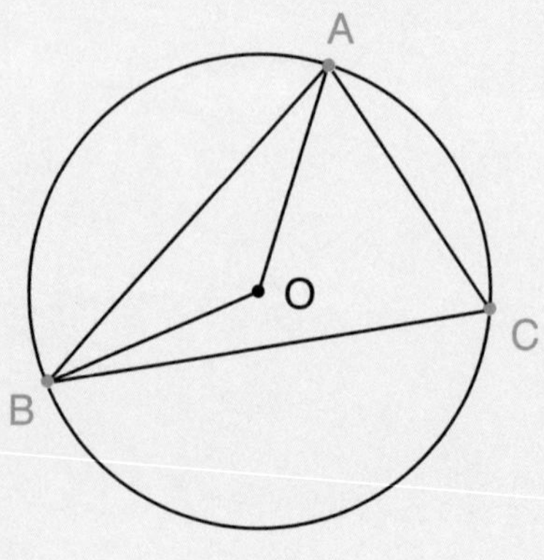

圖 7.2-69

習題7.2-17　如圖7.2-70，A、B、C三點都在圓周上，∠BOC＝110°，則∠A＝＿＿＿度。

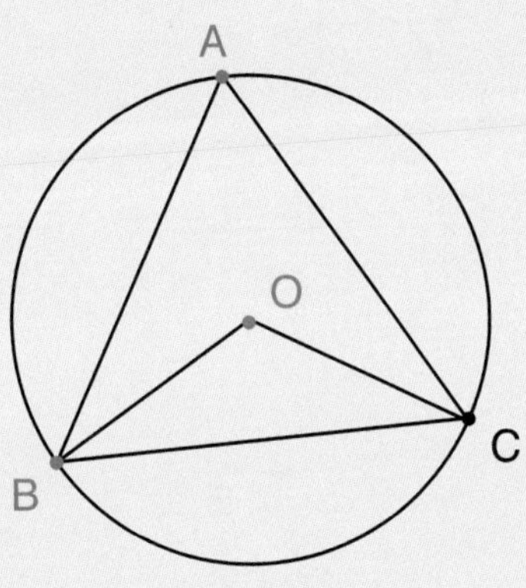

圖 7.2-70

習題7.2-18　如圖7.2-71，$\overline{AB}$ 和 $\overline{CD}$ 是圓的兩弦，且相交於E點。若∠B＝65°，∠A＝45°，則：(1)∠1＝＿＿＿度。(2)∠2＝＿＿＿度。

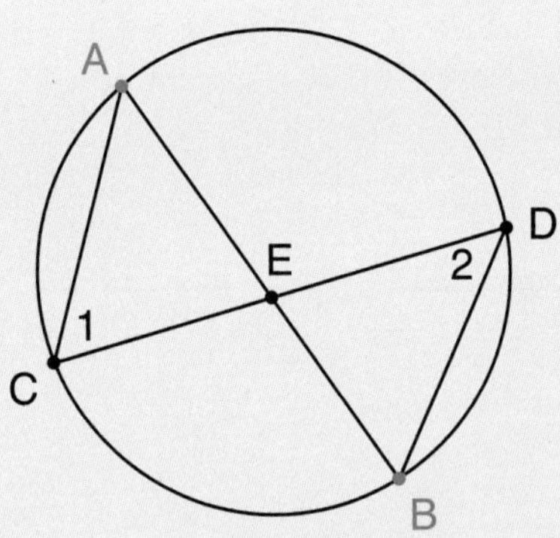

圖 7.2-71

習題7.2-19　如圖7.2-72，$\overline{AB}$為直徑，求∠C、∠D、∠E各為幾度？

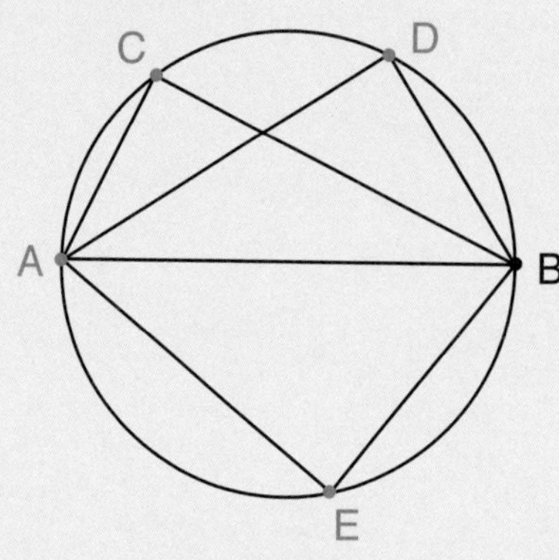

圖 7.2-72

習題7.2-20　如圖7.2-73，△ABC三頂點皆在圓周上，且$\overline{BC}$為圓O的直徑。
已知∠B＝20°，則∠C＝____度。

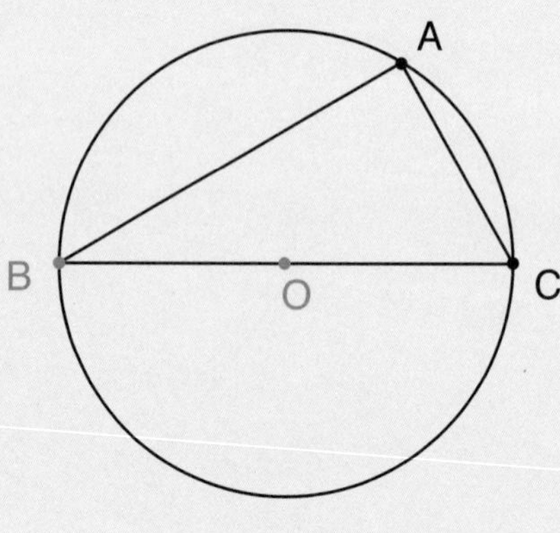

圖 7.2-73

習題7.2-21　如圖7.2-74，兩弦$\overline{AB}$、$\overline{CD}$相交於圓內一點P。
若$\overset{\frown}{AC}$＝20°，$\overset{\frown}{BD}$＝50°，則∠BPD＝____度。

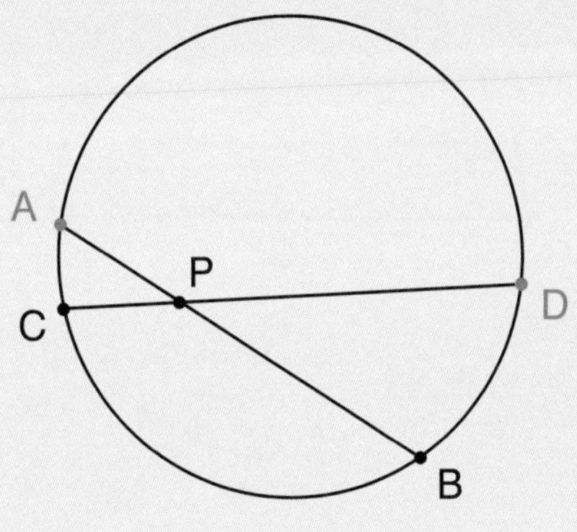

圖 7.2-74

習題7.2-22　如圖7.2-75，圓A與圓B相交於C、D兩點，若$\overline{CD}$＝8公分，則：
(1) $\overline{CE}$＝？　(2) ∠CEB＝？

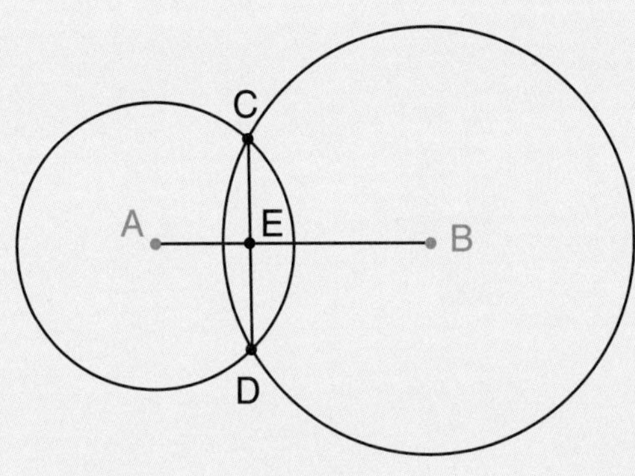

圖 7.2-75

習題7.2-23　過直徑兩端的弦，若與這直徑所成的角相等，則這兩弦相等。

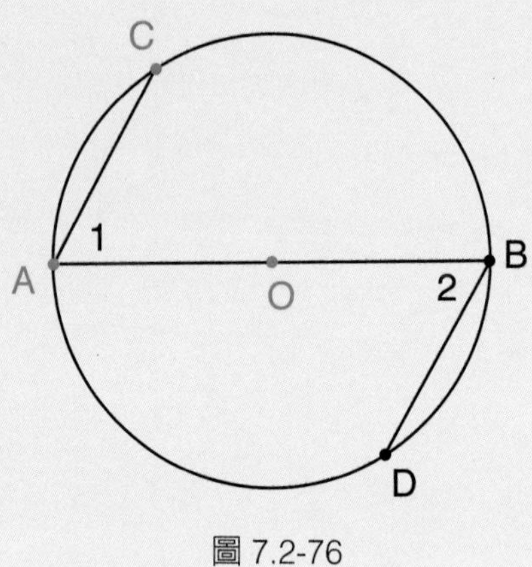

圖 7.2-76

己知：如圖7.2-76中，$\overline{AB}$ 為圓O的直徑，$\angle 1 = \angle 2$。
求證：$\overline{AC} = \overline{BD}$。

7.3 節　割線與切線

定義 7.3-1

割線

一直線與圓相交於兩點稱為此圓的割線。

定義 7.3-2

切線

一直線與圓僅相交於一點稱為此圓的切線。

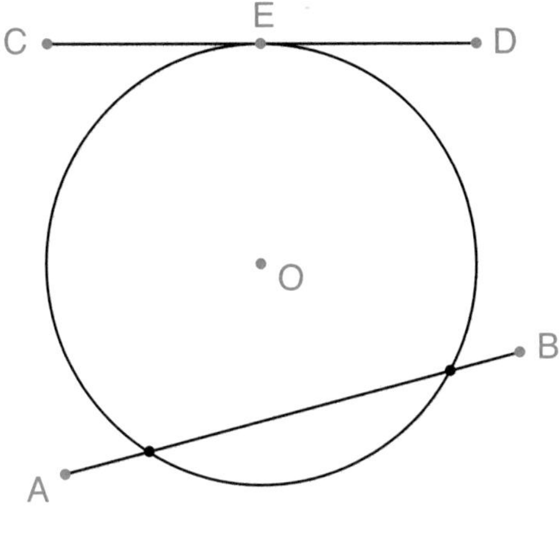

圖 7.3-1

圖7.3-1中，$\overline{AB}$ 與圓有兩個交點，稱 $\overline{AB}$ 為此圓的割線；$\overline{CD}$ 與圓只交於E點，稱 $\overline{CD}$ 為此圓的切線，E點為切點。

例題 7.3-1

有一個圓O，其半徑為10單位，判斷直線L與圓的相交情形及交點個數。

圓心O到直線L距離	15單位	10單位	5單位
交點個數			

利用圓心到直線的距離判斷直線與圓的關係

敘述	理由
(1) 如圖7.3-2(a)所示，圓O半徑為10單位，直線L到圓心O的距離為15單位，則此直線L與圓O沒有交點	15單位＞10單位 圖 7.3-2(a)
(2) 如圖7.3-2(b)所示，圓O半徑為10單位，直線L到圓心O的距離為10單位，則此直線L與圓O交於一點	10單位＝10單位 圖 7.3-2(b)
(3) 如圖7.3-2(c)所示，圓O半徑為10單位，直線L到圓心O的距離為5單位，則此直線L與圓O相交於2點	5單位＜10單位 圖 7.3-2(c)

由例題7.3-1，我們可以得到以下的結論：（直線與圓的關係）

1. 若直線到圓心的距離大於半徑長，則直線與圓不相交；
2. 若直線到圓心的距離等於半徑長，則直線與圓相交於一點，且此直線稱為此圓的切線；
3. 若直線到圓心的距離小於半徑長，則直線與圓相交於兩個點，且此直線稱為此圓的割線。

例題 7.3-2

已知圓O的直徑為40公分，圓心O到四條直線L_1、L_2、L_3、L_4的距離分別為5公分、10公分、20公分、30公分，其中哪幾條直線是圓O的割線？

想法

直線與圓的關係

(1) 若直線到圓心的距離大於半徑長，則直線與圓不相交；

(2) 若直線到圓心的距離等於半徑長，則直線與圓相交於一點，且此直線稱為此圓的切線；

(3) 若直線到圓心的距離小於半徑長，則直線與圓相交於兩個點，且此直線稱為此圓的割線。

解

敘述	理由
(1) 圓O的半徑為20公分	已知圓O的直徑為40公分
(2) L_1為圓O的割線	由(1) 半徑＝20公分 & 已知圓心O到L_1的距離為 5公分＜半徑＝20公分
(3) L_2為圓O的割線	由(1) 半徑＝20公分 & 已知圓心O到L_2的距離為 10公分＜半徑＝20公分
(4) L_3為圓O的切線	由(1) 半徑＝20公分 & 已知圓心O到L_3的距離為 20公分＝半徑＝20公分
(5) L_4與圓O不相交	由(1) 半徑＝20公分 & 已知圓心O到L_4的距離為 30公分＞半徑＝20公分
(6) 所以L_1、L_2為圓O的割線	由(2) & (3)

例題 7.3-3

如圖7.3-3，哪一條直線為圓O的切線？

(A) $\overline{AB}$　　(B) $\overline{BC}$　　(C) $\overline{AC}$　　(D) $\overline{AO}$

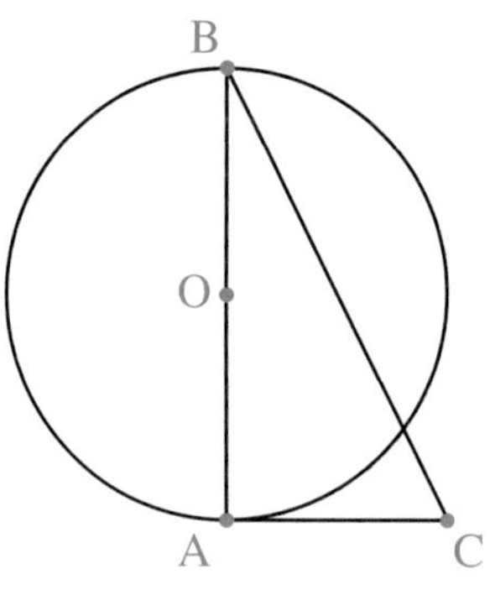

圖 7.3-3

直線與圓的關係

(1) 若直線到圓心的距離大於半徑長，則直線與圓不相交；

(2) 若直線到圓心的距離等於半徑長，則直線與圓相交於一點，且此直線稱為此圓的切線；

(3) 若直線到圓心的距離小於半徑長，則直線與圓相交於兩個點，且此直線稱為此圓的割線。

敘述	理由
(1) $\overline{AC}$ 為圓O的切線	如圖7.3-3所示，$\overline{AC}$ 交圓O於一點 & 切線定義

定理 7.3-1

切線定理

切線與過切點的半徑互相垂直。

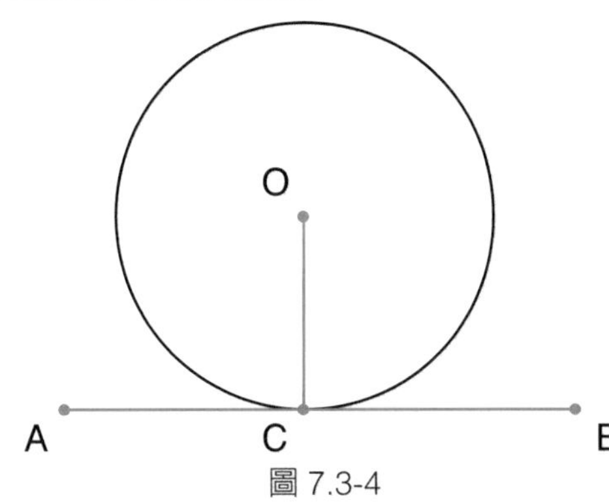

圖 7.3-4

如圖7.3-4，$\overline{OC}$ 為圓O的半徑，$\overline{AB}$ 為此圓的切線，C為切點。

$\overline{AB} \perp \overline{OC}$

想法

應用一點到一直線的最短距離為垂直距離。

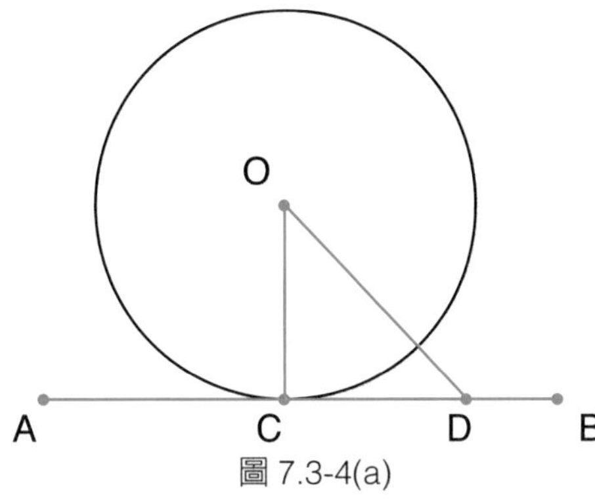

圖 7.3-4(a)

敘述	理由
(1) 在 $\overline{AB}$ 上任選異於C的一點D，作 $\overline{OD}$，如圖7.3-4(a)	過兩點可作一直線
(2) D點一定在圓外	已知 $\overline{AB}$ 為切線，切線恰與圓相交於一點。若D會在圓內，則 $\overline{AB}$ 就不是切線
(3) $\overline{OD} > \overline{OC}$，（$\overline{OC}$ 為O點到 $\overline{AB}$ 的最短距離）	圓外一點與圓心的距離必大於半徑
(4) 所以 $\overline{AB} \perp \overline{OC}$	由(3)一點到一直線的最短距離為垂直距離

Q.E.D.

圓切線作圖

例題 7.3-4 切點在圓上之切線作圖

已知P點在圓O上，試利用尺規作圖，過P點作圓O的切線。

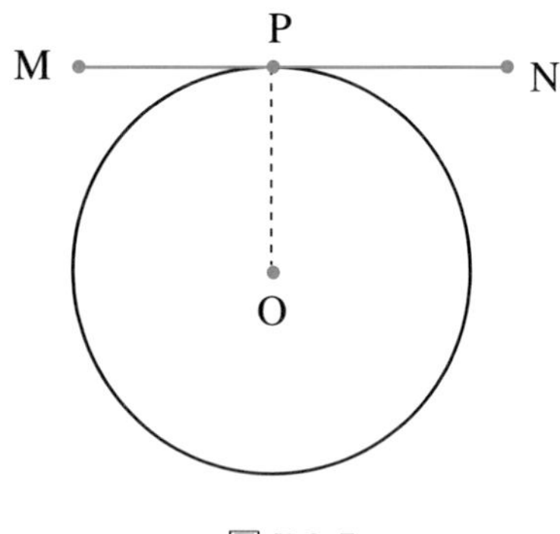

圖 7.3-5

如圖7.3-5

1. 連接O、P兩點，作$\overline{OP}$。
2. 過P點，作$\overline{OP}$的垂直線$\overline{MN}$，由切線定理得知$\overline{MN}$為圓O過P點的切線。

例題 7.3-5　切點不在圓上之切線作圖

過圓O外一點P，作此圓的切線。

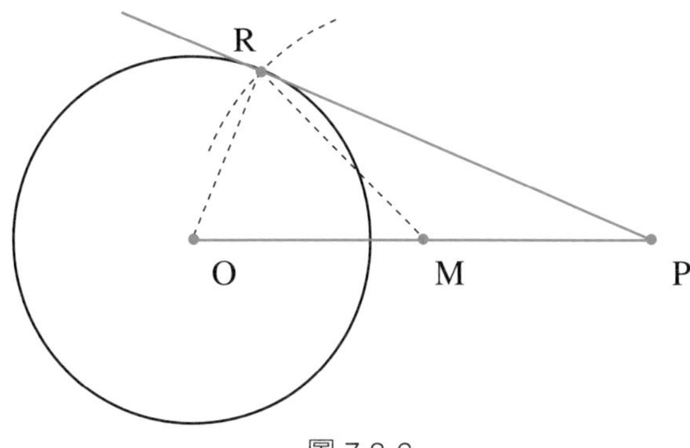

圖 7.3-6

如圖7.3-6

1. 連接O、P兩點。
2. 作$\overline{OP}$線段的中點M。
3. 以M為圓心，以$\overline{OM}$為半徑作弧與圓O相交於點R。
4. 作$\overline{PR}$，則$\overline{PR}$即為圓O過P點的切線。

圖7.3-6中，$\overline{PR}$為圓O過P點的切線

敘述	理由
(1) $\overline{OM}=\overline{PM}$	由作法2. M為$\overline{OM}$的中點
(2) $\overline{RM}=\overline{OM}=\overline{PM}$	由作法3. & 同圓的半徑等長
(3)△MOR為等腰三角形 ∠MOR＝∠MRO	由(2) $\overline{RM}=\overline{OM}$ 等腰三角形之兩底角相等
(4)△MRP為等腰三角形 ∠MRP＝∠MPR	由(2) $\overline{RM}=\overline{PM}$ 等腰三角形之兩底角相等
(5)△OPR中， ∠MOR＋∠MRO＋∠MRP＋∠MPR ＝180°	如圖7.3-6所示 三角形內角和等於180°
(6) 2(∠MRO＋∠MRP)＝180° ∠MRO＋∠MRP＝90° ∠ORP＝90°	將(3)式 & (4)式代入(5)式得 等號兩邊同除以2 ∠MRO＋∠MRP＝∠ORP
(7) $\overline{OR}\perp\overline{PR}$， 所以$\overline{PR}$為圓O過P點的切線	由(6) ∠ORP＝90° 已證 切線定理

Q. E. D.

例題 7.3-6

如圖7.3-7，P點在圓O的外部，$\overline{PA}$與$\overline{PB}$分別與圓O相切於A與B兩點。若∠P＝40°，則∠AOB＝______度。

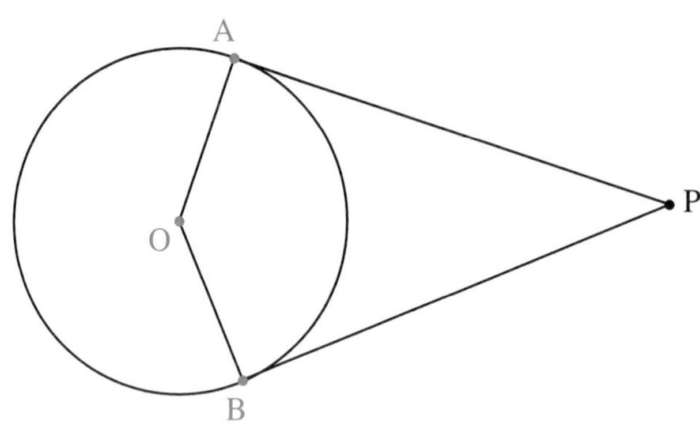

圖 7.3-7

利用切線與過切點的半徑互相垂直

敘述	理由
(1) $\overline{PA}\perp\overline{OA}$，∠OAP＝90°	已知$\overline{PA}$與圓O相切於A點 & 切線與過切點的半徑互相垂直
(2) $\overline{PB}\perp\overline{OB}$，∠OBP＝90°	已知$\overline{PB}$與圓O相切於B點 & 切線與過切點的半徑互相垂直
(3) 四邊形OAPB中， ∠OAP＋∠OBP＋∠P＋∠AOB ＝360°	如圖7.3-7所示， 四邊形內角和為360°
(4) 90°＋90°＋40°＋∠AOB＝360°	將(1) ∠OAP＝90°、(2) ∠OBP＝90° & 已知∠P＝40° 代入(3)式得
(5)∠AOB＝360°－90°－90°－40° ＝140°	由(4) 等量減法公理

例題 7.3-7

如圖7.3-8，自圓外一點A作圓的兩切線，切點分別為B、C，D為圓上一點。若∠BAC＝50°，則∠BDC＝______度。

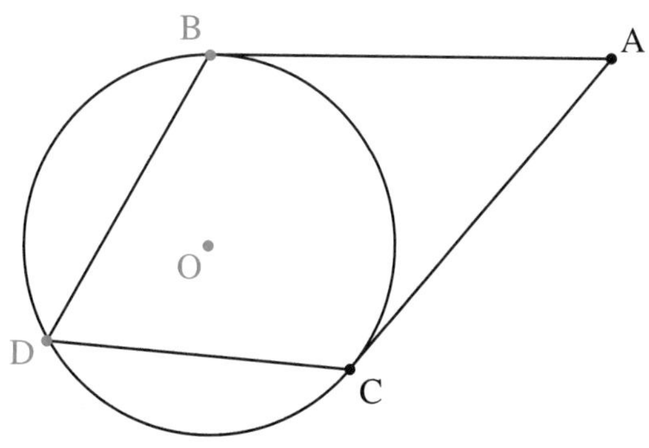

圖 7.3-8

想法

(1) 切線與過切點的半徑互相垂直

(2) 同弧所對之圓周角為圓心角的一半

解

敘述	理由
(1) 作$\overline{OB}$與$\overline{OC}$，如圖7.3-8(a)所示	作圖 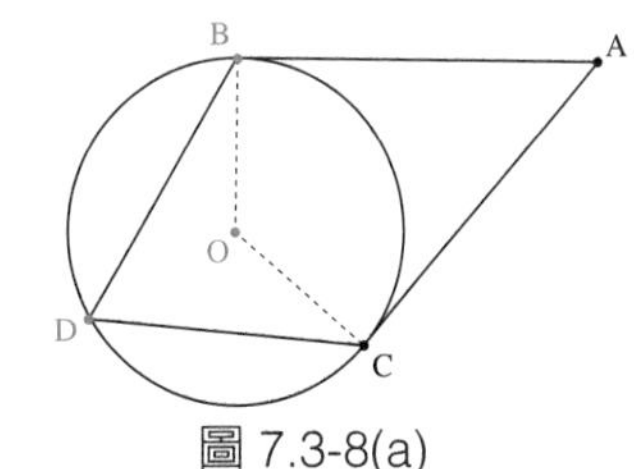 圖 7.3-8(a)
(2) 四邊形OCAB中， ∠OBA＝∠OCA＝90°	由(1) & 已知自圓外一點A作圓的兩切線$\overline{AB}$與$\overline{AC}$，切點分別為B點、C點，根據切線與過切點的半徑互相垂直，所以$\overline{OB}\perp\overline{AB}$、$\overline{OC}\perp\overline{AB}$
(3)∠OBA＋∠OCA＋∠BAC＋ ∠BOC＝360°	四邊形內角和360°
(4) 90°＋90°＋50°＋∠BOC＝360°	將(2) ∠OBA＝∠OCA＝90° & 已知∠BAC＝50° 代入(3)式得
(5)∠BOC＝360°－90°－90°－50° ＝130°	由(4) 等量減法公理
(6)∠BDC＝$\frac{1}{2}$∠BOC＝$\frac{1}{2}$×130° ＝65°	同弧所對之圓周角為圓心角的一半 & (5) ∠BOC＝130°

例題 7.3-8

如圖7.3-9，已知△OAB為等腰直角三角形，∠AOB為直角，$\overline{AB}$與圓O相切於P點，若圓O半徑為2公分，則：

(1) 請說明△OPB為等腰直角三角形。

(2) $\overline{BP}$＝________。

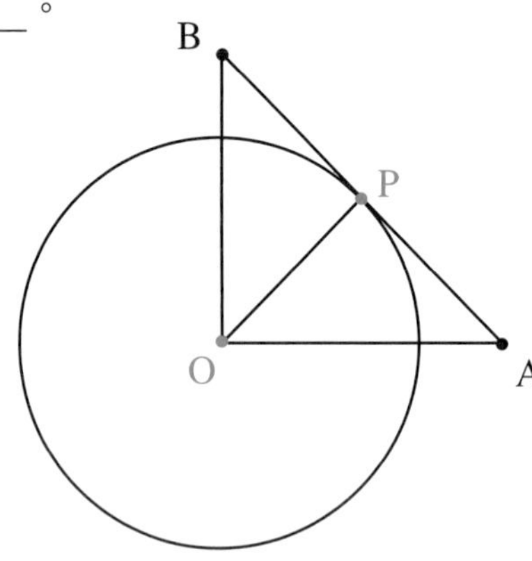

圖 7.3-9

(1) 利用切線與過切點的半徑互相垂直

(2) 等腰直角三角形的性質

敘述	理由
(1)△OAB中， ∠A與∠B為兩底角，∠A＝∠B $\overline{OA}$與$\overline{OB}$為兩腰，$\overline{OA}$＝$\overline{OB}$	已知△OAB為等腰直角三角形，∠AOB為直角 & 等腰三角形兩底角相等 & 等腰三角形兩腰等長
(2)∠A＝∠B＝(180°－90°)÷2 ＝45°	由(1) ∠A＝∠B & 三角形內角和180° & 已知∠AOB為直角＝90°
(3)△OBP中，∠OPB＝90°	已知$\overline{AB}$與圓O相切於P點
(4)∠BOP＝180°－∠OPB－∠B ＝180°－90°－45° ＝45°	三角形內角和180° & (3) ∠OPB＝90° & (2) ∠B＝45°
(5)△OPB為等腰直角三角形	由(3) ∠OPB＝90° & (2) ∠B＝45° &(4) ∠BOP＝45°
(6)$\overline{BP}$＝$\overline{OP}$	由(5) 等腰角形兩腰等長
(7)$\overline{BP}$＝$\overline{OP}$＝2公分	由(6) & 已知圓O半徑$\overline{OP}$＝2公分

定理 7.3-2　切線長定理

自圓外一點到圓的兩切點連線段等長。

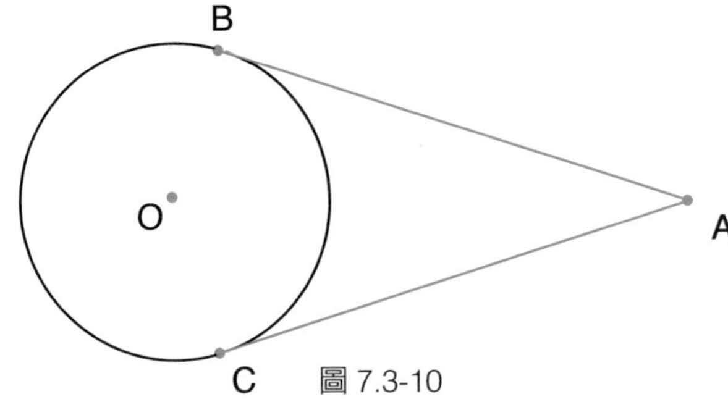

圖 7.3-10

已知　如圖7.3-10，A為圓外一點，$\overline{AB}$ 及 $\overline{AC}$ 為圓的兩切線，分別與圓相交於B點及C點。

求證　$\overline{AB}=\overline{AC}$

想法　利用全等三角形的對應邊相等性質。

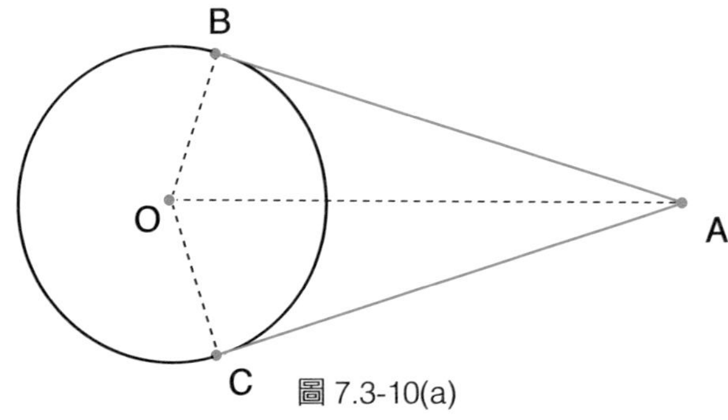

圖 7.3-10(a)

證明

敘述	理由
(1) 作$\overline{AO}$、$\overline{BO}$及$\overline{CO}$，如圖7.3-10(a)	過兩點可作一直線
(2) $\angle ABO=\angle ACO=90^\circ$	已知$\overline{AB}$及$\overline{AC}$為圓的兩切線 & 切線與過切點的半徑互相垂直
(3) 在△OAB與△OAC中	如圖7.3-10(a)所示
$\overline{BO}=\overline{CO}$	同圓半徑相等
$\angle ABO=\angle ACO=90^\circ$	由(2) 已證
$\overline{AO}=\overline{AO}$	同線段相等
(4) △OAB ≅ △OAC	由(3) & 根據R.H.S. 三角形全等定理
(5) $\overline{AB}=\overline{AC}$	由(4) & 全等三角形的對應邊相等

Q.E.D.

例題 7.3-9

如圖7.3-11，$\overline{AC}$、$\overline{BC}$為圓O之切線，B、C為切點。若$\overline{BC}$＝12公分，則$\overline{AC}$＝？

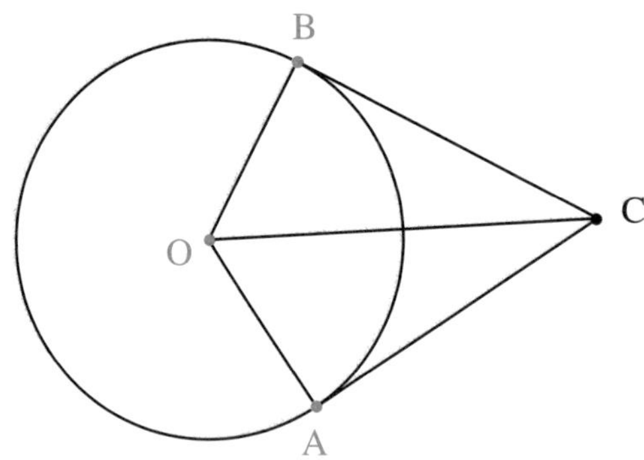

圖 7.3-11

利用圓外一點到圓的兩切線等長

敘述	理由
(1) $\overline{AC}=\overline{BC}$	已知$\overline{AC}$、$\overline{BC}$為圓O之切線，B、C為切點。 & 圓外一點到圓的兩切線等長
(2) $\overline{AC}=\overline{BC}$ ＝12公分	由(1) & 已知$\overline{BC}$＝12公分

例題 7.3-10

如圖7.3-12，已知$\overline{AD}$、$\overline{AE}$、$\overline{BC}$分別與圓相切於D、E、F三點。
若$\overline{AD}=12$公分，求$\overline{AB}+\overline{BC}+\overline{AC}$之值。

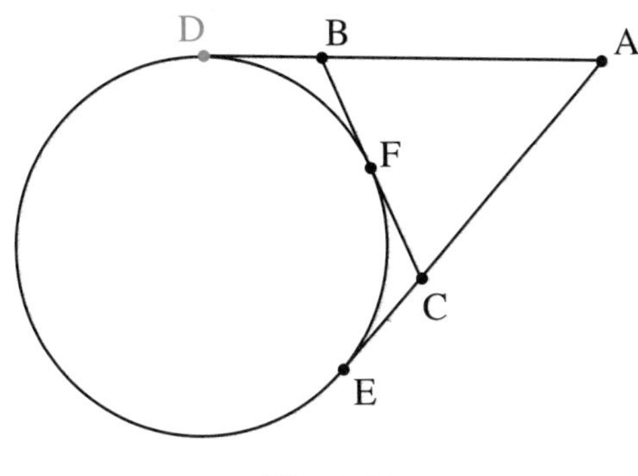

圖 7.3-12

利用圓外一點到圓的兩切線等長

敘述	理由
(1) $\overline{AE}=\overline{AD}=12$公分	已知$\overline{AD}$、$\overline{AE}$分別與圓相切於D、E兩點 & 圓外一點到圓的兩切線等長 & 已知 ＝12公分
(2) $\overline{BD}$、$\overline{BF}$、$\overline{CF}$、$\overline{CE}$皆為切線	已知$\overline{AD}$、$\overline{AE}$、$\overline{BC}$皆為切線
(3) $\overline{BF}=\overline{BD}$	由(2) $\overline{BD}$、$\overline{BF}$為切線 & 圓外一點到圓的兩切線等長
(4) $\overline{CF}=\overline{CE}$	由(2) $\overline{CF}$、$\overline{CE}$為切線 & 圓外一點到圓的兩切線等長
(5) $\overline{AB}+\overline{BC}+\overline{AC}$ $=\overline{AB}+(\overline{BF}+\overline{CF})+\overline{AC}$ $=(\overline{AB}+\overline{BF})+(\overline{CF}+\overline{AC})$ $=(\overline{AB}+\overline{BD})+(\overline{CE}+\overline{AC})$ $=\overline{AD}+\overline{AE}$ $=12$公分$+12$公分 $=24$公分	題目所求 如圖7.3-12，$\overline{BC}=\overline{BF}+\overline{CF}$ 加法結合律 將(3) $\overline{BF}=\overline{BD}$ & (4) $\overline{CF}=\overline{CE}$ 代入 $\overline{AB}+\overline{BD}=\overline{AD}$ & $\overline{CE}+\overline{AC}=\overline{AE}$ 將(1) $\overline{AE}=\overline{AD}=12$公分 代入
(6) $\overline{AB}+\overline{BC}+\overline{AC}=24$公分	由(5)

接著，我們將第七章中所提到圓外一點到圓的兩切線等長的性質，應用到第四章中所提到的三角形的內心，來作以下的例題7.3-11~例題7.3-12。

例題 7.3-11

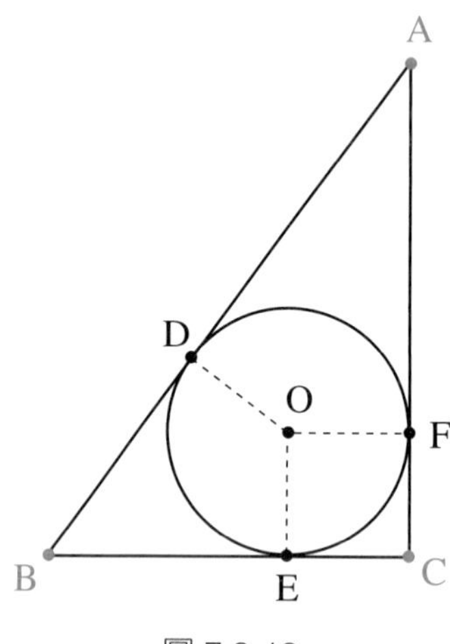

圖 7.3-13

已知 △ABC 為直角三角形，$\overline{AC}\perp\overline{BC}$，且O點為△ABC的內心，（$\overline{AB}$、$\overline{BC}$、$\overline{AC}$分別切圓O於D、E、F三點）

求證 △ABC內切圓半徑$=\dfrac{\overline{AC}+\overline{BC}-\overline{AB}}{2}$

想法
(1) 過切點的半徑與切線垂直
(2) 圓外一點對圓所作的兩切線等長

證明

敘述	理由
(1) 假設△ABC內切圓半徑為r（即$r=\overline{OD}=\overline{OE}=\overline{OF}$）	已知O點為△ABC的內心，$\overline{AB}$、$\overline{BC}$、$\overline{AC}$分別切圓O於D、E、F三點 & 同圓半徑相等
(2) $\overline{OE}\perp\overline{BC}$、$\overline{OF}\perp\overline{AC}$	已知$\overline{BC}$、$\overline{AC}$分別切圓O於E、F兩點 & 過切點的半徑與切線垂直
(3) $\overline{OE}/\!/\overline{AC}$（即$\overline{OE}/\!/\overline{FC}$）	由(2) $\overline{OE}\perp\overline{BC}$ & 已知$\overline{AC}\perp\overline{BC}$ 垂直同一直線的兩線平行定理
(4) $\overline{OF}/\!/\overline{BC}$（即$\overline{OF}/\!/\overline{EC}$）	由(2) $\overline{OF}\perp\overline{AC}$ & 已知$\overline{BC}\perp\overline{AC}$ 垂直同一直線的兩線平行定理
(5) 四邊形OECF為平行四邊形	由(3) & (4) 兩組對邊平行為平行四邊形

(6) $\overline{OF}=\overline{EC}$ & $\overline{OE}=\overline{FC}$	由(5) & 平行四邊形兩組對邊相等
(7) 所以 $\overline{OF}=\overline{FC}=\overline{EC}=\overline{OE}=r$	由(1) $r=\overline{OE}=\overline{OF}$ & (6) 遞移律
(8) $\overline{BD}=\overline{BE}$	已知 $\overline{AB}$ 、$\overline{BC}$ 分別切圓O於D、E兩點 & 圓外一點對圓所作的兩切線等長
(9) $\overline{AD}=\overline{AF}$	已知 $\overline{AB}$ 、$\overline{AC}$ 分別切圓O於D、F兩點 & 圓外一點對圓所作的兩切線等長
(10) $\overline{AC}=\overline{AF}+\overline{FC}$	如圖7.3-13所示，全量等於分量之和
(11) $\overline{AF}=\overline{AC}-\overline{FC}=\overline{AC}-r$	由(10) 等量減法公理 & (7) $\overline{FC}=r$
(12) $\overline{AD}=\overline{AF}=\overline{AC}-r$	由(9) & (11) 遞移律
(13) $\overline{AB}=\overline{AD}+\overline{BD}$	如圖7.3-13所示，全量等於分量之和
(14) $\overline{BD}=\overline{AB}-\overline{AD}$ $=\overline{AB}-(\overline{AC}-r)$ $=\overline{AB}-\overline{AC}+r$	由(13) 等量減法公理 & (12) $\overline{AD}=\overline{AC}-r$ 展開
(15) $\overline{BE}=\overline{BD}=\overline{AB}-\overline{AC}+r$	由(8) & (14) 遞移律
(16) $\overline{BC}=\overline{BE}+\overline{EC}$	如圖7.3-13所示，全量等於分量之和
(17) $\overline{EC}=\overline{BC}-\overline{BE}$ $=\overline{BC}-(\overline{AB}-\overline{AC}+r)$ $=\overline{BC}-\overline{AB}+\overline{AC}-r$	由(16) 等量減法公理 & (15) $\overline{BE}=\overline{AB}-\overline{AC}+r$ 展開
(18) $r=\overline{BC}-\overline{AB}+\overline{AC}-r$	由(7) $\overline{EC}=r$ & (17) 遞移律
(19) $r=\dfrac{\overline{AC}+\overline{BC}-\overline{AB}}{2}$	由(18) 解r的一元一次方程式
(20) 所以△ABC內切圓半徑 $=\dfrac{\overline{AC}+\overline{BC}-\overline{AB}}{2}$	由(1) 假設 & (19)

例題 7.3-12

圖7.3-14中，已知△ABC 為直角三角形，∠C＝90°，且O點為△ABC的內心，若$\overline{BC}$＝3公分、$\overline{AC}$＝4公分、$\overline{AB}$＝5公分，則△ABC內切圓半徑為何？

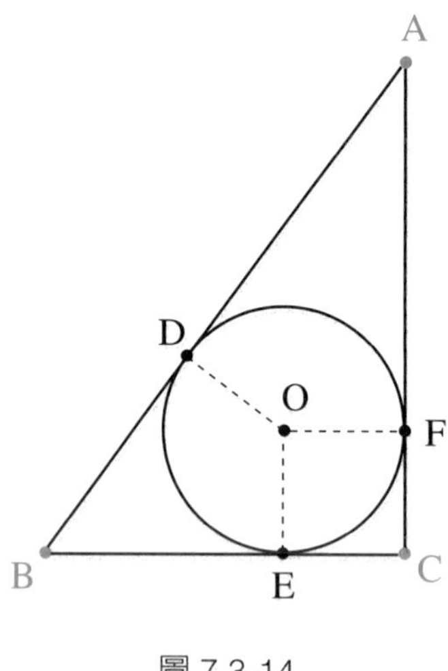

圖 7.3-14

想法

若△ABC為直角三角形，∠C＝90°，則△ABC內切圓半徑$=\dfrac{\overline{AC}+\overline{BC}-\overline{AB}}{2}$

解

敘述	理由
(1) △ABC內切圓半徑 $=\dfrac{\overline{AC}+\overline{BC}-\overline{AB}}{2}$ $=\dfrac{4公分+3公分-5公分}{2}$ ＝1公分	若△ABC為直角三角形，∠C＝90°，則△ABC內切圓半徑$=\dfrac{\overline{AC}+\overline{BC}-\overline{AB}}{2}$ & 已知$\overline{BC}$＝3公分、$\overline{AC}$＝4公分、$\overline{AB}$＝5公分

相切圓

在同一平面上，若兩圓只有一個交點，則稱此兩圓相切。
若一圓的圓心在另一圓內的相切，叫作內切。
若一圓的圓心在另一圓外的相切，叫作外切。

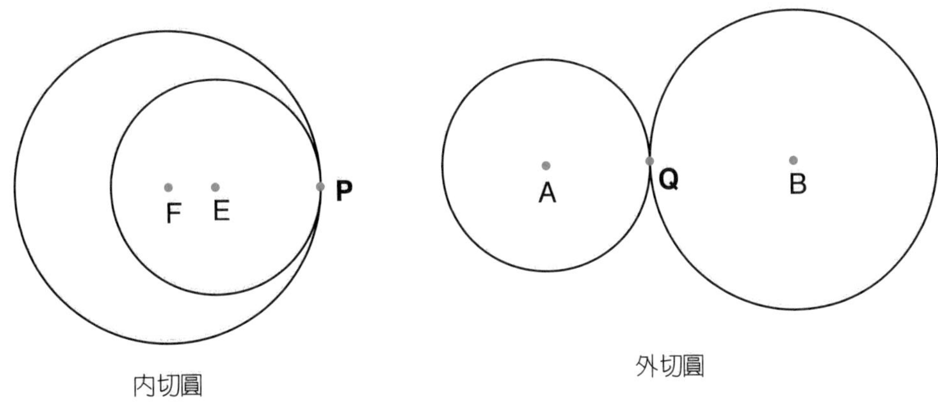

圖 7.3-15

圖7.3-15中，圓E與圓F兩圓內切於P點；圓A與圓B兩圓外切於Q點。

定理 7.3-3

兩圓相切定理

相切兩圓的兩圓心連線，必過切點。

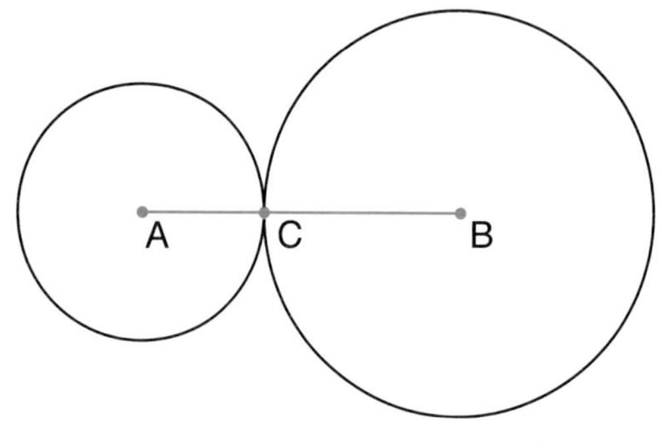

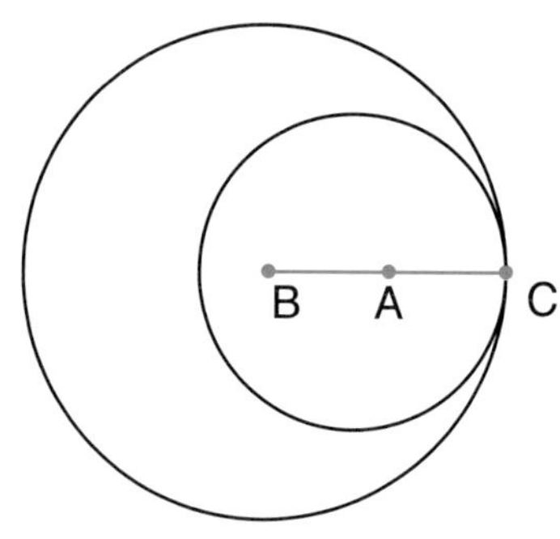

圖 7.3-16

已知　如圖7.3-16，圓A與圓B相切於C點。

求證　C點在連心線$\overline{AB}$上

想法　利用切線定理及過直線上一點的垂線只有一條。

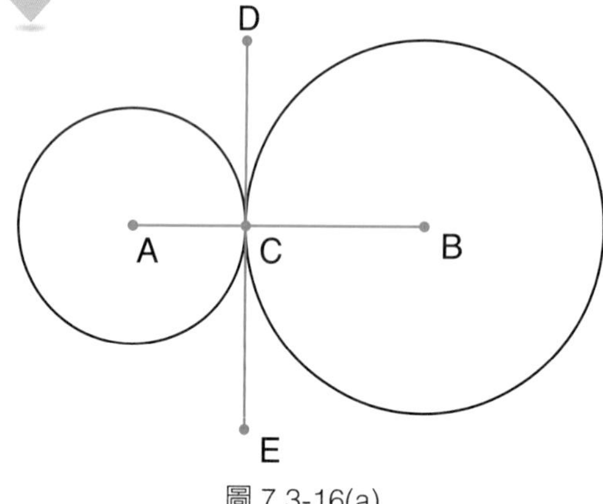

圖 7.3-16(a)

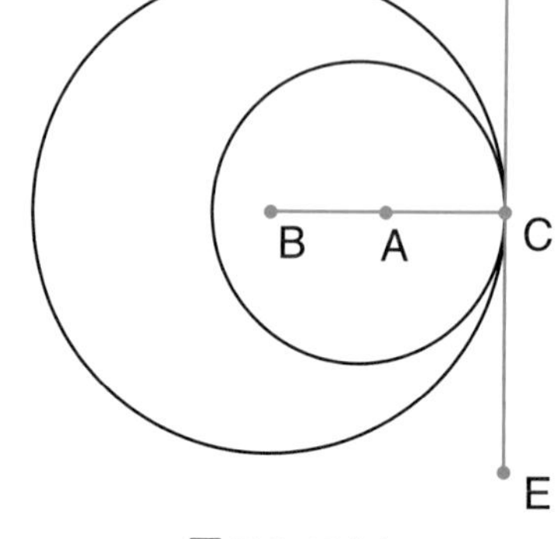

圖 7.3-16(b)

證明

敘述	理由
(1) 過C點作圓A（或圓B）的切線$\overline{DE}$，$\overline{DE}$為兩圓的公切線，如圖7.3-16(a)、圖7.3-16(b)	兩圓相交於C點，過一點只有一條切線，C點在圓A也在圓B上，所以$\overline{DE}$是圓A的切線也是圓B的切線
(2) $\overline{AC} \perp \overline{DE}$，$\overline{BC} \perp \overline{DE}$	由(1) & 切線與過切點的半徑互相垂直
(3) $\overline{ACB}$或$\overline{BAC}$在一直線上	由(2) & 過直線上一點的垂線只有一條

Q.E.D.

兩圓之位置關係

同一平面上相異的兩個圓，依照兩圓心距離的遠近，可分為以下六種情形：

（一）外離：兩圓不相交。如圖7.3-17。

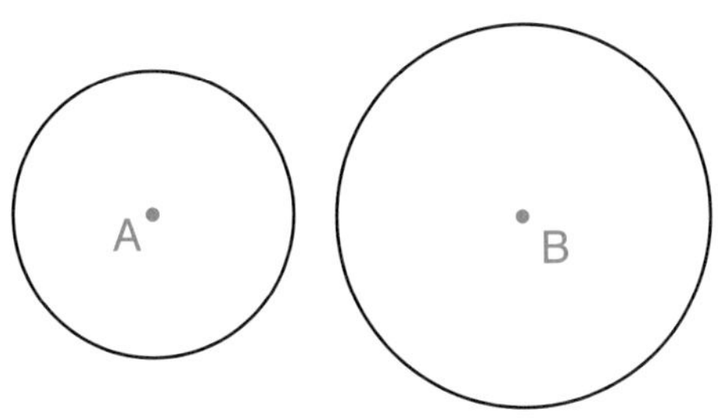

圖 7.3-17

（二）外切：兩圓交於一點。如圖7.3-18。

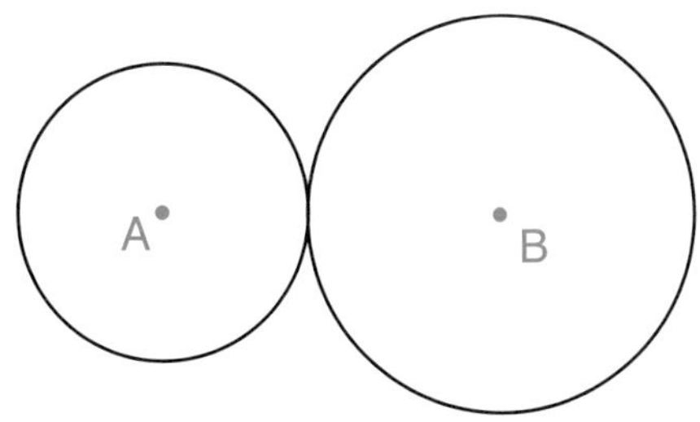

圖 7.3-18

（三）兩圓相交於兩點。如圖7.3-19。

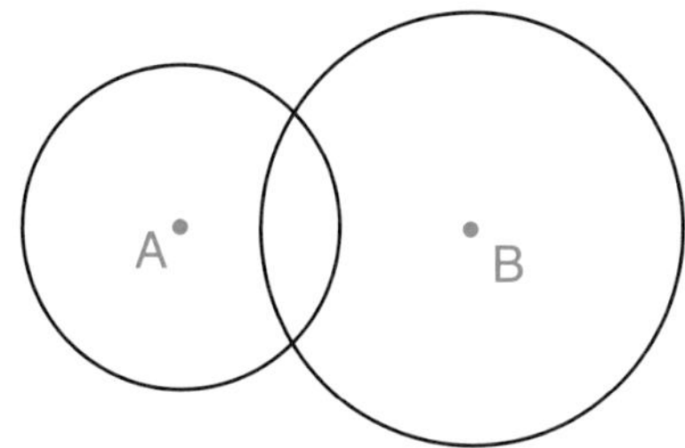

圖 7.3-19

（四）內切。兩圓交於一點。如圖7.3-20。

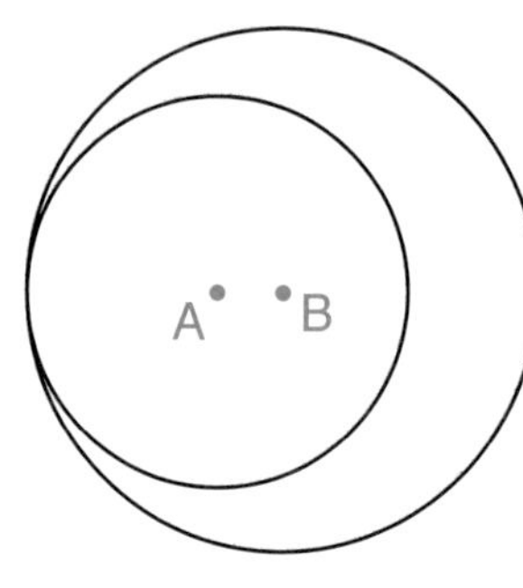

圖 7.3-20

（五）內離。兩圓不相交。如圖7.3-21。

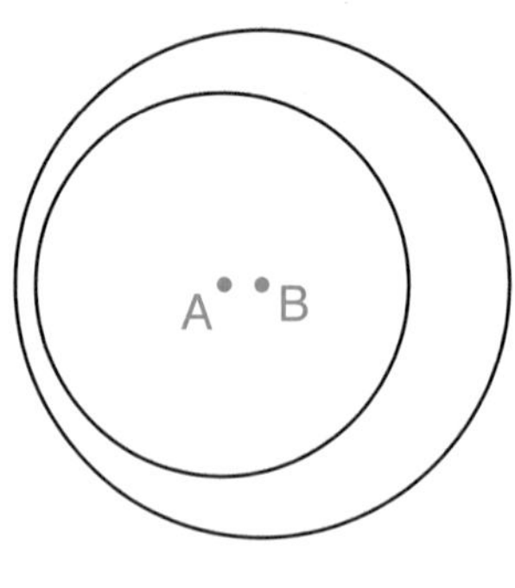

圖 7.3-21

（六）同心圓。兩圓不相交，且兩圓圓心重合。如圖7.3-22。

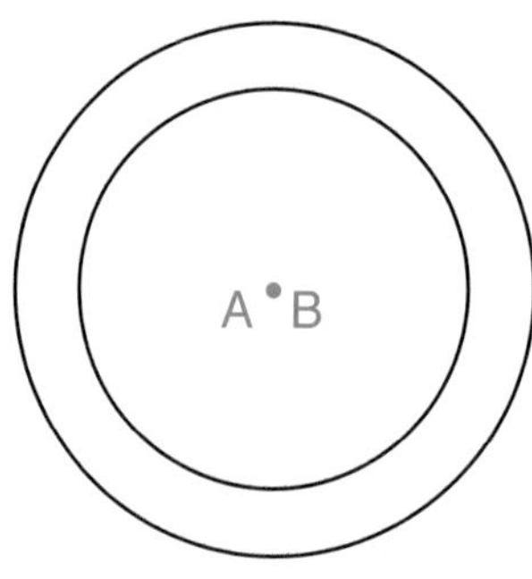

圖 7.3-22

例題 7.3-13

若圓A半徑為6公分、圓B半徑為3公分，兩圓心相連的連心線段長為k，則：

(1) 當兩圓外離時，連心線段長k的範圍為__________。

(2) 當兩圓外切時，連心線段長k的範圍為__________。

(3) 當兩圓相交於兩點時，連心線段長k的範圍為__________。

(4) 當兩圓內切時，連心線段長k的範圍為__________。

(5) 當兩圓內離時，連心線段長k的範圍為__________。

(6) 當兩圓為同心圓時，連心線段長k的範圍為__________。

想法　利用兩圓心距離（圓心距）與兩圓半徑判斷兩圓的關係

解

敘述	理由
(1) 如圖7.3-23(a)所示，若圓A與圓B不相交，則$k=\overline{AB}=\overline{AC}+\overline{CD}+\overline{BD}$，也就是說$k=6$公分$+\overline{CD}+3$公分$=9$公分$+\overline{CD}>9$公分，所以$k>9$公分 （連心線長＞兩半徑和）	已知兩圓外離 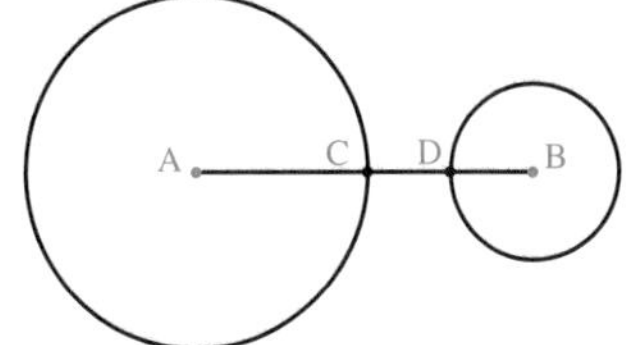 圖 7.3-23(a)
(2) 如圖7.3-23(b)所示，若圓A與圓B相交於一點E，由於相切兩圓的兩圓心連線，必過切點，所以A、E、B三點共線； 則$k=\overline{AB}=\overline{AE}+\overline{BE}$，（全量等於分量之和），也就是說$k=6$公分$+3$公分$=9$公分 （連心線長＝兩半徑和）	已知兩圓外切 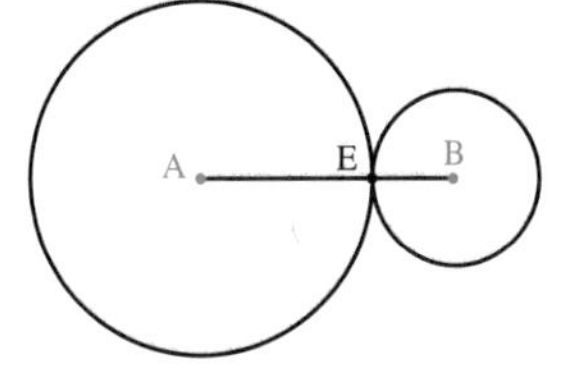 圖 7.3-23(b)
(3) 如圖7.3-23(c)，若圓A與圓B相交於F、G兩點，則根據△ABF三邊長之關係，我們可以得知$\overline{AF}-\overline{BF}<k=\overline{AB}<\overline{AF}+\overline{BF}$，也就是說6公分$-3$公分$<k<6$公分$+3$公分，所以3公分$<k<9$公分 （兩半徑差＜連心線長＜兩半徑和）	已知兩圓相交於兩點 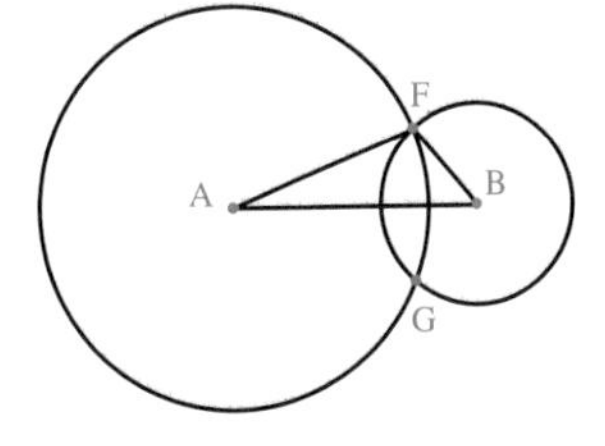 圖 7.3-23(c)

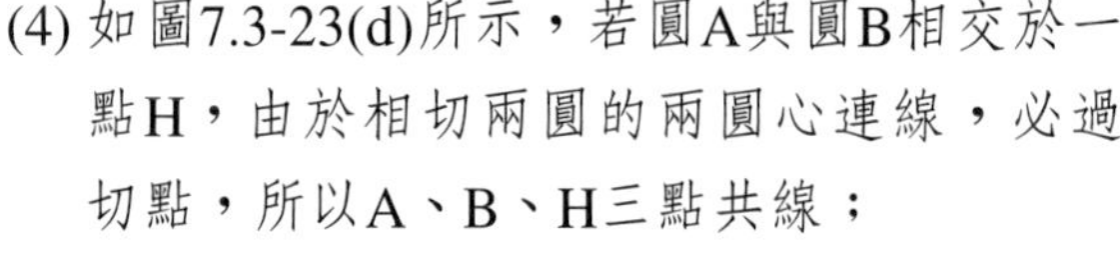 (4) 如圖7.3-23(d)所示，若圓A與圓B相交於一點H，由於相切兩圓的兩圓心連線，必過切點，所以A、B、H三點共線； 則k＝$\overline{AB}$＝$\overline{AH}$－$\overline{BH}$，（全量等於分量之和）也就是說k=6公分－3公分＝3公分 （連心線長＝兩半徑差）	已知兩圓內切 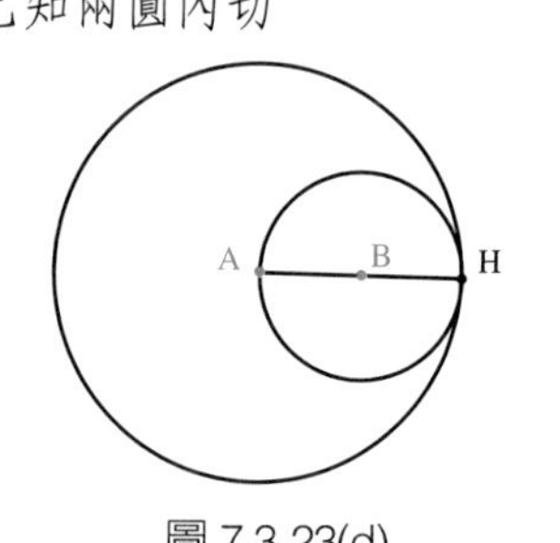 圖 7.3-23(d)
(5) 如圖7.3-23(e)所示，若圓A與圓B不相交，則k＝$\overline{AB}$＝$\overline{AI}$－$\overline{BJ}$－$\overline{JI}$，也就是說 k=6公分－3公分－$\overline{JI}$=3公分－$\overline{JI}$<3公分，所以k<3公分 （連心線長<兩半徑差）	已知兩圓內離 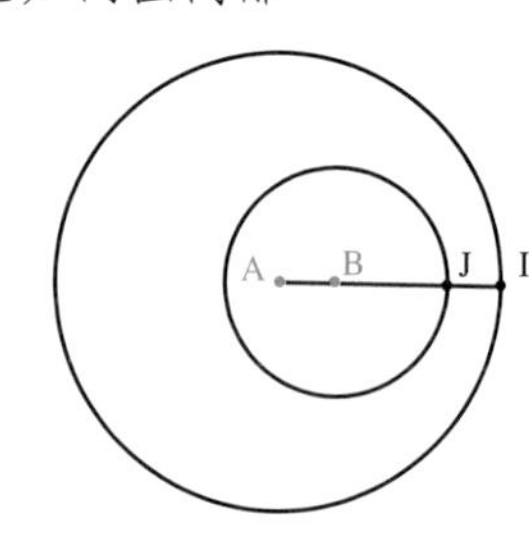 圖 7.3-23(e)
(6) 如圖7.3-23(f)所示，若圓心A點與圓心B點重合，則k＝$\overline{AB}$＝0公分， 也就是說k＝0公分 （連心線長＝0）	已知兩圓為同心圓 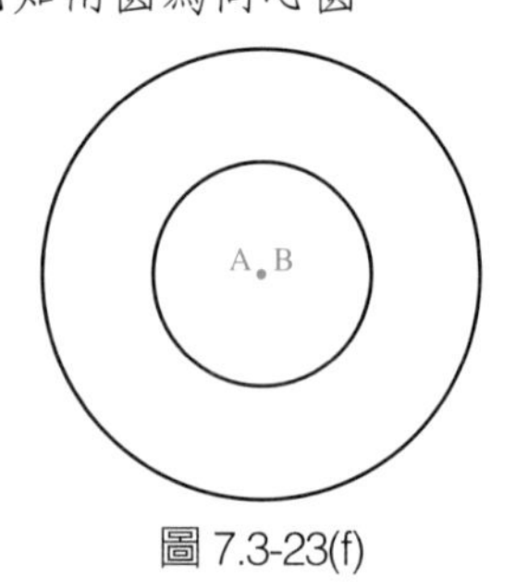 圖 7.3-23(f)

由上述例題7.3-13，我們可以由連心線長與兩半徑間的關係，來判斷出兩圓間的關係。判斷的規則如下：

(一) 若連心線長＞兩半徑和，則兩圓外離。

(二) 若連心線長＝兩半徑和，則兩圓外切。

(三) 若兩半徑差＜連心線長＜兩半徑和，則兩圓相交於兩點。

(四) 若連心線長＝兩半徑差，則兩圓內切。

(五) 若連心線長＜兩半徑差，則兩圓內離。

(六) 若連心線長＝0，則兩圓為同心圓。

例題 7.3-14

若圓A及圓B的半徑各為2公分及4公分，且$\overline{AB}$ =7公分，則下列哪一個圖示可以代表圓A和圓B的位置關係？

(A)

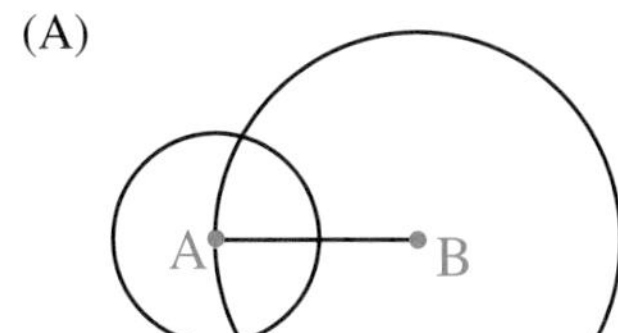

圖 7.3-24(a)

(B)

A B

圖 7.3-24(b)

(C)

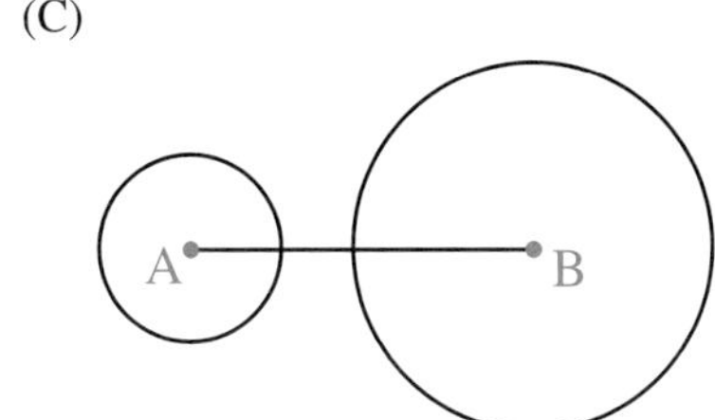

圖 7.3-24(c)

(D)

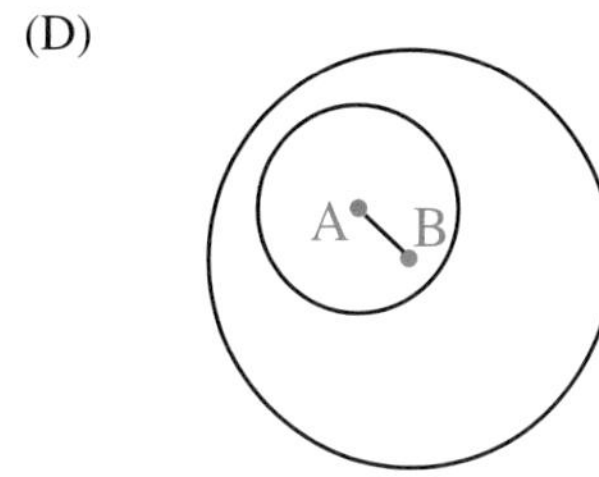

圖 7.3-24(d)

想法

判斷兩圓關係的規則如下：

(1) 若連心線長＞兩半徑和，則兩圓外離。

(2) 若連心線長＝兩半徑和，則兩圓外切。

(3) 若兩半徑差＜連心線長＜兩半徑和，則兩圓相交於兩點。

(4) 若連心線長＝兩半徑差，則兩圓內切。

(5) 若連心線長＜兩半徑差，則兩圓內離。

(6) 若連心線長＝0，則兩圓為同心圓。

解

敘述	理由
(1) $\overline{AB}$ =7公分＞2公分＋4公分＝6公分	已知$\overline{AB}$ =7公分 & 圓A及圓B的半徑各為2公分及4公分
(2) 圓A與圓B外離	由(1) & 連心線長＞兩半徑和，則兩圓外離
(3) 所以本題選(C)	由(2)

例題 7.3-15

已知圓A與圓B的連心線段長為17單位。若圓A與圓B的半徑分別如下表，請完成下表中兩圓的位置關係。

圓A半徑	9單位	28單位	35單位	10單位	30單位
圓B半徑	8單位	15單位	10單位	5單位	13單位
兩圓位置關係					

想法

判斷兩圓關係的規則如下：

(1) 若連心線長＞兩半徑和，則兩圓外離。

(2) 若連心線長＝兩半徑和，則兩圓外切。

(3) 若兩半徑差＜連心線長＜兩半徑和，則兩圓相交於兩點。

(4) 若連心線長＝兩半徑差，則兩圓內切。

(5) 若連心線長＜兩半徑差，則兩圓內離。

解

敘述	理由
(1) $\overline{AB}=17=9+8$ 所以圓A與圓B外切	已知$\overline{AB}=17$單位 & 圓A及圓B的半徑各為9單位及8單位 & 連心線長＝兩半徑和，則兩圓外切
(2) $28-15<\overline{AB}=17<28+15$ 所以圓A與圓B交於兩點	已知$\overline{AB}=17$單位 & 圓A及圓B的半徑各為28單位及15單位 & 兩半徑差＜連心線長＜兩半徑和，則兩圓相交於兩點
(3) $\overline{AB}=17<35-10$ 所以圓A與圓B內離	已知$\overline{AB}=17$單位 & 圓A及圓B的半徑各為35單位及10單位 & 連心線長＜兩半徑差，則兩圓內離
(4) $\overline{AB}=17>10+5$ 所以圓A與圓B外離	已知$\overline{AB}=17$單位 & 圓A及圓B的半徑各為10單位及5單位 & 連心線長＞兩半徑和，則兩圓外離
(5) $\overline{AB}=17=30-13$ 所以圓A與圓B內切	已知$\overline{AB}=17$單位 & 圓A及圓B的半徑各為30單位及13單位 & 連心線長＝兩半徑差，則兩圓內切

例題 7.3-16

已知大小兩個圓，若兩圓外切時，其連心線段長為11公分，若兩圓內切時，其連心線段長為3公分，求兩圓之半徑分別為多少？

(1) 若兩圓外切，則連心線長＝兩半徑和
(2) 若兩圓內切，則連心線長＝兩半徑差

敘述	理由
(1) 假設大圓半徑R、小圓半徑r	假設
(2) R＋r＝11公分	已知兩圓外切時，其連心線段長為11公分 & 若兩圓外切，則連心線長＝兩半徑和
(3) R－r＝3公分	已知兩圓內切時，其連心線段長為3公分 & 若兩圓內切，則連心線長＝兩半徑差
(4) R＝7公分 & r＝4公分	由(2) & (3) 解二元一次聯立方程式得
(5) 大圓半徑7公分 小圓半徑4公分	由(1) 假設 & (4) R＝7公分 & r＝4公分

例題 7.3-17

如圖7.3-25，A、B、C分別是兩兩相互外切的三圓的圓心，若$\overline{AB}$＝5公分，$\overline{BC}$＝4公分，$\overline{AC}$＝3公分，試求此三圓的半徑。

想法

若兩圓外切，則連心線長＝兩半徑和

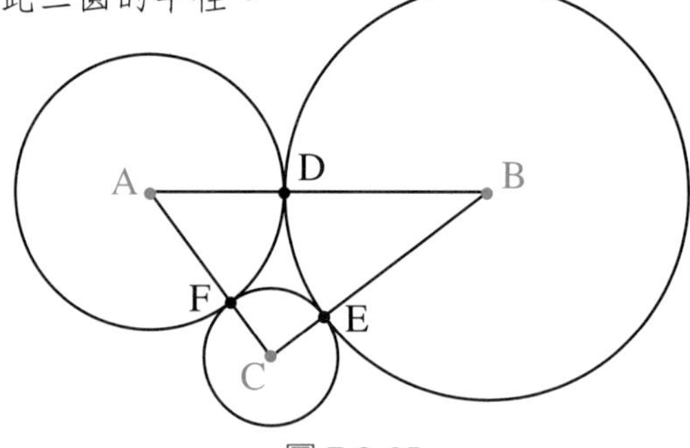

圖 7.3-25

解

敘述	理由
(1) 假設圓A半徑$\overline{AF}$＝$\overline{AD}$＝a 圓B半徑$\overline{BD}$＝$\overline{BE}$＝b 圓C半徑$\overline{CE}$＝$\overline{CF}$＝c	同圓半徑相等 & 假設
(2) $\overline{AB}$＝$\overline{AD}$＋$\overline{BD}$	已知A、B兩圓外切 & 連心線長＝兩半徑和
(3) 5公分＝a＋b	將已知$\overline{AB}$＝5公分 & (1) $\overline{AD}$＝a、$\overline{BD}$＝b 代入(2)得
(4) $\overline{BC}$＝$\overline{BE}$＋$\overline{CE}$	已知B、C兩圓外切 & 連心線長＝兩半徑和
(5) 4公分＝b＋c	將已知$\overline{BC}$＝4公分 & (1) $\overline{BE}$＝b、$\overline{CE}$＝c 代入(4)得
(6) $\overline{AC}$＝$\overline{AF}$＋$\overline{CF}$	已知A、C兩圓外切 & 連心線長＝兩半徑和
(7) 3公分＝a＋c	將已知 $\overline{AC}$＝3公分 & (1) $\overline{AF}$＝a、$\overline{CF}$＝c 代入(6)得
(8) 12公分＝2(a＋b＋c)	由(3)式＋(5) 式＋(7) 式得
(9) 6公分＝a＋b＋c	由(8) 等式兩邊同除以2
(10) a＝2公分 b＝3公分 c＝1公分	由(9)式－(5)式得 由(9)式－(7)式得 由(9)式－(3)式得
(11) 所以圓A半徑為2公分 圓B半徑為3公分 圓C半徑為1公分	由(1)圓A半徑$\overline{AF}$＝$\overline{AD}$＝a & (10) a＝2公分 由(1)圓B半徑$\overline{BD}$＝$\overline{BE}$＝b & (10) b＝3公分 由(1)圓C半徑$\overline{CE}$＝$\overline{CF}$＝c & (10) c＝1公分

例題 7.3-18

設有A、B、C三圓，其半徑分別為16公分、6公分、5公分。若圓A分別與圓B、圓C內切，圓B與圓C外切，則$\overline{AB}+\overline{BC}+\overline{AC}=$＿＿＿＿公分。

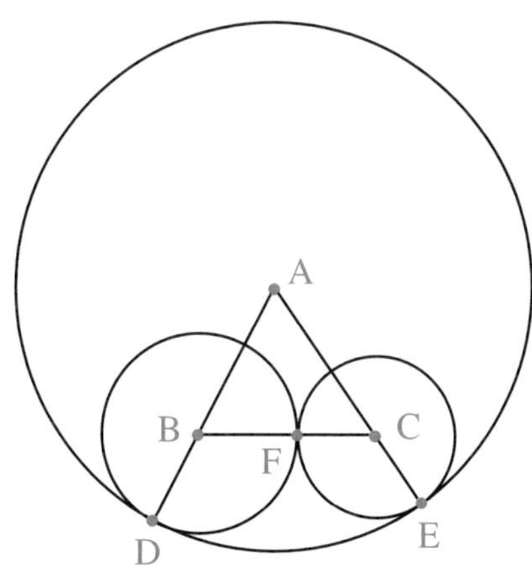

圖 7.3-26

想法

(1) 若兩圓外切，則連心線長＝兩半徑和

(2) 若兩圓內切，則連心線長＝兩半徑差。

解

敘述	理由
(1) 依題意繪圖，如圖7.3-26所示	由已知圓A分別與圓B、圓C內切，圓B與圓C外切作圖
(2) $\overline{AB}=\overline{AD}-\overline{BD}$	已知A、B兩圓內切 & 連心線長＝兩半徑差
(3) $\overline{AB}=$16公分－6公分 ＝10公分	將已知圓A半徑$\overline{AD}=$16公分 & 圓B半徑$\overline{BD}=$6公分 代入(2)
(4) $\overline{BC}=\overline{BF}+\overline{CF}$	已知B、C兩圓外切 & 連心線長＝兩半徑和
(5) $\overline{BC}=$6公分＋5公分 ＝11公分	將已知圓B半徑$\overline{BF}=$6公分 & 圓C半徑$\overline{CF}=$5公分 代入(4)
(6) $\overline{AC}=\overline{AE}-\overline{CE}$	已知A、C兩圓內切 & 連心線長＝兩半徑差
(7) $\overline{AC}=$16公分－5公分 ＝11公分	將已知圓A半徑$\overline{AE}=$16公分 & 圓C半徑$\overline{CE}=$5公分 代入(6)
(8) 所以$\overline{AB}+\overline{BC}+\overline{AC}$ ＝(10＋11＋11)公分 ＝32公分	由(3)式＋(5)式＋(7)式得

定義 7.3-4

公切線

一直線同時與兩圓相切就叫作此兩圓的公切線。

若兩圓在直線的兩側叫作內公切線。

若兩圓在直線的同側叫作外公切線。

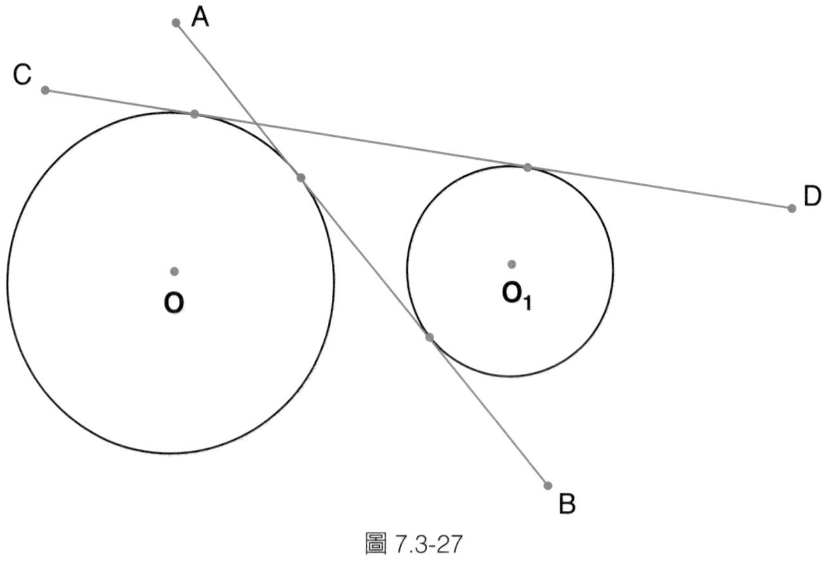

圖 7.3-27

圖7.3-27中，$\overline{AB}$為圓O與圓O_1兩圓的內公切線；$\overline{CD}$為圓O與圓O_1兩圓的外公切線。

例題 7.3-19

已知A、B兩圓的半徑分別是4公分、6公分，連心線段長為10公分，則此兩圓共有______條公切線。

1. 判斷兩圓關係的規則如下：
   (1) 若連心線長＞兩半徑和，則兩圓外離。
   (2) 若連心線長＝兩半徑和，則兩圓外切。
   (3) 若兩半徑差＜連心線長＜兩半徑和，則兩圓相交於兩點。
   (4) 若連心線長＝兩半徑差，則兩圓內切。
   (5) 若連心線長＜兩半徑差，則兩圓內離。
   (6) 若連心線長＝0，則兩圓為同心圓。
2. 一直線同時與兩圓相切就叫作此兩圓的公切線
3. 若兩圓在直線的兩側叫作內公切線
4. 若兩圓在直線的同側叫作外公切線

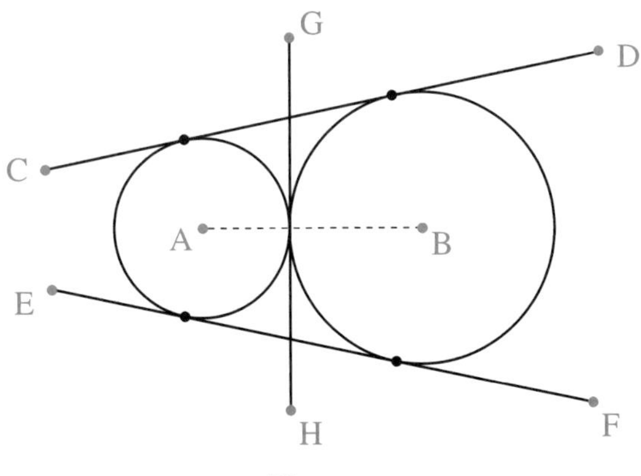

圖 7.3-28

敘述	理由
(1) A、B兩圓外切	已知A、B兩圓的半徑分別是4公分、6公分，連心線段長為10公分 10公分＝4公分＋6公分 & 若連心線長＝兩半徑和，則兩圓外切
(2) 如圖7.3-28，A、B兩圓共有 $\overline{CD}$、$\overline{EF}$與$\overline{GH}$ 3條公切線。 其中$\overline{CD}$、$\overline{EF}$為外公切線； $\overline{GH}$為內公切線	一直線同時與兩圓相切就叫作此兩圓的公切線 & 兩圓在直線的兩側叫作內公切線 & 兩圓在直線的同側叫作外公切線

例題 7.3-20

已知A、B兩圓的半徑分別是4公分、6公分，連心線段長為2公分，則此兩圓共有幾條公切線。

1. 判斷兩圓關係的規則如下：
   (1) 若連心線長＞兩半徑和，則兩圓外離。
   (2) 若連心線長＝兩半徑和，則兩圓外切。
   (3) 若兩半徑差＜連心線長＜兩半徑和，則兩圓相交於兩點。
   (4) 若連心線長＝兩半徑差，則兩圓內切。
   (5) 若連心線長＜兩半徑差，則兩圓內離。
   (6) 若連心線長＝0，則兩圓為同心圓。
2. 一直線同時與兩圓相切就叫作此兩圓的公切線
3. 若兩圓在直線的兩側叫作內公切線
4. 若兩圓在直線的同側叫作外公切線

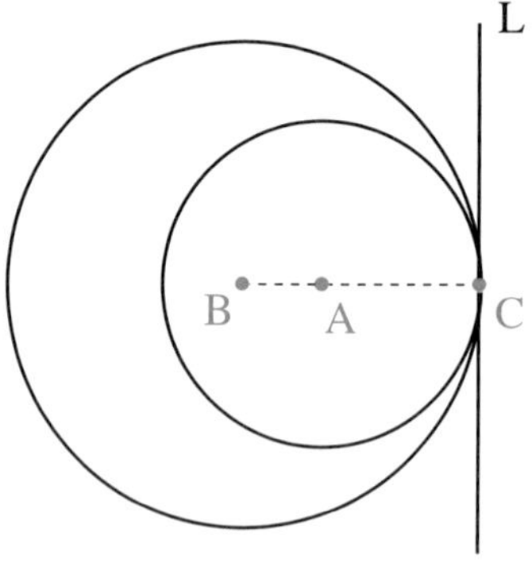

圖 7.3-29

敘述	理由
(1) A、B兩圓內切	已知A、B兩圓的半徑分別是4公分、6公分，連心線段長為2公分 2公分＝6公分－4公分 & 若連心線長＝兩半徑差，則兩圓內切
(2) 如圖7.3-29所示，A、B兩圓只有一條公切線L，且L為外公切線	一直線同時與兩圓相切就叫作此兩圓的公切線 & 兩圓在直線的同側叫作外公切線

例題 7.3-21

已知A、B兩圓的半徑分別是4公分、6公分，連心線段長為15公分，則此兩圓共有幾條公切線。

1. 判斷兩圓關係的規則如下：
   (1) 若連心線長＞兩半徑和，則兩圓外離。
   (2) 若連心線長＝兩半徑和，則兩圓外切。
   (3) 若兩半徑差＜連心線長＜兩半徑和，則兩圓相交於兩點。
   (4) 若連心線長＝兩半徑差，則兩圓內切。
   (5) 若連心線長＜兩半徑差，則兩圓內離。
   (6) 若連心線長＝0，則兩圓為同心圓。
2. 一直線同時與兩圓相切就叫作此兩圓的公切線
3. 若兩圓在直線的兩側叫作內公切線
4. 若兩圓在直線的同側叫作外公切線

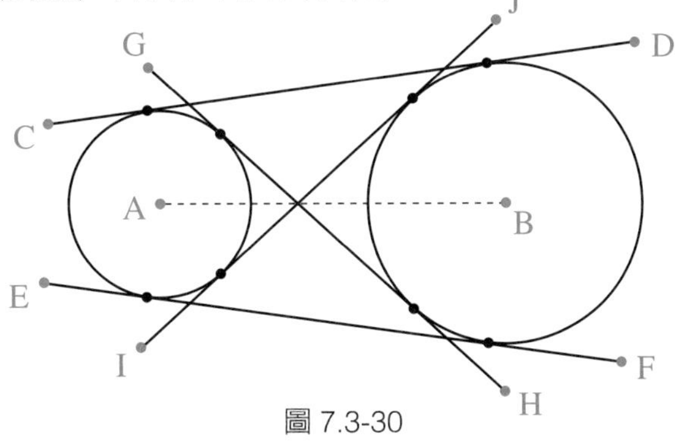

圖 7.3-30

敘述	理由
(1) A、B兩圓外離	已知A、B兩圓的半徑分別是4公分、6公分，連心線段長為15公分 15公分＞6公分＋4公分 & 若連心線長＞兩半徑和，則兩圓外離
(2) 如圖7.3-30所示，A、B兩圓共有$\overline{CD}$、$\overline{EF}$、$\overline{GH}$、$\overline{IJ}$ 4條公切線，其中$\overline{CD}$、$\overline{EF}$為外公切線；$\overline{GH}$、$\overline{IJ}$為內公切線	一直線同時與兩圓相切就叫作此兩圓的公切線 & 兩圓在直線的兩側叫作內公切線 & 兩圓在直線的同側叫作外公切線

例題 7.3-22

已知A、B兩圓的半徑分別是4公分、6公分，連心線段長為8公分，則此兩圓共有幾條公切線。

1. 判斷兩圓關係的規則如下：
   (1) 若連心線長＞兩半徑和，則兩圓外離。
   (2) 若連心線長＝兩半徑和，則兩圓外切。
   (3) 若兩半徑差＜連心線長＜兩半徑和，則兩圓相交於兩點。
   (4) 若連心線長＝兩半徑差，則兩圓內切。
   (5) 若連心線長＜兩半徑差，則兩圓內離。
   (6) 若連心線長＝0，則兩圓為同心圓。
2. 一直線同時與兩圓相切就叫作此兩圓的公切線
3. 若兩圓在直線的兩側叫作內公切線
4. 若兩圓在直線的同側叫作外公切線

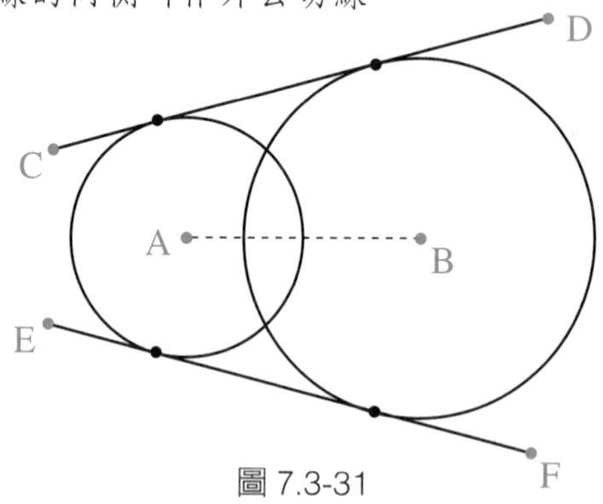

圖 7.3-31

敘述	理由
(1) A、B兩圓交於兩點	已知A、B兩圓的半徑分別是4公分、6公分，連心線段長為8公分 6公分－4公分＜8公分＜6公分＋4公分 & 若兩半徑差＜連心線長＜兩半徑和，則兩圓交於兩點
(2) 如圖7.3-31所示，A、B兩圓共有 $\overline{CD}$ 與 $\overline{EF}$ 2條公切線：$\overline{CD}$ 與 $\overline{EF}$ 皆為外公切線	一直線同時與兩圓相切就叫作此兩圓的公切線 & 兩圓在直線的同側叫作外公切線

例題 7.3-23

已知A、B兩圓的半徑分別是4公分、6公分，連心線段長為1公分，則此兩圓共有幾條公切線。

1. 判斷兩圓關係的規則如下：
   (1) 若連心線長＞兩半徑和，則兩圓外離。
   (2) 若連心線長＝兩半徑和，則兩圓外切。
   (3) 若兩半徑差＜連心線長＜兩半徑和，則兩圓相交於兩點。
   (4) 若連心線長＝兩半徑差，則兩圓內切。
   (5) 若連心線長＜兩半徑差，則兩圓內離。
   (6) 若連心線長＝0，則兩圓為同心圓。
2. 一直線同時與兩圓相切就叫作此兩圓的公切線
3. 若兩圓在直線的兩側叫作內公切線
4. 若兩圓在直線的同側叫作外公切線

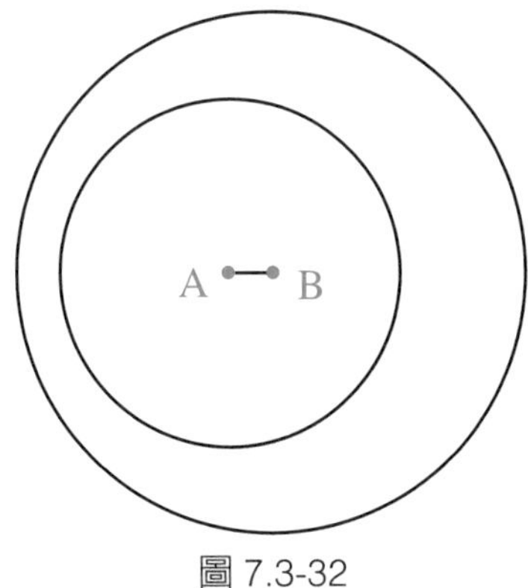

圖 7.3-32

敘述	理由
(1) A、B兩圓內離	已知A、B兩圓的半徑分別是4公分、6公分，連心線段長為1公分 1公分＜6公分－4公分 & 連心線長＜兩半徑差，則兩圓內離
(2) 如圖7.3-32，A、B兩圓沒有公切線	由(1) & 一直線同時與兩圓相切就叫作此兩圓的公切線

由以上例題7.3-19~例題7.3-23中，我們可以得到以下的結論：

1. 在同一平面上，若兩圓外離，則此兩圓共有4條公切線，其中2條為內公切線，2條為外公切線。
2. 在同一平面上，若兩圓外切，則此兩圓共有3條公切線，其中1條為內公切線，2條為外公切線。
3. 在同一平面上，若兩圓相交於兩點，則此兩圓共有2條公切線，且此2條皆為外公切線。
4. 在同一平面上，若兩圓內切，則此兩圓只有1條公切線，且此公切線為外公切線。
5. 在同一平面上，若兩圓內離，則此兩圓沒有公切線。

例題 7.3-24

已知圓O_1與圓O_2的連心線段長為12單位，若圓O_1與圓O_2的半徑分別如下表，請完成下表。

圓O_1半徑	12單位	3單位	5單位	4單位	2單位
圓O_2半徑	24單位	8單位	7單位	13單位	20單位
兩圓位置關係					
公切線數					

1. 在同一平面上，若兩圓外離，則此兩圓共有4條公切線，其中2條為內公切線，2條為外公切線。
2. 在同一平面上，若兩圓外切，則此兩圓共有3條公切線，其中1條為內公切線，2條為外公切線。
3. 在同一平面上，若兩圓相交於兩點，則此兩圓共有2條公切線，且此2條皆為外公切線。
4. 在同一平面上，若兩圓內切，則此兩圓只有1條公切線，且此公切線為外公切線。
5. 在同一平面上，若兩圓內離，則此兩圓沒有公切線。

敘述	理由
(1) 若圓O_1與圓O_2半徑分別為12單位、24單位，則圓O_1與圓O_2內切 所以圓O_1與圓O_2只有一條公切線	已知圓O_1與圓O_2半徑分別為12單位、24單位，連心線段長為12單位 12單位＝24單位－12單位 & 連心線長＝兩半徑差，則兩圓內切 & 兩圓內切，則此兩圓只有1條公切線
(2) 若圓O_1與圓O_2半徑分別為3單位、8單位，則圓O_1與圓O_2外離 所以圓O_1與圓O_2共有4條公切線	已知圓O_1與圓O_2半徑分別為3單位、8單位，連心線段長為12單位 12單位＞3單位＋8單位 & 連心線長＞兩半徑和，則兩圓外離 & 兩圓外離，則此兩圓共有4條公切線
(3) 若圓O_1與圓O_2半徑分別為5單位、7單位，則圓O_1與圓O_2外切 所以圓O_1與圓O_2共有3條公切線	已知圓O_1與圓O_2半徑分別為5單位、7單位，連心線段長為12單位 12單位＝5單位＋7單位 & 連心線長＝兩半徑和，則兩圓外切 & 兩圓外切，則此兩圓共有3條公切線
(4) 若圓O_1與圓O_2半徑分別為4單位、13單位，則圓O_1與圓O_2交於2點， 所以圓O_1與圓O_2共有2條公切線	已知圓O_1與圓O_2半徑分別為4單位、13單位，連心線段長為12單位 (13－4)單位＜12單位＜(13＋4)單位 & 兩半徑差＜連心線長＜兩半徑和，則兩圓相交於2點 & 兩圓相交於2點，則此兩圓共有2條公切線
(5)若圓O_1與圓O_2半徑分別為2單位、20單位，則圓O_1與圓O_2內離 所以圓O_1與圓O_2沒有公切線	已知圓O_1與圓O_2半徑分別為2單位、20單位，連心線段長為12單位 12單位＜20單位－2單位 & 連心線長＜兩半徑差，則兩圓內離 & 兩圓內離，則此兩圓沒有公切線

例題 7.3-25

平面上有相異兩點A、B，若分別以A、B為圓心，$\frac{1}{2}\overline{AB}$長為半徑畫圓，則所得的兩圓共有______條公切線。

1. 在同一平面上，若兩圓外離，則此兩圓共有4條公切線，其中2條為內公切線，2條為外公切線。
2. 在同一平面上，若兩圓外切，則此兩圓共有3條公切線，其中1條為內公切線，2條為外公切線。
3. 在同一平面上，若兩圓相交於兩點，則此兩圓共有2條公切線，且此2條皆為外公切線。
4. 在同一平面上，若兩圓內切，則此兩圓只有1條公切線，且此公切線為外公切線。
5. 在同一平面上，若兩圓內離，則此兩圓沒有公切線。

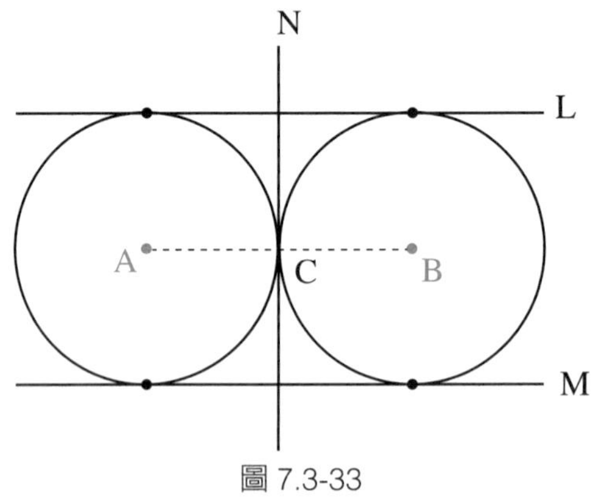

圖 7.3-33

敘述	理由
(1) 依題意作圖，如圖7.3-33	已知平面上有相異兩點A、B，若分別以A、B為圓心，$\frac{1}{2}\overline{AB}$長為半徑畫圓
(2) 圓A與圓B兩圓外切	已知圓A與圓B半徑皆為$\frac{1}{2}\overline{AB}$， 連心線段長為$\overline{AB} \Rightarrow \overline{AB}=\frac{1}{2}\overline{AB}+\frac{1}{2}\overline{AB}$ & 連心線長＝兩半徑和，則兩圓外切
(3) 圓A與圓B兩圓共有3條公切線（L、M與N）	由(2) & 兩圓外切，則此兩圓共有3條公切線

例題 7.3-26 兩切線交點與圓心的連線平分這兩切線所成的夾角。

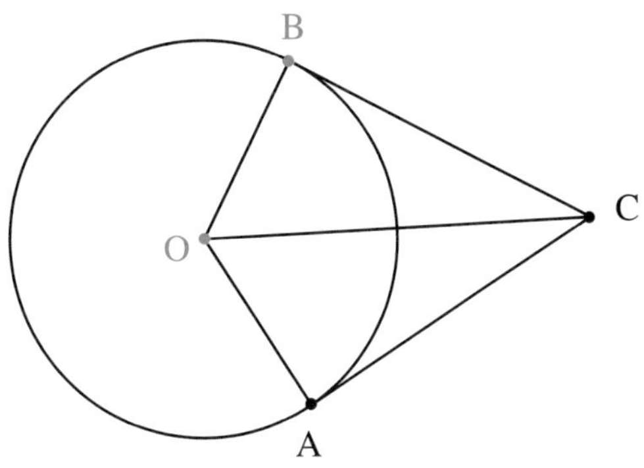

圖 7.3-34

如圖7.3-34，$\overline{BC}$ 與 $\overline{AC}$ 為圓O之切線，且 $\overline{BC}$ 與 $\overline{AC}$ 相交於C點

$\overline{OC}$ 為∠BCA的角平分線

利用兩全等三角形對應角相等來證明

敘述	理由
(1) ∠OBC＝∠OAC＝90°	已知 $\overline{BC}$ 與 $\overline{AC}$ 為圓O的兩切線 & 切線與過切點的半徑互相垂直
(2) 在△OBC與 △OAC中 $\overline{BO}=\overline{AO}$ ∠OBC＝∠OAC＝90° $\overline{CO}=\overline{CO}$	如圖7.3-34所示 同圓半徑相等 由(1) 已證 同線段相等
(3) △OBC ≅ △OAC	由(2) & 根據R.H.S. 三角形全等定理
(4) ∠BCO＝∠ACO	由(3) & 全等三角形的對應邊相等
(5) 所以 $\overline{OC}$ 為∠BCA的角平分線	由(4) ∠BCO＝∠ACO 已證

Q.E.D.

例題 7.3-27 若兩圓大小不等，則兩圓的連心線必過兩外公切線的交點。

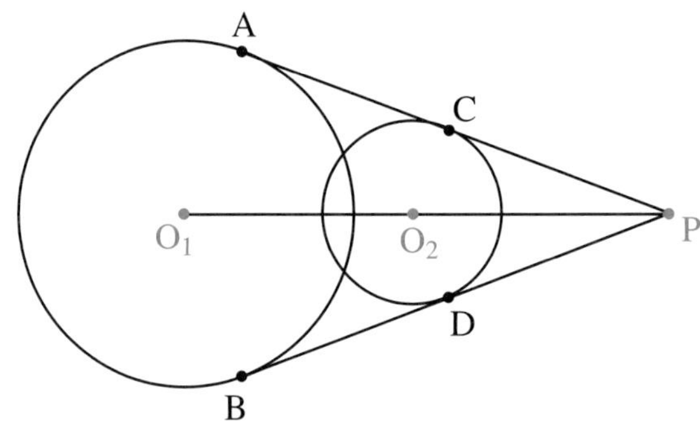

圖 7.3-35(a)

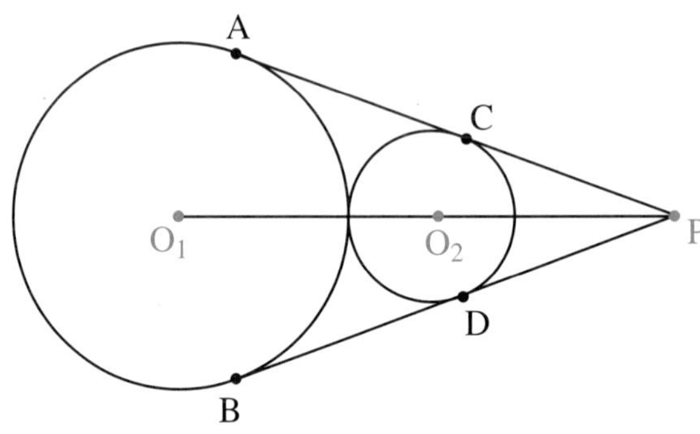

圖 7.3-35(b)

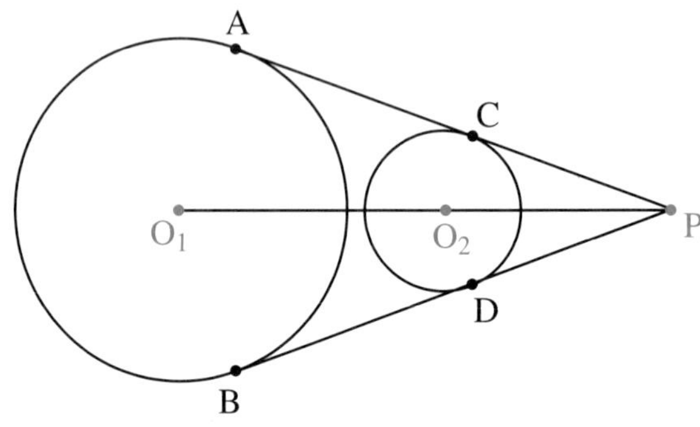

圖 7.3-35(c)

$\overline{AP}$、$\overline{BP}$為圓O_1與圓O_2的兩外公切線，且$\overline{AP}$與$\overline{BP}$相交於P點，如圖7.3-35(a)、圖7.3-35(b)、圖7.3-35(c)所示

$\overleftrightarrow{O_1O_2}$必通過P點

(1) 兩切線交點與圓心的連線平分這兩切線所成的夾角

(2) 一個角只有一條角平分線

敘述	理由
(1) $\overline{O_1P}$ 為∠APB的角平分線	已知$\overline{AP}$、$\overline{BP}$為圓O_1的兩切線，且$\overline{AP}$與$\overline{BP}$相交於P點 & 兩切線交點與圓心的連線平分這兩切線所成的夾角
(2) $\overline{O_2P}$ 為∠APB的角平分線	已知$\overline{AP}$、$\overline{BP}$為圓O_2的兩切線，且$\overline{AP}$與$\overline{BP}$相交於P點 & 兩切線交點與圓心的連線平分這兩切線所成的夾角
(3) $\overline{O_1P}$ 與$\overline{O_2P}$ 必在同一直線上	由(1) & (2) 一個角只有一條角平分線
(4) 所以$\overleftrightarrow{O_1O_2}$必通過P點	由(3)

Q.E.D.

例題 7.3-28　兩圓的連心線必過兩內公切線的交點。

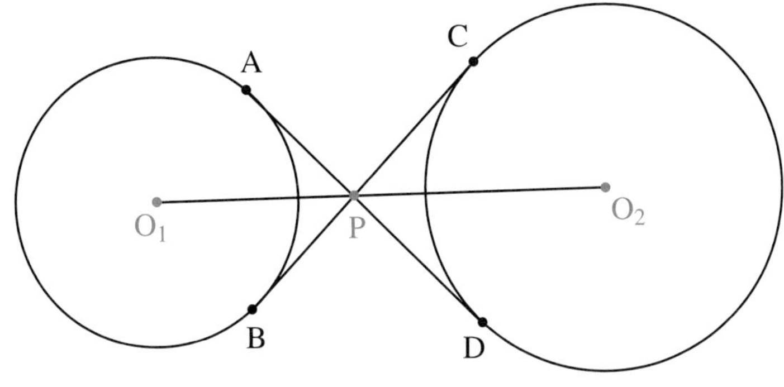

圖 7.3-36

如圖7.3-36，$\overline{AD}$、$\overline{BC}$為圓O_1與圓O_2的兩內公切線，且$\overline{AD}$與$\overline{BC}$相交於P點。

$\overleftrightarrow{O_1O_2}$必通過P點

(1) 兩切線交點與圓心的連線平分這兩切線所成的夾角

(2) 周角為360°

(3) 平角為180°

敘述	理由
(1) $\angle APB=\angle CPD$、$\angle APC=\angle BPD$	已知$\overline{AD}$與$\overline{AP}$相交於P點 & 對頂角相等
(2) $\overline{O_1P}$為$\angle APB$的角平分線 (即$\angle APO_1=\angle BPO_1=\frac{1}{2}\angle APB$)	已知$\overline{AD}$、$\overline{BC}$為圓O_1的兩切線，且$\overline{AD}$與$\overline{BC}$相交於P點 & 兩切線交點與圓心的連線平分這兩切線所成的夾角
(3) $\overline{O_2P}$為$\angle CPD$的角平分線 (即$\angle CPO_2=\angle DPO_2=\frac{1}{2}\angle CPD$)	已知$\overline{AD}$、$\overline{BC}$為圓O_2的兩切線，且$\overline{AD}$與$\overline{BC}$相交於P點 & 兩切線交點與圓心的連線平分這兩切線所成的夾角
(4) $\angle APO_1=\angle BPO_1=\frac{1}{2}\angle APB$ $=\frac{1}{2}\angle CPD=\angle CPO_2=\angle DPO_2$	由(2) $\angle APO_1=\angle BPO_1=\frac{1}{2}\angle APB$ (3) $\angle CPO_2=\angle DPO_2=\frac{1}{2}\angle CPD$ & (1) $\angle APB=\angle CPD$ 遞移律
(5) $\angle APO_1+\angle APC+\angle CPO_2+$ $\angle DPO_2+\angle BPD+\angle BPO_1=360^\circ$	全量等於分量之和 & 周角為360°
(6) $\angle APO_1+\angle APC+\angle CPO_2+$ $\angle APO_1+\angle APC+\angle CPO_2=360^\circ$	由(5) & (4) $\angle DPO_2=\angle APO_1$、 $\angle BPO_1=\angle CPO_2$ & (1) $\angle APC=\angle BPD$ 代換
(7) $2(\angle APO_1+\angle APC+\angle CPO_2)$ $=360^\circ$	由(6) 化簡
(8) $\angle APO_1+\angle APC+\angle CPO_2$ $=180^\circ$	由(7) 等式兩邊同除以2
(9) O_1、P、O_2三點共線	由(8) 平角為180°
(10) 所以$\overleftrightarrow{O_1O_2}$必通過P點	由(9)

Q.E.D.

例題 7.3-29　兩圓的兩外公切線等長。

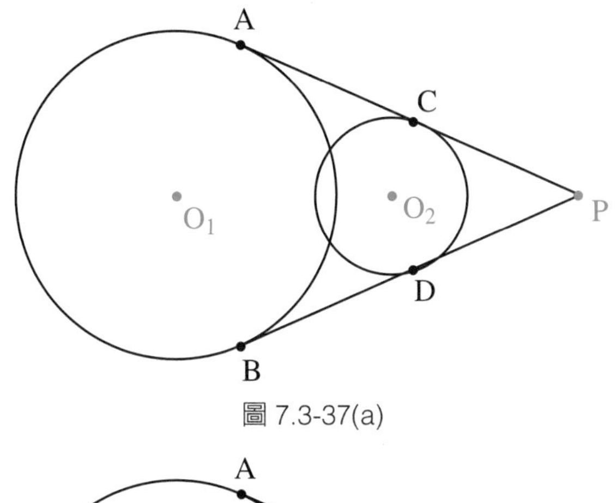

圖 7.3-37(a)

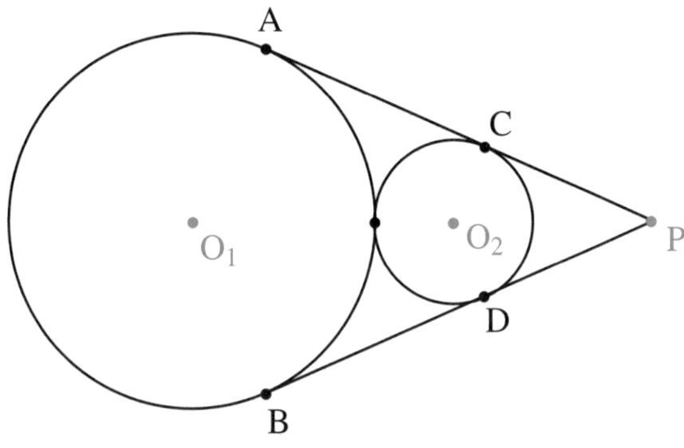

圖 7.3-37(b)

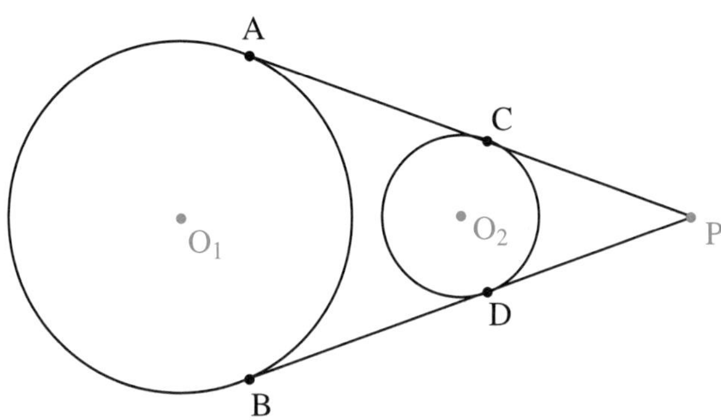

圖 7.3-37(c)

已知　$\overline{AC}$、$\overline{BD}$為圓O_1與圓O_2的兩外公切線，且$\overline{AC}$與$\overline{BD}$的延長線相交於P點，如圖7.3-37(a)、圖7.3-37(b)、圖7.3-37(c)所示

求證　$\overline{AC}=\overline{BD}$

利用圓外一點到圓的兩切線等長

敘述	理由
(1) $\overline{AP}=\overline{BP}$	已知$\overline{AC}$、$\overline{BD}$為圓O_1的兩切線，且$\overline{AC}$與$\overline{BD}$的延長線相交於P點 & 圓外一點到圓的兩切線等長
(2) $\overline{CP}=\overline{DP}$	已知$\overline{AC}$、$\overline{BD}$為圓O_2的兩切線，且$\overline{AC}$與$\overline{BD}$的延長線相交於P點 & 圓外一點到圓的兩切線等長
(3) $\overline{AP}-\overline{CP}=\overline{BP}-\overline{DP}$	由(1) & (2) 等量減法公理
(4) 所以$\overline{AC}=\overline{BD}$	由(3) & $\overline{AP}-\overline{CP}=\overline{AC}$、$\overline{BP}-\overline{DP}=\overline{BD}$

Q.E.D.

例題 7.3-30　兩圓的兩內公切線等長。

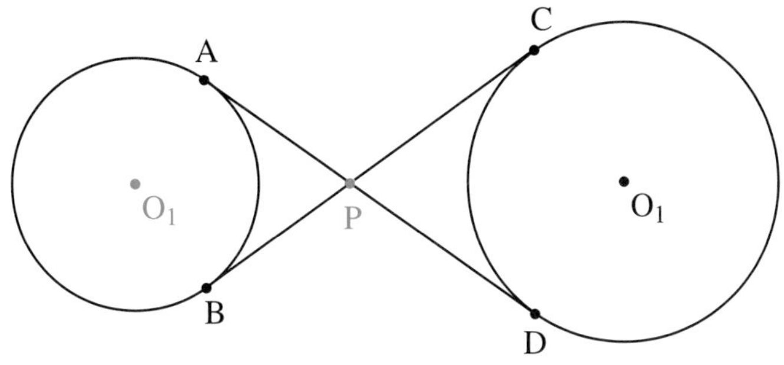

圖 7.3-38

如圖7.3-38，$\overline{AD}$ 、$\overline{BC}$ 為圓O_1與圓O_2的兩內公切線，且$\overline{AD}$與$\overline{BC}$相交於P點。

$\overline{AD}=\overline{BC}$

利用圓外一點到圓的兩切線等長

敘述	理由
(1) $\overline{PA}=\overline{PB}$	已知$\overline{AD}$、$\overline{BC}$為圓O_1的兩切線，且$\overline{AD}$與$\overline{BC}$相交於P點 & 圓外一點到圓的兩切線等長
(2) $\overline{PD}=\overline{PC}$	已知$\overline{AD}$、$\overline{BC}$為圓O_2的兩切線，且$\overline{AD}$與$\overline{BC}$相交於P點 & 圓外一點到圓的兩切線等長
(3) $\overline{PA}+\overline{PD}=\overline{PB}+\overline{PC}$	由(1) & (2) 等量加法公理
(4) 所以$\overline{AD}=\overline{BC}$	由(3) & $\overline{PA}+\overline{PD}=\overline{AD}$、$\overline{PB}+\overline{PC}=\overline{BC}$

Q.E.D.

定理 7.3-4

切線與弦交角定理

圓的切線與過切點的弦所成的角（弦切角）的度數，等於這弦與切線間的弧度數的一半。

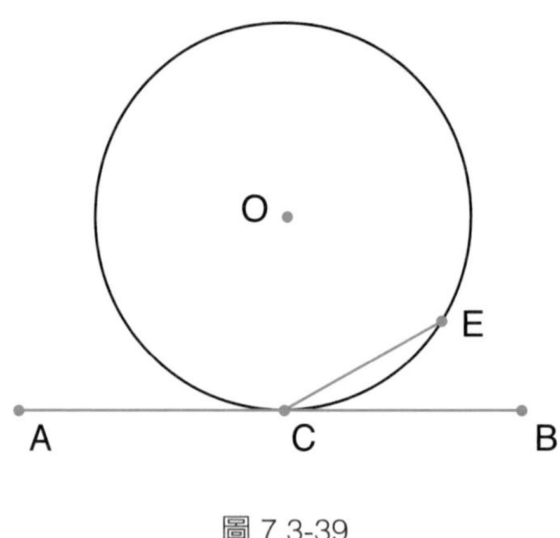

圖 7.3-39

已知　如圖7.3-39，$\overline{AB}$ 與圓O相切於C點，$\overline{CE}$ 為此圓的一弦

求證　$\angle BCE = \frac{1}{2}\overset{\frown}{CE}$

想法　(1) 利用圓周角的度數等於所對弧的一半

(2) $\angle BCE = \angle D$

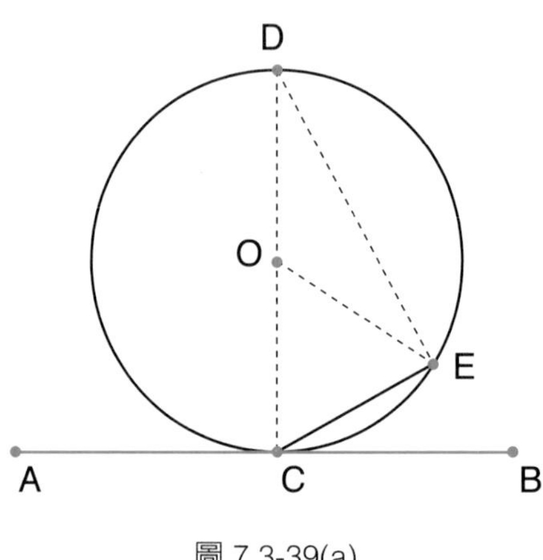

圖 7.3-39(a)

敘述	理由
(1) 過C點作直徑$\overline{CD}$，連結O點與E點及D點與E點，如圖7.3-39(a)	過兩點可作一直線
(2) $\overline{AB}\perp\overline{CD}$，∠BCD=90°	已知$\overline{AB}$與圓O相切於C點 & 切線定理
(3) ∠BCE＋∠ECD＝∠BCD＝90°	全量等於分量和 & (2) ∠BCD=90°
(4) ∠CED＝90°	由(1) $\overline{CD}$為圓O直徑 & 直徑所對的圓周角為直角
(5) △DCE為直角三角形	由(4) ∠CED=90°
(6) ∠ECD＋∠D＋∠CED＝180°	三角形內角和為180°
(7) ∠ECD＋∠D＝180°－∠CED＝180°－90°＝90°	由(6) 等量減法公理 & (4) ∠CED＝90° 已證
(8)∠BCE＋∠ECD＝∠ECD＋∠D	由(3) & (7) 遞移律
(9)∠BCE＝∠D	由(8) 等式兩邊同減∠ECD
(10)∠D＝$\frac{1}{2}\overset{\frown}{CE}$	圓周角的度數等於所對弧的一半
(11)∠BCE＝∠D＝$\frac{1}{2}\overset{\frown}{CE}$	由(9) & (10) 遞移律

Q.E.D.

例題 7.3-31

如圖7.3-40，ABCDEF為圓內接正六邊形，且$\overline{PQ}$切圓O於A點，則∠PAB＝？

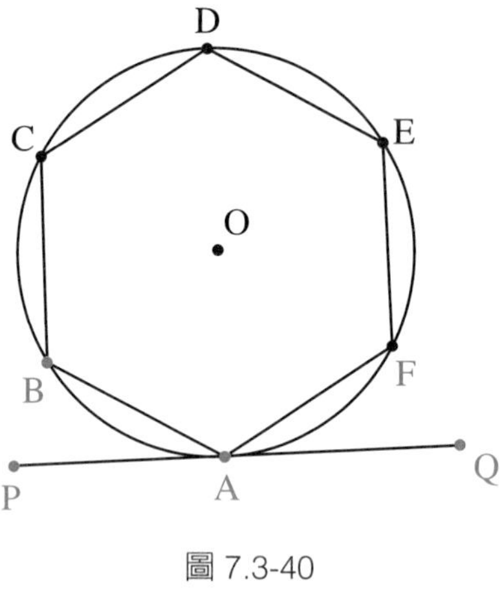

圖 7.3-40

(1) 利用正六邊形六個頂點將圓周六等分 & 圓周為360°，可以得知$\overset{\frown}{AB}$度數；

(2) 利用$\overset{\frown}{AB}$度數 & 弦切角等於所對弧度的一半，即可得∠PAB之度數

敘述	理由
(1) $\overset{\frown}{AB}=360°\div 6=60°$	已知ABCDEF為圓內接正六邊形，六個頂點將圓周六等分 & 圓周為360°
(2) $\angle PAB=\frac{1}{2}\overset{\frown}{AB}=\frac{1}{2}\times 60°=30°$	弦切角的度數等於這弦與切線間的弧度數的一半 & (1) $\overset{\frown}{AB}=60°$

例題 7.3-32

如圖7.3-41，$\overline{AD}$ 切圓於C點。若 $\overset{\frown}{EB}=160^\circ$，$\angle B=25^\circ$，

(1) 求∠ACE的度數。　　(2) 求∠BCD的度數。

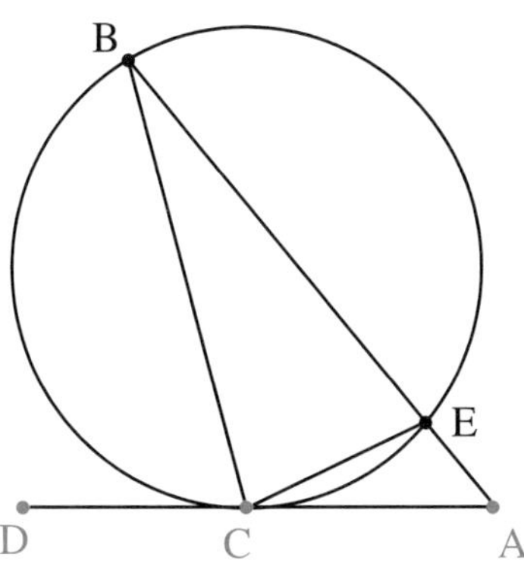

圖 7.3-41

(1) 利用已知$\angle B=25^\circ$ & 弧度為所對圓周角的2倍，可得$\overset{\frown}{CE}$度數；

(2) 利用$\overset{\frown}{CE}$度數 & 弦切角等於所對弧度的一半，可得∠ACE之度數；

(3) 利用已知$\overset{\frown}{EB}=160^\circ$、$\overset{\frown}{CE}$度數 & 圓周為360°，可得$\overset{\frown}{BC}$度數；

(4) 利用$\overset{\frown}{BC}$度數 & 弦切角等於所對弧度的一半，可得∠BCD之度數

敘述	理由
(1) $\overset{\frown}{CE}=2\angle B=2\times25^\circ=50^\circ$	弧度為所對圓周角的2倍 & 已知$\angle B=25^\circ$
(2) $\angle ACE=\frac{1}{2}\overset{\frown}{CE}$	弦切角的度數等於這弦與切線間的弧度數的一半
(3) $\angle ACE=\frac{1}{2}\times50^\circ=25^\circ$	將(1) $\overset{\frown}{CE}=50^\circ$ 代入(2)式得
(4) $\overset{\frown}{BC}+\overset{\frown}{CE}+\overset{\frown}{EB}=360^\circ$	如圖7.3-41所示，$\overset{\frown}{BC}+\overset{\frown}{CE}+\overset{\frown}{EB}=$圓周
(5) $\overset{\frown}{BC}+50^\circ+160^\circ=360^\circ$	將(1) $\overset{\frown}{CE}=50^\circ$ & 已知$\overset{\frown}{EB}=160^\circ$ 代入(4)式得
(6) $\overset{\frown}{BC}=360^\circ-50^\circ-160^\circ$ $=150^\circ$	由(5) 等量減法公理
(7) $\angle BCD=\frac{1}{2}\overset{\frown}{BC}$	弦切角的度數等於這弦與切線間的弧度數的一半
(8) $\angle BCD=\frac{1}{2}\times150^\circ=75^\circ$	將(6) $\overset{\frown}{BC}=150^\circ$ 代入(7)式得

例題 7.3-33

如圖7.3-42，$\overline{AC}$ 是圓O的弦，$\overline{BE}$ 切圓O於A點。若∠CAB＝38°，則：

(1) ∠COA＝______度。　　(2) ∠CDA＝______度。

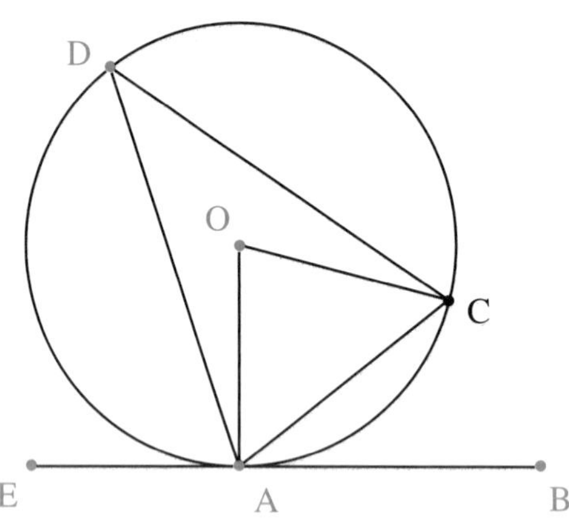

圖 7.3-42

(1) 利用已知∠CAB＝38° & 弦與切線所夾的弧度等於弦切角的2倍，可得知$\overset{\frown}{AC}$度數；

(2) 利用$\overset{\frown}{AC}$度數 & 圓心角等於所對的弧度，可得知∠COA之度數；

(3) 利用$\overset{\frown}{AC}$度數 & 圓周角等於所對弧度的一半，可得知∠CDA之度數

敘述	理由
(1) $\overset{\frown}{AC}=2\angle CAB=2\times38^\circ=76^\circ$	已知∠CAB＝38° & 弦與切線所夾的弧度等於弦切角的2倍
(2) $\angle COA=\overset{\frown}{AC}=76^\circ$	圓心角等於所對的弧度 & (1) $\overset{\frown}{AC}=76^\circ$
(3) $\angle CDA=\frac{1}{2}\overset{\frown}{AC}=\frac{1}{2}\times76^\circ$ $=38^\circ$	圓周角等於所對弧度的一半 & (1) $\overset{\frown}{AC}=76^\circ$

例題 7.3-34

如圖7.3-43，圓P與圓Q外切於A點，直線L為兩圓的外公切線，與圓P、圓Q的切點分別為B點、C點。已知$\overset{\frown}{AB}=70°$，$\overset{\frown}{AC}=110°$，則∠BAC=______度。

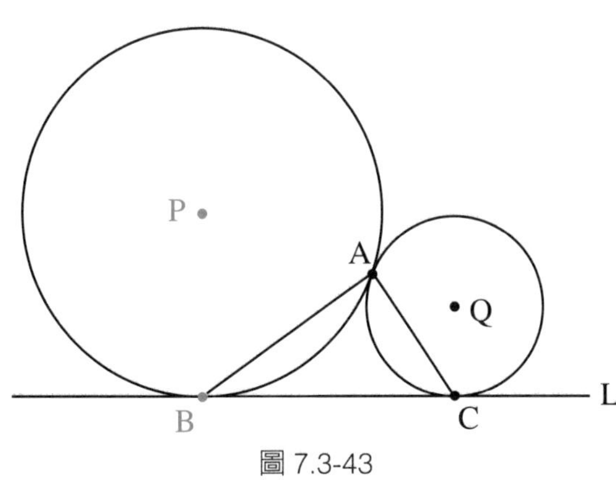

圖 7.3-43

(1) 利用已知$\overset{\frown}{AB}=70°$ & 弦切角等於所對弧度的一半，可得知∠ABC之度數；

(2) 利用已知$\overset{\frown}{AC}=110°$ & 弦切角等於所對弧度的一半，可得知∠ACB之度數；

(3) 利用∠ABC、∠ACB & △ABC內角和180°，可得知∠BAC之度數

敘述	理由
(1) $\angle ABC=\frac{1}{2}\overset{\frown}{AB}=\frac{1}{2}\times 70°=35°$	弦切角等於所對弧度之一半 & 已知$\overset{\frown}{AB}=70°$
(2) $\angle ACB=\frac{1}{2}\overset{\frown}{AC}=\frac{1}{2}\times 110°=55°$	弦切角等於所對弧度之一半 & 已知$\overset{\frown}{AC}=110°$
(3) △ABC中，∠ABC+∠ACB+∠BAC=180°	如圖7.3-43所示，三角形內角和180°
(4) 35°+55°+∠BAC=180°	將(1)∠ABC=35° & (2)∠ACB=55° 代入(3)式得
(5) ∠BAC=180°−35°−55°=90°	由(4) 等量減法公理

例題 7.3-35

如圖7.3-44，$\overline{AC}$ 與圓O相切於B點，且$\overline{AE}$ 與圓O相交於D、E兩點。
已知$\overset{\frown}{BD}=86^\circ$，$\overset{\frown}{BE}=140^\circ$，則∠A=______度。

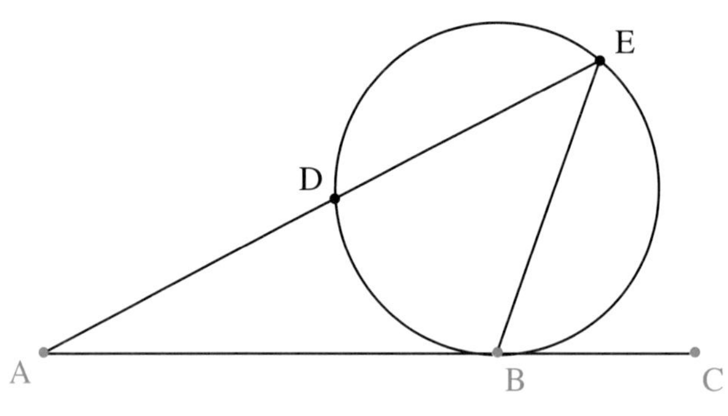

圖 7.3-44

(1) 利用已知$\overset{\frown}{BD}=86^\circ$ & 圓周角等於所對弧度的一半，可得∠E之度數；

(2) 利用已知$\overset{\frown}{BE}=140^\circ$ & 弦切角等於所對弧度的一半，可得∠EBC之度數；

(3) 利用∠E、∠EBC & 三角形外角定理，可得∠A之度數

敘述	理由
(1) $\angle E=\frac{1}{2}\overset{\frown}{BD}=\frac{1}{2}\times 86^\circ=43^\circ$	圓周角等於所對弧度之一半 & 已知$\overset{\frown}{BD}=86^\circ$
(2) $\angle EBC=\frac{1}{2}\overset{\frown}{BE}=\frac{1}{2}\times 140^\circ=70^\circ$	弦切角等於所對弧度之一半 & 已知$\overset{\frown}{BE}=140^\circ$
(3) △ABE中，∠EBC為∠EBA的外角 ∠EBC=∠A+∠E	如圖7.3-44所示， 外角等於內對角的和
(4) $70^\circ=\angle A+43^\circ$	將(2) $\angle EBC=70^\circ$、(1) $\angle E=43^\circ$ 代入(3)式得
(5) $\angle A=70^\circ-43^\circ=27^\circ$	由(4) 等量減法公理

例題 7.3-36

如圖7.3-45，A、B、C三點皆在圓周上，過B點的切線與$\overline{AC}$的延長線交於D。若∠BAC＝40°，∠D＝35°，求$\overset{\frown}{AC}$的度數。

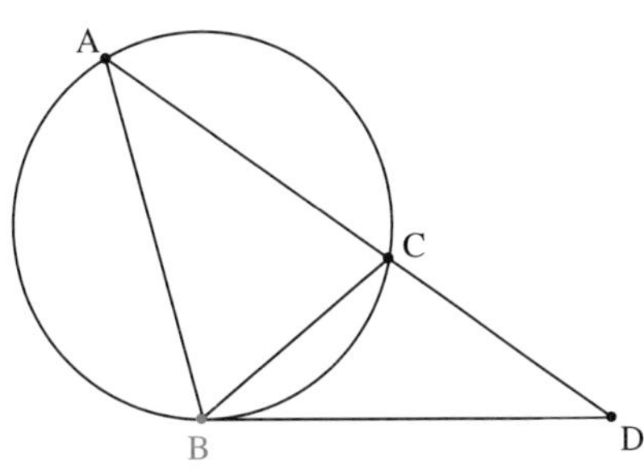

圖 7.3-45

想法

(1) 利用已知∠BAC＝40° & 弧度為所對圓周角的2倍，可得$\overset{\frown}{BC}$度數；
(2) 利用$\overset{\frown}{BC}$度數 & 弦切角等於所對弧度的一半，可得∠CBD之度數；
(3) 利用已知∠BAC＝40°、∠D＝35° & 三角形ABD內角和180°，可得∠ABD之度數；
(4) 利用∠ABD、∠CBD & 全量等於分量和，可得∠ABC之度數；
(5) 利用∠ABC & 弧度為所對圓周角的2倍，可得$\overset{\frown}{AC}$度數

解

敘述	理由
(1) $\overset{\frown}{BC}$＝2∠BAC＝2×40°＝80°	弧度為所對圓周角的2倍 & 已知∠BAC＝40°
(2) ∠CBD＝$\frac{1}{2}\overset{\frown}{BC}$＝$\frac{1}{2}$×80°＝40°	弦切角的度數等於這弦與切線間的弧度數的一半 & (1) $\overset{\frown}{BC}$＝80°
(3) ∠BAC＋∠D＋∠ABD＝180°	三角形ABD內角和180°
(4) 40°＋35°＋∠ABD＝180°	將已知∠BAC＝40°、∠D＝35° 代入(3)式得
(5) ∠ABD＝180°－40°－35°＝105°	由(4) 等量減法公理
(6) ∠ABD＝∠ABC＋∠CBD	全量等於分量之和
(7) 105°＝∠ABC＋40°	將(5) ∠ABD＝105° & (2) ∠CBD＝40° 代入(6)式得
(8) ∠ABC＝105°－40°＝65°	由(7) 等量減法公理
(9) $\overset{\frown}{AC}$＝2∠ABC＝2×65°＝130°	弧度為所對圓周角的2倍 & (8) ∠ABC＝65°

例題 7.3-37

如圖7.3-46，A、B、C在同一圓上，$\overline{DE}$與圓O相切於B點。若$\overline{AB}=\overline{AC}$，$\overset{\frown}{BC}=100^\circ$，求∠ABD的度數。

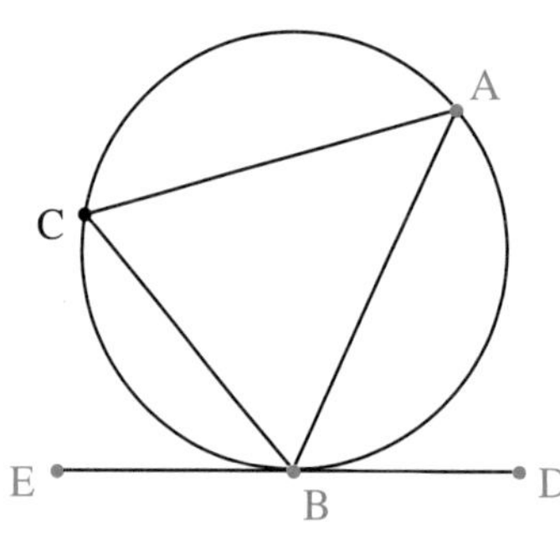

圖 7.3-46

(1) 利用已知$\overset{\frown}{BC}=100^\circ$ & 圓周角為所對弧度的一半，可得∠A之度數；

(2) 利用已知$\overline{AB}=\overline{AC}$ & 兩腰等長為等腰三角形 & 等腰三角形兩底角相等，可得∠C=∠ABC；

(3) 利用∠A、∠C=∠ABC & 三角形ABC內角和180°，可得∠C與∠ABC之度數；

(4) 利用∠C & 弧的度數等於所對圓周角的2倍，可得$\overset{\frown}{AB}$度數；

(5) 利用$\overset{\frown}{AB}$ & 弦切角為所對弧度的一半，可得∠ABD之度數

敘述	理由
(1) $\angle A=\frac{1}{2}\overset{\frown}{BC}=\frac{1}{2}\times 100^\circ=50^\circ$	弦切角的度數等於這弦與切線間的弧度數的一半 & 已知$\overset{\frown}{BC}=100^\circ$
(2) △ABC為等腰三角形	已知$\overline{AB}=\overline{AC}$ & 兩腰等長為等腰三角形
(3) ∠ABC=∠C	由(2) & 等腰三角形兩底角相等
(4) ∠A+∠C+∠ABC=180°	△ABC內角和180°
(5) 50°+∠C+∠C=180°	將(1)∠A=50° & (3) ∠ABC=∠C代入(4)式得
(6) ∠C=(180°−50°)÷2=65°	由(5)式解一元一次方程式
(7) $\overset{\frown}{AB}=2\angle C=2\times 65^\circ=130^\circ$	弧度為所對圓周角的2倍 & (6) ∠C=65°
(8) $\angle ABD=\frac{1}{2}\overset{\frown}{AB}=\frac{1}{2}\times 130^\circ=65^\circ$	弦切角的度數等於這弦與切線間的弧度數的一半 & (7) $\overset{\frown}{AB}=130^\circ$

例題 7.3-38

如圖7.3-47，$\overline{DE}$、$\overline{DF}$ 分別切圓O於A、B兩點，$\overline{BC}$ 為圓O的直徑。若∠D＝46°，則∠CAE＝______度。

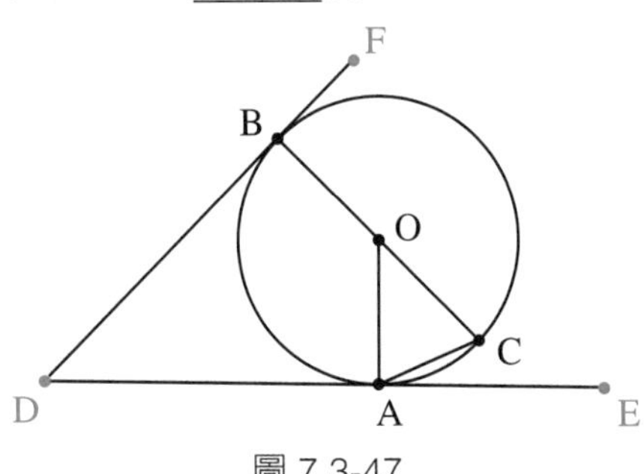

圖 7.3-47

(1) 利用已知$\overline{DE}$、$\overline{DF}$ 分別切圓O於A、B兩點 & 過切點的半徑與切線垂直，可得知∠OAD＝∠OBD＝90°；

(2) 利用四邊形AOBD內角和360° & ∠OAD＝∠OBD＝90° & 已知∠D＝46°、可得知∠AOB度數；

(3) 利用∠AOB & $\overline{BC}$ 為圓O的直徑，可得知∠AOC之度數；

(4) 利用∠AOC & 弧的度數等於所對圓心角的度數，可得知$\overset{\frown}{AC}$ 度數；

(5) 利用$\overset{\frown}{AC}$ & 弦切角等於所對弧度的一半，可得知∠CAE之度數

敘述	理由
(1)∠OAD＝∠OBD＝90°	已知$\overline{DE}$、$\overline{DF}$ 分別切圓O於A、B兩點 & 過切點的半徑與切線
(2)∠OAD＋∠OBD＋∠D＋∠AOB ＝360°	四邊形內角和360°
(3) 90°＋90°＋46°＋∠AOB＝360°	將(1) ∠OAD＝∠OBD＝90° & 已知∠D＝46° 代入(2)式得
(4)∠AOB＝360°－90°－90°－46° ＝134°	由(3) 等量減法公理
(5)∠AOB＋∠AOC＝180°	已知$\overline{BC}$ 為圓O的直徑
(6) 134°＋∠AOC＝180°	將(4) ∠AOB＝134° 代入(5)式得
(7)∠AOC＝180°－134°＝46°	由(6) 等量減法公理
(8) $\overset{\frown}{AB}$＝∠AOC＝46°	弧的度數等於所對圓心角的度數 & (7) ∠AOC＝46°
(9)∠CAE＝$\frac{1}{2}\overset{\frown}{AB}$＝$\frac{1}{2}$×46°＝23°	弦切角等於所對弧度的一半 & (8) $\overset{\frown}{AC}$＝46°

在證明下一個定理7.3-5之前，我們先練習以下的這一個例題7.3-39。

例題 7.3-39

如圖7.3-48，$\overset{\frown}{AE}=140^\circ$，$\overset{\frown}{BD}=50^\circ$，求∠C的度數。

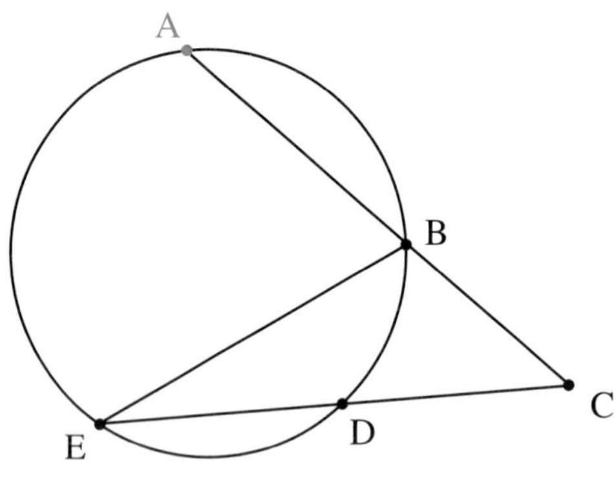

圖 7.3-48

(1) 利用已知$\overset{\frown}{AE}=140^\circ$ & 圓周角等於所對弧度的一半，可得∠ABE之度數；
(2) 利用已知$\overset{\frown}{BD}=50^\circ$ & 圓周角等於所對弧度的一半，可得∠E之度數；
(3) 利用∠ABE、∠E & 三角形外角定理，可得知∠C之度數

敘述	理由
(1)$\angle ABE=\frac{1}{2}\overset{\frown}{AE}=\frac{1}{2}\times 140^\circ=70^\circ$	圓周角的度數等於所對弧的一半 & 已知$\overset{\frown}{AE}=140^\circ$
(2)$\angle E=\frac{1}{2}\overset{\frown}{BD}=\frac{1}{2}\times 50^\circ=25^\circ$	圓周角的度數等於所對弧的一半 & 已知$\overset{\frown}{BD}=50^\circ$
(3)△EBC中，$\angle ABE=\angle E+\angle C$	三角形的外角等於內對角的和
(4)$\angle C=\angle ABE-\angle E$	由(3) 等量減法公理
(5)$\angle C=70^\circ-25^\circ=45^\circ$	將(1)式 & (2)式代入(4)式得

定理 7.3-5

割線與切線交角定理(1)： 圓外角定理1

兩割線在圓外相交所成的角的度數，等於它們所截兩弧度數差的一半。

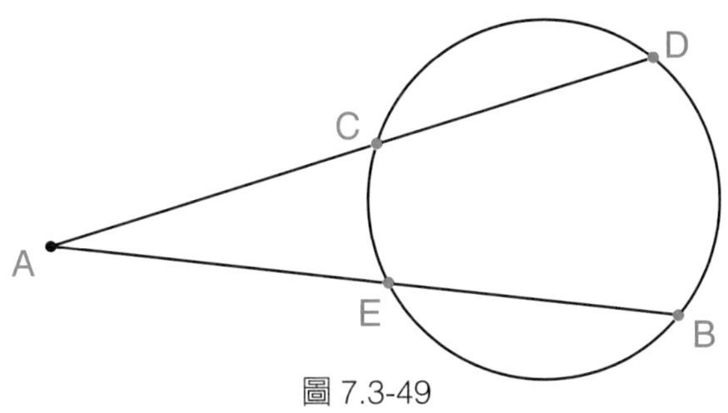

圖 7.3-49

如圖7.3-49，圓O的兩割線$\overline{AB}$及$\overline{AD}$在圓外相交於A點

$\angle A=\frac{1}{2}(\overset{\frown}{BD}-\overset{\frown}{EC})$

(1) 應用三角形的外角等於內對角的和

(2) 圓周角的度數等於所對弧的一半

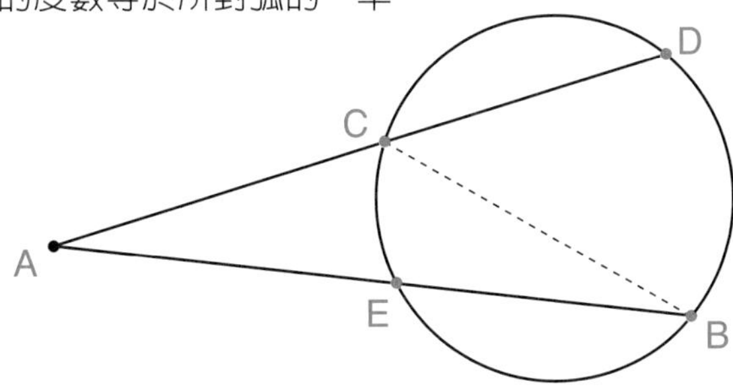

圖 7.3-49(a)

敘述	理由
(1) 連接B、C兩點，如圖7.3-49(a)	過兩點可作一直線
(2)△ABC中，$\angle DCB=\angle CBA+\angle A$	三角形的外角等於內對角的和
(3)$\angle A=\angle DCB-\angle CBA$	由(2) 等量減法公理
(4)$\angle DCB=\frac{1}{2}\overset{\frown}{BD}$	圓周角的度數等於所對弧的一半
(5)$\angle CBA=\frac{1}{2}\overset{\frown}{EC}$	圓周角的度數等於所對弧的一半
(6)$\angle A=\frac{1}{2}(\overset{\frown}{BD}-\overset{\frown}{EC})$	將(4)式 & (5)式代入(3)式得

Q.E.D.

接著，我們將定理7.3-5：割線與切線交角定理(1)：圓外角定理1，應用在例題7.3-40~例題7.3-46之中。

例題 7.3-40

如圖7.3-50，兩弦$\overline{AD}$與$\overline{CB}$的延長線相交於圓外一點P。已知$\overset{\frown}{AC}=110°$，$\overset{\frown}{BD}=38°$，則∠P=______度。

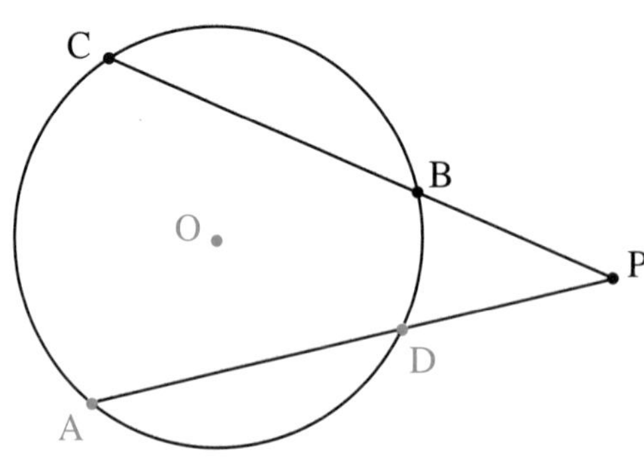

圖 7.3-50

兩割線在圓外相交所成的角的度數，等於它們所截兩弧度數差的一半

敘述	理由
(1)∠P為圓外角	已知兩弦$\overline{AD}$與$\overline{CB}$的延長線相交於圓外一點P
(2)$\angle P=\frac{1}{2}(\overset{\frown}{AC}-\overset{\frown}{BD})$	由(1) & 兩割線在圓外相交所成的角的度數，等於它們所截兩弧度數差的一半
(3)$\angle P=\frac{1}{2}(110°-38°)=36°$	將已知$\overset{\frown}{AC}=110°$、$\overset{\frown}{BD}=38°$ 代入(2)式得

例題 7.3-41

如圖7.3-51，兩弦$\overline{AB}$與$\overline{CD}$的延長線相交於圓外一點P。已知$\overset{\frown}{AC}=100^\circ$，$\angle P=24^\circ$，則$\overset{\frown}{BD}=$______度。

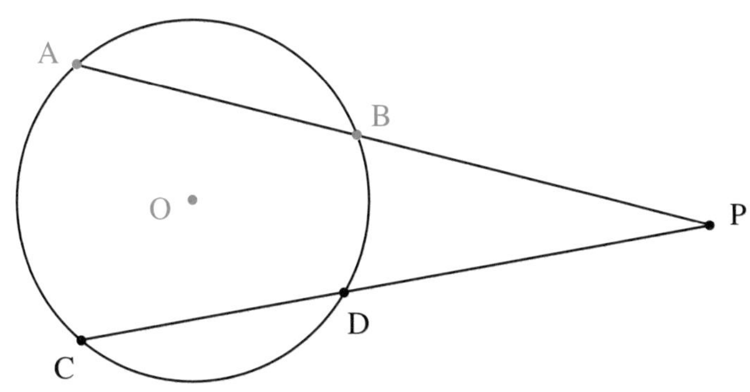

圖 7.3-51

兩割線在圓外相交所成的角的度數，等於它們所截兩弧度數差的一半

敘述	理由
(1)$\angle P$為圓外角	已知兩弦$\overline{AB}$與$\overline{CD}$的延長線相交於圓外一點P
(2)$\angle P=\frac{1}{2}(\overset{\frown}{AC}-\overset{\frown}{BD})$	由(1) & 兩割線在圓外相交所成的角的度數，等於它們所截兩弧度數差的一半
(3) $24^\circ=\frac{1}{2}(100^\circ-\overset{\frown}{BD})$	將已知$\angle P=24^\circ$、$\overset{\frown}{AC}=100^\circ$代入(2)式得
(4) $\overset{\frown}{BD}=100^\circ-2\times24^\circ=52^\circ$	由(3)式解一元一次方程式

例題 7.3-42

如圖7.3-52，$\overline{AB}$是圓O的直徑，$\overline{AB}=\overline{BC}$。若∠A＝66°，求$\overset{\frown}{DE}$的度數。

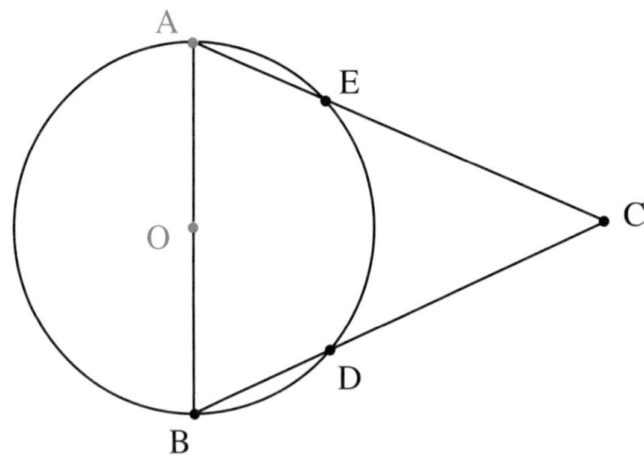

圖 7.3-52

想法　兩割線在圓外相交所成的角的度數，等於它們所截兩弧度數差的一半

解

敘述	理由
(1) △ABC為等腰三角形，∠A為底角、∠C為頂角	已知$\overline{AB}=\overline{BC}$ & 兩腰等長為等腰三角形
(2) $\angle C=180^\circ-2\angle A$ $=180^\circ-2\times 66^\circ=48^\circ$	由(1) & 等腰三角形頂角與底角的關係 & 已知∠A＝66°
(3) $\overset{\frown}{AB}=360^\circ\div 2=180^\circ$	已知$\overline{AB}$是圓O的直徑 & 直徑平分圓周
(4) ∠C為圓外角	如圖7.3-52所示，$\overline{AB}$與$\overline{BC}$為圓O兩割線
(5) $\angle C=\frac{1}{2}(\overset{\frown}{AB}-\overset{\frown}{DE})$	由(4) & 兩割線在圓外相交所成的角的度數，等於它們所截兩弧度數差的一半
(6) $48^\circ=\frac{1}{2}(180^\circ-\overset{\frown}{DE})$	將(2) ∠C＝48° & (3) $\overset{\frown}{AB}=180^\circ$ 代入(5)式得
(7) $\overset{\frown}{DE}=180^\circ-2\times 48^\circ=84^\circ$	由(6)式解一元一次方程式

例題 7.3-43

如圖7.3-53，兩弦$\overline{AD}$與$\overline{BC}$相交於Q點，兩弦$\overline{AB}$與$\overline{CD}$的延長線相交於圓外一點P。已知$\overset{\frown}{AC}=100^\circ$，$\overset{\frown}{BD}=52^\circ$，則：

(1)∠P=______度。 (2) ∠AQC=______度。

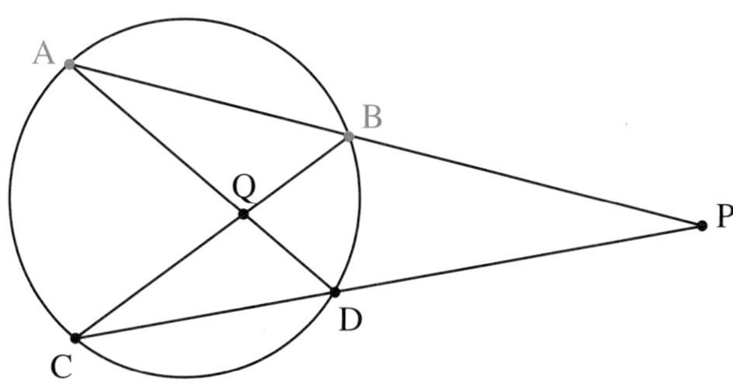

圖 7.3-53

(1) 圓內角的度數，等於這角與它的對頂角所對兩弧度數和的一半

(2) 兩割線在圓外相交所成的角的度數，等於它們所截兩弧度數差的一半

敘述	理由
(1)∠P為圓外角	已知兩弦$\overline{AB}$與$\overline{CD}$的延長線相交於圓外一點P
(2)$\angle P=\frac{1}{2}(\overset{\frown}{AC}-\overset{\frown}{BD})$	由(1) & 兩割線在圓外相交所成的角的度數，等於它們所截兩弧度數差的一半
(3)$\angle P=\frac{1}{2}(100^\circ-52^\circ)=24^\circ$	將已知$\overset{\frown}{AC}=100^\circ$、$\overset{\frown}{BD}=52^\circ$代入(2)式得
(4)∠AQC為圓內角	已知兩弦$\overline{AD}$與$\overline{BC}$相交於Q點
(5)$\angle AQC=\frac{1}{2}(\overset{\frown}{AC}+\overset{\frown}{BD})$	由(4) & 圓內角的度數，等於這角與它的對頂角所對兩弧度數和的一半
(6)$\angle AQC=\frac{1}{2}(100^\circ+52^\circ)$ $=76^\circ$	將已知$\overset{\frown}{AC}=100^\circ$、$\overset{\frown}{BD}=52^\circ$代入(5)式得

例題 7.3-44

如圖7.3-54，若$\overset{\frown}{AC}$＝112°，∠P＝35°，則：

(1) $\overset{\frown}{BD}$＝______度。　(2) ∠AQC＝______度。

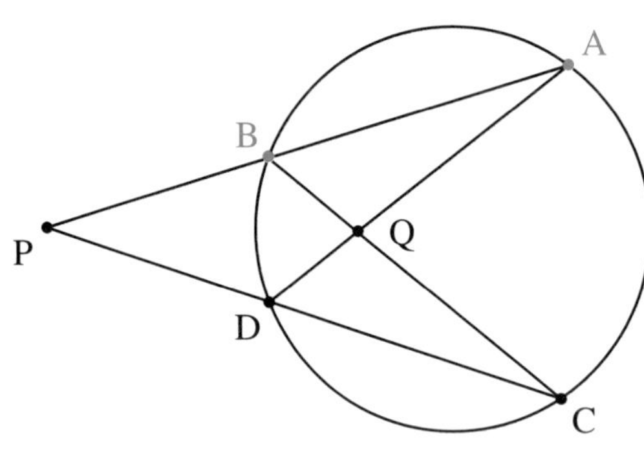

圖 7.3-54

(1) 圓內角的度數，等於這角與它的對頂角所對兩弧度數和的一半

(2) 兩割線在圓外相交所成的角的度數，等於它們所截兩弧度數差的一半

敘述	理由
(1)∠P為圓外角	如圖7.3-54，$\overline{AB}$與$\overline{CD}$的延長線相交於圓外一點P
(2)∠P＝$\frac{1}{2}$($\overset{\frown}{AC}$－$\overset{\frown}{BD}$)	由(1) & 兩割線在圓外相交所成的角的度數，等於它們所截兩弧度數差的一半
(3) 35°＝$\frac{1}{2}$(112°－$\overset{\frown}{BD}$)	將已知∠P＝35°、$\overset{\frown}{AC}$＝112°代入(2)式得
(4) $\overset{\frown}{BD}$＝112°－2×35°＝42°	由(3)式解一元一次方程式
(5)∠AQC為圓內角	如圖7.3-54，兩弦$\overline{AD}$與$\overline{BC}$相交於Q點
(6)∠AQC＝$\frac{1}{2}$($\overset{\frown}{AC}$＋$\overset{\frown}{BD}$)	由(5) & 圓內角的度數，等於這角與它的對頂角所對兩弧度數和的一半
(7)∠AQC＝$\frac{1}{2}$(112°＋42°) ＝77°	將已知$\overset{\frown}{AC}$＝112° & (4) $\overset{\frown}{BD}$＝42° 代入(5)式得

例題 7.3-45

如圖7.3-55，$\overline{AB}$與$\overline{CD}$的延長線相交於P點，$\overline{AD}$與$\overline{BC}$相交於M點。

若$\overset{\frown}{BD}=30°$，$\angle AMC=70°$，則：

(1) $\overset{\frown}{AC}=$______度。　　(2) $\angle P=$______度。

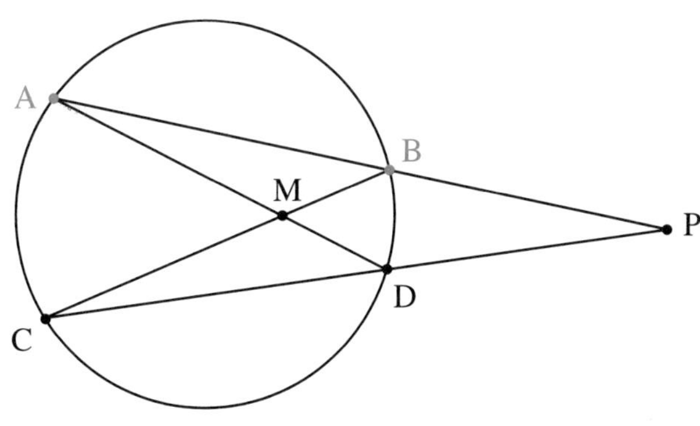

圖 7.3-55

(1) 圓內角的度數，等於這角與它的對頂角所對兩弧度數和的一半

(2) 兩割線在圓外相交所成的角的度數，等於它們所截兩弧度數差的一半

敘述	理由
(1) $\angle AMC$為圓內角	已知$\overline{AD}$與$\overline{BC}$相交於M點
(2) $\angle AMC=\frac{1}{2}(\overset{\frown}{AC}+\overset{\frown}{BD})$	由(1) & 圓內角的度數，等於這角與它的對頂角所對兩弧度數和的一半
(3) $70°=\frac{1}{2}(\overset{\frown}{AC}+30°)$	將已知$\angle AMC=70°$ & $\overset{\frown}{BD}=30°$ 代入(2)
(4) $\overset{\frown}{AC}=2\times70°-30°=110°$	由(3)式解一元一次方程式
(5) $\angle P$為圓外角	已知$\overline{AB}$與$\overline{CD}$的延長線相交於圓外一點P
(6) $\angle P=\frac{1}{2}(\overset{\frown}{AC}-\overset{\frown}{BD})$	由(5) & 兩割線在圓外相交所成的角的度數，等於它們所截兩弧度數差的一半
(7) $\angle P=\frac{1}{2}(110°-30°)=40°$	將(4) $\overset{\frown}{AC}=110°$ & 已知$\overset{\frown}{BD}=30°$ 代入(6)

例題 7.3-46

如圖7.3-56，若$\angle AFB = 70^\circ$，$\angle E = 30^\circ$，求$\overparen{AB}$、$\overparen{CD}$的度數。

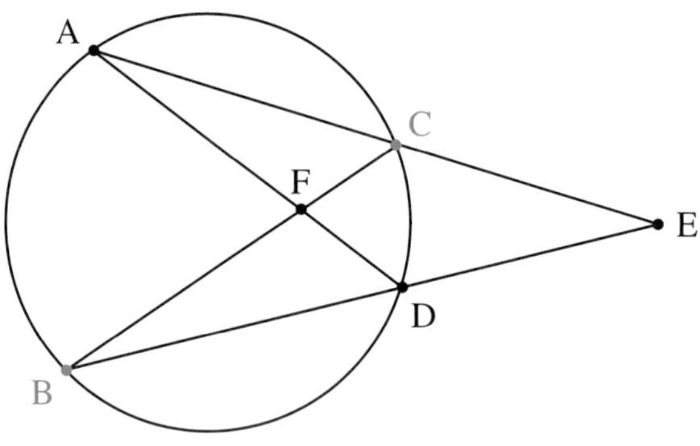

圖 7.3-56

(1) 圓內角的度數，等於這角與它的對頂角所對兩弧度數和的一半

(2) 兩割線在圓外相交所成的角的度數，等於它們所截兩弧度數差的一半

敘述	理由
(1)$\angle AFB$為圓內角	如圖7.3-56，$\overline{AD}$與$\overline{BC}$相交於F點
(2)$\angle AFB = \frac{1}{2}(\overparen{AC} + \overparen{BD})$	由(1) & 圓內角的度數，等於這角與它的對頂角所對兩弧度數和的一半
(3) $70^\circ = \frac{1}{2}(\overparen{AB} + \overparen{CD})$	將已知$\angle AFB = 70^\circ$ 代入(2)式得
(4)$\angle E$為圓外角	如圖7.3-56，$\overline{AC}$與$\overline{BD}$的延長線相交於圓外一點E
(5)$\angle E = \frac{1}{2}(\overparen{AB} - \overparen{CD})$	由(4) & 兩割線在圓外相交所成的角的度數，等於它們所截兩弧度數差的一半
(6) $30^\circ = \frac{1}{2}(\overparen{AB} - \overparen{CD})$	將已知$\angle E = 30^\circ$ 代入(5)式得
(7) 所以$\overparen{CD} = 100^\circ$ & $\overparen{CD} = 40^\circ$	由(3) & (6) 解二元一次聯立方程式得

定理 7.3-6 割線與切線交角定理(2)：圓外角定理2

兩切線在圓外相交所成的角的度數，等於它們所截兩弧度數差的一半。

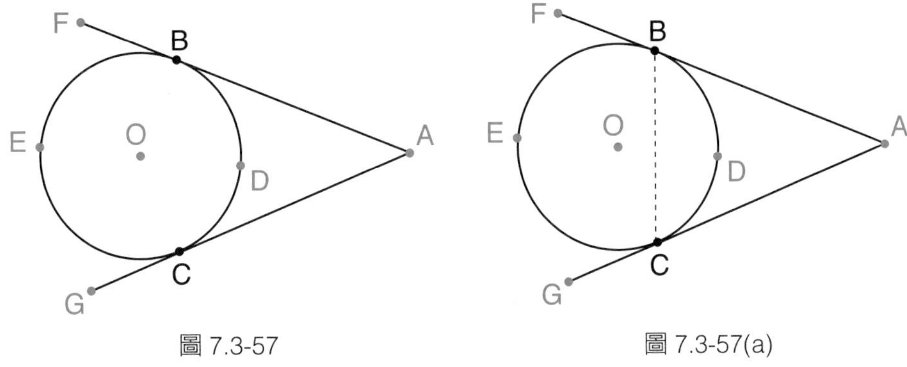

圖 7.3-57　　圖 7.3-57(a)

已知　如圖7.3-57，圓O的兩割線$\overline{AF}$及$\overline{AG}$在圓外相交於A點

求證　$\angle A=\frac{1}{2}(\overset{\frown}{BEC}-\overset{\frown}{BDC})$

想法　(1) 應用三角形的外角等於兩內對角的和

(2) 切線與弦交角定理：圓的切線與過切點的弦所成的角的度數，等於這弦與切線間的弧度數的一半

證明

敘述	理由
(1) 連接B、C兩點，如圖7.3-57(a)	過兩點可作一直線
(2)△ABC中，∠GCB＝ ∠CBA＋∠A	三角形的外角等於兩內對角的和
(3)∠A＝∠GCB－∠CBA	由(2) 等量減法公理
(4)$\angle GCB=\frac{1}{2}\overset{\frown}{BEC}$	切線與弦交角定理
(5)$\angle CBA=\frac{1}{2}\overset{\frown}{BDC}$	切線與弦交角定理
(6) 所以$\angle A=\frac{1}{2}(\overset{\frown}{BEC}-\overset{\frown}{BDC})$	將(4)式 & (5)式代入(3)式得

Q.E.D.

例題 7.3-47

如圖7.3-58，P為圓外一點，$\overline{PA}$、$\overline{PB}$與圓O相切於A、B兩點。
若$\overset{\frown}{ACB}=140^\circ$，求∠P的度數。

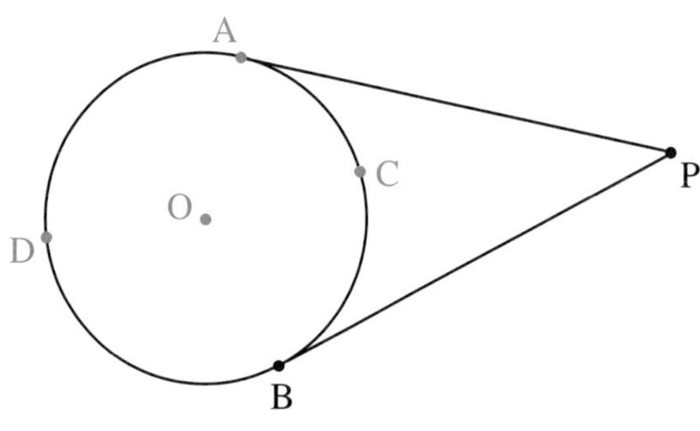

圖 7.3-58

想法

(1) 圓周為360°

(2) 兩切線在圓外相交所成的角的度數，等於它們所截兩弧度數差的一半

解

敘述	理由
(1) $\overset{\frown}{ADB}+\overset{\frown}{ACB}=360^\circ$	如圖7.3-58所示，$\overset{\frown}{ADB}+\overset{\frown}{ACB}$為圓周
(2) $\overset{\frown}{ADB}=360^\circ-\overset{\frown}{ACB}$ $=360^\circ-140^\circ=220^\circ$	由(1) 等量減法公理 & 已知$\overset{\frown}{ACB}=140^\circ$
(3)∠P為圓外角	已知P為圓外一點，$\overline{PA}$、$\overline{PB}$與圓O相切於A、B兩點
(4)$\angle P=\frac{1}{2}(\overset{\frown}{ADB}-\overset{\frown}{ACB})$	由(3) & 兩切線在圓外相交所成的角的度數，等於它們所截兩弧度數差的一半
(5)$\angle P=\frac{1}{2}(220^\circ-140^\circ)=40^\circ$	將(2) $\overset{\frown}{ADB}=220^\circ$ & 已知$\overset{\frown}{ACB}=140^\circ$代入(4)式得

例題 7.3-48

如圖7.3-59，P為圓外一點，$\overline{PA}$、$\overline{PB}$與圓O相切於A、B兩點，且∠PAB＝70°，則∠P＝______度。

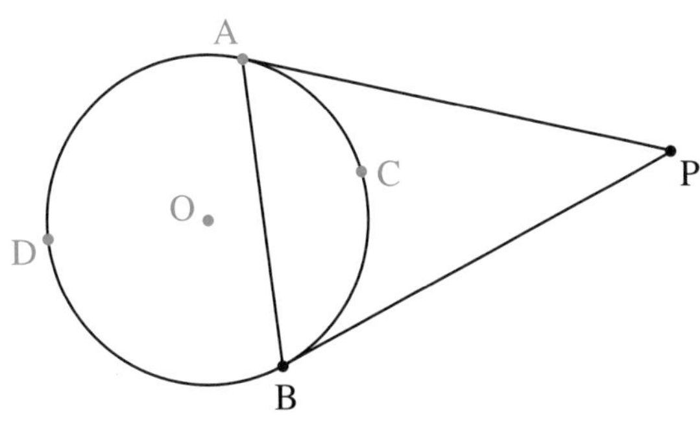

圖 7.3-59

想法

(1) 弧的度數為所對弦切角的2倍

(2) 圓周為360°

(3) 兩切線在圓外相交所成的角的度數，等於它們所截兩弧度數差的一半

解

敘述	理由
(1) $\overset{\frown}{ACB}=2\angle PAB=2\times70^\circ$ $=140^\circ$	弧的度數為所對弦切角的2倍 & 已知∠PAB＝70°
(2) $\overset{\frown}{ADB}+\overset{\frown}{ACB}=360^\circ$	如圖7.3-59所示，$\overset{\frown}{ADB}+\overset{\frown}{ACB}$為圓周
(3) $\overset{\frown}{ADB}=360^\circ-\overset{\frown}{ACB}$ $=360^\circ-140^\circ=220^\circ$	由(2) 等量減法公理 & (1) $\overset{\frown}{ACB}=140^\circ$
(4)∠P為圓外角	已知P為圓外一點，$\overline{PA}$、$\overline{PB}$與圓O相切於A、B兩點
(5) $\angle P=\frac{1}{2}(\overset{\frown}{ADB}-\overset{\frown}{ACB})$	由(4) & 兩切線在圓外相交所成的角的度數，等於它們所截兩弧度數差的一半
(6) $\angle P=\frac{1}{2}(220^\circ-140^\circ)=40^\circ$	將(3) $\overset{\frown}{ADB}=220^\circ$ & (1) $\overset{\frown}{ACB}=140^\circ$ 代入(5)式得

例題 7.3-49

如圖7.3-60，P為圓外一點，$\overline{PA}$、$\overline{PB}$與圓O相切於A、B兩點，若∠P＝40°，則∠PAB＝______度。

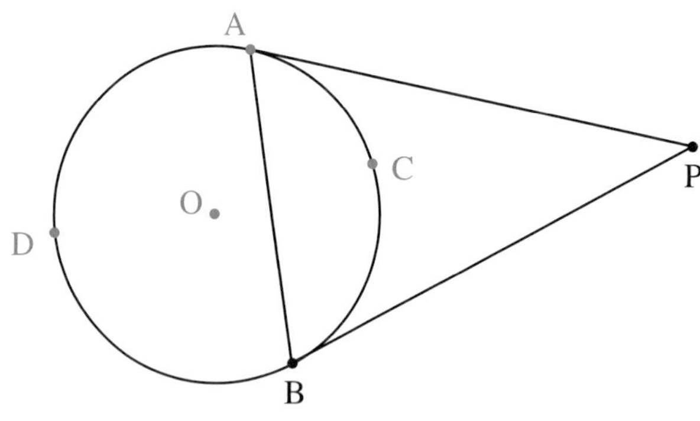

圖 7.3-60

想法

(1) 圓周為360°

(2) 兩切線在圓外相交所成的角的度數，等於它們所截兩弧度數差的一半

(3) 弦切角等於所對弧度的一半

解

敘述	理由
(1) $\overset{\frown}{ADB}+\overset{\frown}{ACB}=360^\circ$	如圖7.3-60所示，$\overset{\frown}{ADB}+\overset{\frown}{ACB}$為圓周
(2) $\overset{\frown}{ADB}=360^\circ-\overset{\frown}{ACB}$	由(1) 等量減法公理
(3)∠P為圓外角	已知P為圓外一點，$\overline{PA}$、$\overline{PB}$與圓O相切於A、B兩點
(4) $\angle P=\frac{1}{2}(\overset{\frown}{ADB}-\overset{\frown}{ACB})$	由(3) & 兩切線在圓外相交所成的角的度數，等於它們所截兩弧度數差的一半
(5) $40^\circ=\frac{1}{2}(360^\circ-\overset{\frown}{ACB}-\overset{\frown}{ACB})$	將已知∠P＝40° & (2) $\overset{\frown}{ADB}=360^\circ-\overset{\frown}{ACB}$代入(4)式得
(6) $\overset{\frown}{ACB}=(360^\circ-2\times40^\circ)\div2$ $=140^\circ$	由(5)式解一元一次方程式
(7) $\angle PAB=\frac{1}{2}\overset{\frown}{ACB}=\frac{1}{2}\times140^\circ$ $=70^\circ$	弦切角等於所對弧度的一半 & (6) $\overset{\frown}{ACB}=140^\circ$

割線與切線交角定理(3)：圓外角定理3

一割線與一切線在圓外相交所成的角的度數，等於它們所截兩弧度數差的一半。

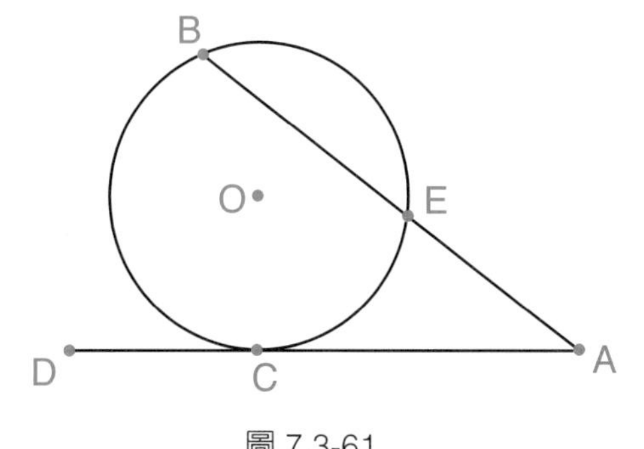

圖 7.3-61

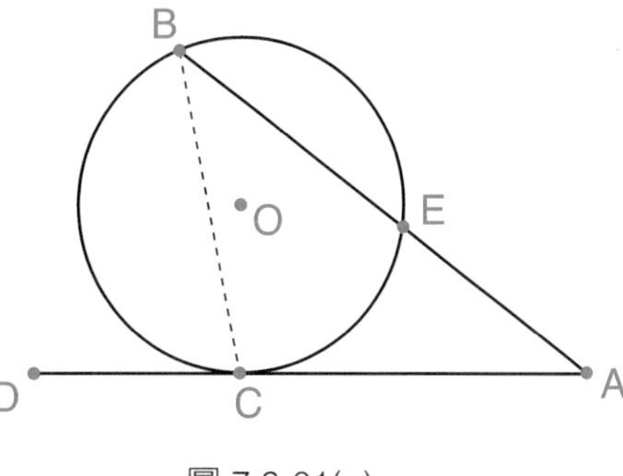

圖 7.3-61(a)

已知

如圖7.3-61，圓O的兩割線$\overline{BA}$及$\overline{DA}$在圓外相交於A點

$\angle A=\frac{1}{2}(\overset{\frown}{BC}-\overset{\frown}{CE})$

(1) 應用三角形的外角等於兩內對角的和

(2) 圓周角的度數等於所對弧的一半

(3) 切線與弦交角定理：圓的切線與過切點的弦所成的角的度數，等於這弦與切線間的弧度數的一半

敘述	理由
(1) 連接B、C兩點，如圖7.3-61(a)	過兩點可作一直線
(2) △ABC中，$\angle DCB=\angle CBA+\angle A$	三角形的外角等於兩內對角的和
(3) $\angle A=\angle DCB-\angle CBA$	由(2) 等量減法公理
(4) $\angle DCB=\frac{1}{2}\overset{\frown}{BC}$	切線與弦交角定理
(5) $\angle CBA=\frac{1}{2}\overset{\frown}{CE}$	圓周角的度數等於所對弧的一半
(6) $\angle A=\frac{1}{2}(\overset{\frown}{BC}-\overset{\frown}{CE})$	將(4)式 & (5)式代入(3)式得

Q.E.D.

例題 7.3-50

如圖7.3-62，$\overline{PA}$切圓O於A，$\overline{PB}$交圓O於B、C兩點。已知$\overset{\frown}{AB}=170°$，$\overset{\frown}{AC}=70°$，則∠P=______度。

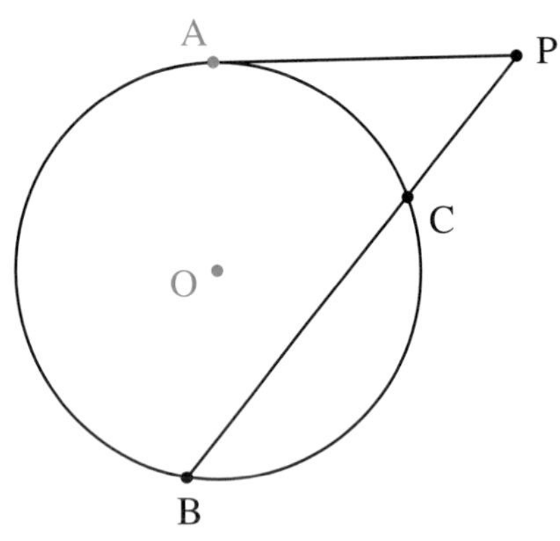

圖 7.3-62

一割線與一切線在圓外相交所成的角的度數，等於它們所截兩弧度數差的一半

敘述	理由
(1)∠P為圓外角	已知$\overline{PA}$切圓O於A，$\overline{PB}$交圓O於B、C兩點
(2)$\angle P=\frac{1}{2}(\overset{\frown}{AB}-\overset{\frown}{AC})$ $=\frac{1}{2}(170°-70°)$ $=50°$	由(1) & 一割線與一切線在圓外相交所成的角的度數，等於它們所截兩弧度數差的一半 & 已知$\overset{\frown}{AB}=170°$、$\overset{\frown}{AC}=70°$

例題 7.3-51

如圖7.3-63，$\overline{PA}$切圓O於A，$\overline{PB}$交圓O於B、C兩點。已知∠P＝50°，$\overset{\frown}{AC}$＝70°，則$\overset{\frown}{AB}$＝______度。

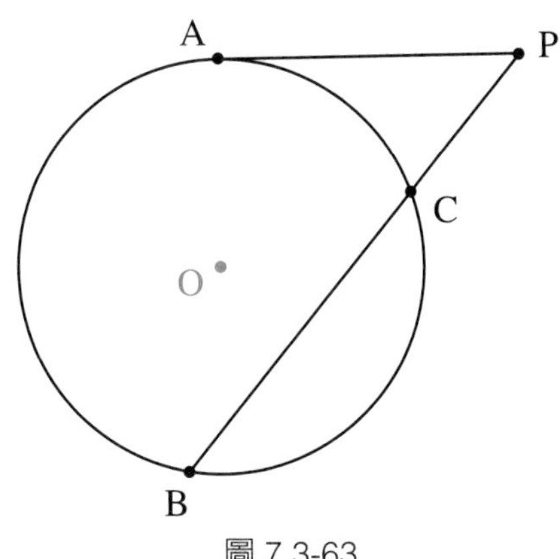

圖 7.3-63

想法　一割線與一切線在圓外相交所成的角的度數，等於它們所截兩弧度數差的一半

解

敘述	理由
(1)∠P為圓外角	已知$\overline{PA}$切圓O於A，$\overline{PB}$交圓O於B、C兩點
(2)$\angle P=\frac{1}{2}(\overset{\frown}{AB}-\overset{\frown}{AC})$	由(1) & 一割線與一切線在圓外相交所成的角的度數，等於它們所截兩弧度數差的一半
(3) $50^\circ=\frac{1}{2}(\overset{\frown}{AB}-70^\circ)$	將已知∠P＝50° & $\overset{\frown}{AC}$＝70° 代入(2)式得
(4) $\overset{\frown}{AB}=2\times50^\circ+70^\circ=170^\circ$	由(3)式解一元一次方程式

例題 7.3-52

如圖7.3-64，已知$\overline{PA}$切圓O於P點，$\overline{CB}$為直徑，且$\overline{CB}$的延長線交$\overline{PA}$於A點。若∠A＝40°，則∠APB＝______度。

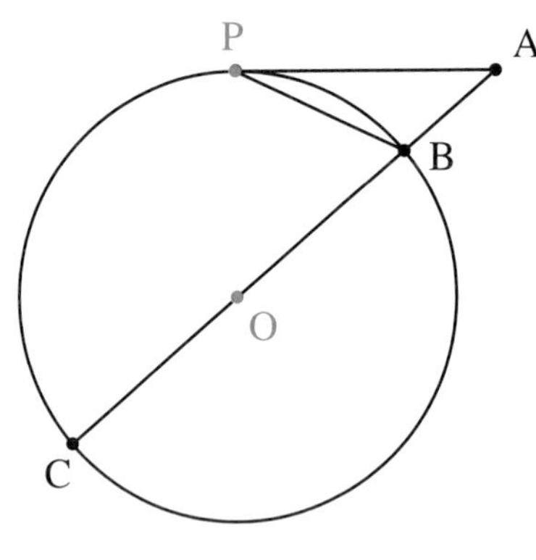

圖 7.3-64

(1) 圓周為360°

(2) 直徑將圓周平分

(3) 一割線與一切線在圓外相交所成的角的度數，等於它們所截兩弧度數差的一半

敘述	理由
(1)∠A為圓外角	已知$\overline{PA}$切圓O於P點，$\overline{CB}$的延長線交$\overline{PA}$於A點
(2)$\angle A=\frac{1}{2}(\overset{\frown}{PC}-\overset{\frown}{PB})$	由(1) & 一割線與一切線在圓外相交所成的角的度數，等於它們所截兩弧度數差的一半
(3) $\overset{\frown}{PC}+\overset{\frown}{PB}=\overset{\frown}{CPB}=180^\circ$	已知$\overline{CB}$為直徑 & 直徑將圓周平分
(4) $\overset{\frown}{PC}=180^\circ-\overset{\frown}{PB}$	由(3) 等量減法公理
(5) $40^\circ=\frac{1}{2}(180^\circ-\overset{\frown}{PB}-\overset{\frown}{PB})$	將已知∠A＝40° & (4) $\overset{\frown}{PC}=180^\circ-\overset{\frown}{PB}$ 代入(2)式得
(6) $\overset{\frown}{PB}=(180^\circ-2\times40^\circ)\div2=50^\circ$	由(5)式解一元一次方程式
(7)$\angle APB=\frac{1}{2}\overset{\frown}{PB}=\frac{1}{2}\times50^\circ$ $=25^\circ$	弦切角為所對弧度的一半 & (6) $\overset{\frown}{PB}=50^\circ$

平行線截取等弧定理

平行線在圓周上截取兩相等的弧。

平行線在圓周上截取兩相等的弧的情形有如圖7-3.65三種：

(a) 兩平行線均為切線

(b) 兩平行線均為割線

(c) 兩平行線一為切線一為割線。

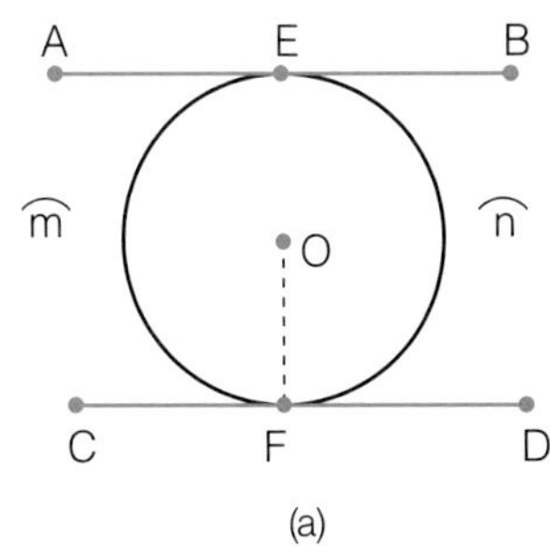

(a)

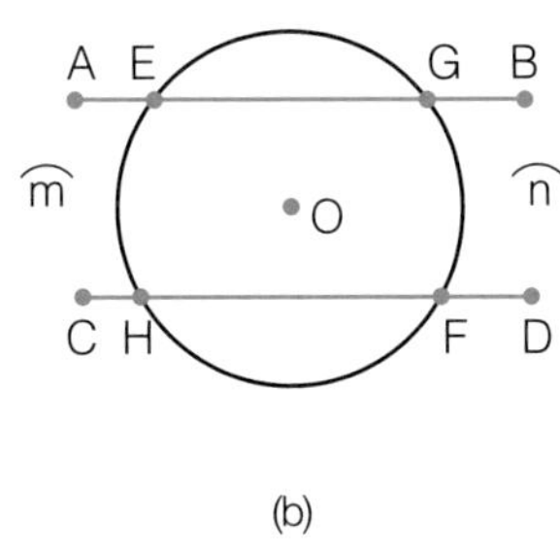

(b)

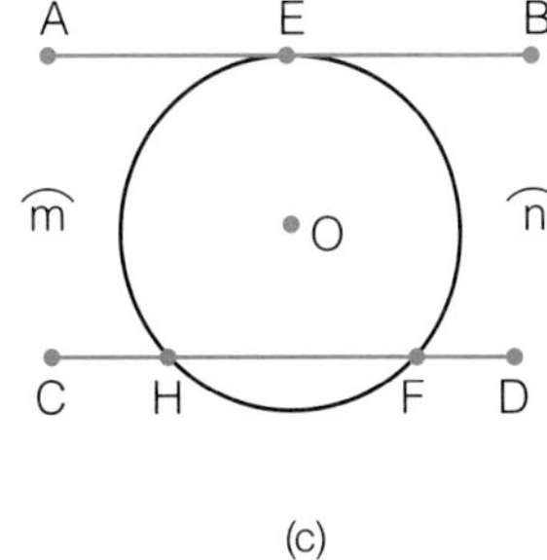

(c)

圖 7.3-65

如圖7.3-65，$\overline{AB}$、$\overline{CD}$與圓O相交或相切且$\overline{AB}//\overline{CD}$。

$\widehat{m}=\widehat{n}$

(1) 平行線的內錯角相等。

(2) 圓周角的度數等於所對弧的一半。

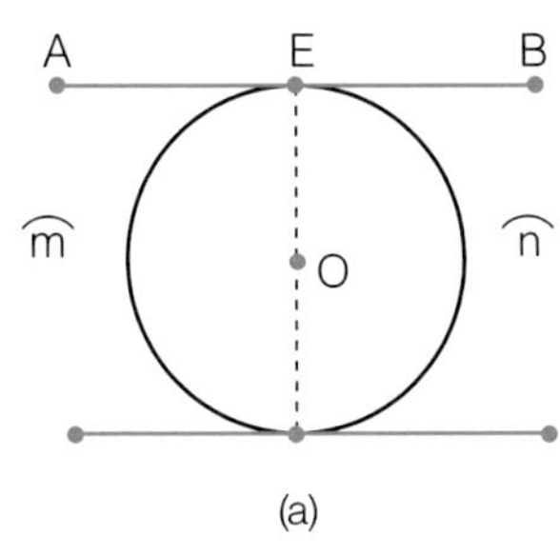

(a)

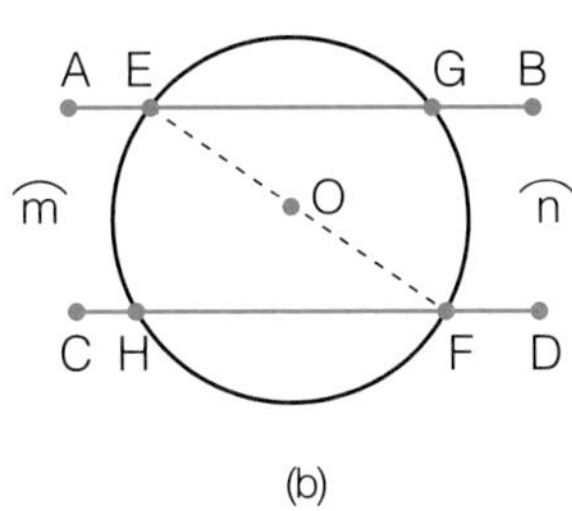

(b)

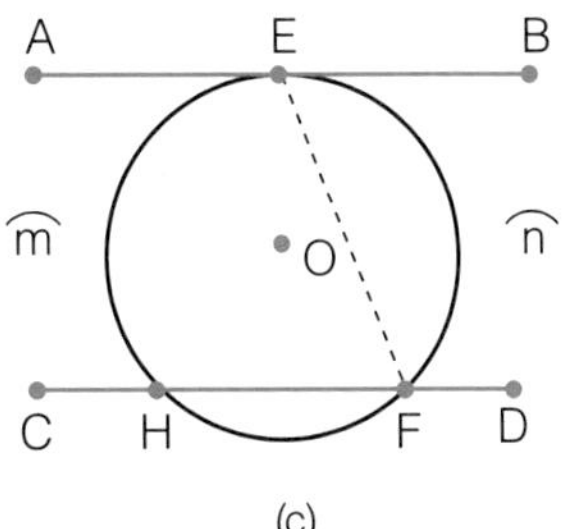

(c)

圖 7.3-66

敘述	理由
(1) 連接E、F兩點，如圖7.3-66	過兩點可作一直線
(2) $\angle CFE=\angle BEF$	已知$\overline{AB}//\overline{CD}$ & 平行線的內錯角相等
(3) $\angle CFE=\frac{1}{2}\overset{\frown}{m}$	圓周角（或弦切角）的度數等於所對弧的一半
(4) $\angle BEF=\frac{1}{2}\overset{\frown}{n}$	圓周角（或弦切角）的度數等於所對弧的一半
(5) $\frac{1}{2}\overset{\frown}{m}=\frac{1}{2}\overset{\frown}{n}$	將(3)式 & (4)式代入(2)式得
(6) $\overset{\frown}{m}=\overset{\frown}{n}$	由(5) & 等式兩邊同乘以2

Q.E.D.

例題 7.3-53

如圖7.3-67，已知L//M，且$\overset{\frown}{AC}=60°$，則$\overset{\frown}{BD}=$？

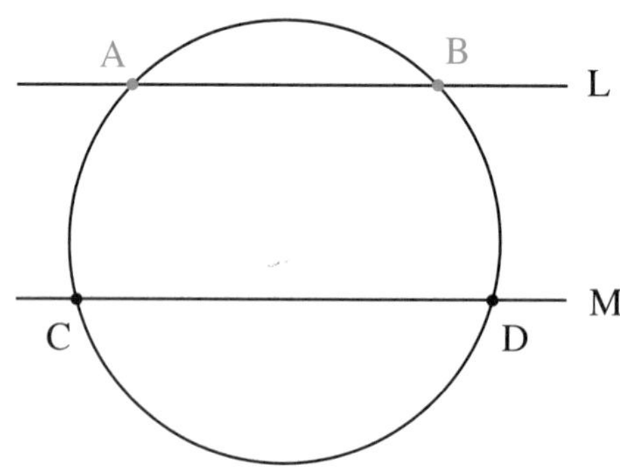

圖 7.3-67

平行線在圓周上截取兩相等的弧

敘述	理由
(1) $\overset{\frown}{BD}=\overset{\frown}{AC}=60°$	已知L//M & 平行線在圓周上截取兩相等的弧 & 已知$\overset{\frown}{AC}=60°$

習題 7.3

習題7.3-1 有一個圓O，其半徑為7公分，判斷直線L與圓的相交情形及交點個數。

圓心O到直線L距離	10公分	7公分	3公分
交點個數			

習題7.3-2 過直徑兩端的兩切線必平行。

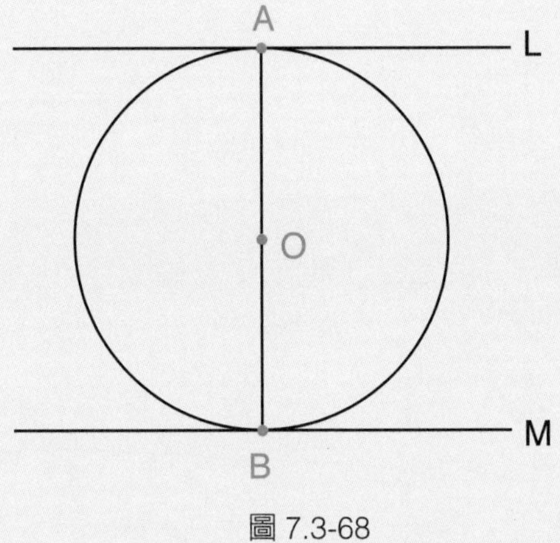

圖 7.3-68

已知：如圖7.3-68，$\overline{AB}$為圓O的直徑，L與M為圓O的兩切線，且L切圓O於A點、M切圓O於B點

求證：L//M

習題7.3-3　如圖7.3-69，P點在圓O的外部，$\overline{PA}$與$\overline{PB}$分別與圓O相切於A與B兩點。若∠P＝35°，則∠AOB＝______度。

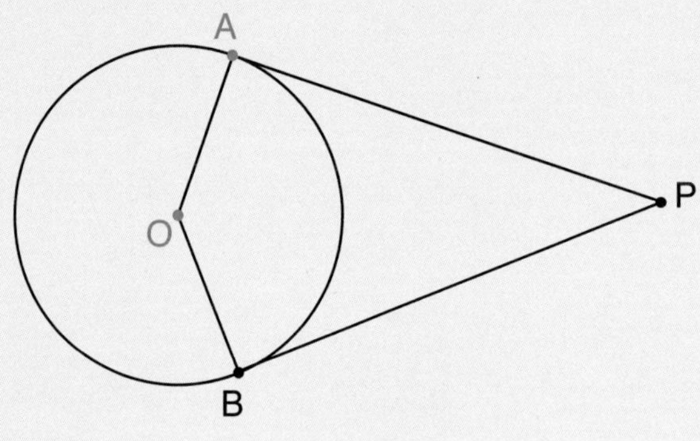

圖 7.3-69

習題7.3-4　如圖7.3-70，$\overline{AC}$、$\overline{BC}$為圓O之切線， A、B為切點。若$\overline{BC}$＝10公分，則$\overline{AC}$＝？

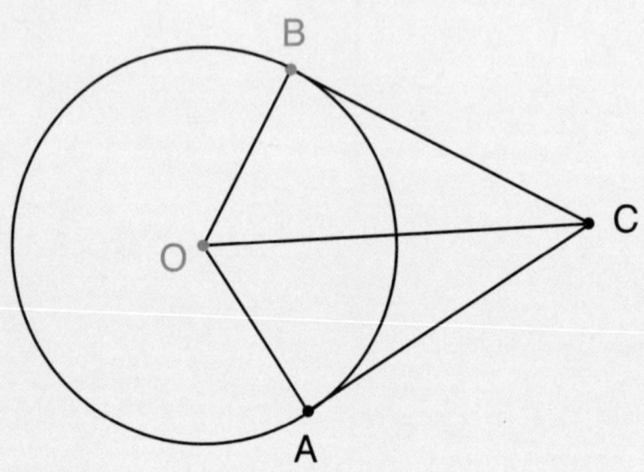

圖 7.3-70

習題7.3-5　如圖7.3-71，已知$\overline{AD}$、$\overline{AE}$、$\overline{BC}$分別與圓相切於D、E、F三點。若$\overline{AD}$＝20公分，求$\overline{AB}$＋$\overline{BC}$＋$\overline{AC}$之值。

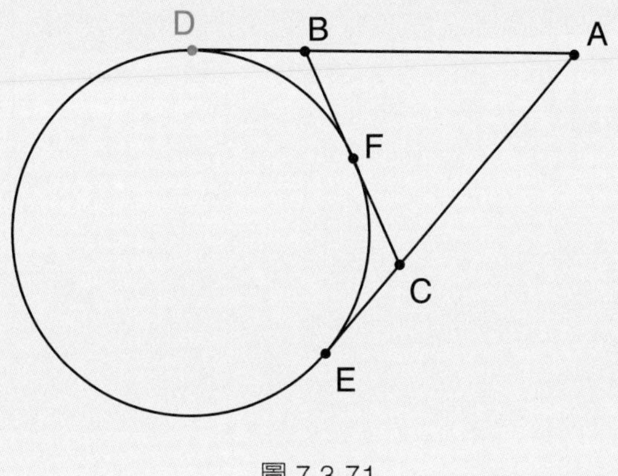

圖 7.3-71

習題7.3-6　如圖7.3-72中，已知△ABC 為直角三角形，∠A＝90°，且I點為△ABC的內心，若$\overline{AB}$＝5公分、$\overline{AC}$＝12公分、$\overline{BC}$＝13公分，則△ABC內切圓半徑為何？

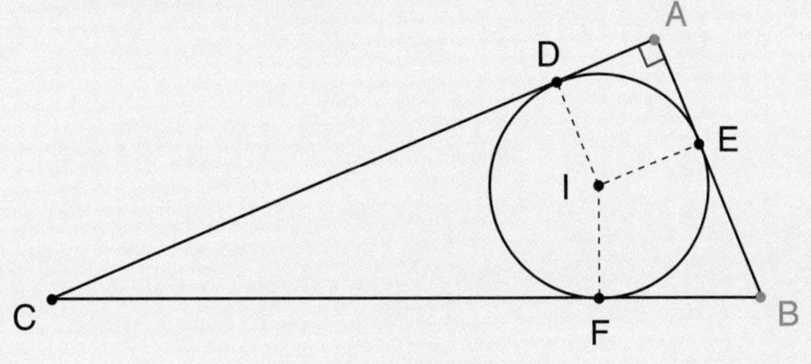

圖 7.3-72

習題7.3-7 已知圓A與圓B的連心線段長為10單位。若圓A與圓B的半徑分別如下，試問兩圓位置關係各為何？

圓O_1的半徑	2單位	5單位	4單位	7單位	15單位
圓O_2的半徑	3單位	7單位	6單位	21單位	25單位
兩圓位置關係					

習題7.3-8 已知大、小兩圓的半徑分別為5r、3r，當兩圓內切時，其連心線段長為6公分，則當兩圓外切時，則連心線段長為______公分。

習題7.3-9 設有A、B、C三圓，圓A與圓B外切，且兩圓同時和圓C內切。若圓A的半徑為5公分，圓B半徑為4公分，圓C半徑為11公分，則$\overline{AB}+\overline{BC}+\overline{AC}$之值為何？

習題7.3-10　已知圓O_1與圓O_2的連心線段長為10公分，若圓O_1與圓O_2的半徑分別如下表，請完成下表。

圓O_1半徑	6公分	5公分	4公分	5公分	6公分
圓O_2半徑	16公分	3公分	6公分	8公分	20公分
兩圓位置關係					
公切線數					

習題7.3-11　兩圓外切，過切點的內公切線，必平分這兩圓的外公切線。

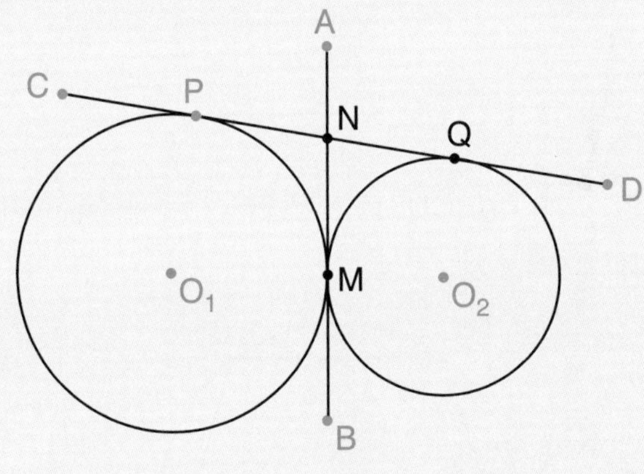

圖 7.3-73

已知：如圖7.3-73，圓O_1與圓O_2兩圓外切於M點，$\overline{AB}$為兩圓的內公切線，$\overline{CD}$為圓O_1及圓O_2兩圓的外公切線，切點分別為點P與點Q，$\overline{AB}$與$\overline{CD}$相交於點N。

求證：$\overline{PN}=\overline{NQ}$

習題7.3-12　圖7.3-74中，$\overline{DE}$ 為圓的切線，A為切點，C為$\widehat{AB}$的中點，求證$\overline{CA}$為∠BAD的角平分線。

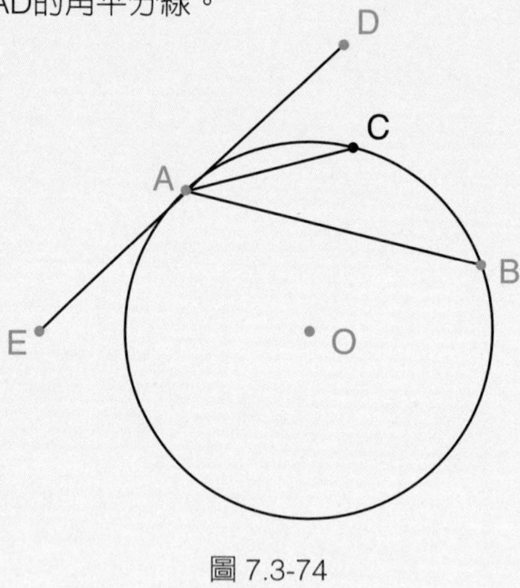

圖 7.3-74

習題7.3-13　如圖7.3-75，ABCDE為正五邊形，且5個頂點皆在圓周上，若$\overline{PQ}$切圓O於A點，則∠PAE＝？

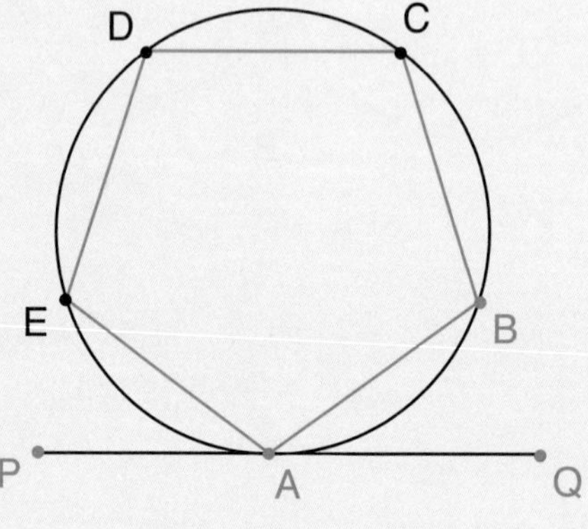

圖 7.3-75

習題7.3-14　如圖7.3-76，$\overline{AD}$ 切圓於C點。若$\overset{\frown}{EB}=150^\circ$，$\angle B=30^\circ$，

(1) 求∠ACE的度數。　　　(2) 求∠BCD的度數。

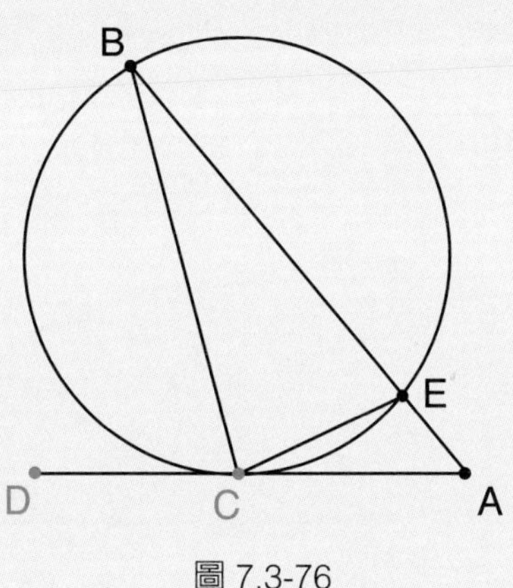

圖 7.3-76

習題7.3-15　如圖7.3-77，$\overline{AC}$ 是圓O的弦，$\overline{BE}$ 切圓O於A點。若∠CAB＝40°，

則：(1)∠COA＝______度。　　　(2)∠CDA＝______度。

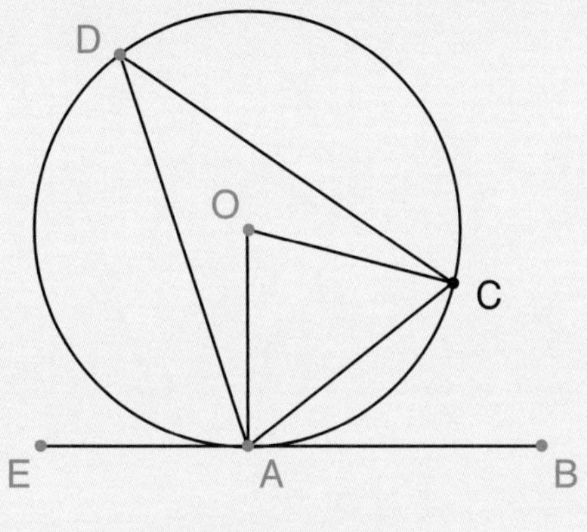

圖 7.3-77

習題7.3-16　如圖7.3-78，圓P與圓Q外切於A點，直線L為兩圓的外公切線，與圓P、圓Q的切點分別為B點、C點。已知$\widehat{AB}=68^\circ$，$\widehat{AC}=112^\circ$，則∠BAC＝______度。

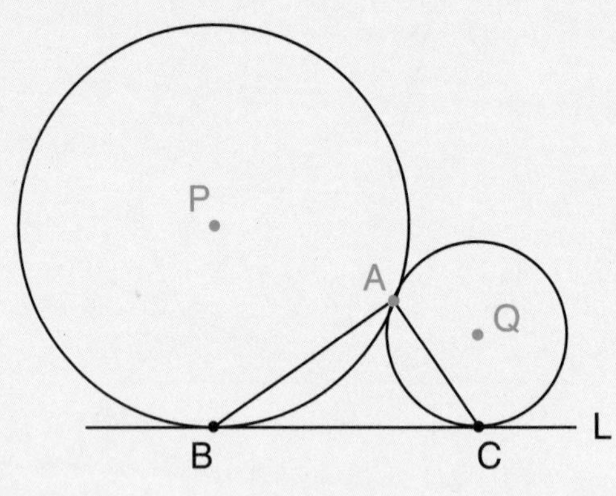

圖 7.3-78

習題7.3-17　如圖7.3-79，$\overline{AC}$ 與圓O相切於B點，且$\overline{AE}$ 與圓O相交於D、E兩點。已知$\widehat{BD}=90^\circ$，$\widehat{BE}=140^\circ$，則∠A=______度。

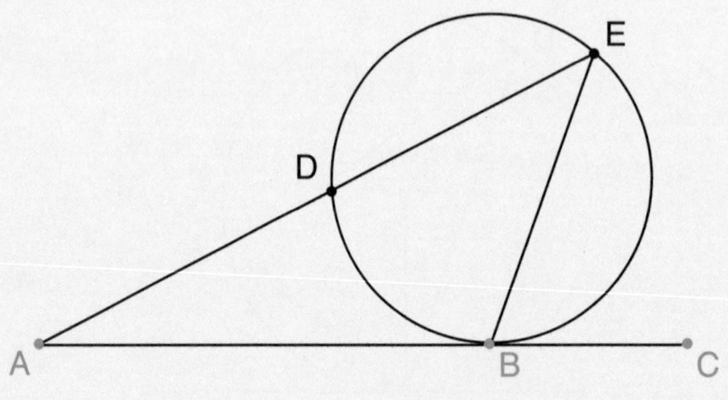

圖 7.3-79

習題7.3-18　如圖7.3-80，兩弦$\overline{AD}$與$\overline{CB}$的延長線相交於圓外一點P。
已知$\overset{\frown}{AC}$＝110°，$\overset{\frown}{BD}$＝40°，則∠P＝______度。

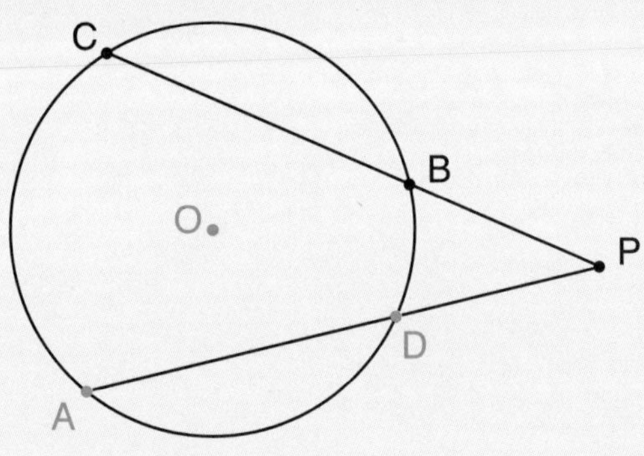

圖 7.3-80

習題7.3-19　如圖7.3-81，兩弦$\overline{AB}$與$\overline{CD}$的延長線相交於圓外一點P。
已知$\overset{\frown}{AC}$＝105°，∠P＝25°，則$\overset{\frown}{BD}$＝______度

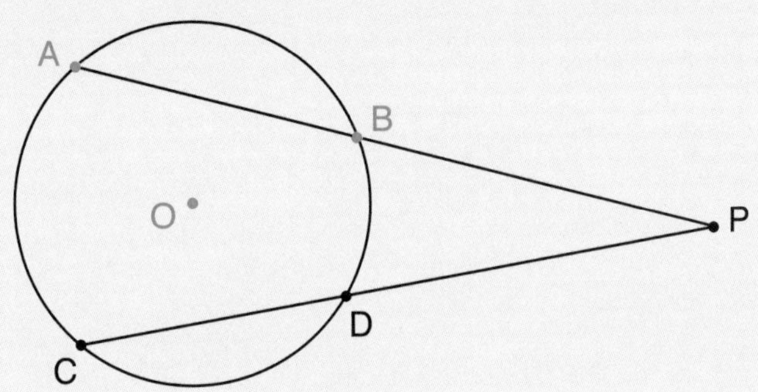

圖 7.3-81

習題7.3-20 如圖7.3-82，兩弦$\overline{AD}$與$\overline{CB}$相交於Q點，兩弦$\overline{AB}$與$\overline{CD}$的延長線相交於圓外一點P。已知$\overset{\frown}{AC}=102^\circ$，$\overset{\frown}{BD}=50^\circ$，則：

(1)∠P=______度。 (2) ∠AQC=______度。

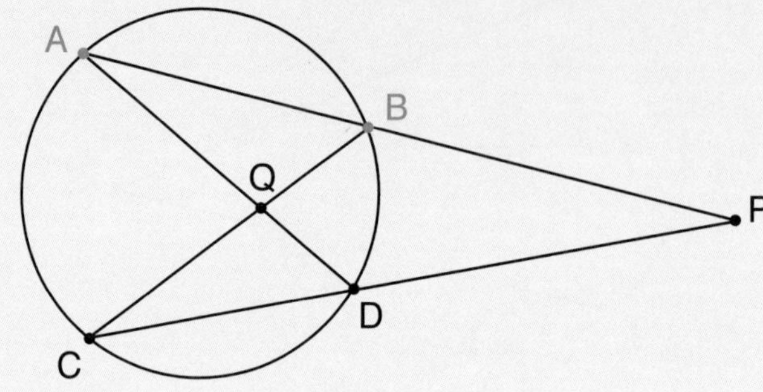

圖 7.3-82

習題7.3-21 如圖7.3-83，若$\overset{\frown}{AC}=110^\circ$，∠P=33°，則：

(1) $\overset{\frown}{BD}$=______度。 (2)∠AQC=______度。

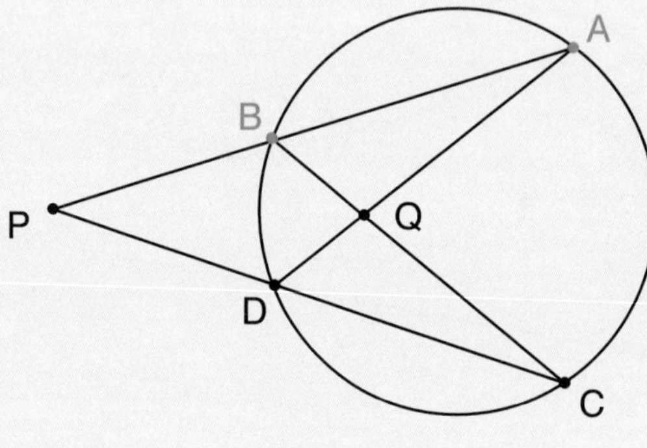

圖 7.3-83

習題7.3-22　如圖7.3-84，$\overline{AB}$ 與 $\overline{CD}$ 的延長線相交於P點，$\overline{AD}$ 與 $\overline{BC}$ 相交於M點。若 $\overset{\frown}{BD}=25^\circ$，$\angle AMC=65^\circ$，則：

(1) $\overset{\frown}{AC}$＝______度。　　(2) $\angle P$＝______度。

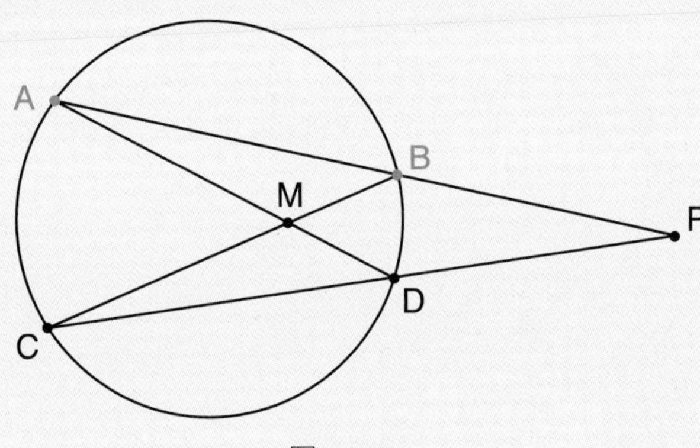

圖 7.3-84

習題7.3-23　如圖7.3-85，若 $\angle AFB=65^\circ$，$\angle E=25^\circ$，求 $\overset{\frown}{AB}$、$\overset{\frown}{CD}$ 的度數。

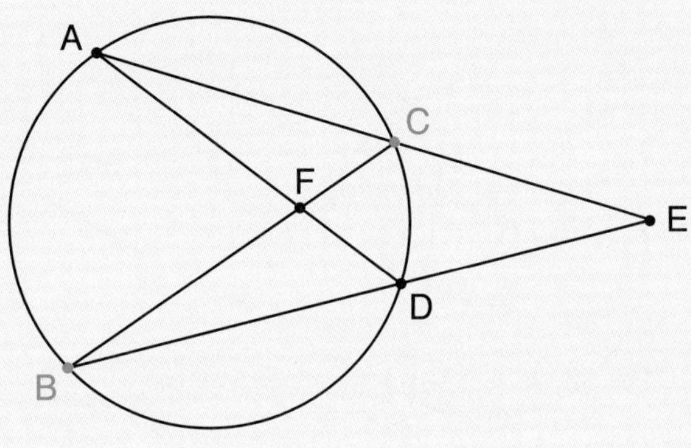

圖 7.3-85

習題7.3-24　如圖7.3-86，P為圓外一點，$\overline{PA}$ 、$\overline{PB}$ 與圓O相切於A、B兩點。若$\overset{\frown}{ACB}$＝150°，求∠P的度數。

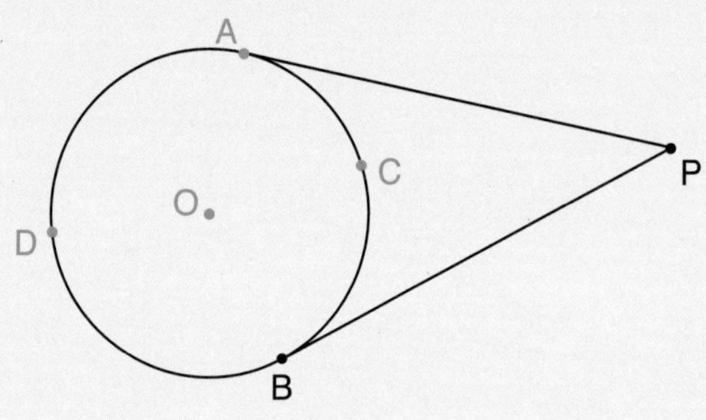

圖 7.3-86

習題7.3-25　如圖7.3-87，P為圓外一點，$\overline{PA}$ 、$\overline{PB}$ 與圓O相切於A、B兩點，且∠PAB＝65°，則∠P＝______度。

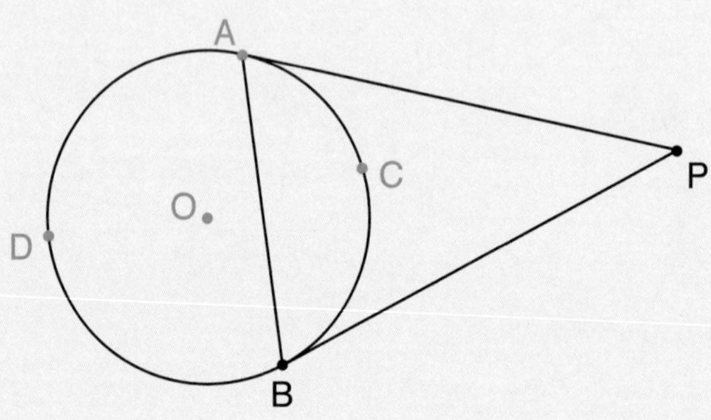

圖 7.3-87

習題7.3-26　如圖7.3-88，P為圓外一點，$\overline{PA}$、$\overline{PB}$與圓O相切於A、B兩點。若∠P＝35°，則∠PAB＝______度。

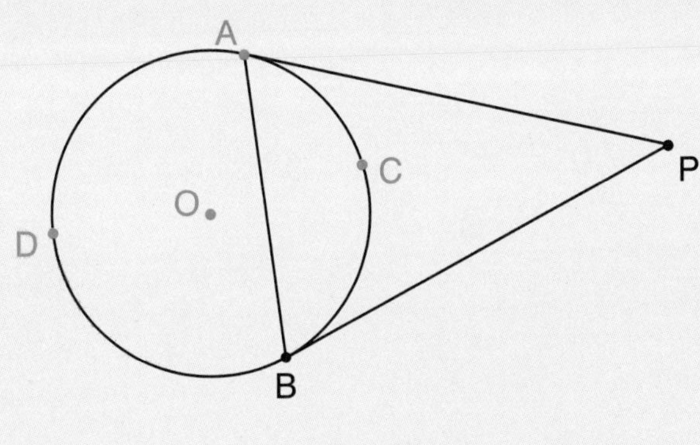

圖 7.3-88

習題7.3-27　如圖7.3-89，$\overline{PA}$切圓O於A，$\overline{PB}$交圓O於B、C兩點。已知$\overset{\frown}{AB}$＝175°，$\overset{\frown}{AC}$＝65°，則∠P＝______度。

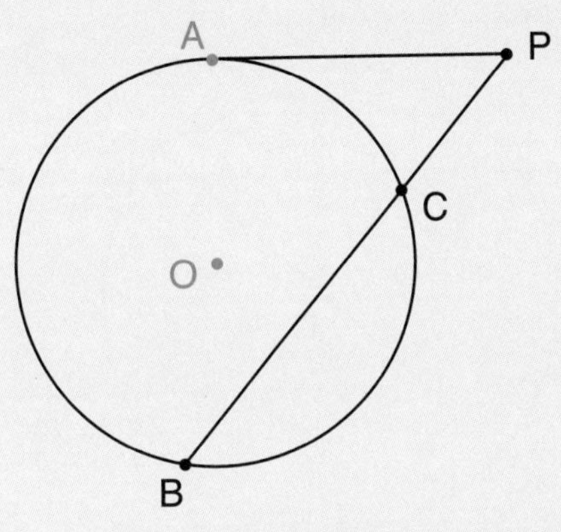

圖 7.3-89

習題7.3-28 如圖7.3-90，$\overline{PA}$ 切圓O於A，$\overline{PB}$ 交圓O於B、C兩點。已知 $\angle P=50^\circ$，$\overset{\frown}{AC}=75^\circ$，則$\overset{\frown}{AB}=$______度。

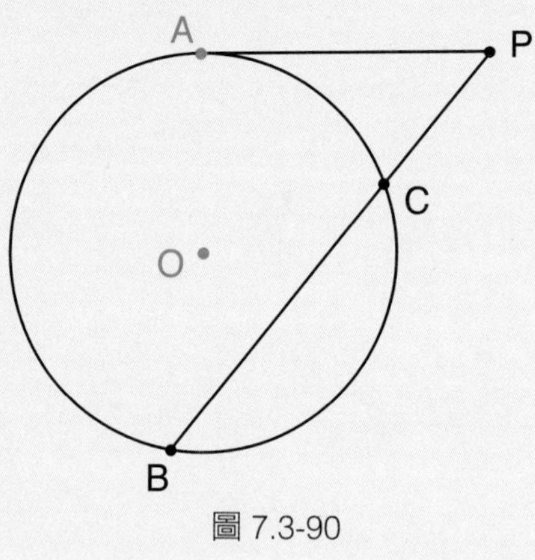

圖 7.3-90

習題7.3-29 如圖7.3-91，已知$\overline{PA}$ 切圓O於P點，$\overline{CB}$ 為直徑，且$\overline{CB}$ 的延長線交$\overline{PA}$ 於A點。若$\angle A=45^\circ$，則$\angle APB=$______度。

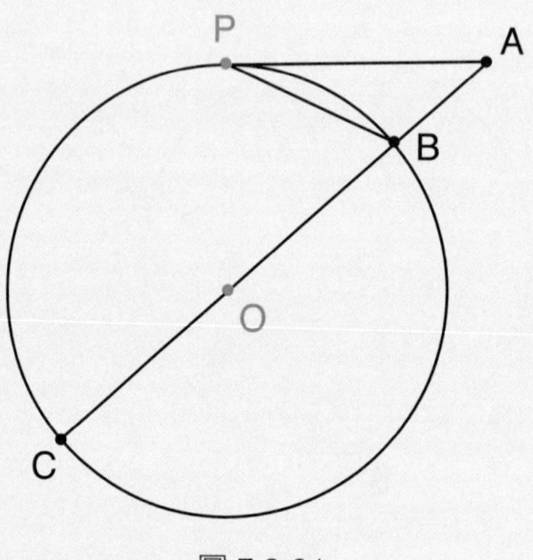

圖 7.3-91

習題7.3-30　如圖7.3-92，已知L//M，且$\overset{\frown}{AC}$＝80°，則$\overset{\frown}{BD}$＝？

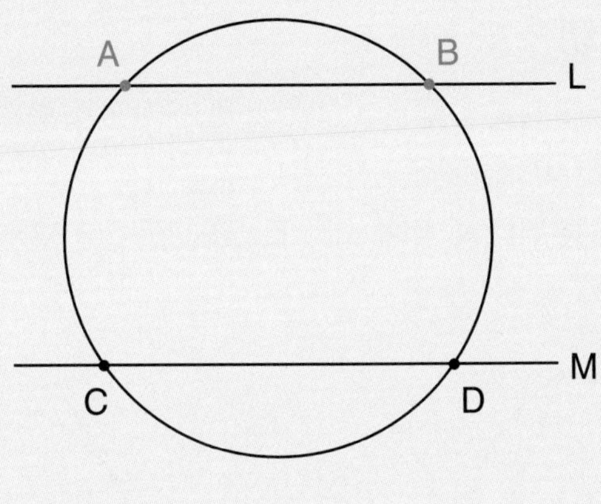

圖 7.3-92

7.4 節 圓的內接及外切多邊形

定義 7.4-1

內接與外切

頂點在同圓周上的多邊形，叫作此圓的內接多邊形，這圓是多邊形的外接圓，如圖7-4-1(a)所示。

多邊形的各邊都與圓相切，叫作此圓的外切多邊形，這圓是多邊形的內切圓，如圖7-4-1(b)所示。

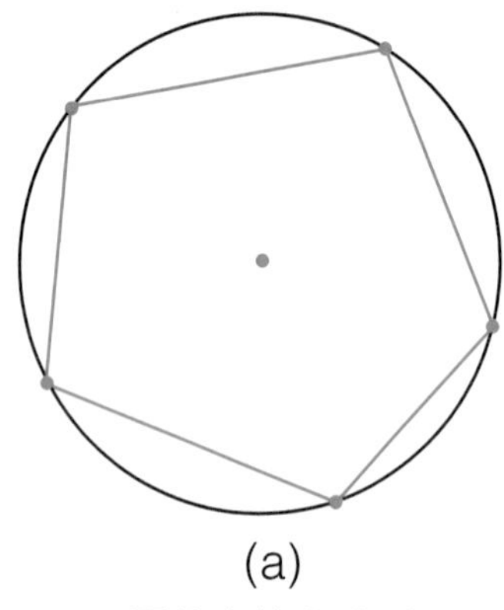

(a)
圓的內接多邊形
多邊形的外接圓

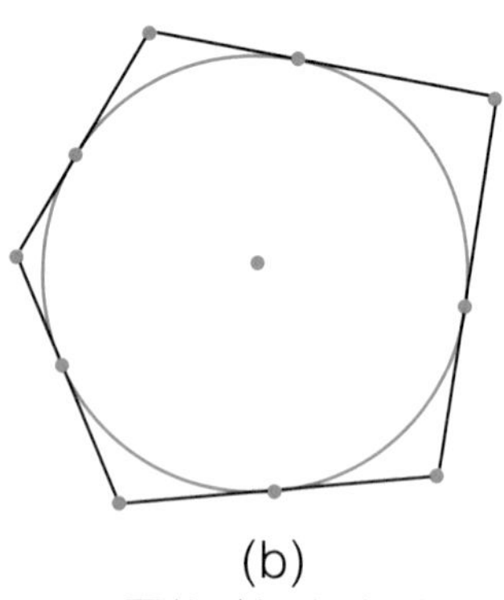

(b)
圓的外切多邊形
多邊形的內切圓

圖 7.4-1

在證明定理7.4-1（內接四邊形對角定理）之前，我們先練習以下的例題7.4-1。

例題 7.4-1

如圖7.4-2，ABCD為圓的內接四邊形，∠A＝80°，∠D＝110°，則∠B與∠C的度數各為何？

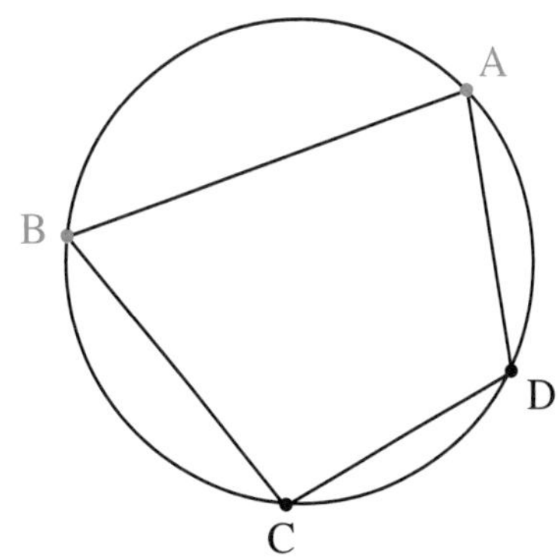

圖 7.4-2

(1) 圓周為360°
(2) 圓周角為所對弧度的一半

敘述	理由
(1) $\overparen{BCD}=2\angle A=2\times80^\circ=160^\circ$	弧度為所對圓周角的2倍 & 已知∠A＝80°
(2) $\overparen{BCD}+\overparen{BAD}=360^\circ$	$\overparen{BCD}+\overparen{BAD}$為圓周＝360°
(3) $\overparen{BAD}=360^\circ-\overparen{BCD}$ $=360^\circ-160^\circ=200^\circ$	由(2) 等量減法公理 & (1)$\overparen{BCD}=160^\circ$
(4) $\angle C=\frac{1}{2}\overparen{BAD}=\frac{1}{2}\times200^\circ=100^\circ$	圓周角為所對弧度的一半 & (3) $\overparen{BAD}=200^\circ$
(5) $\overparen{ABC}=2\angle D=2\times110^\circ=220^\circ$	弧度為所對圓周角的2倍 & 已知∠D＝110°
(6) $\overparen{ABC}+\overparen{CDA}=360^\circ$	$\overparen{ABC}+\overparen{CDA}$為圓周＝360°
(7) $\overparen{CDA}=360^\circ-\overparen{ABC}$ $=360^\circ-220^\circ=140^\circ$	由(6) 等量減法公理 & (5) $\overparen{ABC}=220^\circ$
(8) $\angle B=\frac{1}{2}\overparen{CDA}=\frac{1}{2}\times140^\circ=70^\circ$	圓周角為所對弧度的一半 & (7) $\overparen{CDA}=140^\circ$
(9) 所以 ∠B＝70° & ∠C＝100°	由(8) & (4)

定理 7.4-1 内接四邊形對角定理

圓的内接四邊形的對角互為補角。

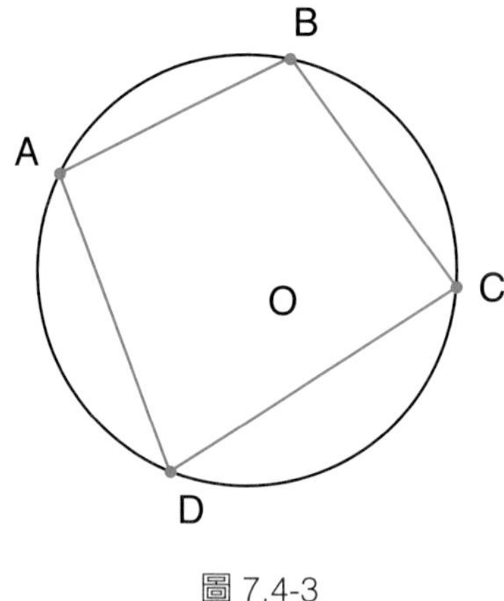

圖 7.4-3

如圖7.4-3，四邊形ABCD為圓O的内接四邊形

$\angle A+\angle C=180^\circ$，$\angle B+\angle D=180^\circ$

圓周角的度數等於所對弧的一半

敘述	理由
(1) $\angle A=\frac{1}{2}\overset{\frown}{BCD}$	圓周角的度數等於所對弧的一半
(2) $\angle C=\frac{1}{2}\overset{\frown}{BAD}$	圓周角的度數等於所對弧的一半
(3) $\angle A+\angle C=\frac{1}{2}(\overset{\frown}{BCD}+\overset{\frown}{BAD})$	由(1)式＋(2)式得
(4) $\overset{\frown}{BCD}+\overset{\frown}{BAD}=360^\circ$	$\overset{\frown}{BCD}+\overset{\frown}{BAD}$ 為圓周＝360°
(5) $\angle A+\angle C=\frac{1}{2}\times 360^\circ=180^\circ$	將(4)式代入(3)式得
(6) 同理可證 $\angle B+\angle D=180^\circ$	由(1) ~ (5)

Q. E. D.

接著，我們利用定理7.4-1（內接四邊形對角定理）來解決下面兩個例題。

例題 7.4-2

如圖7.4-4，ABCD為圓O的內接四邊形。若∠C＝75°，∠D＝95°，則∠A與∠B的度數各為何？

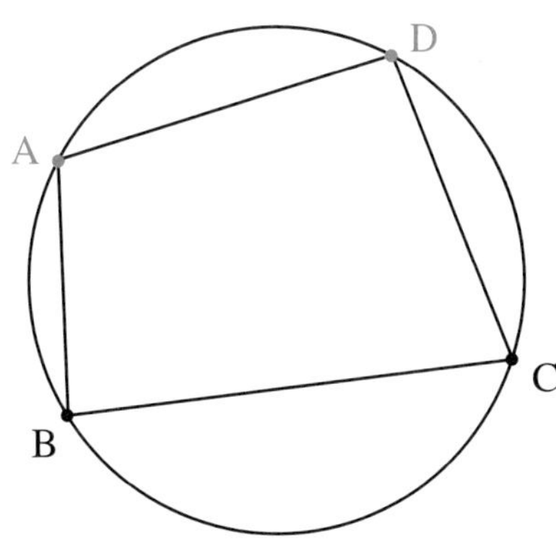

圖 7.4-4

想法

圓的內接四邊形的對角互為補角

解

敘述	理由
(1)∠A＋∠C＝180°	已知ABCD為圓O的內接四邊形 & 圓的內接四邊形的對角互為補角
(2)∠A＝180°－∠C ＝180°－75° ＝105°	由(1) 等量減法公理 & 已知∠C＝75°
(3)∠B＋∠D＝180°	已知ABCD為圓O的內接四邊形 & 圓的內接四邊形的對角互為補角
(4)∠B＝180°－∠D ＝180°－95° ＝85°	由(3) 等量減法公理 & 已知∠D＝95°

例題 7.4-3

如圖7.4-5，四邊形ABCD是圓內接四邊形。若∠P＝32°，∠CDQ＝50°，求∠Q的度數。

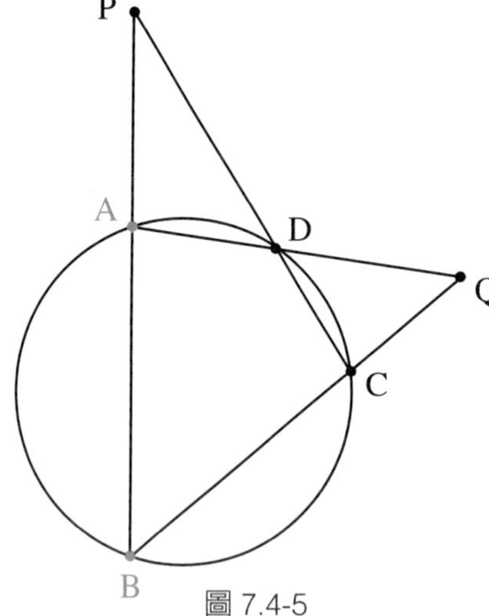

圖 7.4-5

(1) 利用已知∠CDQ＝50° & 對頂角相等，可得知∠PDA＝∠CDQ；

(2) 利用已知∠P＝32°、∠PDA度數 & 三角形外角等於兩內對角的和，可得知∠BAD之度數；

(3) 利用已知四邊形ABCD是圓內接四邊形、∠BAD度數 & 圓內接四邊形的對角互為補角，可得知∠BCD之度數；

(4) 利用已知∠CDQ＝50°、∠BCD度數 & 三角形外角等於兩內對角的和，可得知∠Q之度數

敘述	理由
(1) ∠PDA＝∠CDQ＝50°	對頂角相等 & 已知∠CDQ＝50°
(2) △PDA中， ∠BAD＝∠P＋∠PDA ＝32°＋50°＝82°	三角形外角等於兩內對角的和 & 已知∠P＝32°、(1) ∠PDA＝50°
(3) ∠BAD＋∠BCD＝180°	已知ABCD為圓內接四邊形 & 圓的內接四邊形的對角互為補角
(4) ∠BCD＝180°－∠BAD ＝180°－82°＝98°	由(3) 等量減法公理 & (2) ∠BAD＝82°
(5) △CDQ中，∠BCD＝∠Q＋∠CDQ	三角形外角等於兩內對角的和
(6) ∠Q＝∠BCD－∠CDQ ＝98°－50°＝48°	由(5) 等量減法公理 & (4) ∠BCD＝98°、已知∠CDQ＝50°

定理 7.4-2　圓內接四邊形的判別定理

若四邊形的對角互為補角，則此四邊形必為圓內接四邊形。

如圖7.4-6，若四邊形ABCD的兩對角和為180°，即∠B＋∠ADC＝180°。

四邊形ABCD為圓的內接四邊形。

用矛盾證法，假設D點不在A、B、C三點所形成的圓周上，證明假設錯誤，所以D點也在圓周上，故四邊形ABCD為圓的內接四邊形。

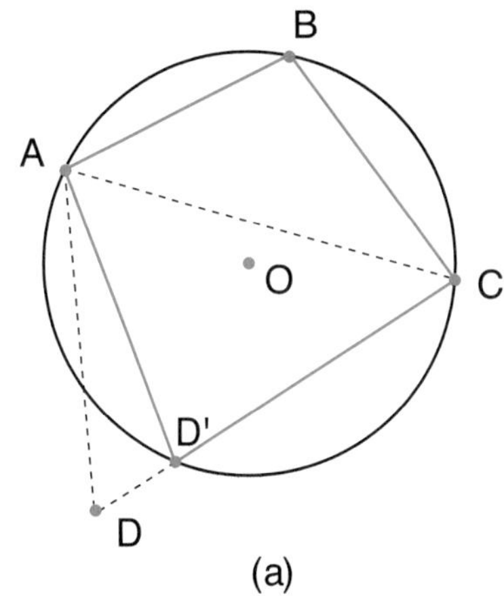

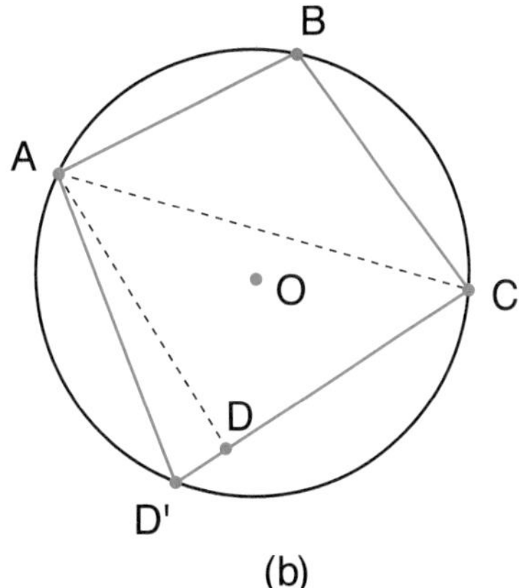

圖 7.4-6

敘述	理由
(1) 以△ABC的外心O為圓心，可作一圓過A、B、C三點	過三點可作一圓，且三角形的外心與三頂點等距離
(2) 假設D點不在圓周上，則D點在圓外，如圖7.4-6(a)，或D點在圓內，如圖7.4-6(b)	點一定在圓內、圓外或圓周上三種情形之一（三一律）
(3) 作$\overleftrightarrow{CD}$與圓周交於D'點	過兩點可作一直線
(4) 四邊形ABCD'為圓的內接四邊形	由(1) & (3)　A、B、C、D'四點都在圓周上

(5) ∠B＋∠AD'C＝180°	由(4) & 圓內接四邊形對角互補
(6) ∠ADC < ∠AD'C 如圖7.4-6(a) 或 ∠ADC > ∠AD'C 如圖7.4-6(b)	三角形的外角大於不相鄰的內對角
(7) ∠B＋∠ADC ≠ ∠B＋∠AD'C	由(6) & 同加∠B
(8) ∠B＋∠ADC ≠ 180°	將(5)式 代入(7)式得
(9) ∠B＋∠ADC＝180°	已知∠B＋∠ADC =180°
(10) 所以假設錯誤，D點應在圓周上，因此A、B、C、D四點都在圓周上，四邊形ABCD為圓的內接四邊形	由(8)式 & (9)式不可能同時發生（互相矛盾） 所以假設D點不在圓周上錯誤

Q. E. D.

例題 7.4-4

如圖7.4-7，若∠B＝70°、∠D＝110°，是否可以找到一個圓通過四邊形ABCD的四個頂點？為什麼？

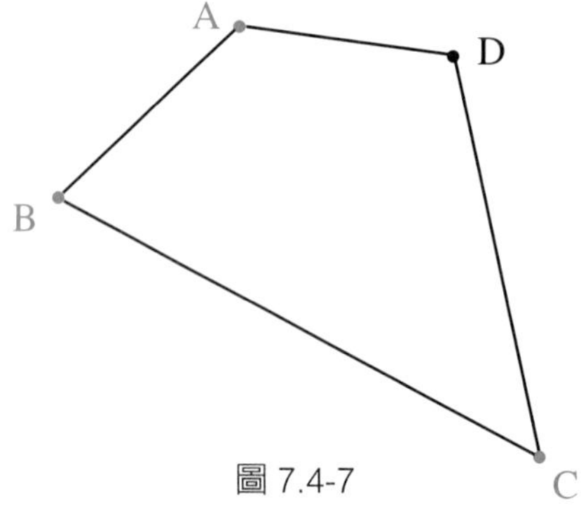

圖 7.4-7

想法　若四邊形的對角互為補角，則此四邊形必為圓內接四邊形

解

敘述	理由
(1) ∠B＋∠D＝180°	已知∠B＝70°、∠D＝110°
(2) ∠B與∠D互補	由(1) & 補角定義
(3) 四邊形ABCD為圓內接四邊形	由(2) & 四邊形的對角互為補角，則此四邊形必為圓內接四邊形

定理 7.4-3

圓外切四邊形之邊長定理

圓外切四邊形的相對一組對邊和等於另一組對邊和。

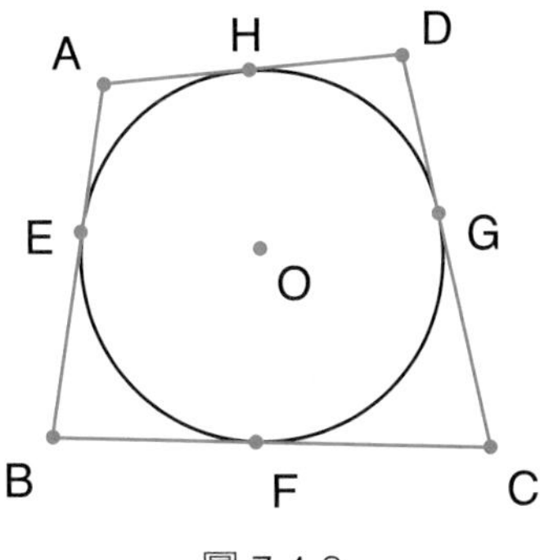

圖 7.4-8

如圖7.4-8，若四邊形ABCD為圓O的外切四邊形，各邊的切點分別為E、F、G、H

$\overline{AB}+\overline{CD}=\overline{AD}+\overline{BC}$

利用圓外一點與圓的兩切點連線段等長性質來證明

敘述	理由
(1) $\overline{AB}$、$\overline{BC}$、$\overline{CD}$、$\overline{DA}$ 皆為圓O切線	已知四邊形ABCD為圓O的外切四邊形，各邊的切點分別為E、F、G、H
(2) $\overline{AH}=\overline{AE}$、$\overline{BE}=\overline{BF}$、$\overline{CF}=\overline{CG}$、$\overline{DH}=\overline{DG}$	由(1) & 圓外一點與圓的兩切點連線段等長
(3) $\overline{AB}+\overline{CD}$	題目所求
$=(\overline{AE}+\overline{BE})+(\overline{CG}+\overline{DG})$	$\overline{AB}=\overline{AE}+\overline{BE}$ & $\overline{CD}=\overline{CG}+\overline{DG}$
$=(\overline{AH}+\overline{BF})+(\overline{CF}+\overline{DH})$	由(2) $\overline{AE}=\overline{AH}$、$\overline{BE}=\overline{BF}$、$\overline{CG}=\overline{CF}$、$\overline{DG}=\overline{DH}$
$=(\overline{AH}+\overline{DH})+(\overline{BF}+\overline{CF})$	加法交換律 & 結合律
$=\overline{AD}+\overline{BC}$	$\overline{AH}+\overline{DH}=\overline{AD}$ & $\overline{BF}+\overline{CF}=\overline{BC}$
(4) 所以 $\overline{AB}+\overline{CD}=\overline{AD}+\overline{BC}$	由(3)

Q. E. D.

例題 7.4-5

如圖7.4-9，四邊形ABCD的四邊分別與圓相切。若$\overline{AB}$＝11 cm，$\overline{CD}$＝10 cm，求$\overline{AD}+\overline{BC}$＝______cm。

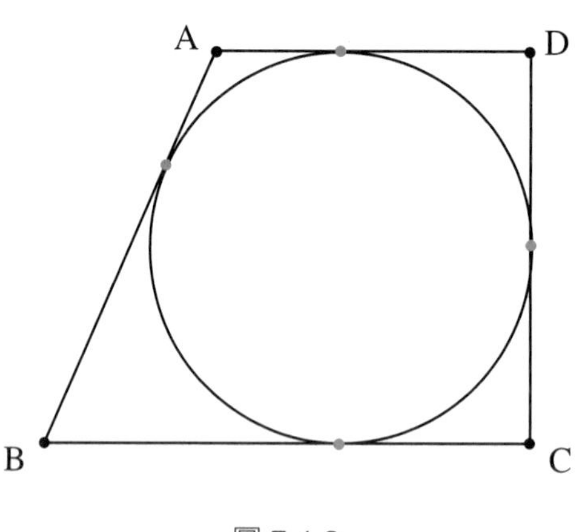

圖 7.4-9

想法　圓外切四邊形的相對一組對邊和等於另一組對邊和

解

敘述	理由
(1) 四邊形ABCD為圓的外切四邊形	已知四邊形ABCD的四邊分別與圓相切
(2) $\overline{AD}+\overline{BC}=\overline{AB}+\overline{CD}$	由(1) & 圓外切四邊形的相對一組對邊和等於另一組對邊和
(3) $\overline{AD}+\overline{BC}$＝11公分＋10公分 ＝21公分	將已知$\overline{AB}$＝11公分，$\overline{CD}$＝10公分代入(2)式得

例題 7.4-6

如圖7.4-10，已知四邊形ABCD的四邊分別與圓相切。

若$\overline{AB}+\overline{BC}+\overline{CD}+\overline{AD}=50$公分，則$\overline{AB}+\overline{CD}=$______公分。

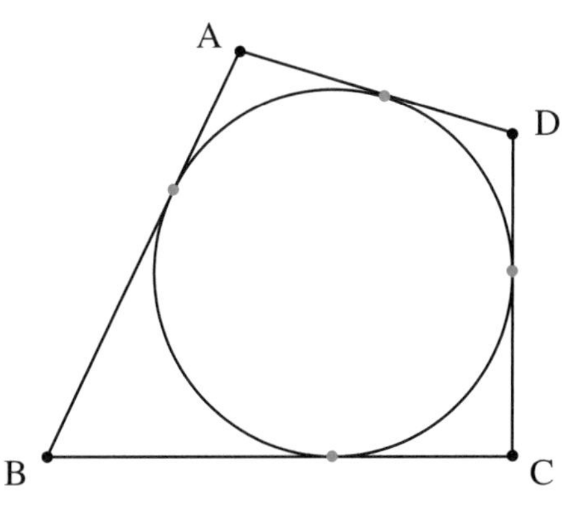

圖 7.4-10

想法　圓外切四邊形的相對一組對邊和等於另一組對邊和

解

敘述	理由
(1) 四邊形ABCD為圓的外切四邊形	已知四邊形ABCD的四邊分別與圓相切
(2) $\overline{BC}+\overline{AD}=\overline{AB}+\overline{CD}$	由(1) & 圓外切四邊形的相對一組對邊和等於另一組對邊和
(3) $\overline{AB}+\overline{BC}+\overline{CD}+\overline{AD}=50$公分	已知
(4) $(\overline{AB}+\overline{CD})+(\overline{BC}+\overline{AD})=50$公分	由(3) & 加法交換律 & 結合律
(5) $(\overline{AB}+\overline{CD})+(\overline{AB}+\overline{CD})=50$公分	將(2) $\overline{BC}+\overline{AD}=\overline{AB}+\overline{CD}$ 代入(4)式得
(6) $2(\overline{AB}+\overline{CD})=50$公分	由(5) 加法
(7) $\overline{AB}+\overline{CD}=(50$公分$)\div 2=25$公分	由(6)等式兩邊同除以2得

例題 7.4-7

圖7.4-11中，圓O為四邊形ABCD的內切圓。若$\overline{AB}$＝x，$\overline{BC}$＝y，$\overline{CD}$＝x－6，$\overline{DA}$＝y＋2，且3y＝2x，求$\overline{AB}$＋$\overline{BC}$＋$\overline{CD}$＋$\overline{DA}$之值。

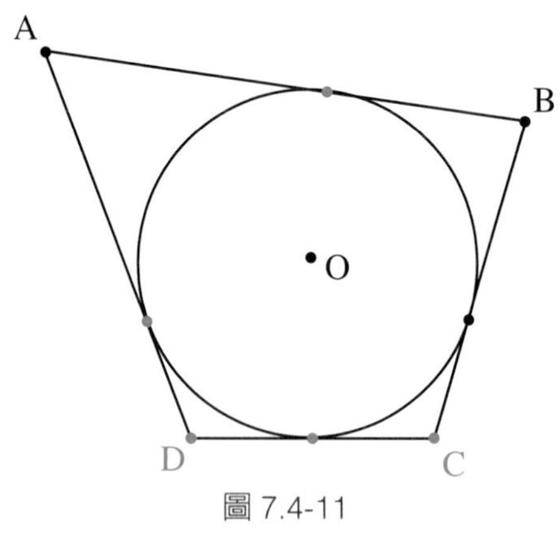

圖 7.4-11

想法　圓外切四邊形的相對一組對邊和等於另一組對邊和

解

敘述	理由
(1) 四邊形ABCD為圓的外切四邊形	已知圓O為四邊形ABCD的內切圓
(2) $\overline{BC}+\overline{DA}=\overline{AB}+\overline{CD}$	由(1) & 圓外切四邊形的相對一組對邊和等於另一組對邊和
(3) y＋(y＋2)＝x＋(x－6)	將已知$\overline{BC}$＝y、$\overline{DA}$＝y＋2、$\overline{AB}$＝x、$\overline{CD}$＝x－6代入(2)式得
(4) 2 y＋2＝2x－6	由(3)式化簡得
(5) 2 y＋2＝3y－6	將已知3y＝2 x代入(4)式得
(6) y＝8	由(5)式解一元一次方程式
(7) x＝12	將(6) y＝8 代入已知3y＝2 x & 解x
(8) $\overline{AB}+\overline{BC}+\overline{CD}+\overline{DA}$ ＝x＋y＋(x－6)＋(y＋2) ＝2x＋2y－4 ＝2×12＋2×8－4＝36	題目所求 將已知$\overline{AB}$＝x、$\overline{BC}$＝y、$\overline{CD}$＝x－6、$\overline{DA}$＝y＋2代入 將(6) y＝8 & (7) x＝12代入
(9) 所以$\overline{AB}+\overline{BC}+\overline{CD}+\overline{DA}$＝36	由(8)

定理 7.4-4

圓外切四邊形判別定理

若四邊形的一組對邊和等於另一組對邊和，則此四邊形必為一圓的外切四邊形。

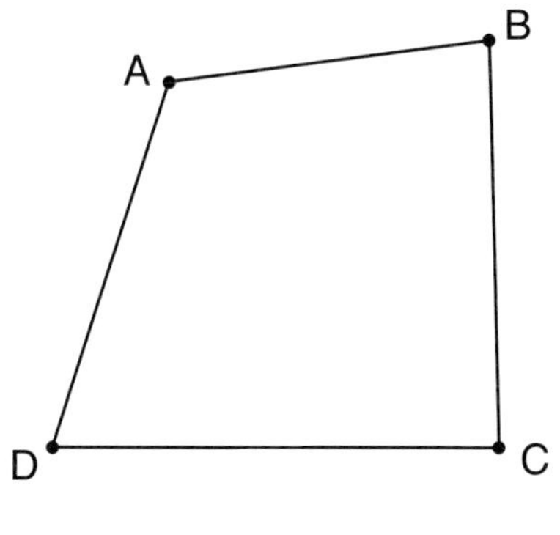

圖 7.4-12

如圖7.4-12，$\overline{AB}+\overline{CD}=\overline{AD}+\overline{BC}$。

四邊形ABCD必為一圓的外切四邊形。

先畫出與$\overline{AD}$、$\overline{AB}$、$\overline{BC}$相切的圓，再用矛盾證法，假設此圓與$\overline{CD}$不相切，證明假設錯誤，所以此圓也與$\overline{CD}$相切，故四邊形ABCD為圓的外切四邊形。

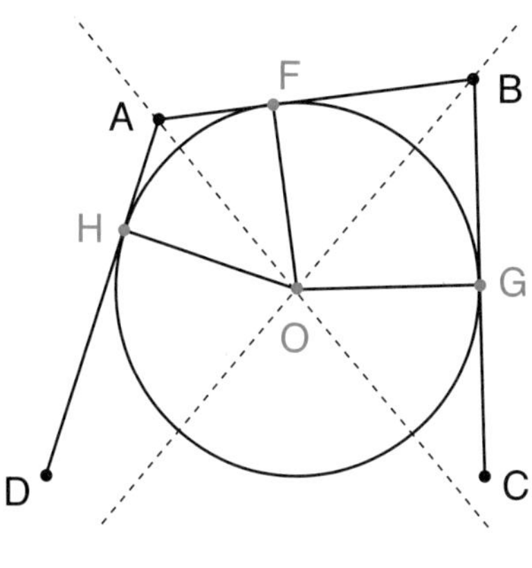

圖 7.4-12(a)

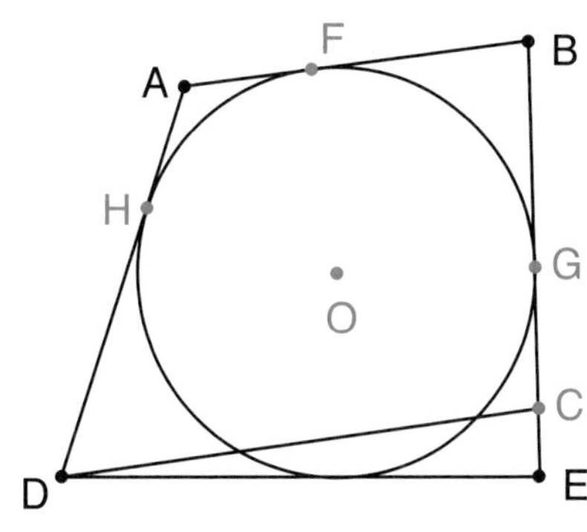

圖 7.4-12(b)

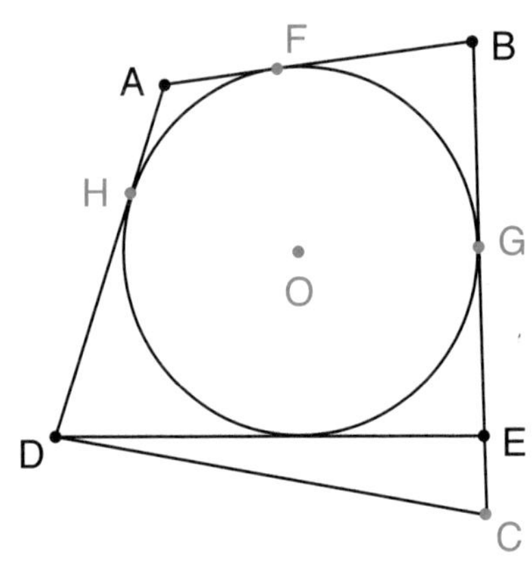

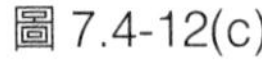
圖 7.4-12(c)

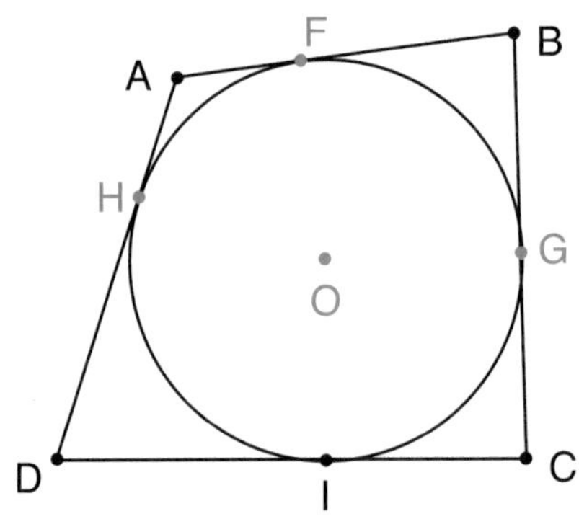

圖 7.4-12(d)

敘述	理由
(1) 分別作∠DAB與∠ABC的角平分線，此兩條平分線相交於O點，並作$\overline{OH}\perp\overline{AD}$，接著以O點為圓心，$\overline{OH}$為半徑畫圓，圓O分別與$\overline{AD}$、$\overline{AB}$、$\overline{BC}$相切於H、F、G兩點，如圖7.4-12(a)	∠DAB平分線上任一點到角的兩邊等距離，$\overline{OH}=\overline{OF}$； ∠ABC平分線上任一點到角的兩邊等距離，$\overline{OG}=\overline{OF}$； 由$\overline{OH}=\overline{OF}$、$\overline{OG}=\overline{OF}$，可以得知$\overline{OH}=\overline{OF}=\overline{OG}$； 所以以O點為圓心，$\overline{OH}$為半徑所畫的圓O，必定也會通過F、G兩點；
(2) 假設圓O與$\overline{CD}$不相切，則圓O有可能交$\overline{CD}$於兩點或圓O與$\overline{CD}$不相交	圓O與$\overline{CD}$的關係一定是相切、不相交或是相交於兩點其中一種（三一律）
(3) 假設圓O與$\overline{CD}$交於兩點， 如圖7.4-12(b)：過D作圓O的切線，交$\overline{BC}$延長線於E點，則圓O是四邊形ABED的內切圓， 因此$\overline{AD}+\overline{BE}=\overline{AB}+\overline{ED}$	由(2) 假設圓O與$\overline{CD}$交於兩點作圖 & 圓外切四邊形的相對一組對邊和等於另一組對邊和
(4) $\overline{AB}+\overline{CD}=\overline{AD}+\overline{BC}$ $=\overline{AD}+(\overline{BE}-\overline{CE})$ $=(\overline{AD}+\overline{BE})-\overline{CE}$ $=\overline{AB}+\overline{ED}-\overline{CE}$	已知$\overline{AB}+\overline{CD}=\overline{AD}+\overline{BC}$ 如圖7.4-12(b)，$\overline{BC}=\overline{BE}-\overline{CE}$ 加法結合律 由(3) $\overline{AD}+\overline{BE}=\overline{AB}+\overline{ED}$
(5) 所以$\overline{AB}+\overline{CD}=\overline{AB}+\overline{ED}-\overline{CE}$ $\overline{CD}=\overline{ED}-\overline{CE}$	由(4) 等式兩邊同減$\overline{AB}$

(6) $\overline{CD} > \overline{ED} - \overline{CE}$	△CDE的兩邊差小於第三邊
(7) 所以圓O與$\overline{CD}$交於兩點的假設錯誤	由(5)式$\overline{CD} = \overline{ED} - \overline{CE}$與 (6)式$\overline{CD} > \overline{ED} - \overline{CE}$的情形不可能同時發生（矛盾）
(8) 假設圓O與$\overline{CD}$不相交，如圖7.4-12(c)：過D作圓O的切線，交$\overline{BC}$於E點，則圓O是四邊形ABED的內切圓，因此$\overline{AD} + \overline{BE} = \overline{AB} + \overline{ED}$	由(2) 假設圓O與$\overline{CD}$不相交作圖 & 圓外切四邊形的相對一組對邊和等於另一組對邊和
(9) $\overline{AB} + \overline{CD} = \overline{AD} + \overline{BC}$ $= \overline{AD} + (\overline{BE} + \overline{CE})$ $= (\overline{AD} + \overline{BE}) + \overline{CE}$ $= \overline{AB} + \overline{ED} + \overline{CE}$	已知$\overline{AB} + \overline{CD} = \overline{AD} + \overline{BC}$ 如圖7.4-12(c)，$\overline{BC} = \overline{BE} + \overline{CE}$ 加法結合律 由(8) $\overline{AD} + \overline{BE} = \overline{AB} + \overline{ED}$
(10) 所以$\overline{AB} + \overline{CD} = \overline{AB} + \overline{ED} + \overline{CE}$ $\overline{CD} = \overline{ED} + \overline{CE}$	由(9) 等式兩邊同減$\overline{AB}$
(11) $\overline{CD} < \overline{ED} + \overline{CE}$	△CDE的兩邊和大於第三邊
(12) 所以圓O與$\overline{CD}$不相交的假設錯誤	由(10)式$\overline{CD} = \overline{ED} + \overline{CE}$與 (11)式$\overline{CD} < \overline{ED} + \overline{CE}$的情形不可能同時發生（矛盾）
(13) 由於圓O與$\overline{CD}$交於兩點、圓O與$\overline{CD}$不相交的假設都錯誤，所以圓O與不相切的假設錯誤，因此圓O必與$\overline{CD}$相切	由(7)、(12) & 三一律 所以圓O與$\overline{CD}$不相切的假設錯誤，因此圓O必與$\overline{CD}$相切
(14) 所以圓O分別與$\overline{AD}$、$\overline{AB}$、$\overline{BC}$、$\overline{CD}$相切於H、F、G、I四點，所以四邊形ABCD為圓O的外切四邊形，如圖7.4-12(d)所示	由(1) & (13)

Q.E.D.

習題 7.4

習題7.4-1 如圖7.4-13，ABCD為圓O的內接四邊形。若∠C＝70°，∠D＝100°，則∠A與∠B的度數各為何？

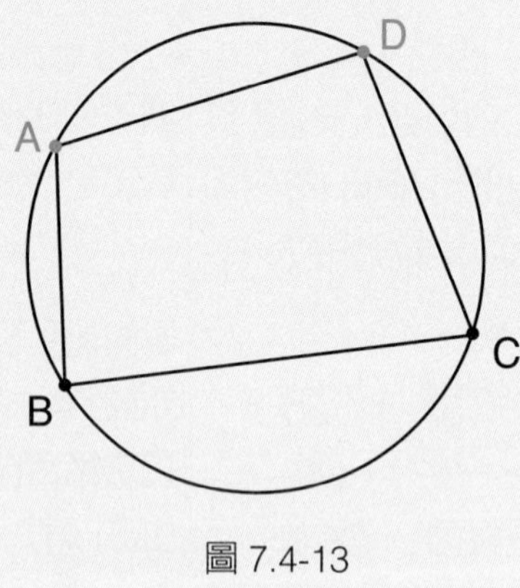

圖 7.4-13

習題7.4-2 如圖7.4-14，若∠B＝75°、∠D＝105°，是否可以找到一個圓通過四邊形ABCD的四個頂點？為什麼？

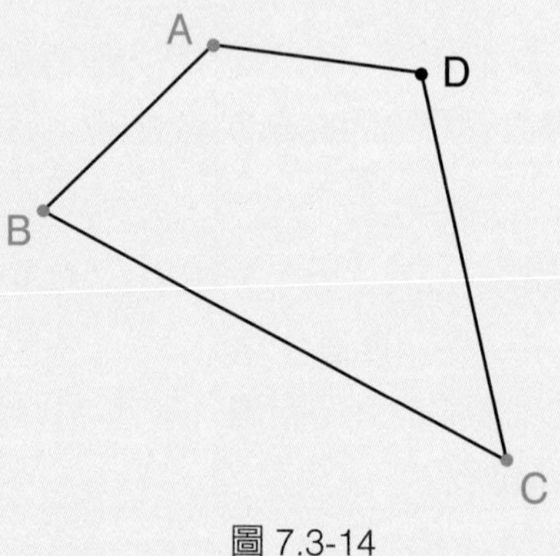

圖 7.3-14

習題7.4-3　證明圓的內接梯形必為等腰梯形。

習題7.4-4　證明圓的內接平行四邊形必為矩形或正方形。

習題7.4-5　如圖7.4-15，已知四邊形ABCD的四邊分別與圓相切。若$\overline{AB}$ =22公分，$\overline{CD}$ =20公分，則$\overline{AB}$ +$\overline{BC}$ +$\overline{CD}$ +$\overline{AD}$之值。

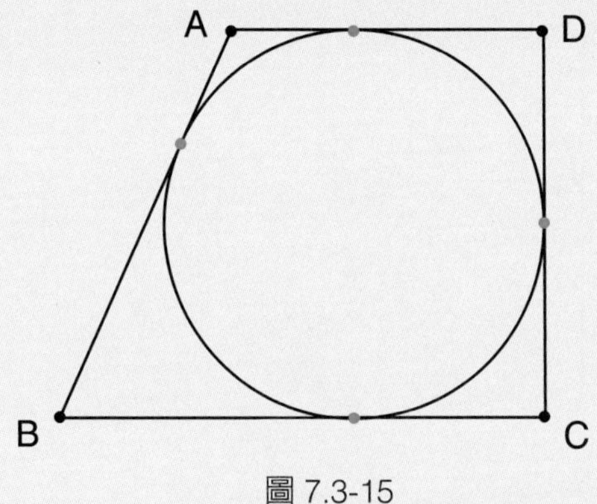

圖 7.3-15

習題7.3-6　如圖7.4-16，已知四邊形ABCD的四邊分別與圓相切。

若$\overline{AB}+\overline{BC}+\overline{CD}+\overline{AD}=60$公分，則$\overline{AB}+\overline{CD}=$______公分。

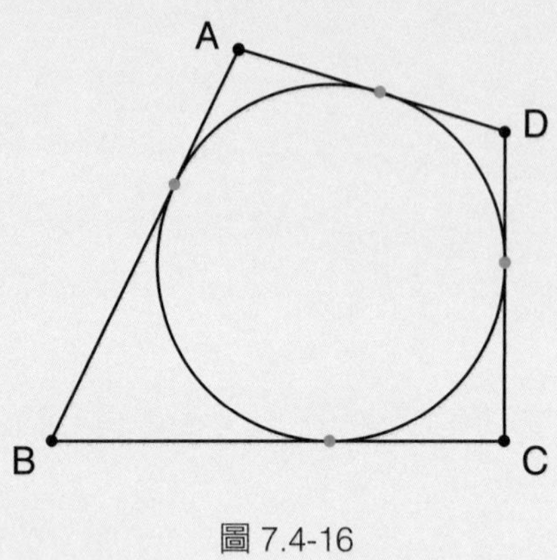

圖 7.4-16

習題7.3-7　圖7.4-17中的圓為四邊形ABCD的內切圓。若$\overline{AB}=x$，$\overline{BC}=y$，$\overline{CD}=x+6$，$\overline{DA}=y-2$，$2y=3x$，求$\overline{AB}+\overline{BC}+\overline{CD}+\overline{DA}$之值。

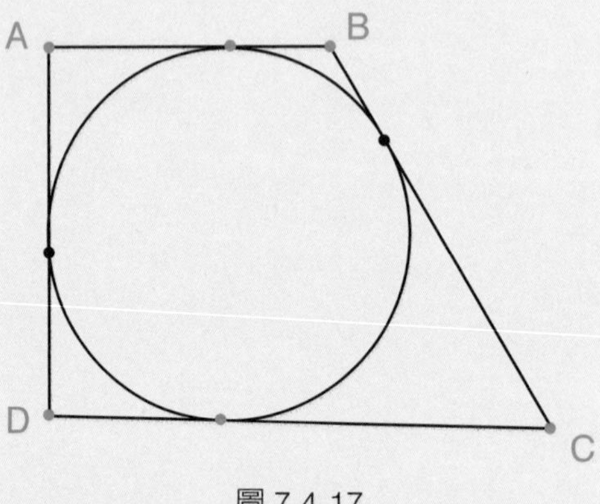

圖 7.4-17

本章重點

本章介紹圓形的一些名詞及其相關的性質：

1. 同圓半徑相等。
2. 圓心角等於所對的弧度。
3. 圓周角為所對弧度的一半。
4. 同弧所對的圓心角為圓周角的 2 倍。
5. 直徑所對的圓周角為直角。
6. 同圓中等弦對等弧。
7. 同圓中等弧對等弦。
8. 同圓中平行線截等弧。
9. 垂直於弦的直徑必平分此弦。
10. 同圓中大弦對小弦心距、小弦對大弦心距。
11. 圓內角的度數，等於這角與它的對頂角所對兩弧度數和的一半。
12. 圓外角的度數，等於它們所截兩弧度數差的一半。
13. 若直線與圓只交於一點，則此直線稱為此圓的切線。
14. 若直線與圓相交於兩點，則此直線稱為此圓的割線。
15. 過切點的半徑與切線垂直。
16. 圓外一點對圓所作的兩切線等長。
17. 弦切角為所對弧度的一半。
18. 圓外切四邊形的相對一組對邊和等於另一組對邊和。
19. 若四邊形的一組對邊和等於另一組對邊和，則此四邊形必為一圓的外切四邊形。
20. 圓內接四邊形的對角互為補角。
21. 若四邊形的對角互為補角，則此四邊形必為圓內接四邊形。
22. 一直線同時與兩圓相切就叫作此兩圓的公切線；其中若兩圓在直線的兩側叫作內公切線，若兩圓在直線的同側叫作外公切線。
23. 若連心線長＞兩半徑和，則兩圓外離；且此兩圓共有4條公切線，其中2條為外公切線，2條為內公切線。
24. 若連心線長＝兩半徑和，則兩圓外切；且此兩圓共有3條公切線，其中2條為外公切線，1條為內公切線。
25. 若兩半徑差＜連心線長＜兩半徑和，則兩圓相交於兩點；且此兩圓共有2條外公切線。

26. 若連心線長＝兩半徑差，則兩圓內切；且此兩圓只有1條外公切線。

27. 若連心線長＜兩半徑差，則兩圓內離；此兩圓沒有公切線。

28. 若連心線長＝0，則兩圓為同心圓；此兩圓沒有公切線。

歷年基測題目

1

如圖7.1，圓上有A、B、C、D四點，圓內有E、F兩點且E、F在$\overline{BC}$上。若四邊形AEFD為正方形，則下列弧度關係，何者正確？〔97-1〕

(A) $\overset{\frown}{AB}<\overset{\frown}{AD}$　(B) $\overset{\frown}{AB}=\overset{\frown}{AD}$　(C) $\overset{\frown}{AB}<\overset{\frown}{BC}$　(D) $\overset{\frown}{AB}=\overset{\frown}{BC}$

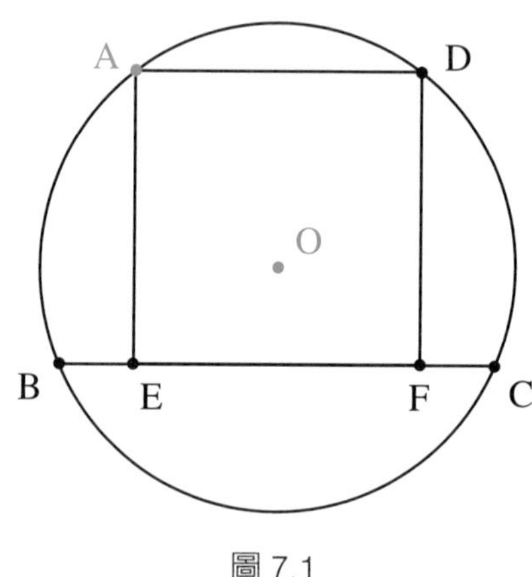

圖 7.1

解答　(C) $\overset{\frown}{AB}<\overset{\frown}{BC}$

想法

(1) 利用第二章的逆樞紐定理：

兩三角形有兩個對應相等的邊，若一三角形的的第三邊大於另一三角形的第三邊，則此三角形夾角大於另一三角形的夾角。

(2) 利用弧的度數等於所對圓心角的度數。

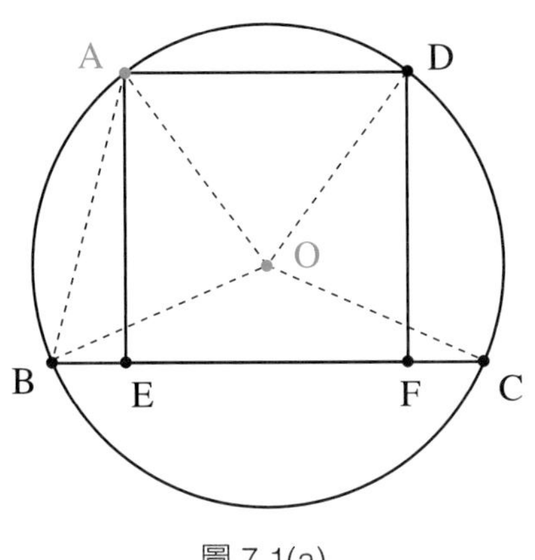

圖 7.1(a)

敘述	理由
(1) △ABE為直角三角形， ∠AEB＝90°	已知四邊形AEFD為正方形，$\overline{AE}\perp\overline{BC}$
(2) $\overline{AB}>\overline{AE}=\overline{AD}$	由(1)直角三角形斜邊$\overline{AB}$大於任一股$\overline{AE}$ & 四邊形AEFD為正方形， $\overline{AE}=\overline{AD}$
(3) △AOB與△AOD中， $\overline{OA}=\overline{OA}$ $\overline{OB}=\overline{OD}$ $\overline{AB}>\overline{AD}$	如圖7.1(a)所示 同圓半徑相等 同圓半徑相等 由(2)$\overline{AB}>\overline{AD}$已證
(4) 所以∠AOB＞∠AOD	由(3) & 逆樞紐定理：兩三角形有兩個對應相等的邊，若一三角形的的第三邊大於另一三角形的第三邊，則此三角形夾角大於另一三角形的夾角
(5) 所以$\overset{\frown}{AB}>\overset{\frown}{AD}$	弧的度數等於所對的圓心角度數 & (4) ∠AOB＞∠AOD
(6)△ABE中，$\overline{BE}+\overline{AE}>\overline{AB}$	三角形任兩邊和大於第三邊
(7) $\overline{BE}+\overline{EF}>\overline{AB}$	四邊形AEFD為正方形，$\overline{AE}=\overline{EF}$ 代入(6)式得
(8) $\overline{BE}+\overline{EF}+\overline{FC}>\overline{AB}$	由(7)

(9)△BOC與△AOB中，	如圖7.1(a)所示
$\overline{OB}=\overline{OA}$	同圓半徑相等
$\overline{OC}=\overline{OB}$	同圓半徑相等
$\overline{BC}>\overline{AB}$	已知E、F在$\overline{BC}$上， $\overline{BC}=\overline{BE}+\overline{EF}+\overline{FC}$ & (8) $\overline{BE}+\overline{EF}+\overline{FC}>\overline{AB}$
(10) 所以∠BOC>∠AOB	由(9) & 逆樞紐定理：兩三角形有兩個對應相等的邊，若一三角形的的第三邊大於另一三角形的第三邊，則此三角形夾角大於另一三角形的夾角
(11) 所以$\overparen{BC}>\overparen{AB}$	弧的度數等於所對的圓心角度數 & (10) ∠BOC>∠AOB
(12) 所以本題答案選(C)$\overparen{AB}<\overparen{BC}$	由(5) & (11)

2

如圖7.2，A、B、C、D四點均在一圓弧上，$\overline{BC}//\overline{AD}$，且$\overleftrightarrow{AB}$與$\overleftrightarrow{CD}$相交於E點。若∠BCA=10°，∠BAC=60°，則∠E=？〔97-1〕

(A) 35°　(B) 40°　(C) 60°　(D) 70°

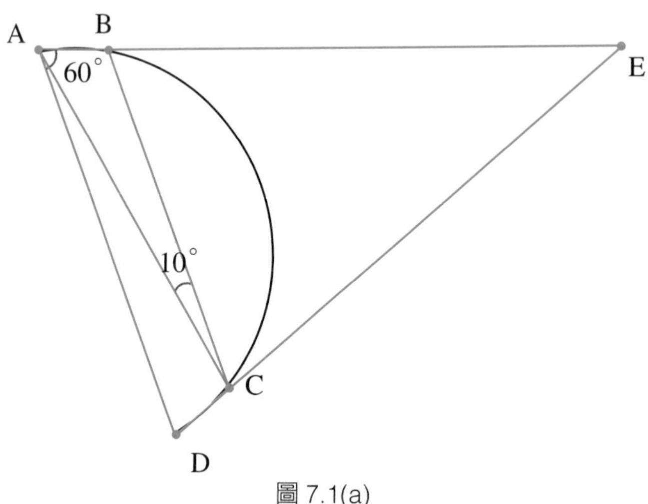

圖 7.1(a)

(B) 40°

利用已知$\overline{BC} // \overline{AD}$ & 平行線之內錯角相等，可得知∠DAC；
利用已知$\overline{BC} // \overline{AD}$ & 同圓中平行線截等弧，可得知$\overset{\frown}{AB}=\overset{\frown}{CD}$；
利用$\overset{\frown}{AB}=\overset{\frown}{CD}$ & 同圓中等弧對等弦，可得知$\overline{AB}=\overline{CD}$；
利用已知$\overline{BC} // \overline{AD}$、$\overset{\frown}{AB}=\overset{\frown}{CD}$ & 一組對邊平行且兩腰等長為等腰梯形，可得知四邊形ABCD為等腰梯形；
利用四邊形ABCD為等腰梯形 & 等腰梯形兩底角相等，可得知∠CDA＝∠BAD；
利用∠CDA＝∠BAD & △ADE內角和為180°，可得知∠E

敘述	理由
(1)∠DAC＝∠BCA＝10°	已知$\overline{BC} // \overline{AD}$ & 兩平行線之內錯角相等 & 已知∠BCA＝10°
(2)∠BAD＝∠DAC＋∠BAC ＝10°＋60°＝70°	如圖7.2，全量等於分量之和 & (1) ∠DAC＝10°、已知∠BAC＝60°
(3) $\overset{\frown}{AB}=\overset{\frown}{CD}$	已知$\overline{BC} // \overline{AD}$ & 同圓中平行線截等弧
(4) $\overline{AB}=\overline{CD}$	由(3) $\overset{\frown}{AB}=\overset{\frown}{CD}$ & 同圓中等弧對等弦
(5)四邊形ABCD為等腰梯形	已知$\overline{BC} // \overline{AD}$ & (4) $\overline{AB}=\overline{CD}$ & 一組對邊平行且兩腰等長為等腰梯形
(6)∠CDA＝∠BAD＝70°	由(5) & 等腰梯形兩底角相等 & (2) ∠BAD＝70°
(7)∠BAD＋∠CDA＋∠E＝180°	△ADE內角和為180°
(8) 70°＋70°＋∠E＝180°	將(6) ∠CDA＝∠BAD＝70° 代入(7)式得
(9)∠E＝180°－70°－70°＝40°	由(8) 等量減法公理
(10) 所以本題答案選(B) 40°	由(9)

3

如圖7.3，圓O為四邊形ABCD的內切圓。若∠AOB＝70°，則∠COD＝？
(A) 110° (B) 125° (C) 140° (D) 145° 〔97-1〕

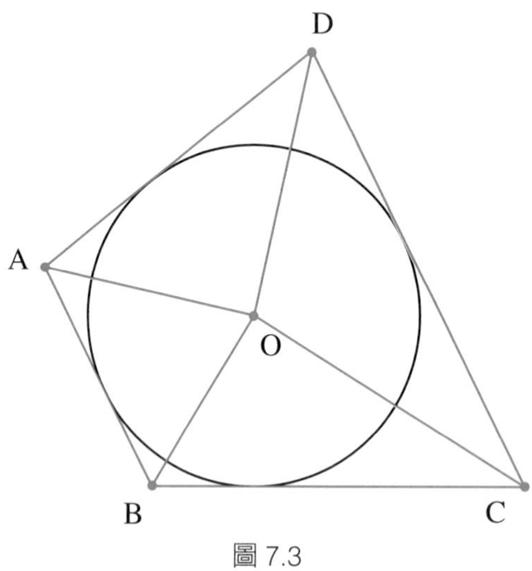

圖 7.3

解答 (A) 110°

想法
(1) 圓心與切點連線垂直切線
(2) 圓外一點與圓的兩切點等距離
(3) RSH全等三角形定理
(4) 全等三角形之對應角相等

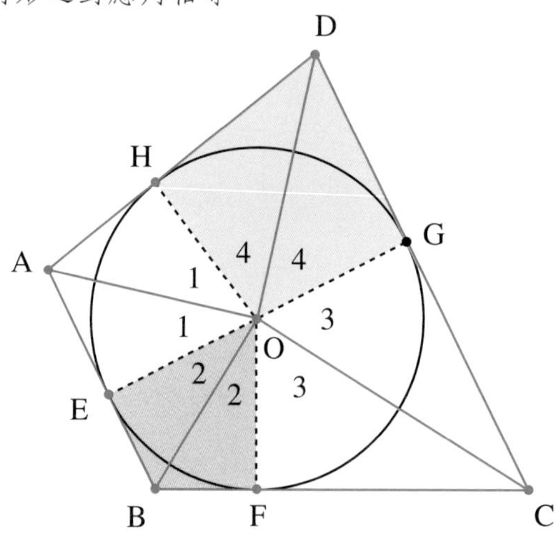

圖 7.3(a)

敘述	理由
(1) 過O點分別作$\overline{OH}\perp\overline{AD}$、$\overline{OG}\perp\overline{CD}$、$\overline{OF}\perp\overline{BC}$、$\overline{OE}\perp\overline{AB}$ 如圖7.3(a)	已知圓O為四邊形ABCD的內切圓 & 圓心與切點連線垂直切線
(2) 在△AHO與△AEO中 $\angle AHO=\angle AEO=90^\circ$ $\overline{AH}=\overline{AE}$ $\overline{AO}=\overline{AO}$	如圖7.3(a)所示 由(1) $\overline{OH}\perp\overline{AD}$、$\overline{OE}\perp\overline{AB}$ 圓外一點與圓的兩切點等距離 同一線段相等
(3) $\triangle AHO\cong\triangle AEO$	由(2) & 根據R.S.H.三角形全等定理
(4) $\angle AOH=\angle AOE=\angle 1$	由(3) & 全等三角形之對應角相等
(5) 同理可證$\triangle BEO\cong\triangle BFO$ $\angle BOE=\angle BOF=\angle 2$	由(2)~(4)
(6) 同理可證$\triangle CFO\cong\triangle CGO$ $\angle COF=\angle COG=\angle 3$	同(2)~(4)
(7) 同理可證$\triangle DGO\cong\triangle DHO$ $\angle DOG=\angle DOH=\angle 4$	同(2)~(4)
(8) $2(\angle 1+\angle 2+\angle 3+\angle 4)=360^\circ$ $\angle 1+\angle 2+\angle 3+\angle 4=180^\circ$	如圖7.3(a)所示，繞O點一圈為360°
(9) $\angle AOB=\angle 1+\angle 2=70^\circ$	全量等於分量之和 & 已知$\angle AOB=70^\circ$
(10) $\angle COD=\angle 3+\angle 4$ $=180^\circ-(\angle 1+\angle 2)$ $=180^\circ-70^\circ$ $=110^\circ$	全量等於分量之和 由(8) 等量減法公理 將(9)式$\angle 1+\angle 2=70^\circ$ 代入得

4

如圖7.4，△ABC的內切圓分別切$\overline{AB}$、$\overline{BC}$、$\overline{AC}$於D、E、F三點，其中P、Q兩點分別在$\overset{\frown}{DE}$、$\overset{\frown}{DF}$上。若∠A＝30°，∠B＝80°，∠C＝70°，則$\overset{\frown}{DPE}$是$\overset{\frown}{DQF}$的幾倍？ 〔96-1〕

(A) $\frac{2}{3}$ (B) $\frac{8}{7}$ (C) $\frac{4}{3}$ (D) $\frac{8}{3}$

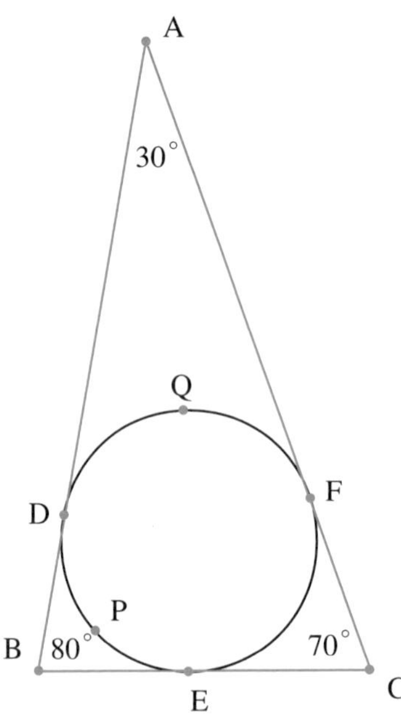

圖 7.4

解答 (A) $\frac{2}{3}$

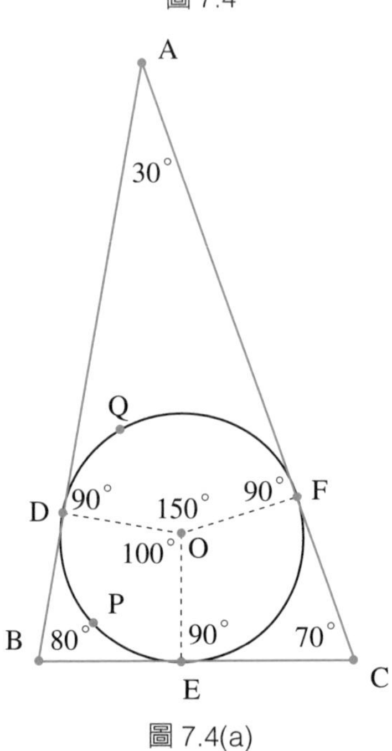

圖 7.4(a)

利用已知△ABC的內切圓分別切$\overline{AB}$、$\overline{BC}$、$\overline{AC}$於D、E、F三點 & 尺規作圖，找出△ABC的內切圓圓心O點；

利用內切圓圓心與切點的連線垂直切線的性質，
得知∠ADO＝∠BDO＝∠OFA＝∠OEB＝90°；

利用四邊形BEOD內角和360° & ∠BDO＝∠OEB＝90°、已知∠B＝80°，可得知∠DOE；

利用圓弧的度數等於所對圓心角的度數，可得知$\overset{\frown}{DPE}$；
利用四邊形ADOF內角和360° & ∠ADO＝∠OFA＝90°、已知∠A＝30°，可得知∠DOF；

利用圓弧的度數等於所對圓心角的度數，可得知$\overset{\frown}{DQF}$；

敘述	理由
(1) 過切點D、E、F分別作切線的垂直線相交於內切圓的圓心O點，如圖7.4(a)所示，則： ∠ADO＝∠BDO＝∠OFA＝∠OEB＝90°	圓心與切點的連線與切線垂直
(2) 在四邊形BEOD中， ∠B＋∠BDO＋∠DOE＋∠OEB＝360° 80°＋90°＋∠DOE＋90°＝360° ∠DOE＝100°	如圖7.4(a)所示 四邊形內角和360° 將已知∠B＝80° & (1) ∠BDO＝∠OEB＝90° 代入得
(3) $\overset{\frown}{DPE}$＝∠DOE＝100°	由(2) & 弧度等於所對圓心角度數
(4) 在四邊形ADOF中， ∠A＋∠OFA＋∠DOF＋∠ADO＝360° 30°＋90°＋∠DOF＋90°＝360° ∠DOF＝150°	如圖7.4(a)所示 四邊形內角和360° 將已知∠A＝30° & (1) ∠ADO＝∠OFA＝90° 代入得
(5) $\overset{\frown}{DQF}$＝∠DOF＝150°	由(4) & 弧度等於所對圓心角度數
(6) 所以$\overset{\frown}{DPE}$＝$\overset{\frown}{DQF}$	由(3) & (5)
(7) 所以本題答案選(A)	由(6)

5

如圖7.5，A、B、C三點在圓周上，D點在圓內，E點圓外，L為過B點之切線。根據圖中∠1、∠2、∠3、∠4的位置，判斷下列哪一個角的角度最大？

(A) ∠1　(B) ∠2　(C) ∠3　(D)∠4　〔95-1〕

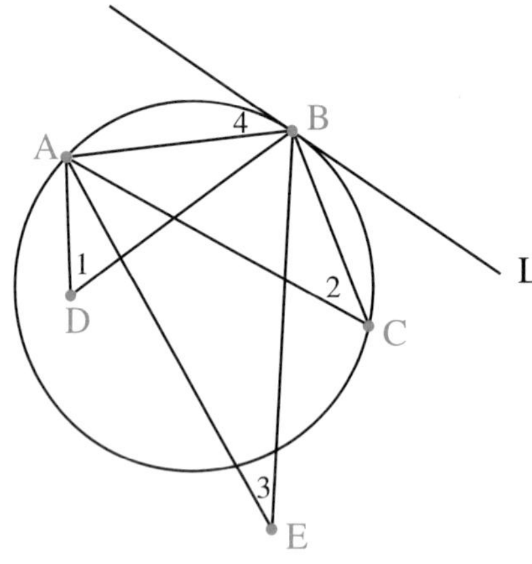

圖 7.5

(A) ∠1

(1) 圓周角等於所對弧度的一半

(2) 弦切角等於弦與切線所夾弧度的一半

(3) 三角形外角大於任一內對角

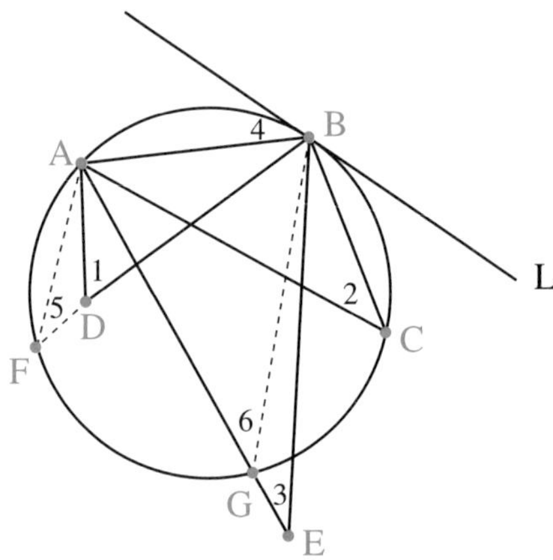

圖 7.5(a)

敘述	理由
(1) 作$\overline{BD}$延長線交圓周於F點，作$\overline{AF}$、$\overline{BG}$，如圖7.5(a)	作圖
(2)$\angle 2=\angle 4=\angle 5=\angle 6=\frac{1}{2}\overset{\frown}{AB}$	圓周角等於所對弧度的一半 & 弦切角等於弦與切線所夾弧度的一半
(3)△ADF中，∠1＞∠5	三角形外角大於任一內對角
(4)△BEG中，∠6＞∠3	三角形外角大於任一內對角
(5)∠1＞∠2＝∠4＞∠3	由(2)、(3)、(4) 遞移律
(6)所以本題選(A) ∠1 最大	由(5)

6

如圖7.6，圓弧上有五個點A、B、C、M、N。比較∠MAN、∠MBN、∠MCN的大小關係，下列敘述何者正確？〔93-1〕

(A) ∠MAN＝∠MBN＝∠MCN　(B) ∠MBN＞∠MCN＞∠MAN

(C) ∠MAN＞∠MCN＞∠MBN　(D) ∠MAN＝∠MCN＞∠MBN

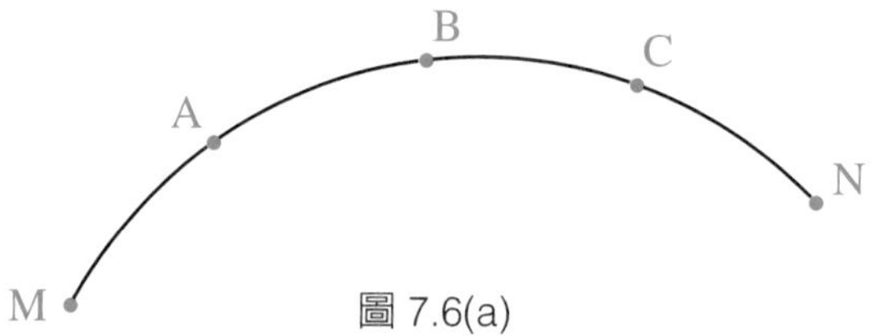

圖 7.6(a)

(A) ∠MAN＝∠MBN＝∠MCN

等弧對等圓周角定理

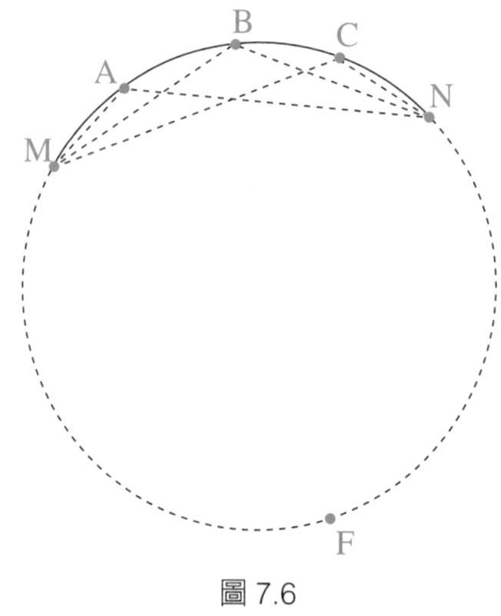

圖 7.6

敘述	理由
(1) 過A、B、C三點作一圓，如圖7.6(a)所示	過三點可作一圓
(2) ∠MAN＝∠MBN＝∠MCN $=\frac{1}{2}\overset{\frown}{MFN}$	∠MAN、∠MBN、∠MCN三角都對相同的$\overset{\frown}{MFN}$ & 等弧對等圓周角

7

如圖7.7，$\overline{AB}$為圓O的直徑，P、Q、R、S為圓周上相異四點。下列敘述何者正確？〔92-1〕

(A) ∠APB為銳角　(B) ∠AQB為直角

(C) ∠ARB為鈍角　(D) ∠ASB＜∠ARB

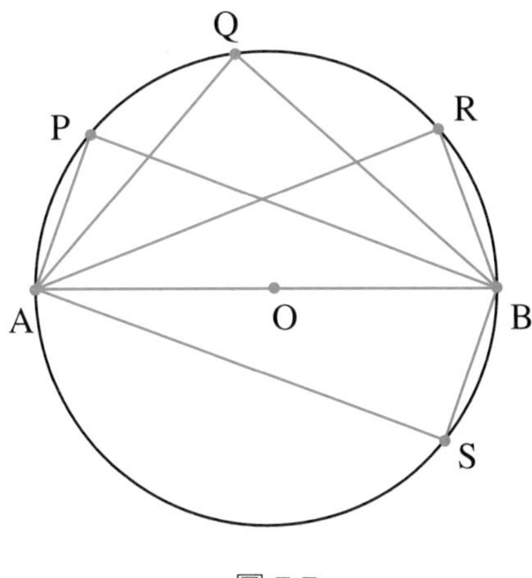

圖 7.7

(B) ∠AQB為直角

直徑所對的圓周角為直角

敘述	理由
(1) ∠APB、∠AQB、∠ARB、∠ASB皆為直角	已知$\overline{AB}$為圓O的直徑 & 直徑所對的圓周角為直角
(2)所以本題答案選(B) ∠AQB為直角	由(1)

8

如圖7.8，$\overline{AD}$是圓O的直徑，B、C兩點在$\overset{\frown}{AD}$上，如要在$\overset{\frown}{BC}$上取一點M，使得$\overset{\frown}{BM}=\overset{\frown}{CM}$，則下列四個作法中，哪一個是錯誤的？〔91-1〕

(A) 作∠BAC之平分線交$\overset{\frown}{BC}$於M

(B) 作$\overline{BC}$中垂線交$\overset{\frown}{BC}$於M

(C) 作A與$\overline{BC}$的中點連線，延長交$\overset{\frown}{BC}$於M

(D) 作O與$\overline{BC}$的中點連線，延長交$\overset{\frown}{BC}$於M

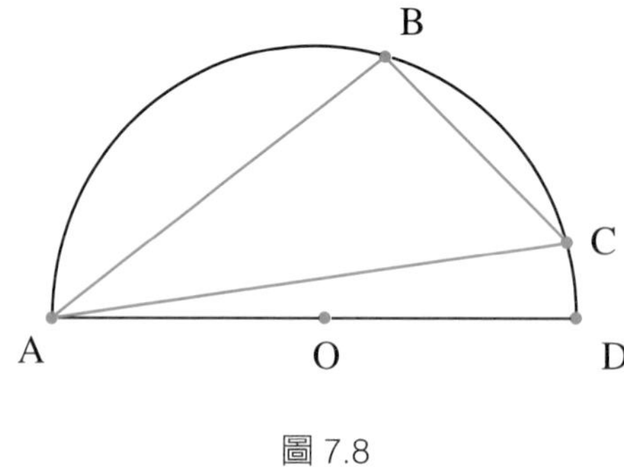

圖 7.8

解答 (C)

想法 依題意作圖，再證明正確性

敘述	理由
1. (A)正確 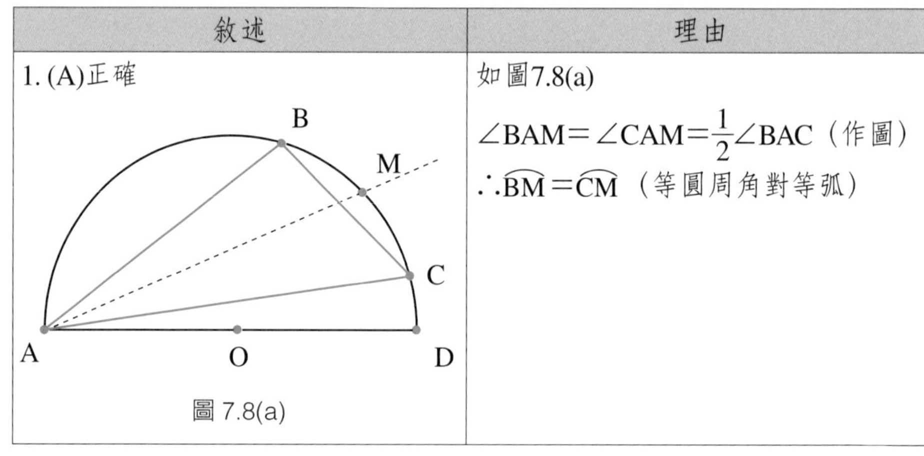 圖 7.8(a)	如圖7.8(a) $\angle BAM=\angle CAM=\frac{1}{2}\angle BAC$（作圖） $\therefore \overset{\frown}{BM}=\overset{\frown}{CM}$（等圓周角對等弧）

2. (B)正確 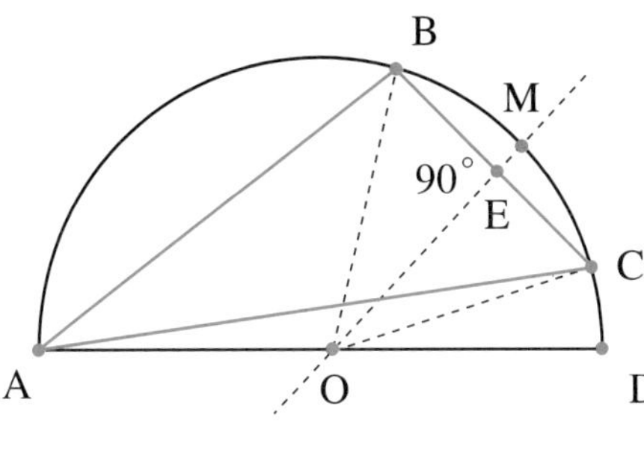 圖 7.8(b)	如圖7.8(b) $\overline{BC}$的中垂線必通過圓心O （弦的中垂線過圓心） △OBC為等腰三角形 （同圓半徑等長$\overline{OB}=\overline{OC}$） $\angle BOM=\angle COM=\frac{1}{2}\angle BOC$ （等腰三角形底邊中垂線平分頂角） $\therefore \overset{\frown}{BM}=\overset{\frown}{CM}$（等圓心角對等弧）
3. (C)錯誤 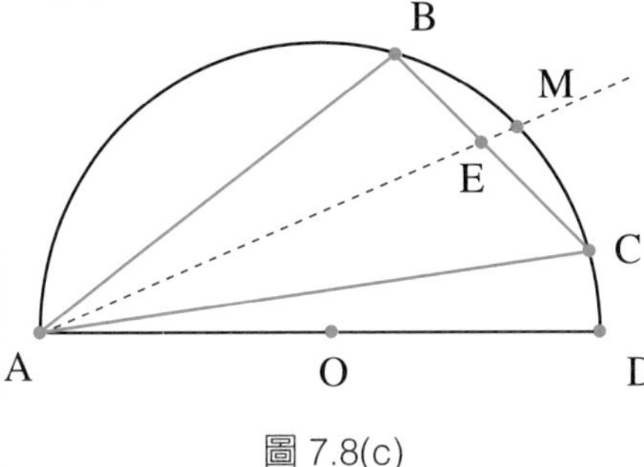 圖 7.8(c)	
4. (D)正確 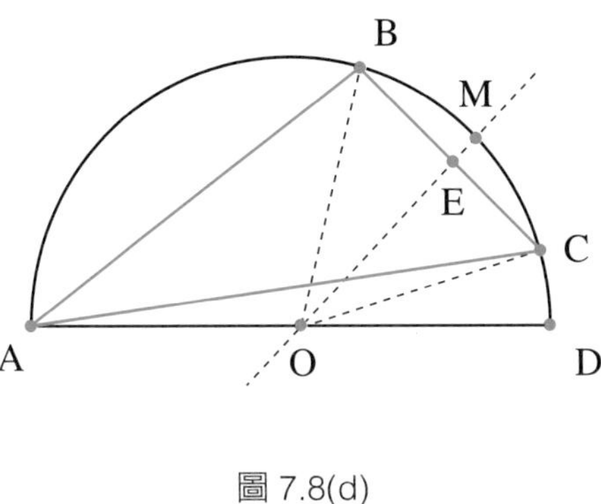 圖 7.8(d)	如圖7.8(d) $\overline{BC}$的中點與圓心的連線與弦垂直 （弦的中垂線過圓心） △OBC為等腰三角形 （同圓半徑等長$\overline{OB}=\overline{OC}$） $\angle BOM=\angle COM=\frac{1}{2}\angle BOC$ （等腰三角形底邊中垂線平分頂角） $\therefore \overset{\frown}{BM}=\overset{\frown}{CM}$（等圓心角對等弧）

9

同一平面上圓O_1及圓O_2的半徑各為2公分及4公分，且$\overline{O_1O_2}=7$公分，則下列哪一個圖可以表示圓O_1與圓O_2的位置關係？〔90-1〕

(A)

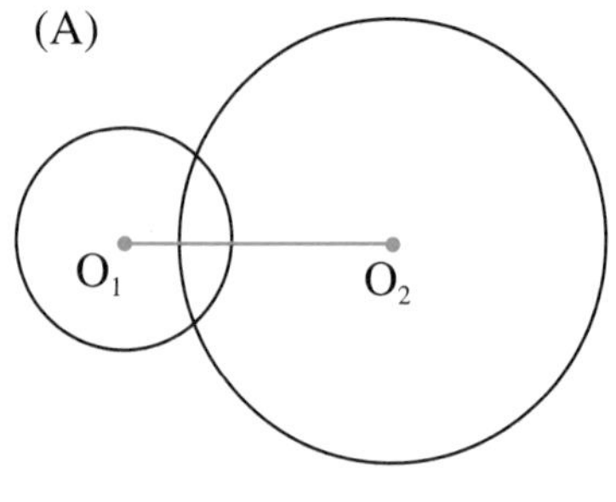

圖 7.9(a)

(B)

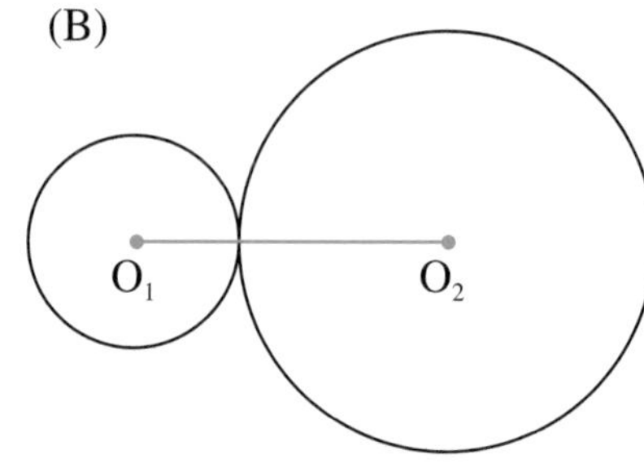

圖 7.9(b)

(C)

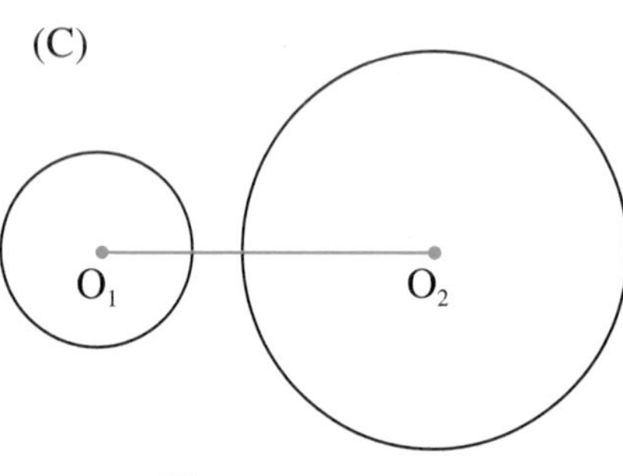

圖 7.9(c)

(D)

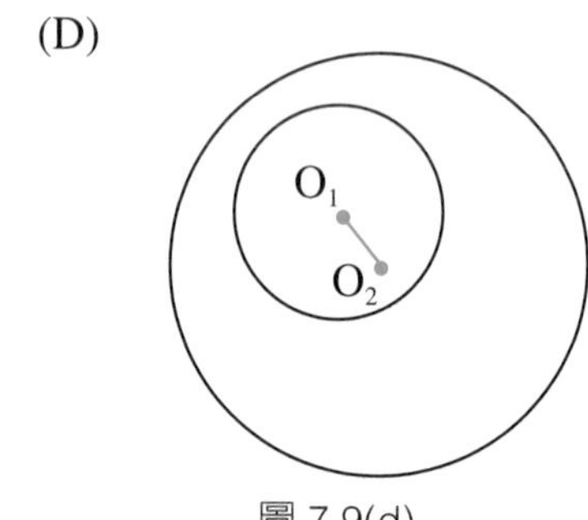

圖 7.9(d)

(C)

判斷兩圓關係的規則如下：

1. 若連心線長＞兩半徑和，則兩圓外離。
2. 若連心線長＝兩半徑和，則兩圓外切。
3. 若兩半徑差＜連心線長＜兩半徑和，則兩圓相交於兩點。
4. 若連心線長＝兩半徑差，則兩圓內切。
5. 若連心線長＜兩半徑差，則兩圓內離。
6. 若連心線長＝0，則兩圓為同心圓。

敘述	理由
(1) $\overline{O_1O_2}=7$公分＞(2＋4) 公分＝6公分	已知$\overline{O_1O_2}=7$公分 & 圓O_1及圓O_2的半徑各為2公分及4公分
(2) 圓O_1及圓O_2外離	由(1) & 連心線長＞兩半徑和，則兩圓外離
(3) 所以本題選(C)	由(2)

第八章 比例與相似形

8.1 節 比例

定義 8.1-1

比與比值

比的定義：比較兩個同類量的表示方法，稱為比，比的符號為"："。

例如：男生有8人，女生有5人，則男女人數之比為8人：5人＝8：5。

比值：比的前面的數除以後面的數所得的商，稱為比值。

例如：男生有8人，女生有5人，則男女人數之比為8：5，比值為$8\div5=\frac{8}{5}$。（所以$8:5=\frac{8}{5}$。）

定義 8.1-2

比例式

兩比相等，用等號將兩比聯成的等式，叫做比例式。

例如：$a:b=c:d$ 為比例式。

定義 8.1-3

前項、後項；內項、外項

兩量相比，在比號"："前面的量叫做前項，在比號"："後面的量叫做後項。

一個比例式的第一項與第三項為前項，第二項與第四項為後項；第一項與第四項為外項，第二項與第三項為內項。

例如：在a與b兩量之比$a:b$中，a為前項，b為後項。

在比例式$a:b=c:d$中，a, c為前項，b, d為後項；a, d為外項，b, c為內項。

定義 8.1-4

比例中項

同類三量中，若第一量比第二量等於第二量比第三量，則第二量稱為的第一量與第三量的比例中項。

例如：在比例式$a:b=b:c$中，b為a, c兩量的比例中項。

定理 8.1-1 内外項關係定理

在任一比例式中，兩內項的乘積必等於兩外項的乘積。
（內項乘積等於外項乘積）

若a：b＝c：d

a×d＝b×c

敘述	理由
(1) $\frac{a}{b}=\frac{c}{d}$	已知a：b＝c：d 及比值的定義
(2) $\frac{a}{b}\times b\times d=\frac{c}{d}\times b\times d$	等式的兩邊同乘等量(b×d)兩邊仍相等
(3) 所以a×d＝b×c	由(2)

Q. E. D.

例題 8.1-1

若3：8＝5：x，則x之值為何？

利用比例式之內項乘積等於外項乘積性質（定理8.1-1）。

敘述	理由
(1) 3 × x ＝8 × 5	已知3：8＝5：x & 任一比例式中，內項乘積等於外項乘積
(2) $x=\frac{8\times 5}{3}=\frac{40}{3}$	由(1) & 解一元一次方程式

例題 8.1-2

若3：(x－7)＝5：8，則x之值為何？

利用比例式之內項乘積等於外項乘積性質（定理8.1-1）。

敘述	理由
(1) $3\times 8=(x-7)\times 5$	已知3：(x－7)＝5：8 & 任一比例式中，內項乘積等於外項乘積
(2) $x=\frac{3\times 8}{5}+7=\frac{59}{5}$	由(1) & 解一元一次方程式

定理 8.1-2 比例中項定理

兩量的比例中項的平方等於這兩量的乘積。

在比例式a：b＝b：c中，b稱為a.c之比例中項。

$b^2=a\times c$

敘述	理由
(1) a：b＝b：c	已知
(2) $b^2=a\times c$	由(1) & 內項乘積等於外項乘積

Q. E. D.

例題 8.1-3

已知x為4與9的比例中項，且x＞0，求x之值為何？

利用兩量的比例中項的平方等於這兩量的乘積求x之值

敘述	理由
(1) $x^2=4\times 9$	已知x為4與9的比例中項 & 兩量的比例中項的平方等於這兩量的乘積
(2) $x=\pm 6$（負不合）	由(1) & 求平方根 & 已知x＞0
(3) 所以x=6	由(2)

定理 8.1-3 更比定理

任何比例式中，兩內項可以互換，兩外項也可以互換。

若a：b=c：d

a：c=b：d；d：b=c：a

敘述	理由
(1) $a\times d=b\times c$	已知a：b=c：d & 內項乘積等於外項乘積
(2) $a\times d=c\times b$	由(1) & 乘法交換律$b\times c=c\times b$
(3) $\frac{a\times d}{d\times c}=\frac{c\times b}{d\times c}$	由(2) & 等式的兩邊同除等量$(d\times c)$兩邊仍相等
(4) $\frac{a}{c}=\frac{d}{b}$	由(3)
(5) 所以a：c=b：d	由(4) & 比與比值的定義
(6) $d\times a=b\times c$	由(1) & 乘法交換律$a\times d=d\times a$
(7) $\frac{d\times a}{a\times b}=\frac{b\times c}{a\times b}$	由(6) & 等式的兩邊同除等量$(a\times b)$兩邊仍相等
(8) $\frac{d}{b}=\frac{c}{a}$	由(7)
(9) 所以d：b=c：a	由(8) & 比與比值的定義

Q. E. D.

定理 8.1-4 反比定理

任何比例式中，兩內項與兩外項可以互換。

若a：b＝c：d

b：a＝d：c

敘述	理由
(1) $a\times d=b\times c$	已知a：b＝c：d & 內項乘積等於外項乘積
(2) $\frac{a\times d}{a\times c}=\frac{b\times c}{a\times c}$	由(1) & 等式的兩邊同除等量(a×c)兩邊仍相等
(3) $\frac{d}{c}=\frac{b}{a}$	由(2)
(4) 所以d：c＝b：a	由(3) & 比與比值的定義
(5) b：a＝d：c	由(4)

Q. E. D.

定理 8.1-5 合比定理

任何比例式中，前兩項的和比第二項等於後兩項的和比第四項。

若a：b＝c：d

(a＋b)：b＝(c＋d)：d

敘述	理由
(1) $a\times d=b\times c$	已知a：b＝c：d & 內項乘積等於外項乘積
(2) $a\times d+b\times d=b\times c+b\times d$	由(1) & 等式的兩邊同加(b×d)兩邊仍相等
(3) $(a+b)\times d=b\times(c+d)$	由(2) & 提出公因數
(4) $\frac{(a+b)\times d}{b\times d}=\frac{b\times(c+d)}{b\times d}$	由(3) & 等式的兩邊同除(b×d)兩邊仍相等
(5) $\frac{a+b}{b}=\frac{c+d}{d}$	由(4)
(6) 所以(a＋b)：b＝(c＋d)：d	由(5) & 比與比值的定義

Q. E. D.

定理 8.1-6

分比定理

任何比例式中，前兩項的差比第二項等於後兩項的差比第四項。

若a：b=c：d

(a−b)：b=(c−d)：d

敘述	理由
(1) $a\times d=b\times c$	已知a：b=c：d & 內項乘積等於外項乘積
(2) $a\times d-b\times d=b\times c-b\times d$	由(1) & 等式的兩邊同減(b×d)兩邊仍相等
(3) $(a-b)\times d=b\times(c-d)$	由(2) & 提出公因數
(4) $\frac{(a-b)\times d}{b\times d}=\frac{b\times(c-d)}{b\times d}$	由(3) & 等式的兩邊同除(b×d)兩邊仍相等
(5) $\frac{a-b}{a}=\frac{c-d}{d}$	由(4)
(6) 所以(a−b)：b=(c−d)：d	由(5) & 比與比值的定義

Q. E. D.

定理 8.1-7 合分比定理

任何比例式中，前兩項的和比前兩項的差等於後兩項的和比後兩項的差。

已知　若a：b＝c：d

求證　(a+b)：(a−b)=(c+d)：(c−d)

證明

敘述	理由
(1) (a+b)：b=(c+d)：d	已知a：b＝c：d & 合比定理
(2) (a+b)×d=b×(c+d)	由(1) & 內項乘積等於外項乘積
(3) (a−b)：b=(c−d)：d	已知a：b＝c：d & 分比定理
(4) (a−b)×d=b×(c−d)	由(3) & 內項乘積等於外項乘積
(5) $\frac{(a+b)\times d}{(a-b)\times d}=\frac{b\times(c+d)}{b\times(c-d)}$	由(2)式÷(4)式 & 等量除法公理：等量除等量，其商相等
(6) $\frac{(a+b)}{(a-b)}=\frac{(c+d)}{(c-d)}$	由(5)
(7) 所以(a+b)：(a−b)=(c+d)：(c−d)	由(6) & 比與比值的定義

Q. E. D.

定理 8.1-8

比例乘法定理

兩個比例式的對應項乘積仍成比例。

若a：b＝c：d且 p：q＝m：n

(a×p)：(b×q)＝(c×m)：(d×n)

敘述	理由
(1) a×d＝b×c & p×n＝q×m	已知a：b＝c：d與 p：q＝m：n & 內項乘積等於外項乘積
(2) a×d×p×n＝b×c×q×m	由(1) & 等量乘法公理：等量乘等量，其積相等
(3) (a×p)×(d×n)＝(b×q)×(c×m)	由(2) & 乘法交換律與結合律
(4) $\frac{(a\times p)\times(d\times n)}{b\times q\times d\times n}=\frac{(b\times q)\times(c\times m)}{b\times q\times d\times n}$	由(3) & 等式的兩邊同除(b×q×d×n)，兩邊仍相等
(5) $\frac{(a\times p)}{(b\times q)}=\frac{(c\times m)}{(d\times n)}$	由(4)
(6) (a×p)：(b×q)＝(c×m)：(d×n)	由(5) & 比與比值的定義

Q. E. D.

和比定理

諸比相等，則諸比前項的和和諸比後項的和之比，等於原比。
（我們只證明三個比的情形，三個以上的情形可以類推。）

若a：b＝c：d＝e：f＝r

(a＋c＋e)：(b＋d＋f)＝r

敘述	理由
(1) $\frac{a}{b}=\frac{c}{d}=\frac{e}{f}=r$	已知a：b＝c：d＝e：f＝r & 比與比值的定義
(2) a＝b×r；c＝d×r；e＝f×r	由(1)
(3) a＋c＋e＝b×r＋d×r＋f×r	由(2) & 等量加法公理：等量加等量，其和相等
(4) a＋c＋e＝r×(b＋d＋f)	由(3) & 提出公因數
(5) $\frac{a+c+e}{b+d+f}=r$	由(4) & 等式兩邊同除(b＋d＋f)仍相等
(6) 所以(a＋c＋e)：(b＋d＋f)＝r	由(5) & 比與比值的定義

Q. E. D.

定理 8.1-10

倍比定理

兩量同倍量的比等於這兩量的比。

若a，b，m為任意三數。

a：b=(m×a)：(m×b)

敘述	理由
(1) 設$\frac{a}{b}$=r	假設
(2) a= b×r	由(1) & 等式兩邊同乘b仍相等
(3) m×a=m×b×r	由(2) & 等式兩邊同乘m仍相等
(4) $\frac{m\times a}{m\times b}$=r	由(3) & 等式兩邊同除(m×b)仍相等
(5) 所以$\frac{a}{b}=\frac{m\times a}{m\times b}$	由(1) & (4) 遞移律
(6) a：b=(m×a)：(m×b)	由(5) & 比與比值的定義

Q. E. D.

例題 8.1-4

試證明在比例式a：b＝c：d中，存在一常數r，使得$a=c\times r$、$b=d\times r$。

若a：b＝c：d。

存在一常數r，使得$a=c\times r$、$b=d\times r$。

敘述	理由
(1) $a\times d=b\times c$	已知a：b＝c：d & 內項乘積等於外項乘積
(2) $\frac{a\times d}{d}=\frac{b\times c}{d}$ (即$a=\frac{b}{d}\times c$)	由(1) & 等式兩邊同除d仍相等
(3) $a=\frac{b}{d}\times c=c\times\frac{b}{d}$	由(2) & 乘法交換律
(4) 假設$r=\frac{b}{d}$	假設
(5) 所以$a=c\times r$	將(4) $r=\frac{b}{d}$ 代入 (3) $a=c\times\frac{b}{d}$得
(6) $b=1\times b=\frac{d}{d}\times b=\frac{d\times b}{d}=d\times\frac{b}{d}$	任何數乘1其值不變 & $1=\frac{d}{d}$
(7) 所以$b=d\times r$	將(4) $r=\frac{b}{d}$ 代入 (6) $b=d\times\frac{b}{d}$得

Q. E. D.

由上述例題中，我們可以得到一個結論：

若a：b＝c：d，則我們可以假設存在一常數r，使得$a=c\times r$、$b=d\times r$。

而此結論也可以延伸到三個數以上的比例式：

若x：y：z＝p：q：s，則我們可以假設存在一常數r，使得$x=p\times r$、$y=q\times r$、$z=s\times r$。

例題 8.1-5

已知x：y=7：3，且x+y=20，求 x與y之值各為何？

若a：b=c：d，則我們可以假設a=c×r、b=d×r 。（r為常數）

敘述	理由
(1) 假設x=7r、y=3r	已知x：y=7：3
(2) 7r+3r=20	將(1) 假設x=7r、y=3r 代入已知 x+y=20
(3) r=20÷(7+3)=2	由(2) & 解一元一次方程式
(4) x=7r=7×2=14 y=3r=3×2=6	將(3) r=2 已證 代入(1) 假設x=7r、y=3r

例題 8.1-6

已知(x+y)：(x−y)=7：3，求 x與y之比為？

若a：b=c：d，則我們可以假設a=c×r、b=d×r 。（r為常數）

敘述	理由
(1) 假設x+y=7r、x−y=3r	已知(x+y)：(x−y)=7：3
(2) x=5r、y=2r	由(1) & 解二元一次聯立方程式
(3) 所以x：y=5r：2r=5：2	由(2) & 倍比定理

例題 8.1-7

已知$(x+y)$：$(x-y)$＝9：5，求x^2與y^2之比為？

若a：b＝c：d，則我們可以假設a＝c×r、b＝d×r 。（r為常數）

敘述	理由
(1) 假設$x+y=9r$、$x-y=5r$	已知$(x+y)$：$(x-y)$＝9：5
(2) $x=7r$、$y=2r$	由(1) & 解二元一次聯立方程式
(3) 所以$x^2 : y^2 = (7r)^2 : (2r)^2$ $= 49r^2 : 4r^2$ $= 49 : 4$	由(2) & 倍比定理

例題 8.1-8

△ABC中，若∠A：∠B：∠C＝3：4：5，則∠A＝________度，∠B＝________度，∠C＝________度。

利用三角形內角和180°，求三內角之度數

敘述	理由
(1) 假設∠A＝3r、∠B＝4r、∠C＝5r	已知∠A：∠B：∠C＝3：4：5
(2)∠A＋∠B＋∠C＝180°	三角形內角和180°
(3) 3r＋4r＋5r＝180°	將(1)式代入(2)式得
(4) r＝180°÷(3＋4＋5)＝15°	由(3) & 解一元一次方程式
(5) 所以∠A＝3×15°＝45° ∠B＝4×15°＝60° ∠C＝5×15°＝75°	將(4) r＝15° 代入(1)式得

例題 8.1-9

五邊形ABCDE中，∠A、∠B、∠C、∠D、∠E的一組外角分別為$x°$、$y°$、$z°$、$s°$、$t°$。若$x:y:z:s:t=2:5:4:6:1$，則∠A=________度，∠E=________度。

想法　利用五邊形外角和為360°，求∠A與∠E之度數

解

敘述	理由
(1) 假設$x=2r$、$y=5r$、$z=4r$、$s=6r$、$t=r$	已知$x:y:z:s:t=2:5:4:6:1$
(2) $x°+y°+z°+s°+t°=360°$	五邊形外角和為360°
(3) $2r+5r+4r+6r+r=360$	將(1)式代入(2)式得
(4) $r=360°\div(2+5+4+6+1)=20$	由(3) & 解一元一次方程式
(5) 所以$x=2\times20=40$ $t=1\times20=20$	將(4) $r=20$ 代入(1)式得
(6) 所以$\angle A=180°-x°$ $=180°-40°=140°$ $\angle E=180°-t°$ $=180°-20°=160°$	已知∠A、∠E的外角分別為$x°$、$t°$ & 將(5) $x=40$、$t=20$ 代入得

例題 8.1-10

有一正n邊形，其一個外角度數與一個內角度數的比為1：2，
則n＝________，內角和為________度。

利用正n邊形內角與外角的關係求值

敘述	理由
(1) 正n邊形一個外角度數$=\dfrac{360^\circ}{n}$	正n邊形外角和360° & 正n邊形的每個外角均相等
(2) 正n邊形一個內角度數$=\dfrac{(n-2)\times 180^\circ}{n}$	正n邊形內角和$(n-2)\times 180^\circ$ & 正n邊形的每個內角均相等
(3) $\dfrac{360^\circ}{n}:\dfrac{(n-2)\times 180^\circ}{n}=1:2$	由(1)、(2) & 已知正n邊形，其一個外角度數與一個內角度數的比為1：2
(4) $\dfrac{360^\circ}{n}\times 2=\dfrac{(n-2)\times 180^\circ}{n}\times 1$	由(3) & 內項乘積等於外項乘積
(5) $360^\circ\times 2=(n-2)\times 180^\circ$	由(4) & 等式兩邊同乘n仍相等
(6) $n=\dfrac{360^\circ\times 2}{180^\circ}+2=6$	由(5) & 解一元一次方程式
(7) 正六邊形內角和為$(6-2)\times 180^\circ$ $=720^\circ$	正n邊形內角和$(n-2)\times 180^\circ$ & 由(6) $n=6$

定理 8.1-11

三角形之平行線截比例線段定理

三角形一邊的平行線，必分另兩邊成比例線段。

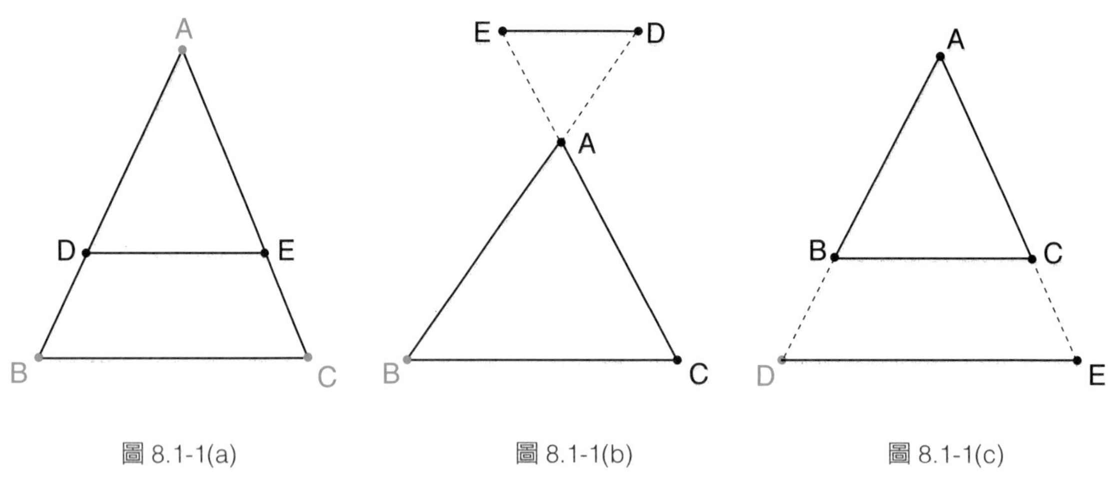

圖 8.1-1(a)　　圖 8.1-1(b)　　圖 8.1-1(c)

已知　如圖8.1-1(a、b、c)，△ABC中，$\overline{BC}$的平行線$\overline{DE}$分別與$\overleftrightarrow{AB}$及$\overleftrightarrow{AC}$交於D點及E點。

求證　$\overline{AD}$：$\overline{DB}$＝$\overline{AE}$：$\overline{EC}$

想法　將$\overline{AD}$與$\overline{DB}$等分成m個及n個相同單位長度，得$\overline{AD}$：$\overline{DB}$＝m：n及平行三角形一邊的平行線性質。

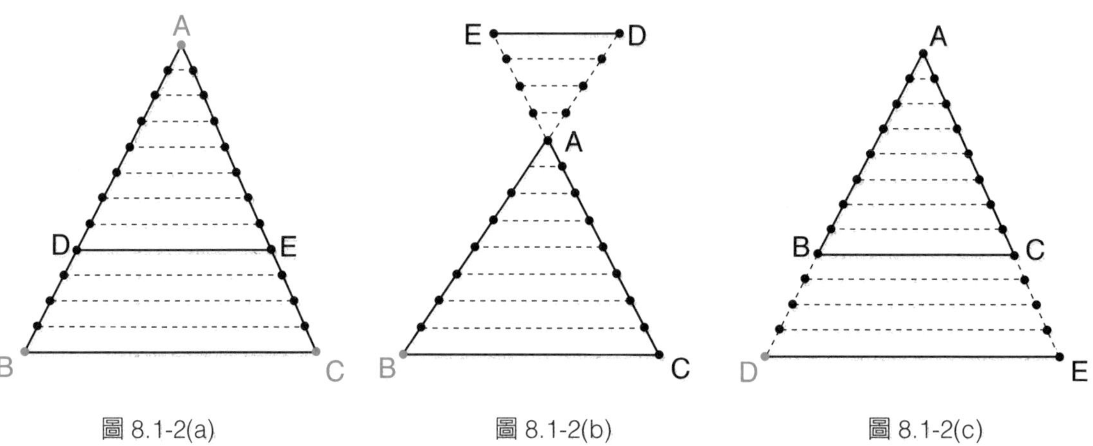

圖 8.1-2(a)　　圖 8.1-2(b)　　圖 8.1-2(c)

敘述	理由
(1) 取$\overline{AD}$長度與$\overline{DB}$長度的公因數u為單位長，將$\overline{AD}$分為m等分與$\overline{DB}$分為n等分，∴$\overline{AD}$＝m×u，$\overline{DB}$＝n×u	等分線段作圖
(2) 過$\overline{AD}$與$\overline{DB}$各等分點作$\overline{BC}$的平行線，則將$\overline{AE}$分為m等分，$\overline{EC}$分為n等分，設每等分長度為v，如圖8.1-2(a、b、c) ∴$\overline{AE}$＝m×v，$\overline{EC}$＝n×v	平行線作圖 平行線截等線段定理（定理6.2-9）
(3) $\overline{AD}$：$\overline{DB}$＝(m×u)：(n×u)＝m：n	倍比定理
(4) $\overline{AE}$：$\overline{EC}$＝(m×v)：(n×v)＝m：n	倍比定理
(5) $\overline{AD}$：$\overline{DB}$＝$\overline{AE}$：$\overline{EC}$	由(3) & (4) 遞移律

Q. E. D.

例題 8.1-11

如圖8.1-3，△ABE中，$\overline{DC}$ // $\overline{AB}$，且$\overline{AD}$＝6，$\overline{DE}$＝9，$\overline{CE}$＝12，試求$\overline{CB}$。

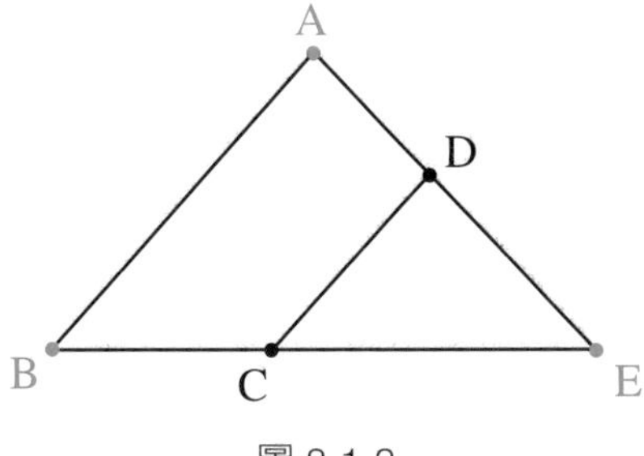

圖 8.1-3

利用三角形之平行線截比例線段性質求解

敘述	理由
(1)△ABE中，$\overline{ED}$：$\overline{DA}$＝$\overline{EC}$：$\overline{CB}$	已知△ABE中，$\overline{DC}$ // $\overline{AB}$ & 三角形之平行線截比例線段
(2) 9：6＝12：$\overline{CB}$	將已知$\overline{AD}$＝6，$\overline{DE}$＝9，$\overline{CE}$＝12代入(1)式得
(3) 9×$\overline{CB}$＝6×12	由(2) & 內項相乘等於外項相乘
(4) $\overline{CB}$＝6×12÷9＝8	由(3) 等量除法公理

例題 8.1-12

如圖8.1-4，△ABC中，$\overline{DE} /\!/ \overline{BC}$，$\overline{AD}=5$，$\overline{BD}=3$，$\overline{CE}=6$，則$\overline{AC}=$？

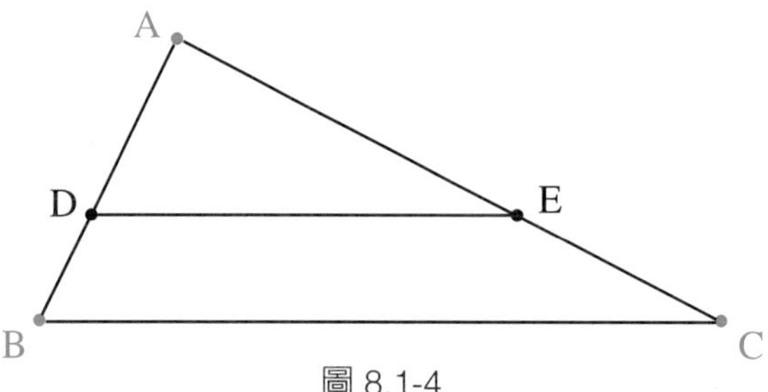

圖 8.1-4

想法　利用三角形之平行線截比例線段性質求解

解

敘述	理由
(1)△ABC中， $\overline{AD}:\overline{DB}=\overline{AE}:\overline{EC}$	已知△ABC中，$\overline{DE} /\!/ \overline{BC}$ & 三角形之平行線截比例線段
(2) $5:3=\overline{AE}:6$	將已知$\overline{AD}=5$，$\overline{BD}=3$，$\overline{CE}=6$ 代入(1)式得
(3) $5\times6=3\times\overline{AE}$	由(2) & 內項相乘等於外項相乘
(4) $\overline{AE}=5\times6\div3=10$	由(3) 等量除法公理
(5) 所以$\overline{AC}=\overline{AE}+\overline{EC}$ $=10+6=16$	如圖8.1-4所示 & 全量等於分量之和 將(4) $\overline{AE}=10$ & 已知$\overline{CE}=6$ 代入

此例題另外也可用合比定理解題：

敘述	理由
(1)△ABC中， $\overline{AD}:\overline{DB}=\overline{AE}:\overline{EC}$	已知△ABC中，$\overline{DE} /\!/ \overline{BC}$ & 三角形之平行線截比例線段
(2) $(\overline{AD}+\overline{DB}):\overline{DB}=(\overline{AE}+\overline{EC}):\overline{EC}$	由(1) & 合比定理
(3) $(\overline{AD}+\overline{DB}):\overline{DB}=\overline{AC}:\overline{EC}$	由(2) & $\overline{AE}+\overline{EC}=\overline{AC}$（分量之和等於全量）
(4) $(5+3):3=\overline{AC}:6$	將已知$\overline{AD}=5$，$\overline{BD}=3$，$\overline{CE}=6$代入(3)式得
(5) $(5+3)\times6=3\times\overline{AC}$	由(4) & 內項相乘等於外項相乘
(6) $\overline{AC}=(5+3)\times6\div3=16$	由(5) 等量除法公理

例題 8.1-13

如圖8.1-5，△ABC中，$\overline{DE} // \overline{AC}$，且$\overline{DB}$：$\overline{DA}$ =4：5，若$\overline{BC}$ =27，試求$\overline{EC}$ 。

利用三角形之平行線截比例線段性質求解

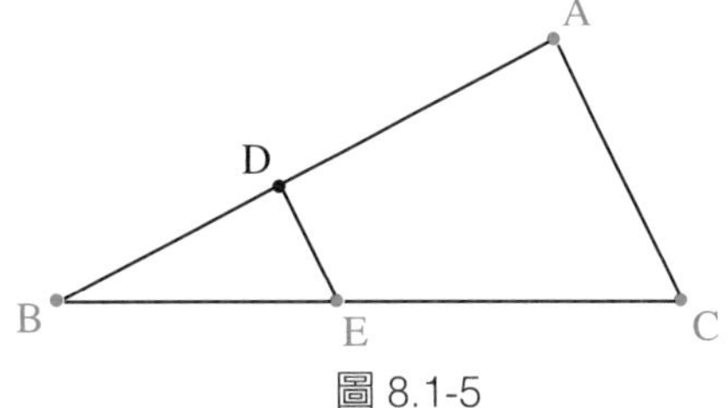

圖 8.1-5

敘述	理由
(1) $\overline{BC}$ =$\overline{BE}$ +$\overline{EC}$	如圖8.1-5所示 & 全量等於分量之和
(2) 27=$\overline{BE}$ +$\overline{EC}$	將已知$\overline{BC}$ =27 代入(1)式得
(3) $\overline{BE}$ =27−$\overline{EC}$	由(2) 等量減法公理
(4)△ABC中， $\overline{BD}$ ：$\overline{DA}$ =$\overline{BE}$ ：$\overline{EC}$	已知△ABC中，$\overline{DE} // \overline{AC}$ & 三角形之平行線截比例線段
(5) 4：5=(27−$\overline{EC}$)：$\overline{EC}$	將已知$\overline{BD}$ ：$\overline{DA}$ =4：5 & (3) $\overline{BE}$ =27−$\overline{EC}$ 代入(4)式得
(6) 4×$\overline{EC}$ =5×(27−$\overline{EC}$)	由(5) & 內項相乘等於外項相乘
(7) $\overline{EC}$ =5×27÷(4+5)=15	由(6)式解一元一次方程式

此例題另外也可用合比定理解題：

敘述	理由
(1)△ABC中， $\overline{BD}$ ：$\overline{DA}$ =$\overline{BE}$ ：$\overline{EC}$	已知△ABC中，$\overline{DE} // \overline{AC}$ & 三角形之平行線截比例線段
(2) ($\overline{BD}$ +$\overline{DA}$)：$\overline{DA}$ =($\overline{BE}$ +$\overline{EC}$)：$\overline{EC}$	由(1) & 合比定理
(3) ($\overline{BD}$ +$\overline{DA}$)：$\overline{DA}$ =$\overline{BC}$ ：$\overline{EC}$	由(2) & $\overline{BE}$ +$\overline{EC}$ =$\overline{BC}$ （分量之和等於全量）
(4) (4+5)：5=27：$\overline{EC}$	將已知$\overline{BD}$ ：$\overline{DA}$ =4：5 & 合比定理 ($\overline{BD}$ +$\overline{DA}$)：$\overline{DA}$ =(4+5)：5 & 已知$\overline{BC}$ =27代入(3)式得
(5) (4+5)×$\overline{EC}$ =5× 27	由(4) & 內項相乘等於外項相乘
(6) $\overline{EC}$ =5×27÷(4+5)=15	由(5) 等量除法公理

例題 8.1-14

如圖8.1-6，△ABC中，$\overline{DE}$ // $\overline{BC}$，且$\overline{AD}=10$，$\overline{DB}=x$，$\overline{AE}=2x+2$，$\overline{EC}=6$，試求x之值。

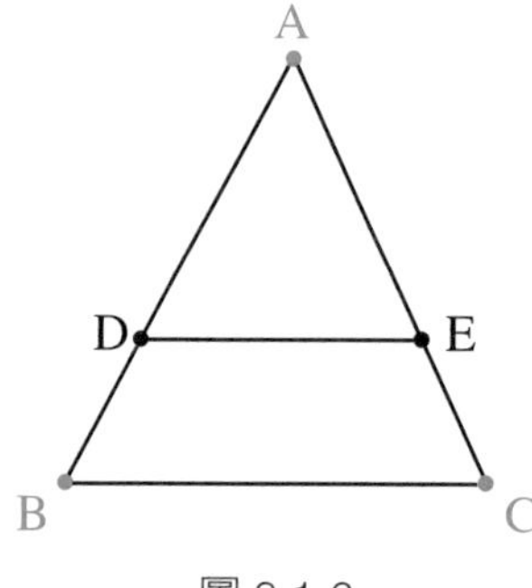

圖 8.1-6

想法　利用三角形之平行線截比例線段性質求解

解

敘述	理由
(1)△ABC中， $\overline{AD}:\overline{DB}=\overline{AE}:\overline{EC}$	已知△ABC中，$\overline{DE}$ // $\overline{BC}$ & 三角形之平行線截比例線段
(2) $10:x=(2x+2):6$	將已知$\overline{AD}=10$，$\overline{DB}=x$，$\overline{AE}=2x+2$，$\overline{EC}=6$代入(1)式得
(3) $10\times6=x\times(2x+2)$	由(2) & 內項相乘等於外項相乘
(4) $60=2x^2+2$ $30=x^2+x$ $x^2+x-30=0$ $(x+6)(x-5)=0$ $x=-6$（不合）或$x=5$	由(3)式展開 等式兩邊同除2仍相等 等量減法公理 十字交乘因式分解一元二次方程式 已知$x=\overline{DB}$為線段長度必大於0
(5) 所以$x=5$	由(4)

例題 8.1-15　比例線段作圖

如圖8.1-7，用尺規依下面作法，在$\overline{AB}$上找出一點C，使得$\overline{AC}:\overline{CB}=4:2$。

A ———————— B

圖 8.1-7

作法

如圖8.1-7(a)

(1) 過A點作一條異於$\overline{AB}$的直線L。

(2) 在L上依序取D、E、F、G、H、I六點，使得
$\overline{AD}=\overline{DE}=\overline{EF}=\overline{FG}=\overline{GH}=\overline{HI}$。

(3) 連接$\overline{IB}$。

(4) 過G作直線M//$\overline{IB}$，使M與$\overline{AB}$交於C點，則C點即為所求。

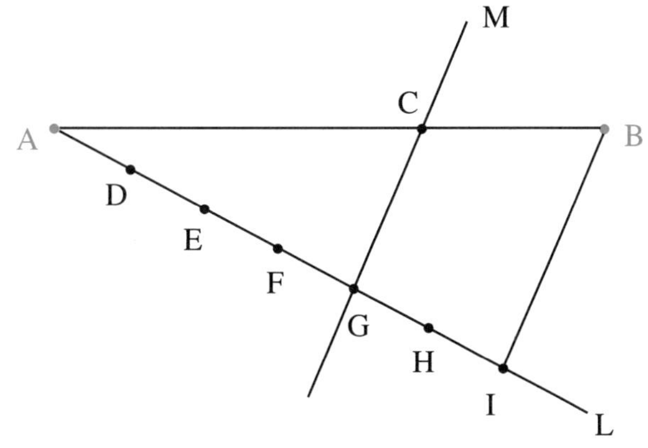

圖 8.1-7(a)

接下來我們要證明以上作法是正確的：

敘述	理由
(1) 如圖8.1-7(a)，$\overline{AG}:\overline{GI}=4:2$	由作法(1) & (2)
(2)△ABI中，$\overline{AG}:\overline{CB}=\overline{AG}:\overline{GI}$	由作法(4)可得知△ABI中，$\overline{CG}//\overline{IB}$ & 三角形之平行線截比例線段
(3) 所以$\overline{AC}:\overline{CB}=4:2$	由(1) & (2) 遞移律

Q.E.D.

例題 8.1-16

如圖8.1-8，△ABC中，$\overline{DE} // \overline{BC}$，試證明$\overline{DB}$：$\overline{AD}$＝$\overline{EC}$：$\overline{AE}$

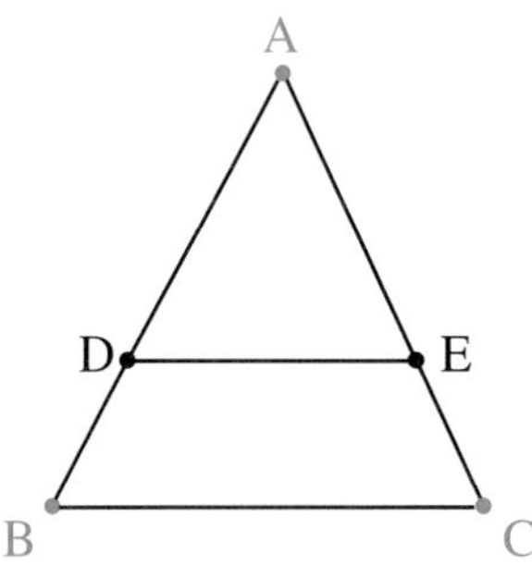

圖 8.1-6

(1) 利用三角形之平行線截比例線段定理

(2) 反比定理：若a：b＝c：d，則b：a＝d：c

敘述	理由
(1)△ABC中， $\overline{AD}$：$\overline{DB}$＝$\overline{AE}$：$\overline{EC}$	已知△ABC中，$\overline{DE} // \overline{BC}$ & 三角形之平行線截比例線段
(2) 所以$\overline{DB}$：$\overline{AD}$＝$\overline{EC}$：$\overline{AE}$	由(1) & 反比定理

Q.E.D.

例題 8.1-17

如圖8.1-9，△ABC中，$\overline{DE} \,//\, \overline{BC}$，試證明

(1) $\overline{AB}：\overline{DB}=\overline{AC}：\overline{EC}$　　　(2) $\overline{DB}：\overline{AB}=\overline{EC}：\overline{AC}$

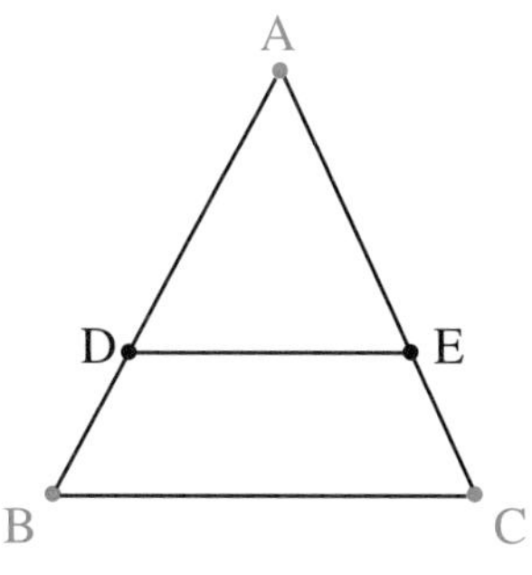

圖 8.1-9

(1) 利用三角形之平行線截比例線段定理

(2) 合比定理：若a：b＝c：d，則(a＋b)：b＝(c＋d)：d

(3) 反比定理：若a：b＝c：d，則b：a＝d：c

敘述	理由
(1) △ABC中， $\overline{AB}：\overline{DB}=\overline{AC}：\overline{EC}$	已知△ABC中，$\overline{DE} \,//\, \overline{BC}$ & 三角形之平行線截比例線段
(2) 所以$(\overline{AD}+\overline{DB})：\overline{DB}=(\overline{AE}+\overline{EC})：\overline{EC}$	由(1) & 合比定理
(3) $\overline{AB}：\overline{DB}=\overline{AC}：\overline{EC}$	由(2) & $\overline{AD}+\overline{DB}=\overline{AB}$ $\overline{AE}+\overline{EC}=\overline{AC}$
(4) 所以$\overline{DB}：\overline{AB}=\overline{EC}：\overline{AC}$	由(3) & 反比定理

Q.E.D.

例題 8.1-18

如圖8.1-10，△ABC中，$\overline{DE} // \overline{BC}$ ，試證明

(1) $\overline{AB}:\overline{AD}=\overline{AC}:\overline{AE}$　　(2) $\overline{AD}:\overline{AB}=\overline{AE}:\overline{AC}$

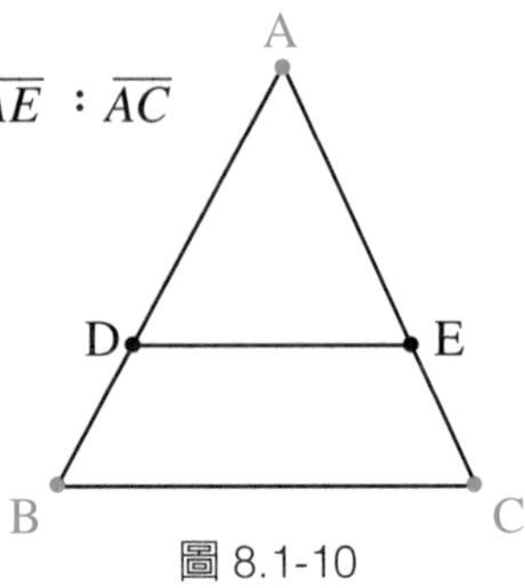

圖 8.1-10

(1) 利用三角形之平行線截比例線段定理

(2) 合比定理：若a：b=c：d，則(a+b)：b=(c+d)：d

(3) 反比定理：若a：b=c：d，則b：a=d：c

敘述	理由
(1)△ABC中， $\overline{AD}:\overline{DB}=\overline{AE}:\overline{EC}$	已知△ABC中，$\overline{DE} // \overline{BC}$ & 三角形之平行線截比例線段
(2) 所以$\overline{DB}:\overline{AD}=\overline{EC}:\overline{AE}$	由(1) & 反比定理
(3) 所以$(\overline{DB}+\overline{AD}):\overline{AD}=(\overline{EC}+\overline{AE}):\overline{AE}$	由(2) & 合比定理
(4) $\overline{AB}:\overline{AD}=\overline{AC}:\overline{AE}$	由(3) & $\overline{DB}+\overline{AD}=\overline{AB}$ $\overline{EC}+\overline{AE}=\overline{AC}$
(5) 所以$\overline{AD}:\overline{AB}=\overline{AE}:\overline{AC}$	由(4) & 反比定理

Q.E.D.

如圖8.1-11，在△ABC中，$\overline{DE} // \overline{BC}$ ，根據三角形之平行線截比例線段定理，我們知道$\overline{AD}:\overline{DB}=\overline{AE}:\overline{EC}$。若我們將三角形之平行線截比例線段定理應用在例題8.1-16~例題8.1-18中，再配合上合比、反比定理，我們還可以得到以下的結果：

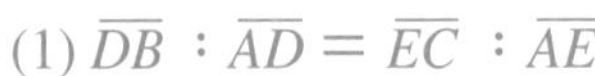

(1) $\overline{DB}:\overline{AD}=\overline{EC}:\overline{AE}$

(2) $\overline{AB}:\overline{DB}=\overline{AC}:\overline{EC}$

(3) $\overline{DB}:\overline{AB}=\overline{EC}:\overline{AC}$

(4) $\overline{AB}:\overline{AD}=\overline{AC}:\overline{AE}$

(5) $\overline{AD}:\overline{AB}=\overline{AE}:\overline{AC}$

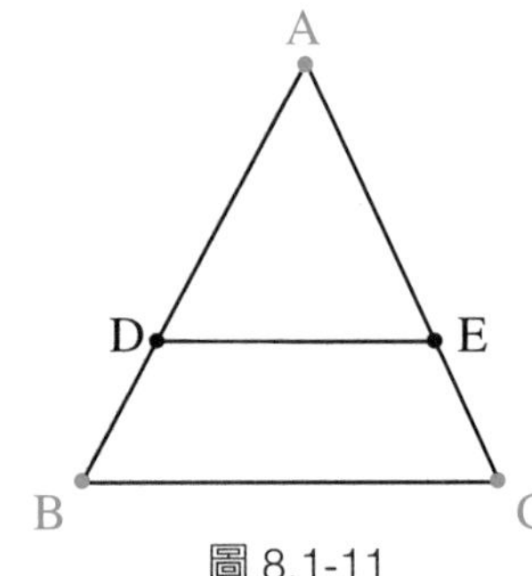

圖 8.1-11

定理 8.1-12　三角形一邊的平行判別定理

若一直線截三角形的兩邊成比例線段，則這直線必平行這三角形的第三邊。

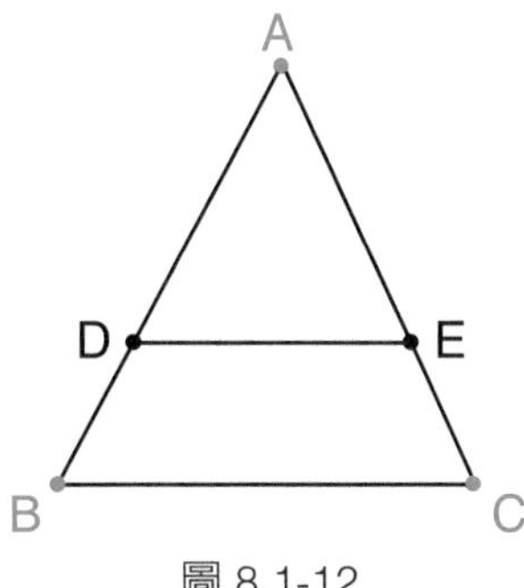

圖 8.1-12

已知　如圖8.1-12，△ABC中，$\overline{DE}$ 分別與$\overline{AB}$ 及$\overline{AC}$ 交於D點及E點，且$\overline{AD}$ ：$\overline{DB}$ ＝$\overline{AE}$ ：$\overline{EC}$ 。

求證　$\overline{DE} \parallel \overline{BC}$

想法　利用三角形之平行線截比例線段定理

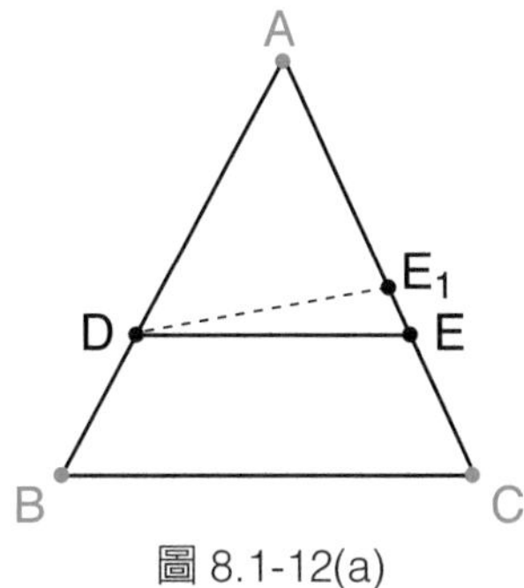

圖 8.1-12(a)

證明

敘述	理由
(1) 過D點作$\overline{DE_1} \parallel \overline{BC}$ ，交$\overline{AC}$ 於E_1，如圖8.1-12(a)	平行線作圖
(2) $\overline{AD}$ ：$\overline{DB}$ ＝$\overline{AE_1}$ ：$\overline{E_1C}$	由(1) & 三角形之平行線截比例線段
(3) $\overline{AD}$ ：$\overline{DB}$ ＝$\overline{AE}$ ：$\overline{EC}$	已知
(4) 所以$\overline{AE_1}$ ：$\overline{E_1C}$ ＝$\overline{AE}$ ：$\overline{EC}$	由(2) & (3) 遞移律

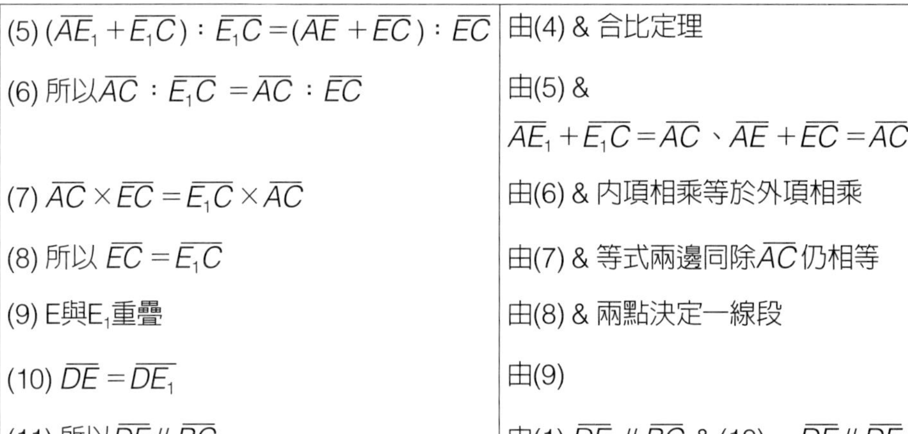

(5) $(\overline{AE_1}+\overline{E_1C}):\overline{E_1C}=(\overline{AE}+\overline{EC}):\overline{EC}$	由(4) & 合比定理
(6) 所以$\overline{AC}:\overline{E_1C}=\overline{AC}:\overline{EC}$	由(5) & $\overline{AE_1}+\overline{E_1C}=\overline{AC}$、$\overline{AE}+\overline{EC}=\overline{AC}$
(7) $\overline{AC}\times\overline{EC}=\overline{E_1C}\times\overline{AC}$	由(6) & 內項相乘等於外項相乘
(8) 所以 $\overline{EC}=\overline{E_1C}$	由(7) & 等式兩邊同除$\overline{AC}$仍相等
(9) E與E_1重疊	由(8) & 兩點決定一線段
(10) $\overline{DE}=\overline{DE_1}$	由(9)
(11) 所以$\overline{DE}/\!/\overline{BC}$	由(1) $\overline{DE_1}/\!/\overline{BC}$ & (10) $=\overline{DE}/\!/\overline{DE_1}$

Q. E. D

例題 8.1-19

如圖8.1-13，△ABC中，$\overline{AD}=14$，$\overline{DB}=8$，$\overline{AE}=21$，$\overline{EC}=12$，試問$\overline{DE}$與$\overline{BC}$是否平行？為什麼？

想法

一直線截三角形的兩邊成比例線段，則這直線必平行三角形的第三邊

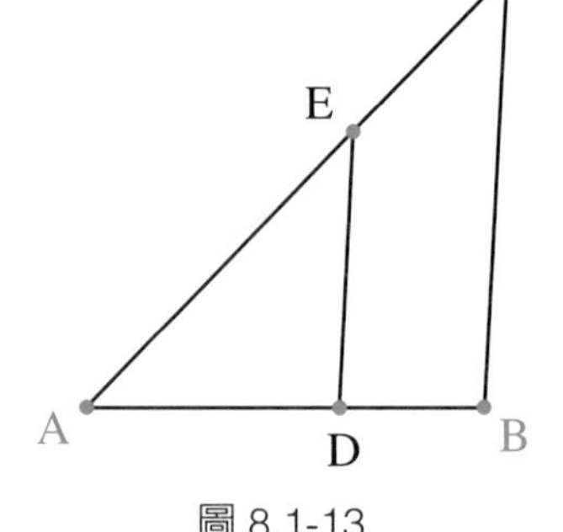

圖 8.1-13

解

敘述	理由
(1)△ABC中，$\overline{AD}:\overline{AD}=14:8=7:4$	已知$\overline{AD}=14$，$\overline{DB}=8$ & 化成最簡單整數比
(2)△ABC中，$\overline{AE}:\overline{EC}=21:12=7:4$	已知$\overline{AE}=21$，$\overline{EC}=12$ & 化成最簡單整數比
(3) $\overline{AD}:\overline{DB}=\overline{AE}:\overline{EC}$成比例線段	由(1) & (2) 遞移律
(4) 所以$\overline{DE}/\!/\overline{BC}$	由(3) & 一直線截三角形的兩邊成比例線段，則這直線必平行這三角形的第三邊

例題 8.1-20

如圖8.1-14，△ABC中，$\overline{AE}$：$\overline{EC}$＝5：7，若$\overline{AB}$＝36，$\overline{AD}$＝15，試問$\overline{DE}$與$\overline{BC}$是否平行？為什麼？

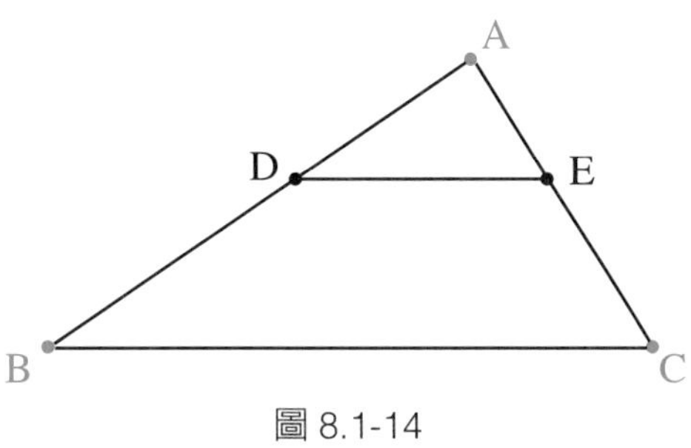

圖 8.1-14

想法　一直線截三角形的兩邊成比例線段，則這直線必平行三角形的第三邊

解

敘述	理由
(1)△ABC中，$\overline{DB}$＝$\overline{AB}$－$\overline{AD}$ ＝36－15＝21	已知$\overline{AB}$＝36 & $\overline{AD}$＝15 減法
(2) $\overline{AD}$：$\overline{DB}$＝15：21＝5：7	由(1) $\overline{DB}$＝21 & 已知$\overline{AD}$＝15 化成最簡單整數比
(3)△ABC中，$\overline{AE}$：$\overline{EC}$＝5：7	已知$\overline{AE}$：$\overline{EC}$＝5：7
(4) $\overline{AD}$：$\overline{DB}$＝$\overline{AE}$：$\overline{EC}$成比例線段	由(2) & (3) 遞移律
(5) 所以$\overline{DE}$//$\overline{BC}$	由(4) & 一直線截三角形的兩邊成比例線段，則這直線必平行這三角形的第三邊

定理 8.1-13

平行線截比例線段定理

任意兩直線被一組平行線所截，則截於平行線間的對應線段成比例。

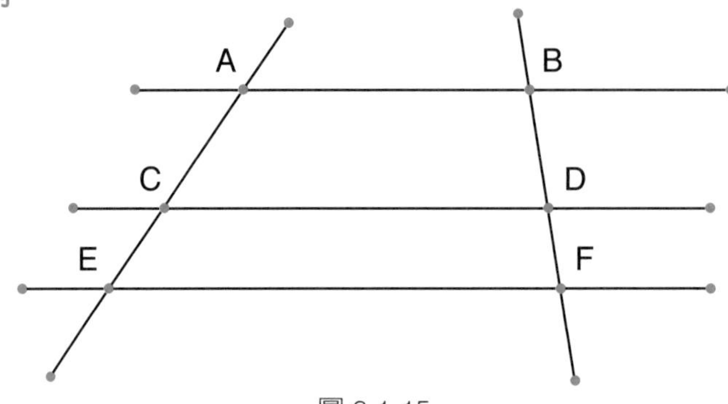

圖 8.1-15

已知　如圖8.1-15，$\overline{AB}//\overline{CD}//\overline{EF}$，$\overleftrightarrow{AE}$及$\overleftrightarrow{BF}$為任意與三平行線相交的兩直線

求證　$\overline{AC}:\overline{CE}=\overline{BD}:\overline{DF}$

想法　三角形之平行線截比例線段定理

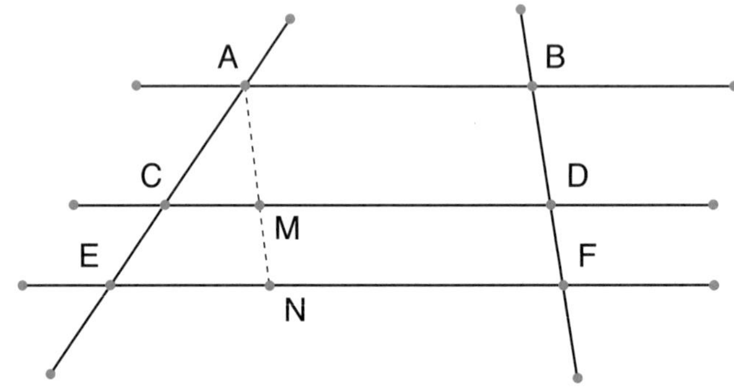

圖 8.1-15(a)

證明

敘述	理由
(1) 過A點作$\overline{AN}$平行$\overleftrightarrow{BF}$，分別交$\overline{CD}$於M點，交$\overline{EF}$於N點，如圖8.1-15(a)	平行線作圖
(2) ABDM為平行四邊形 $\overline{AM}=\overline{BD}$	由(1) $\overline{AN}$ // $\overleftrightarrow{BF}$ & 已知 $\overline{AB}//\overline{CD}$ 平行四邊形對邊等長

(3) MDFN為平行四邊形 $\overline{MN}=\overline{DF}$	由(1) $\overline{AN}$ // $\overleftrightarrow{BF}$ & 已知$\overline{AB}$ // $\overline{CD}$ 平行四邊形對邊等長
(4)△AEN中，$\overline{AC}$ ：$\overline{CE}$ ＝$\overline{AM}$ ：$\overline{MN}$	已知$\overline{CD}$ // $\overline{EF}$ & 三角形之平行線截比例線段定理（定理 8.1-11）
(5) 所以$\overline{AC}$ ：$\overline{CE}$ ＝$\overline{BD}$ ：$\overline{DF}$	由(4) & (2) $\overline{AM}=\overline{BD}$ & (3) $\overline{MN}=\overline{DF}$

Q. E. D

例題 8.1-21

如圖8.1-16，L_1//L_2//L_3，若$\overline{AB}$＝6，$\overline{BC}$＝9，$\overline{DE}$＝8，則$\overline{EF}$＝？

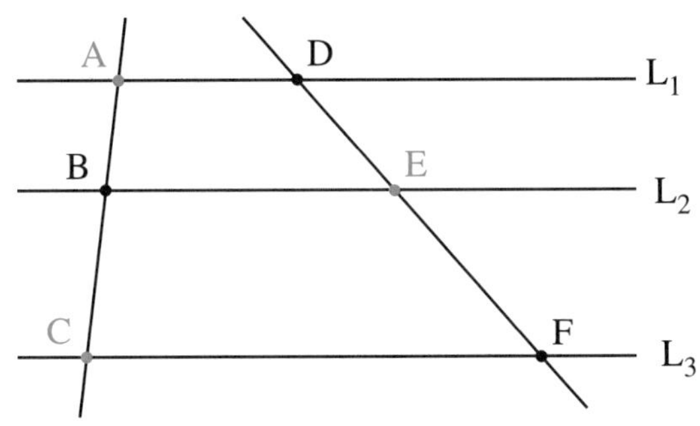

圖 8.1-16

平行線截比例線段定理：任意兩直線被一組平行線所截，則截於平行線間的對應線段成比例。

敘述	理由
(1) $\overline{AB}$ ：$\overline{BC}$＝$\overline{DE}$ ：$\overline{EF}$	已知L_1// L_2//L_3，$\overleftrightarrow{AC}$ 、$\overleftrightarrow{DF}$ 為截線 & 平行線截比例線段定理
(2) 6：9＝8：$\overline{EF}$	由(1) & 已知$\overline{AB}$＝6，$\overline{BC}$＝9，$\overline{DE}$＝8
(3) 6×$\overline{EF}$＝9×8	由(2) & 外項乘積等於內項乘積
(4) $\overline{EF}$＝12	由(3) & 解一元一次方程式

例題 8.1-22

如圖8.1-17，$L_1//L_2//L_3$，若$\overline{AB}=7$，$\overline{BC}=8$，$\overline{DE}=3x-2$，$\overline{EF}=2x+4$，則x＝？

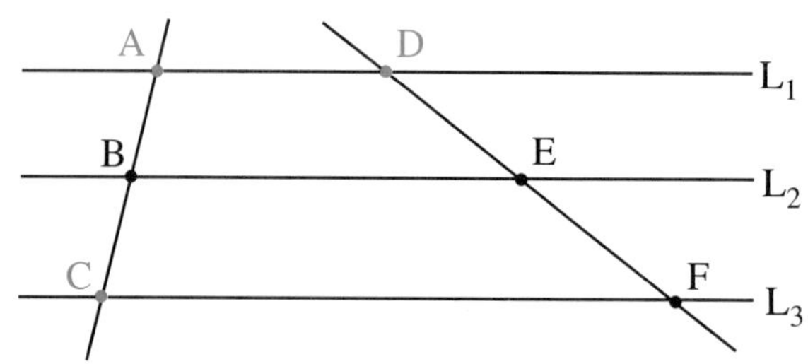

圖 8.1-17

平行線截比例線段定理：任意兩直線被一組平行線所截，則截於平行線間的對應線段成比例。

敘述	理由
(1) $\overline{AB}:\overline{BC}=\overline{DE}:\overline{EF}$	已知$L_1//L_2//L_3$，$\overleftrightarrow{AC}$、$\overleftrightarrow{DF}$為截線 & 平行線截比例線段定理
(2) $7:8=(3x-2):(2x+4)$	由(1) & 已知$\overline{AB}=7$，$\overline{BC}=8$，$\overline{DE}=3x-2$，$\overline{EF}=2x+4$
(3) $7\times(2x+4)=8\times(3x-2)$	由(2) & 外項乘積等於內項乘積
(4) $x=4.4$	由(3) & 解一元一次方程式

例題 8.1-23

如圖8.1-18，$L_1//L_2//L_3$，若$\overline{AB}=6$，$\overline{BC}=9$，$\overline{DF}=20$，則$\overline{DE}=$？

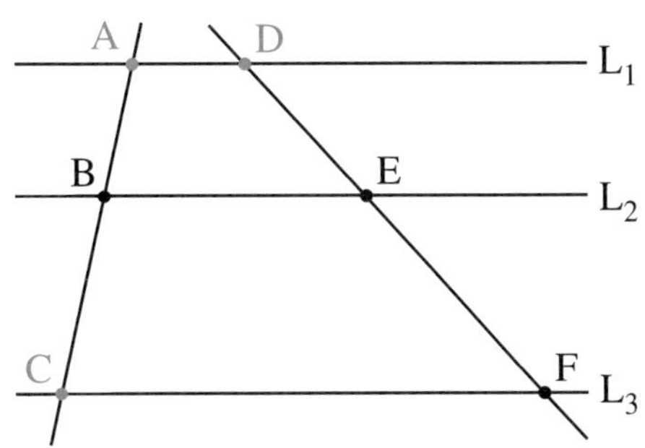

圖 8.1-18

平行線截比例線段定理：任意兩直線被一組平行線所截，則截於平行線間的對應線段成比例。

敘述	理由
(1) $\overline{AB}:\overline{BC}=\overline{DE}:\overline{EF}$	已知$L_1//L_2//L_3$，$\overleftrightarrow{AC}$、$\overleftrightarrow{DF}$為截線 & 平行線截比例線段定理
(2) $6:9=\overline{DE}:\overline{EF}$	由(1) & 已知$\overline{AB}=6$，$\overline{BC}=9$
(3) 假設$\overline{DE}=6r$、$\overline{EF}=9r$	由(2) & 假設
(4) $\overline{DF}=\overline{DE}+\overline{EF}$	如圖 & 全量等於分量之和
(5) $20=6r+9r$	由(4) & 已知$\overline{DF}=20$ & (3) 假設
(6) $r=\frac{20}{15}=\frac{4}{3}$	由(5) & 解一元一次方程式
(7) $\overline{DE}=6r=6\times\frac{4}{3}=8$	由(3) 假設$\overline{DE}=6r$ & (6) $r=\frac{4}{3}$已證

例題 8.1-24

如圖8.1-19，M_1、M_2、M_3、M_4皆為直線，若$M_1//M_2//M_3//M_4$，且分別與截線L_1交於E、F、G、H四點、與截線L_2交於A、B、C、D四點，

(1) 試證$\overline{AB}：\overline{BC}：\overline{CD}=\overline{EF}：\overline{FC}：\overline{GH}$。

(2) 若$\overline{AB}=4$，$\overline{CD}=8$，$\overline{BC}=\overline{EF}=x$，$\overline{FG}=x+3$，試求$x$與$\overline{GH}$之值。

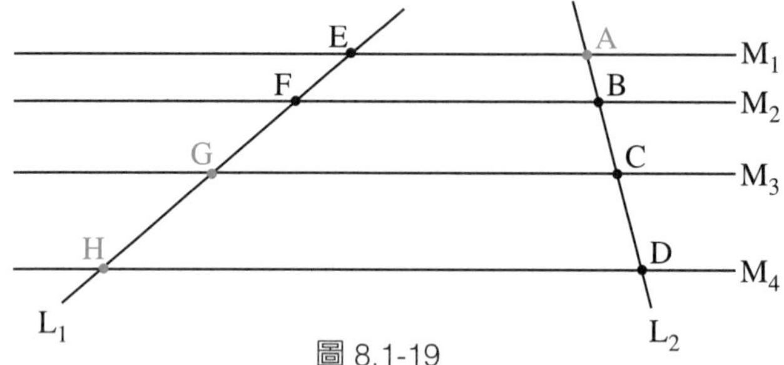

圖 8.1-19

想法 平行線截比例線段定理：任意兩直線被一組平行線所截，則截於平行線間的對應線段成比例。

解

敘述	理由
(1) $\overline{AB}：\overline{BC}=\overline{EF}：\overline{FG}$	已知$M_1//M_2//M_3$且分別與截線L_1交於E、F、G三點、與截線L_2交於A、B、C三點 & 平行線截比例線段定理
(2) $\overline{BC}：\overline{CD}=\overline{FG}：\overline{GH}$	已知$M_2//M_3//M_4$且分別與截線L_1交於F、G、H三點、與截線L_2交於B、C、D三點& 平行線截比例線段定理
(3) $\overline{AB}：\overline{BC}：\overline{CD}=$ $\overline{EF}：\overline{FG}：\overline{GH}$	由(1) & (2)
(4) $4：x=x：(x+3)$	由(1) & 已知$\overline{AB}=4$、$\overline{BC}=\overline{EF}=x$、$\overline{FG}=x+3$，
(5) $4\times(x+3)=x^2$	由(4) & 外項乘積等於內項乘積
(6) $x=6$ 或$x=-2$（不合）	由(5) & 解一元二次方程式 & 已知$x=\overline{BC}$為長度，必大於0
(7) $x：8=(x+3)：\overline{GH}$	由(2) & 已知$\overline{CD}=8$，$\overline{BC}=x$，$\overline{FG}=x+3$
(8) $6：8=9：\overline{GH}$	將(6) $x=6$ 代入(7)式得
(9) $6\times\overline{GH}=8\times9$	由(8) & 外項乘積等於內項乘積
(10) $\overline{GH}=(8\times9)\div6=12$	由(9) & 等量除法公理

由例題8.1-24我們可以得知，在平行線截比例線段定理中：
任意兩直線被"一組平行線"所截，則截於平行線間的對應線段成比例。
其中的"一組平行線"指的是3條以上的平行線。

例題 8.1-25

如圖8.1-20，M_1、M_2、M_3、M_4皆為直線，若$M_1//M_2//M_3//M_4$，直線L_1與L_2為截線，$\overline{EF}:\overline{FG}:\overline{GH}=3:5:7$，$\overline{AD}=45$，試求$\overline{BC}$和$\overline{CD}$。

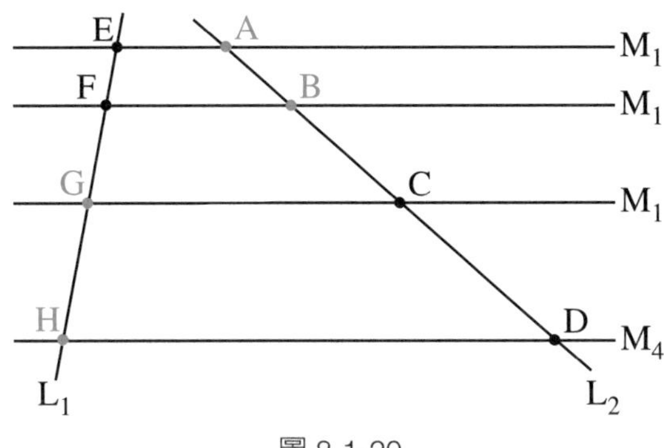

圖 8.1-20

想法　平行線截比例線段定理：任意兩直線被一組平行線所截，則截於平行線間的對應線段成比例。

解

敘述	理由
(1) $\overline{AB}:\overline{BC}:\overline{CD}=\overline{EF}:\overline{FG}:\overline{GH}$	已知$M_1//M_2//M_3//M_4$，直線L_1與L_2為截線 & 平行線截比例線段定理
(2) $\overline{AB}:\overline{BC}:\overline{CD}=3:5:7$	由(1) & 已知$\overline{EF}:\overline{FG}:\overline{GH}=3:5:7$
(3) 假設$\overline{AB}=3r$、$\overline{BC}=5r$、$\overline{CD}=7r$	由(2) & 假設
(4) $\overline{AD}=\overline{AB}+\overline{BC}+\overline{CD}$	如圖 & 全量等於分量之和
(5) $45=3r+5r+7r$	由(4) & (3) 假設 & 已知$\overline{AD}=45$
(6) $r=45\div(3+5+7)=3$	由(5) & 解一元一次方程式
(7) $\overline{BC}=5r=5\times3=15$ $\overline{CD}=7r=7\times3=21$	將(6) $r=3$ 代入(3) $\overline{BC}=5r$、$\overline{CD}=7r$

定理 8.1-14

三角形內角平分線定理（三角形內分比定理）

三角形任一內角的角平分線，內分對邊所成兩線段的比，等於夾這內角的兩邊的比。

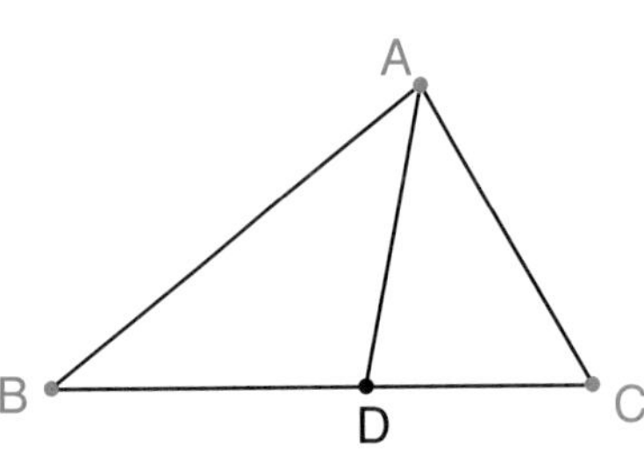

圖 8.1-21

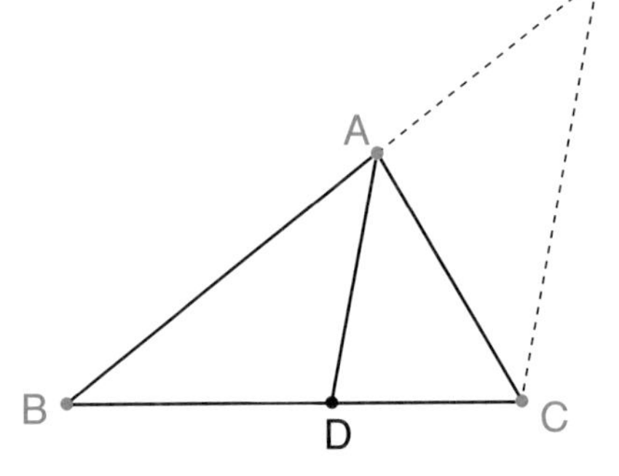

圖 8.1-21(a)

如圖8.1-21，三角形ABC中，$\overline{AD}$為∠BAC的角平分線。

$\overline{AB}：\overline{AC}=\overline{BD}：\overline{DC}$

利用三角形之平行線截比例線段定理。

敘述	理由
(1)過C點作$\overline{CE}/\!/\overline{AD}$，交$\overline{BA}$的延長線於E點，如圖8.1-21(a)	平行線作圖
(2) $\overline{AB}：\overline{AE}=\overline{BD}：\overline{DC}$	由(1) $\overline{CE}/\!/\overline{AD}$ & 三角形之平行線截比例線段定理
(3)∠ACE＝∠DAC	由(1) $\overline{CE}/\!/\overline{AD}$ & 內錯角相等
(4)∠BAD＝∠AEC	由(1) $\overline{CE}/\!/\overline{AD}$ & 同位角相等
(5)∠BAD＝∠DAC	已知 $\overline{AD}$為∠BAC的角平分線
(6) 所以∠ACE＝∠AEC	由(3)、(4) & (5) 遞移律
(7) △ACE為等腰三角形	由(3) & 兩底角相等為等腰三角形
(8) $\overline{AE}=\overline{AC}$	由(7) & 等腰三角形的兩腰相等
(9) 所以$\overline{AB}：\overline{AC}=\overline{BD}：\overline{DC}$	由(2) $\overline{AB}：\overline{AE}=\overline{BD}：\overline{DC}$ & (7) $\overline{AE}=\overline{AC}$代換

Q. E. D

例題 8.1-26

如圖8.1-22，已知三角形ABC中，$\overline{AD}$ 為∠BAC的角平分線，若$\overline{AB}$ =9，$\overline{AC}$ =6，$\overline{BD}$ =6，則$\overline{DC}$ = ?

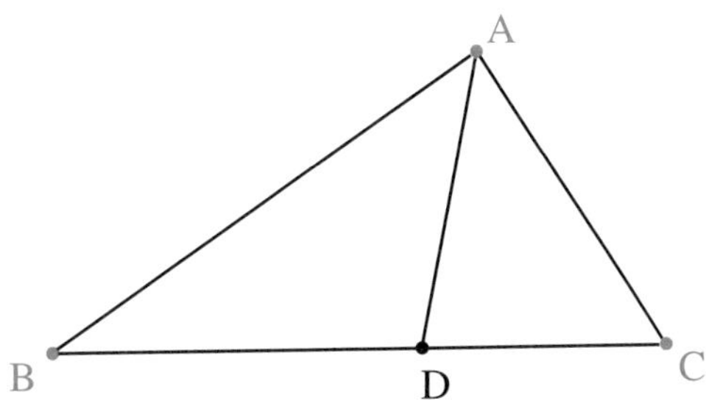

圖 8.1-22

三角形內角平分線定理：三角形任一內角的角平分線，內分對邊所成兩線段的比，等於夾這內角的兩邊的比。

敘述	理由
(1) $\overline{AB}:\overline{AC}=\overline{BD}:\overline{DC}$	已知三角形ABC中，$\overline{AD}$ 為∠BAC的角平分線 & 三角形內角平分線定理
(2) $9:6=6:\overline{DC}$	由(1) & 已知$\overline{AB}=9$，$\overline{AC}=6$，$\overline{BD}=6$
(3) $9\times\overline{DC}=6\times6$	由(2) & 外項乘積等於內項乘積
(4) $\overline{DC}=(6\times6)\div9=4$	由(3) 等量除法公理

例題 8.1-27

如圖8.1-23，已知三角形ABC中，$\overline{AD}$為∠BAC的角平分線，若$\overline{AB}=9$，$\overline{AC}=6$，$\overline{BC}=10$，則$\overline{DC}=$？

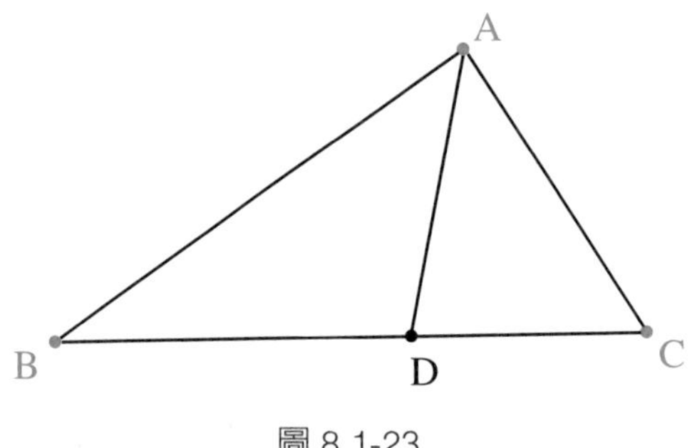

圖 8.1-23

想法 三角形內角平分線定理：三角形任一內角的角平分線，內分對邊所成兩線段的比，等於夾這內角的兩邊的比。

解

敘述	理由
(1) $\overline{AB}:\overline{AC}=\overline{BD}:\overline{DC}$	已知三角形ABC中，$\overline{AD}$為∠BAC的角平分線 & 三角形內角平分線定理
(2) $9:6=\overline{BD}:\overline{DC}$	由(1) & 已知$\overline{AB}=9$，$\overline{AC}=6$
(3) 假設$\overline{BD}=9r$、$\overline{DC}=6r$	由(2) & 假設
(4) $\overline{BC}=\overline{BD}+\overline{DC}$	如圖 & 全量等於分量之和
(5) $10=9r+6r$	由(4) & 已知$\overline{BC}=10$ & (3) 假設
(6) $r=\frac{10}{15}=\frac{2}{3}$	由(5) & 解一元一次方程式
(7) $\overline{DC}=6r=6\times\frac{2}{3}=4$	由(3) 假設$\overline{DC}=6r$ & (6) $r=\frac{2}{3}$已證

定理 8.1-15

三角形外角平分線定理（三角形外分比定理）

三角形任一外角的角平分線，外分對邊延長線所成兩線段的比，等於夾這外角的鄰角兩邊的比。

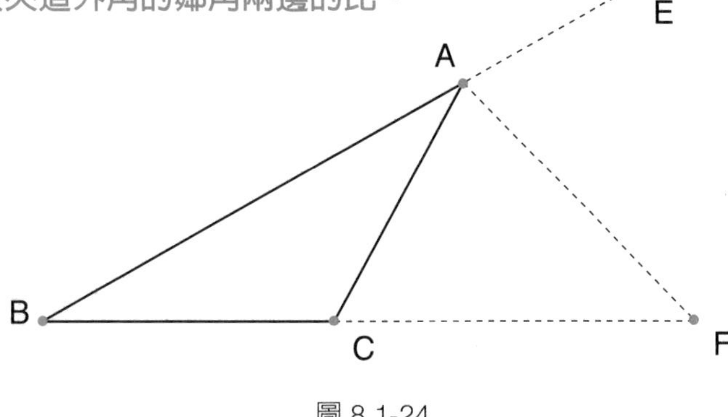

圖 8.1-24

已知　如圖8.1-24，三角形ABC中，∠CAE為∠BAC的外角，$\overline{AF}$ 為∠CAE的角平分線。

求證　$\overline{AB}:\overline{AC}=\overline{BF}:\overline{FC}$

想法　利用三角形之平行線截比例線段定理。

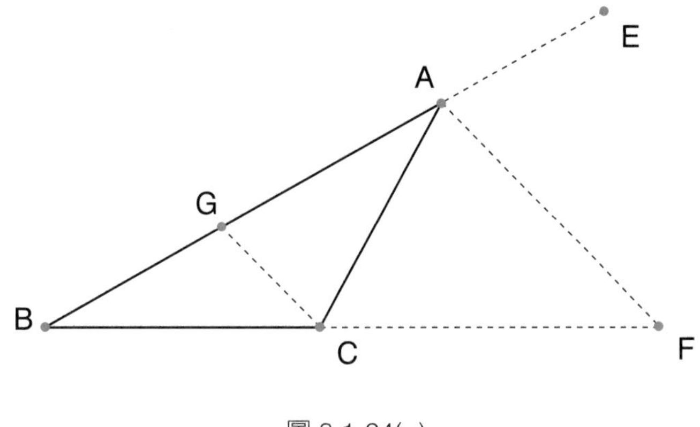

圖 8.1-24(a)

敘述	理由
(1)過C點作$\overline{CG}$ // $\overline{AF}$，交$\overline{AB}$於G點，如圖8.1-24(a)。	平行線作圖。
(2) $\overline{BG}:\overline{GA}=\overline{BC}:\overline{CF}$	由(1) $\overline{CG}$ // $\overline{AF}$ & 三角形之平行線截比例線段定理
(3) $(\overline{BG}+\overline{GA}):\overline{GA}=(\overline{BC}+\overline{CF}):\overline{CF}$	由(2) & 合比定理
(4) 所以$\overline{AB}:\overline{GA}=\overline{BF}:\overline{CF}$	由(3) & $\overline{BG}+\overline{GA}=\overline{AB}$、$\overline{BC}+\overline{CF}=\overline{BF}$
(5) $\angle GCA=\angle CAF$	由(1) $\overline{CG}$ // $\overline{AF}$ & 內錯角相等
(6) $\angle AGC=\angle EAF$	由(1) $\overline{CG}$ // $\overline{AF}$ & 同位角相等
(7) $\angle CAF=\angle EAF$	已知$\overline{AF}$為$\angle CAE$的角平分線
(8) $\angle GCA=\angle AGC$	由(5)、(6) & (7) 遞移律
(9) $\triangle AGC$ 為等腰三角形	由(8) & 兩底角相等為等腰三角形
(10) $\overline{GA}=\overline{AC}$	由(9) & 等腰三角形的兩腰相等
(11) 所以$\overline{AB}:\overline{AB}=\overline{BF}:\overline{FC}$	由(4) & (10) $\overline{GA}=\overline{AC}$ 代換

Q. E. D

例題 8.1-28

如圖8.1-25，已知三角形ABC中，∠EAC為∠BAC的外角，$\overline{AF}$ 為∠EAC的角平分線，若$\overline{AB}$ =9，$\overline{AC}$ =6，$\overline{BC}$ =8，則$\overline{FC}$ = ?

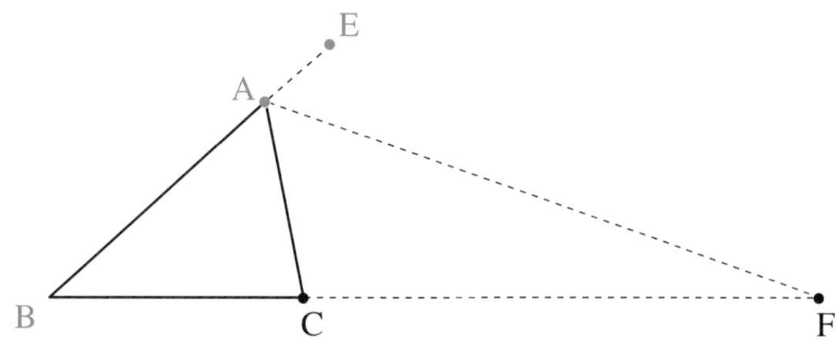

圖 8.1-25

三角形外角平分線定理：三角形任一外角的角平分線，外分對邊延長線所成兩線段的比，等於夾這外角的鄰角兩邊的比。

敘述	理由
(1) $\overline{AB}$ ：$\overline{AC}$ = $\overline{BF}$ ：$\overline{FC}$	已知三角形ABC中，$\overline{AF}$ 為∠EAC的角平分線 & 三角形外角平分線定理
(2) 9：6=($\overline{BC}$ + $\overline{FC}$)：$\overline{FC}$	由(1) & 已知$\overline{AB}$ =9，$\overline{AC}$ =6 & $\overline{BF}$ = $\overline{BC}$ + $\overline{FC}$
(3) 9：6=(8+ $\overline{FC}$)：$\overline{FC}$	由(2) & 已知$\overline{BC}$ =8
(4) 9× $\overline{FC}$ =6×(8+ $\overline{FC}$)	由(3) & 外項乘積等於內項乘積
(5) $\overline{FC}$ =16	由(4) & 解一元一次方程式

例題 8.1-29

如圖8.1-26，已知△ABC中，∠EAC為∠BAC的外角，$\overline{AF}$ 為∠EAC的角平分線，若$\overline{AB}$ =3，$\overline{AC}$ =2，$\overline{BF}$ =9，則$\overline{BC}$ =？

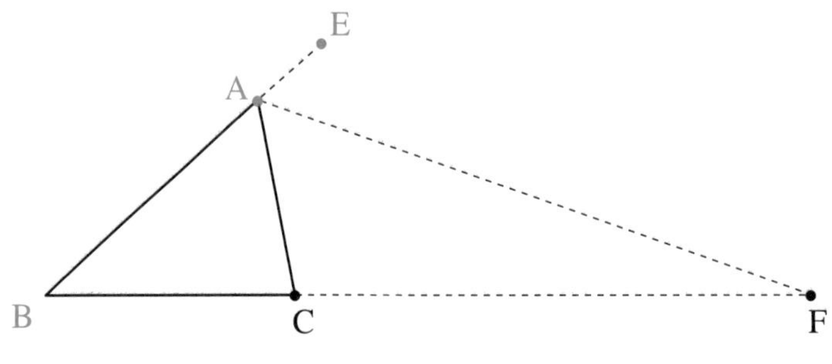

圖 8.1-26

三角形外角平分線定理：三角形任一外角的角平分線，外分對邊延長線所成兩線段的比，等於夾這外角的鄰角兩邊的比。

敘述	理由
(1) $\overline{AB}:\overline{AC}=\overline{BF}:\overline{FC}$	已知△ABC中，$\overline{AF}$ 為∠EAC的角平分線 & 三角形外角平分線定理
(2) $3:2=9:\overline{FC}$	由(1) & 已知$\overline{AB}=3$、$\overline{AC}=2$、$\overline{BF}=9$
(3) $3\times\overline{FC}=2\times9$	由(2) & 外項乘積等於內項乘積
(4) $\overline{FC}=(2\times9)\div3=6$	由(3) 等量除法公理
(5) $\overline{BF}=\overline{BC}+\overline{FC}$	如圖 & 全量等於分量之和
(6) $\overline{BC}=\overline{BF}+\overline{FC}$ $=9-6=3$	由(5) 等量減法公理 & 已知$\overline{BF}=9$ & (4) $\overline{FC}=6$ 已證
(7) 所以$\overline{BC}=3$	由(6)

習題 8.1

習題8.1-1　若6：x＝5：8，則x之值為何？

習題8.1-2　若(x＋2)：3＝5：8，則x之值為何？

習題8.1-3　已知x為4與16的比例中項，且x＞0，求x之值為何？

習題8.1-4　已知x：y＝2：3，且x＋y＝20，求 x與y之值為？

習題8.1-5　已知(x＋y)：(x－y)＝11：3，求 x與y之比為？

習題8.1-6　△ABC中，若∠A：∠B：∠C＝3：4：8，則∠A＝______度，∠B＝______度，∠C＝______度。

習題8.1-7　有一正n邊形，其一個外角度數與一個內角度數的比為2：1，則n＝______，內角和為______度。

習題8.1-8　如圖8.1-27，△ABC中，$\overline{DE} // \overline{BC}$，$\overline{AD}$＝5，$\overline{BD}$＝4，$\overline{CE}$＝6，則$\overline{AC}$＝？

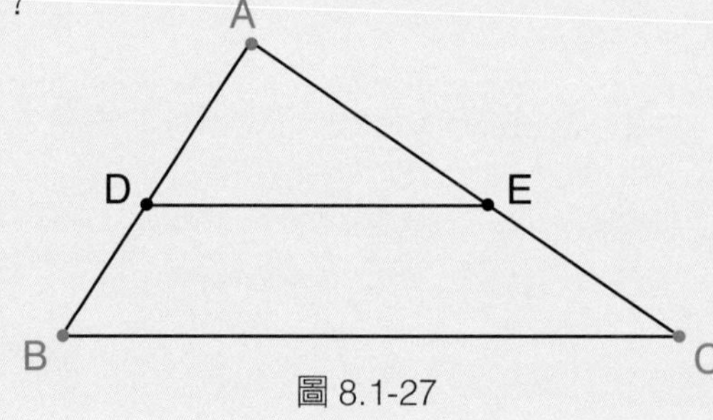

圖 8.1-27

習題8.1-9　如圖8.1-28，△ABC中，$\overline{DE}\,//\,\overline{AC}$，且$\overline{BD}:\overline{DA}=3:5$，若$\overline{BC}=24$，試求$\overline{EC}$。

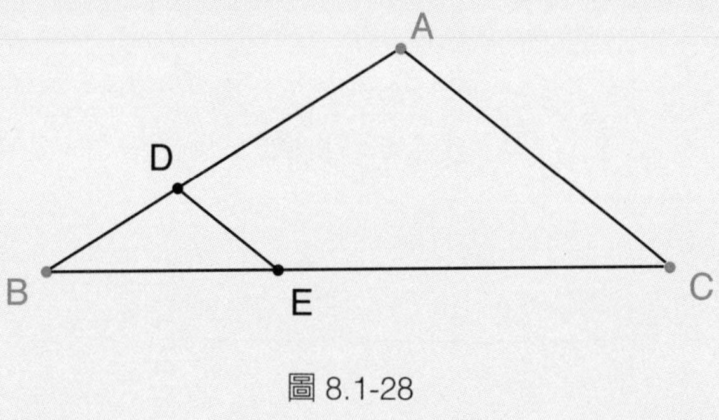

圖 8.1-28

習題8.1-10　如圖8.1-29，△ABC中，$\overline{DE}\,//\,\overline{BC}$，且$\overline{AD}=10$，$\overline{DB}=x$，$\overline{AE}=2x-2$，$\overline{EC}=6$，試求$x$之值。

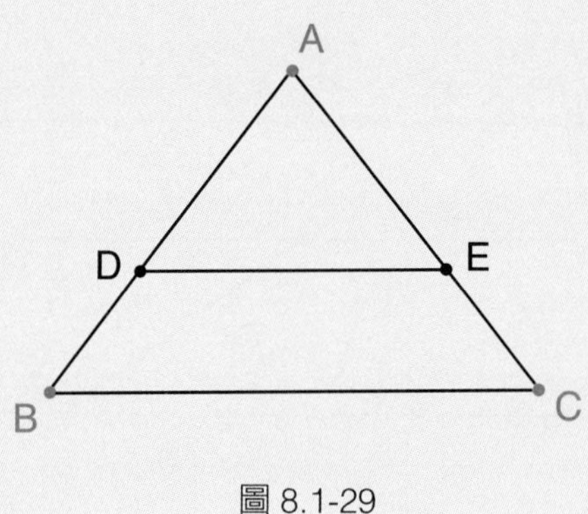

圖 8.1-29

習題8.1-11

如圖8.1-30，△ABC中，$\overline{AD}=16$，$\overline{DB}=8$，$\overline{AE}=22$，$\overline{EC}=11$，試問$\overline{DE}$與$\overline{BC}$是否平行？為什麼？

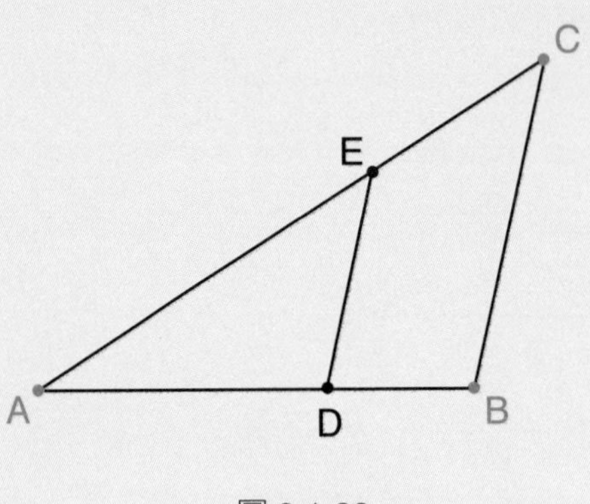

圖 8.1-30

習題8.1-12

如圖8.1-31，$L_1//L_2//L_3$，若$\overline{DB}=6$，$\overline{AE}=9$，$\overline{EC}=10$，則$\overline{EF}=$？

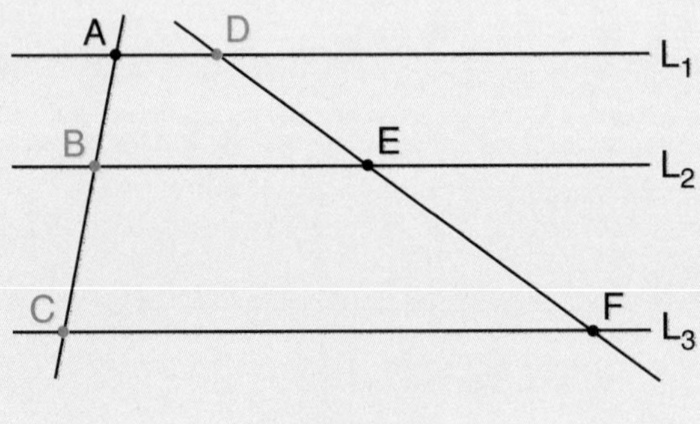

圖 8.1-31

習題8.1-13　如圖8.1-32，$L_1 // L_2 // L_3$，若$\overline{AB}=7$，$\overline{BC}=6$，$\overline{DE}=3x-2$，$\overline{EF}=2x+4$，則x=？

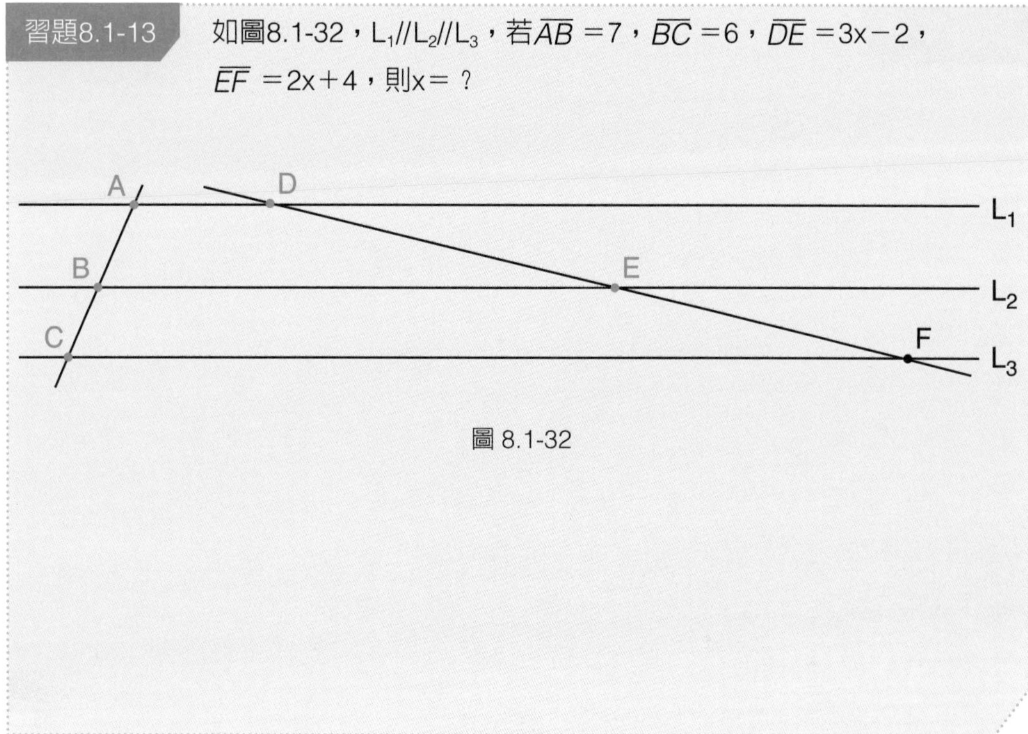

圖 8.1-32

習題8.1-14　如圖8.1-33，M_1、M_2、M_3、M_4皆為直線，若$M_1 // M_2 // M_3 // M_4$，直線L_1與L_2為截線，$\overline{EF}$：$\overline{FG}$：$\overline{GH}$=3：5：4，$\overline{AD}=60$，試求$\overline{BC}$和$\overline{CD}$。

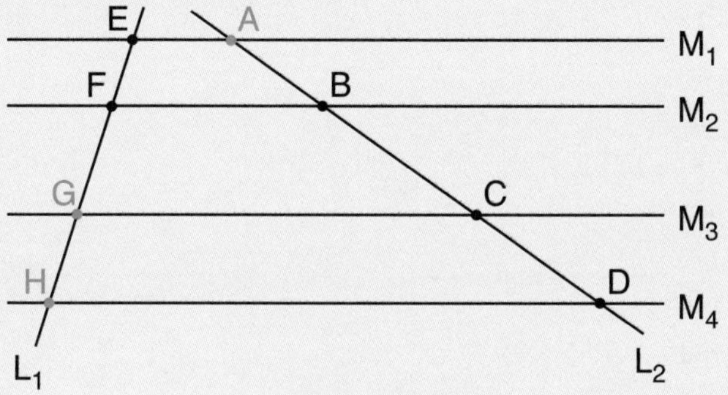

圖 8.1-33

習題8.1-15 如圖8.1-34，已知△ABC中，$\overline{AD}$為∠BAC的角平分線，若$\overline{AB}$＝10，$\overline{AC}$＝6，$\overline{BC}$＝12，則$\overline{DC}$＝？

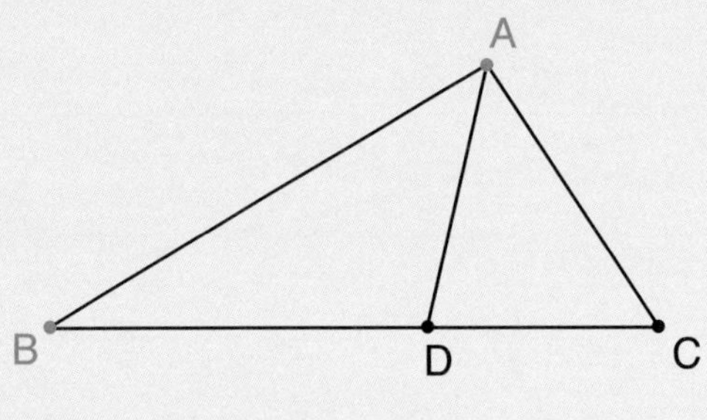

圖 8.1-34

習題8.1-16 如圖8.1-35，已知△ABC中，∠EAC為∠BAC的外角，$\overline{AF}$為∠EAC的角平分線，若$\overline{AB}$＝10，$\overline{AC}$＝6，$\overline{BC}$＝8，則$\overline{FC}$＝？

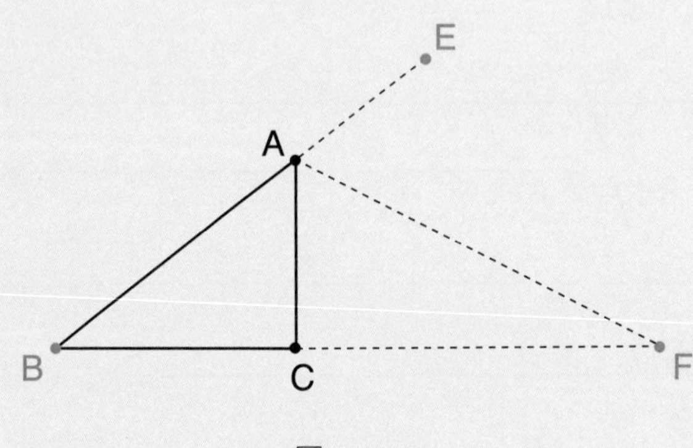

圖 8.1-35

8.2 節　相似形

相似多邊形

定義 8.2-1

若兩多邊形的各對應角相等，且各對應邊的比相等，則這兩多邊形相似。(換句話說，若兩多邊形相似，則對應角相等且對應邊成比例。) 相似形以「～」符號表示。

如圖8.2-1，△ABC與$\triangle A_1B_1C_1$中，$\angle A=\angle A_1$，$\angle B=\angle B_1$，$\angle C=\angle C_1$且$\overline{AB}:\overline{A_1B_1}=\overline{AC}:\overline{A_1C_1}=\overline{BC}:\overline{B_1C_1}$，則△ABC與$\triangle A_1B_1C_1$相似，記作$\triangle ABC\sim\triangle A_1B_1C_1$。

（也就是說，若$\triangle ABC\sim\triangle A_1B_1C_1$，則$\angle A=\angle A_1$，$\angle B=\angle B_1$，$\angle C=\angle C_1$且$\overline{AB}:\overline{A_1B_1}=\overline{AC}:\overline{A_1C_1}=\overline{BC}:\overline{B_1C_1}$）

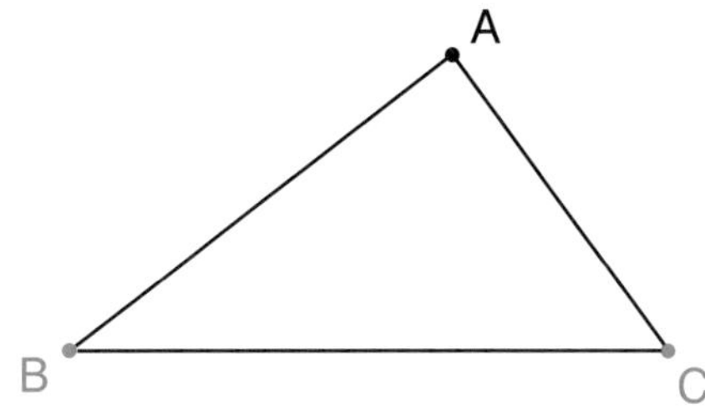

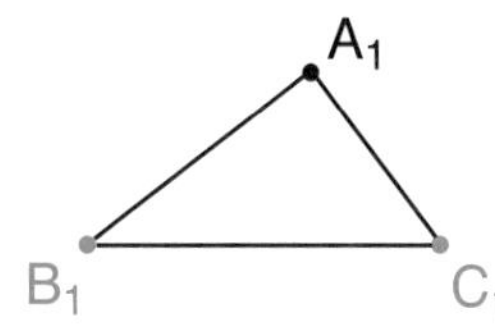

圖 8.2-1

在此特別強調一點，若兩多邊形的各對應角相等，且各對應邊的比相等，則這兩多邊形才會相似。我們用以下兩個例子來說明：

例：正方形與長方形的每一角都是直角，它們的對應角相等，但其對應邊的比例並不相等，所以正方形與長方形就不是相似形。

例：圖8.2-2中的兩個五邊形雖然其對應角都相等，$\angle ABC=\angle A_1B_1C_1$、$\angle BCD=\angle B_1C_1D_1$、$\angle CDE=\angle C_1D_1E_1$、$\angle DEA=\angle D_1E_1A_1$、$\angle EAB=\angle E_1A_1B_1$，但由圖上明顯可以看出，其對應邊的比並不相等，所以這兩個五邊形也不是相似形。

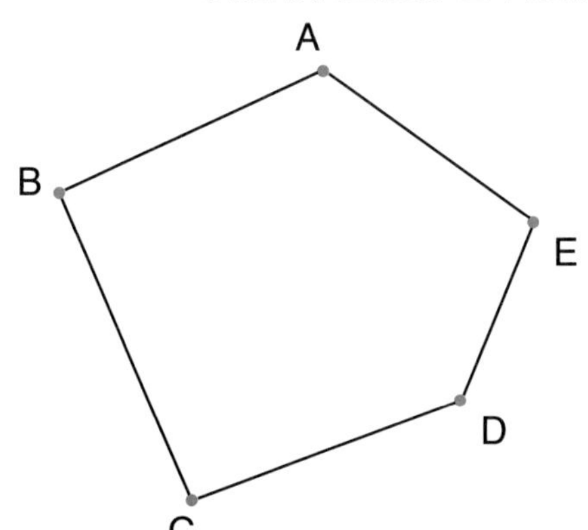

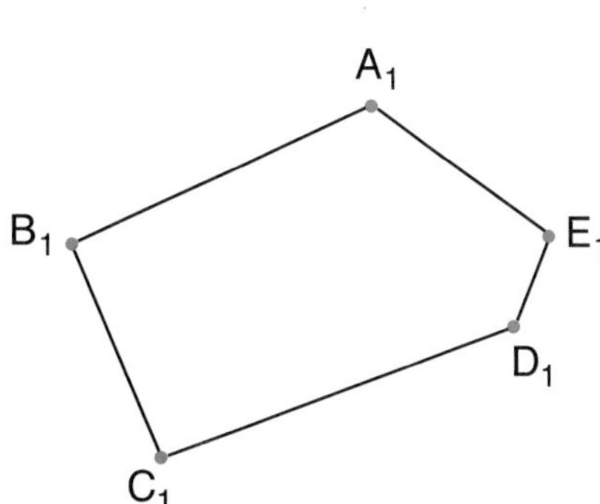

圖 8.2-2

例題 8.2-1

已知四邊形ABCD～四邊形EFGH，∠A＝80°，∠C＝75°，∠H＝105°，試求∠F。

利用相似多邊形對應角相等

敘述	理由
(1)∠B＝∠F & ∠D＝∠H＝105°	已知已知四邊形ABCD～四邊形EFGH & 相似多邊形對應角相等 & 已知∠H＝105°
(2) 四邊形ABCD中 ∠A＋∠B＋∠C＋∠D＝360°	四邊形內角和為 (4－2)×180°＝360°
(3)∠B＝360°－(∠A＋∠C＋∠D) ＝360°－(80°＋75°＋105°) ＝100°	由(2) 等量減法公理 & 已知∠A＝80°，∠C＝75° & (1) ∠D＝∠H＝105° 已證
(4) 所以∠F＝∠B＝100°	由(1) ∠B＝∠F & (3) ∠B＝100°遞移律

例題 8.2-2

設四邊形ABCD～四邊形EFGH，∠A：∠B：∠C＝3：5：6，
且∠D＝80°，試求 ∠F、∠G。

利用相似多邊形對應角相等

敘述	理由
(1) 假設∠A＝3r、∠B＝5r、∠C＝6r	已知∠A：∠B：∠C＝3：5：6 & 假設
(2) 四邊形ABCD中 ∠A＋∠B＋∠C＋∠D＝360°	四邊形內角和為(4－2)×180°＝360°
(3) 3r＋5r＋6r＋80°＝360°	將(1)假設 & 已知∠D＝80° 代入(2)
(4) r＝(360°－80°)÷(3＋5＋6) ＝20°	由(3) & 解一元一次方程式
(5)∠B＝5r＝5×20°＝100° ∠C＝6r＝6×20°＝120°	將 (4) r＝20° 代入(1) 假設∠B＝5r 將 (4) r＝20° 代入(1) 假設∠C＝6r
(6)∠F＝∠B＝100° ∠G＝∠C＝120°	已知四邊形ABCD～四邊形EFGH & 相似多邊形對應角相等 & 由(5) ∠B＝100°、∠C＝120° 已證

例題 8.2-3

如圖8.2-3，已知△ABC～△DEC，且$\overline{AB}$＝9，$\overline{BC}$＝15，$\overline{DE}$＝6，試求$\overline{EC}$。

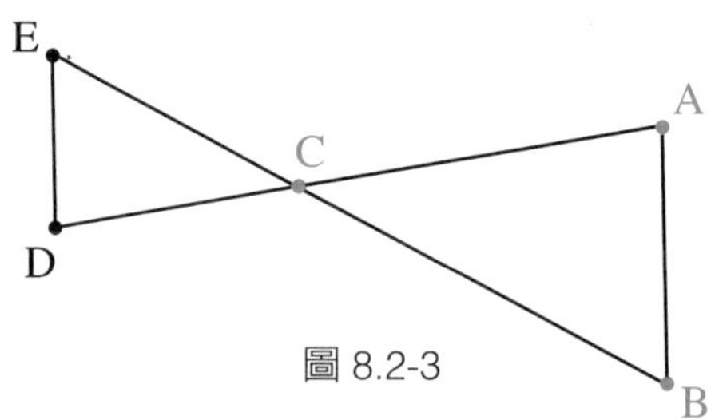

圖 8.2-3

利用相似多邊形對應邊成比例

敘述	理由
(1) $\overline{AB}$：$\overline{DE}$＝ $\overline{BC}$：$\overline{EC}$	已知△ABC～△DEC & 相似多邊形對應邊成比例
(2) 9：6＝15：$\overline{EC}$	將已知$\overline{AB}$＝9，$\overline{BC}$＝15，$\overline{DE}$＝6 代入(1)得
(3) 9×$\overline{EC}$＝6×15	由(2) & 外項乘積等於內項乘積
(4) $\overline{EC}$＝(6×15)÷9＝10	由(3) 等量除法公理

例題 8.2-4

已知四邊形ABCD～四邊形EFGH，若$\overline{BC}$＝10，$\overline{CD}$＝15，$\overline{FG}$＝4，試求$\overline{GH}$。

利用相似多邊形對應邊成比例

敘述	理由
(1) $\overline{BC}$：$\overline{FG}$＝ $\overline{CD}$：$\overline{GH}$	已知四邊形ABCD～四邊形EFGH & 相似多邊形對應邊成比例
(2) 10：4＝15：$\overline{EC}$	將已知$\overline{BC}$＝10，$\overline{CD}$＝15，$\overline{FG}$＝4代入(1)得
(3) 10×$\overline{EC}$ ＝4×15	由(2) & 外項乘積等於內項乘積
(4) $\overline{EC}$ ＝(4×15)÷10＝6	由(3) 等量除法公理

定理 8.2-1

相似多邊形邊長和之比值定理

兩相似多邊形邊長和的比值等於它們的任意兩對應邊的比值。

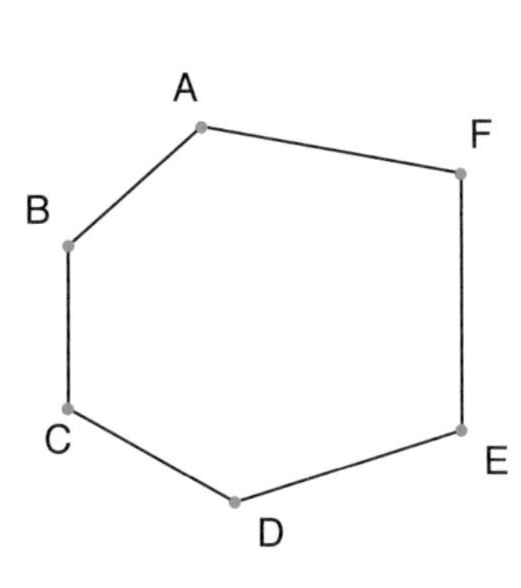

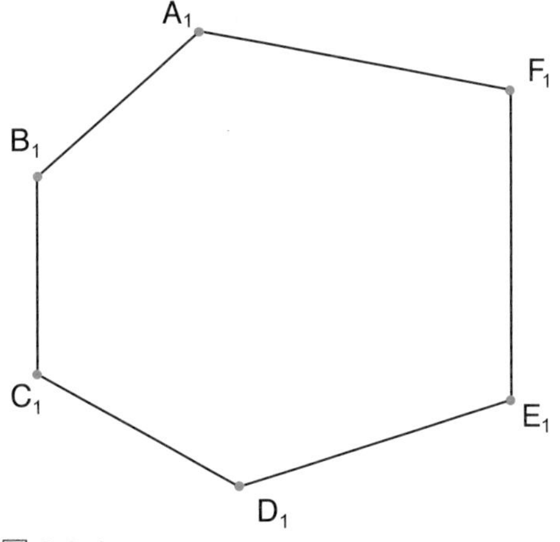

圖 8.2-4

已知　如圖8.2-4，多邊形ABCDEF與多邊形$A_1B_1C_1D_1E_1F_1$為兩相似多邊形。

求證　$\dfrac{\overline{AB}+\overline{BC}+\overline{CD}+\overline{DE}+\overline{EF}+\overline{FA}}{\overline{A_1B_1}+\overline{B_1C_1}+\overline{C_1D_1}+\overline{D_1E_1}+\overline{E_1F_1}+\overline{F_1A_1}}$

$=\dfrac{\overline{AB}}{\overline{A_1B_1}}=\dfrac{\overline{BC}}{\overline{B_1C_1}}=\dfrac{\overline{CD}}{\overline{C_1D_1}}=\dfrac{\overline{DE}}{\overline{D_1E_1}}=\dfrac{\overline{EF}}{\overline{E_1F_1}}=\dfrac{\overline{FA}}{\overline{F_1A_1}}=r$，$(r>0)$

想法　利用和比定理。

證明

敘述	理由
(1)假設$\dfrac{\overline{AB}}{\overline{A_1B_1}}=\dfrac{\overline{BC}}{\overline{B_1C_1}}=\dfrac{\overline{CD}}{\overline{C_1D_1}}=\dfrac{\overline{DE}}{\overline{D_1E_1}}=\dfrac{\overline{EF}}{\overline{E_1F_1}}=\dfrac{\overline{FA}}{\overline{F_1A_1}}=r$，$(r>0)$	已知多邊形ABCDEF與多邊形$A_1B_1C_1D_1E_1F_1$為兩相似多邊形 & 兩相似多邊形對應邊的比相等
(2)$\dfrac{\overline{AB}+\overline{BC}+\overline{CD}+\overline{DE}+\overline{EF}+\overline{FA}}{\overline{A_1B_1}+\overline{B_1C_1}+\overline{C_1D_1}+\overline{D_1E_1}+\overline{E_1F_1}+\overline{F_1A_1}}$ $=\dfrac{\overline{AB}}{\overline{A_1B_1}}=\dfrac{\overline{BC}}{\overline{B_1C_1}}=\dfrac{\overline{CD}}{\overline{C_1D_1}}=\dfrac{\overline{DE}}{\overline{D_1E_1}}=\dfrac{\overline{EF}}{\overline{E_1F_1}}=\dfrac{\overline{FA}}{\overline{F_1A_1}}=r$，$(r>0)$	由(1) & 和比定理

Q. E. D.

定理 8.2-2

三角形(AAA)相似定理

若一個三角形的三個內角與另一個三角形的三個內角對應相等，則這兩個三角形相似。

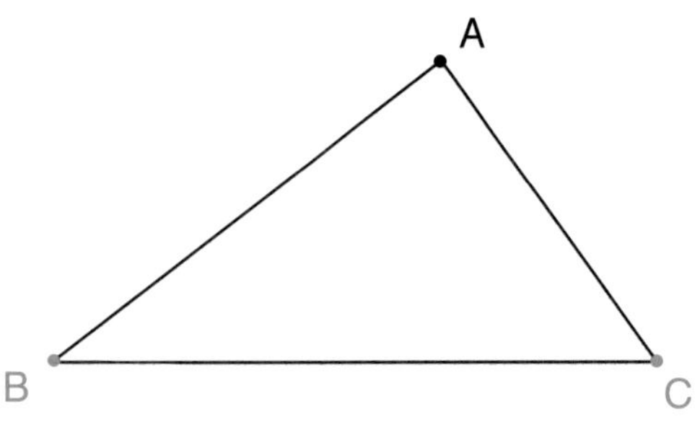

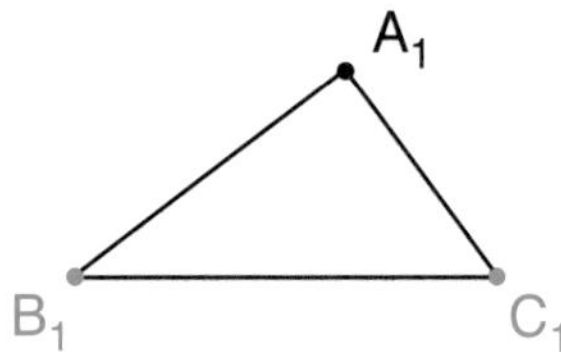

圖 8.2-5

如圖8.2-5，△ABC與△$A_1B_1C_1$中，∠A＝∠A_1，∠B＝∠B_1，∠C＝∠C_1。

△ABC～△$A_1B_1C_1$

利用三角形之平行線截比例線段定理來證明△ABC與△$A_1B_1C1_1$兩三角形對應邊的比相等。

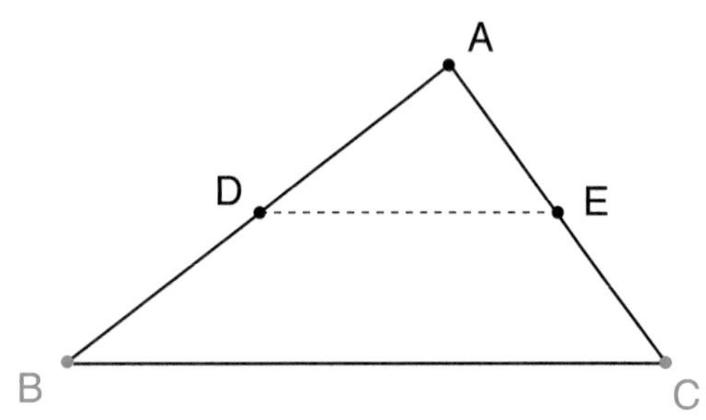

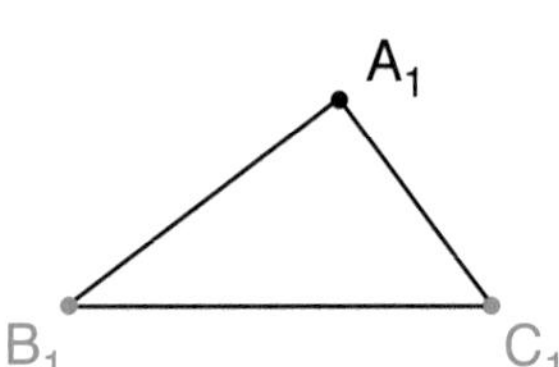

圖 8.2-5(a)

敘述	理由
(1) 在$\overline{AB}$上取 $\overline{AD}=\overline{A_1B_1}$，在$\overline{AC}$上取 $\overline{AE}=\overline{A_1C_1}$，連接$\overline{DE}$，如圖8.2-5(a)	等線段作圖
(2) 在△ADE與 △$A_1B_1C_1$中 ∠A＝∠A_1 $\overline{AD}=\overline{A_1B_1}$ $\overline{AE}=\overline{A_1C_1}$	如圖8.2-5(a)所示 已知 由(1) 作圖 由(1) 作圖
(3) △ADE ≅ △$A_1B_1C_1$	由(2) & 根據S.A.S. 三角形全等定理
(4) ∠ADE＝∠B_1	由(3) & 全等三角形的對應角相等
(5) 所以∠ADE＝∠B_1＝∠B	由(4) & 已知∠B＝∠B_1
(6) $\overline{DE}$ // $\overline{BC}$	由(5) ∠ADE＝∠B & 同位角相等的兩線平行
(7) $\overline{AB}$：$\overline{AD}$：$\overline{AC}$：$\overline{AE}$	由(6) & 三角形之平行線截比例線段定理 & 例題8.1-18
(8) $\overline{AB}$：$\overline{A_1B_1}=\overline{AC}$：$\overline{A_1C_1}$	由(1) $\overline{AD}=\overline{A_1B_1}$、$\overline{AD}=\overline{A_1C_1}$ & (7) $\overline{AB}$：$\overline{AD}=\overline{AC}$：$\overline{AE}$ 代換
(9) 同理可證：$\overline{AB}$：$\overline{A_1B_1}=\overline{AC}$：$\overline{B_1C_1}$	在$\overline{AB}$及$\overline{BC}$上用(1)~(8)的作法
(10) $\overline{AB}$：$\overline{A_1B_1}=\overline{AC}$：$\overline{A_1C_1}$ $=\overline{BC}$：$\overline{B_1C_1}$	由(8) & (9) 遞移律
(11)△ABC與△$A_1B_1C_1$中， ∠A＝∠A_1、∠B＝∠B_1、∠C＝∠C_1 $\overline{AB}$：$\overline{A_1B_1}=\overline{AC}$：$\overline{A_1A_1}$ $=\overline{BC}$：$\overline{B_1C_1}$	如圖8.2-5(a)所示 已知 由(10) 已證
(12) 所以△ABC～△$A_1B_1C_1$	由(11) & 相似形的定義

Q. E. D.

例題 8.2-5

如圖8.2-6，△ABC與△ECD中，$\overline{AB}//\overline{EC}$，$\overline{AC}//\overline{ED}$，
試證△ABC～△ECD。

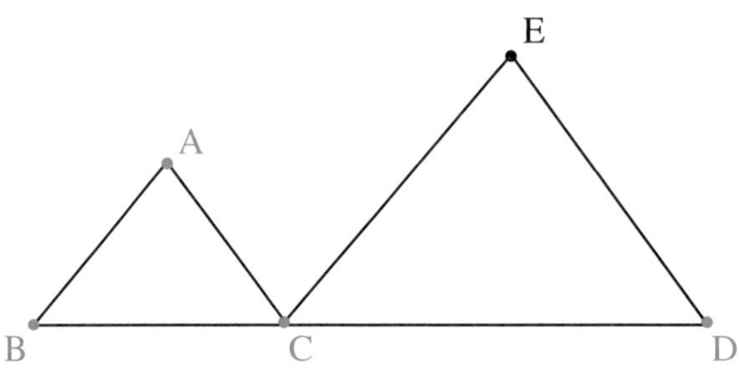

圖 8.2-6

想法　利用三角形(AAA)相似定理

證明

敘述	理由
(1)∠B＝∠ECD	已知$\overline{AB}//\overline{EC}$ & 同位角相等
(2)∠ACB＝∠D	已知$\overline{AC}//\overline{ED}$ & 同位角相等
(3)∠B＋∠ACB＝∠ECD＋∠D	由(1)式加(2)式 等量加法公理
(4)△ABC中，∠A＝180°－(∠B＋∠ACB)	三角形內角和180°
(5)△ECD中，∠E＝180°－(∠ECD＋∠D)	三角形內角和180°
(6) 所以∠A＝180°－(∠B＋∠ACB) ＝180°－(∠ECD＋∠D)＝∠E	由(3)、(4) & (5) 代換
(7) 在△ABC與△ECD中 ∠A＝∠E ∠B＝∠ECD ∠ACB＝∠D	如圖8.2-6所示 由(6) 已證 由(1) 已證 由(2) 已證
(8)△ABC～△ECD	由(7) & 根據三角形(AAA)相似定理

Q. E. D.

例題 8.2-6

如圖8.2-7，△ABC中，$\overline{DE}//\overline{BC}$，$\overline{EF}//\overline{AB}$，$\overline{DF}//\overline{AC}$，試證△ABC～△FED。

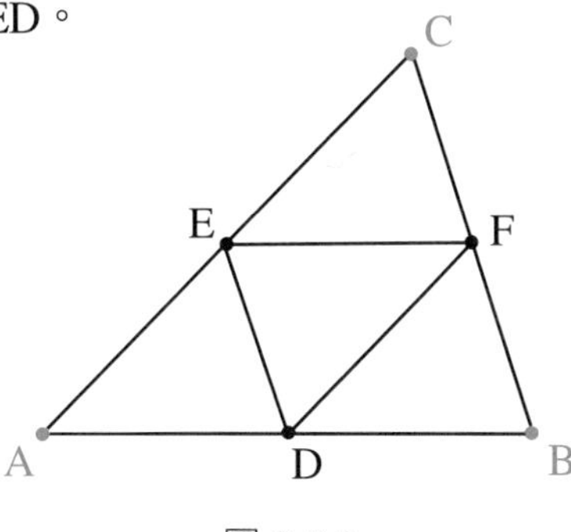

圖 8.2-7

利用三角形(AAA)相似定理

敘述	理由
(1) ADFE為平行四邊形	已知$\overline{EF}//\overline{AB}$，$\overline{DF}//\overline{AC}$ & 兩組對邊平行為平行四邊形
(2)∠A＝∠DFE	由(1) & 平行四邊形對角相等
(3) CEDF為平行四邊形	已知$\overline{DE}//\overline{BC}$，$\overline{DF}//\overline{AC}$ & 兩組對邊平行為平行四邊形
(4)∠C＝∠EDF	由(3) & 平行四邊形對角相等
(5) BDEF為平行四邊形	已知$\overline{DE}//\overline{BC}$，$\overline{EF}//\overline{AB}$ & 兩組對邊平行為平行四邊形
(6)∠B＝∠DEF	由(5) & 平行四邊形對角相等
(7) 在△ABC與△FED中 ∠A＝∠DFE ∠C＝∠EDF ∠B＝∠DEF	如圖8.2-7所示 由(2) 已證 由(4) 已證 由(6) 已證
(8)△ABC～△FED	由(7) & 根據三角形(AAA)相似定理

Q. E. D.

例題 8.2-7

如圖8.2-8，△ABC中，$\overline{DE}/\!/\overline{BC}$，且$\overline{AD}=6$，$\overline{DB}=4$，$\overline{DE}=9$，試求$\overline{BC}$。

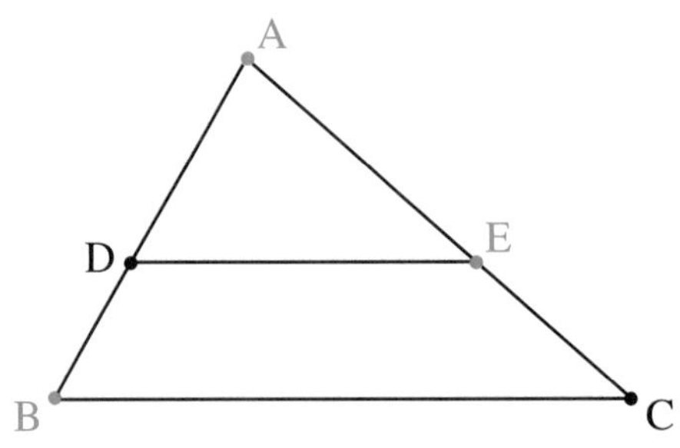

圖 8.2-8

(1) 利用三角形(AAA)相似定理

(2) 相似多邊形對應邊成比例

敘述	理由
(1)∠ADE＝∠B & ∠AED＝∠C	已知$\overline{DE}/\!/\overline{BC}$ & 同位角相等
(2) 在△ABC與△ADE中 ∠A＝∠A ∠ADE＝∠B ∠AED＝∠C	如圖8.2-8所示 共同角 由(1) 已證 由(1) 已證
(3△ABC～△ADE	由(2) & 根據三角形(AAA)相似定理
(4) $\overline{AB}:\overline{AD}=\overline{BC}:\overline{DE}$	由(3) & 相似多邊形對應邊成比例
(5) $\overline{AB}=\overline{AD}+\overline{DB}=6+4=10$	全量等於分量之和 & 已知$\overline{AD}=6$，$\overline{DB}=4$
(6) $10:6=\overline{BC}:9$	將(5) $\overline{AB}=10$ 已證 & 已知$\overline{AD}=6$、$\overline{DB}=9$ 代入(4)
(7) $10\times9=6\times\overline{BC}$	由(6) & 外項乘積等於內項乘積
(8) $\overline{BC}=(10\times9)\div6=15$	由(7) 等量除法公理

例題 8.2-8

如圖8.2-9，△ABC中，$\overline{DE}//\overline{BC}$，若$\overline{AD}$：$\overline{BD}$＝3：4，則$\overline{DE}$：$\overline{BC}$＝？

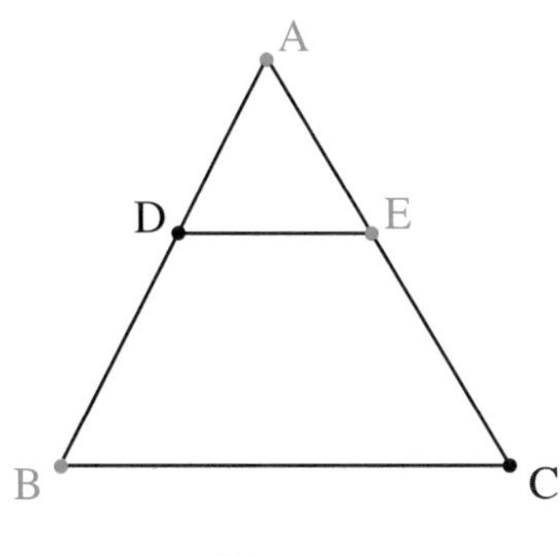

圖 8.2-9

想法

(1) 利用三角形(AAA)相似定理

(2) 相似多邊形對應邊成比例

解

敘述	理由
(1)∠ADE＝∠B & ∠AED＝∠C	已知$\overline{DE}//\overline{BC}$ & 同位角相等
(2) 在△ADE與△ABC中 ∠A＝∠A ∠ADE＝∠B ∠AED＝∠C	如圖8.2-9所示 共同角 由(1)已證 由(1)已證
(3)△ADE～△ABC	由(2) & 根據三角形(AAA)相似定理
(4) $\overline{DE}$：$\overline{BC}$＝$\overline{AD}$：$\overline{AB}$	由(3) & 相似多邊形對應邊成比例
(5) $\overline{BD}$：$\overline{AD}$＝4：3	已知$\overline{AD}$：$\overline{BD}$＝3：4 & 反比定理
(6) ($\overline{BD}$＋$\overline{AD}$)：$\overline{AD}$＝(4＋3)：3	由(1) & 合比定理
(7) $\overline{AB}$：$\overline{AD}$＝7：3	由(2) & $\overline{AB}$＝$\overline{BD}$＋$\overline{AD}$
(8) $\overline{AD}$：$\overline{AB}$＝3：7	由(7) & 反比定理
(9) $\overline{DE}$：$\overline{BC}$＝$\overline{AD}$：$\overline{AB}$＝3：7	由(4) & (8) 遞移律

例題 8.2-9

如圖8.2-10，△ABC中，∠BDE＝∠A，且$\overline{DE}$：$\overline{AC}$＝3：7，若$\overline{BC}$＝28，$\overline{DB}$＝15，試求$\overline{AD}$和$\overline{BE}$。

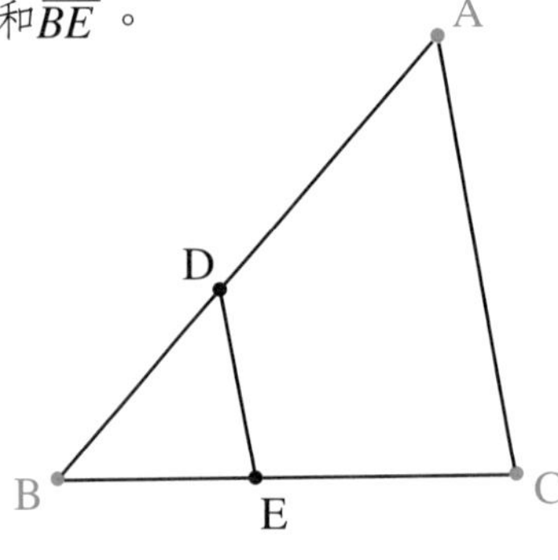

圖 8.2-10

(1) 利用三角形(AAA)相似定理

(2) 相似多邊形對應邊成比例

敘述	理由
(1) $\overline{DE}$//$\overline{AC}$	已知∠BDE＝∠A & 同位角相等的兩直線互相平行
(2)在△DBE與△ABC中 ∠BDE＝∠A ∠B＝∠B ∠BED＝∠C	如圖8.2-10所示 已知 共同角 由(1) $\overline{DE}$//$\overline{AC}$ & 同位角相等
(3)△DBE～△ABC	由(2) & 根據三角形(AAA)相似定理
(4) $\overline{DE}$：$\overline{AC}$＝$\overline{DB}$：$\overline{AB}$	由(3) & 相似多邊形對應邊成比例
(5) $\overline{DE}$：$\overline{AC}$＝$\overline{DB}$：($\overline{AD}$＋$\overline{DB}$)	由(4) & $\overline{AB}$＝$\overline{AD}$＋$\overline{DB}$
(6) 3：7＝15：($\overline{AD}$＋15)	將已知$\overline{DE}$：$\overline{AC}$＝3：7 & $\overline{DB}$＝15 代入(5)
(7) 3×($\overline{AD}$＋15)＝7×15	由(6) & 外項乘積等於內項乘積
(8) $\overline{AD}$＝(7×15)÷3－15＝20	由(7) & 解一元一次方程式
(9) $\overline{DE}$：$\overline{AC}$＝$\overline{BE}$：$\overline{BC}$	由(3) & 相似多邊形對應邊成比例
(10) 3：7＝$\overline{BE}$：28	將已知$\overline{DE}$：$\overline{AC}$＝3：7 & $\overline{BC}$＝28 代入(9)
(11) 7×$\overline{BE}$＝3×28	由(10) & 內項乘積等於外項乘積
(12) $\overline{BE}$＝(3×28)÷7＝12	由(11) 等量除法公理
(13) 所以$\overline{AD}$＝20 & $\overline{BE}$＝12	由(8) & (12)

例題 8.2-10

如圖8.2-11，∠B＝∠E，且$\overline{AB}$＝9，$\overline{BC}$＝15，$\overline{DE}$＝6，試求$\overline{EC}$。

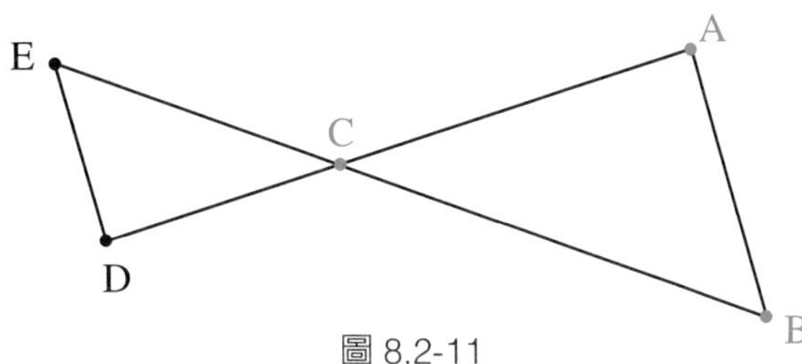

圖 8.2-11

(1) 利用三角形(AAA)相似定理

(2) 相似多邊形對應邊成比例

敘述	理由
(1)∠B＝∠E	已知∠B＝∠E
(2)∠ACB＝∠DCE	對頂角相等
(3)∠B＋∠ACB＝∠E＋∠DCE	由(1)式加(2)式 等量加法公理
(4)△ABC中，∠A＝180°－(∠B＋∠ACB)	三角形內角和180°
(5)△DEC中，∠D＝180°－(∠E＋∠DCE)	三角形內角和180°
(6)∠A＝180°－(∠B＋∠ACB) ＝180°－(∠E＋∠DCE)＝∠D	由(3)、(4) & (5) 代換
(7) 在△ABC與△DEC中 ∠A＝∠D ∠B＝∠E ∠ACB＝∠DCE	如圖8.2-11所示 由(6) 已證 已知∠B＝∠E 由(2) 對頂角相等
(8)△ABC～△DEC	由(7) & 根據三角形(AAA)相似定理
(9) $\overline{AB}$：$\overline{DE}$＝$\overline{BC}$：$\overline{EC}$	由(8) & 相似多邊形對應邊成比例
(10) 9：6＝15：$\overline{EC}$	將已知$\overline{AB}$＝9，$\overline{BC}$＝15， $\overline{DE}$＝6 代入(9)得
(11) 9×$\overline{EC}$＝6×15	由(10) & 外項乘積等於內項乘積
(12) $\overline{EC}$＝(6×15)÷9＝10	由(11) 等量除法公理

例題 8.2-11

如圖8.2-12，△ABC中，若$\overline{AB}=\overline{AC}=10$，$\overline{BC}=\overline{BD}=5$，則$\overline{AD}=$？

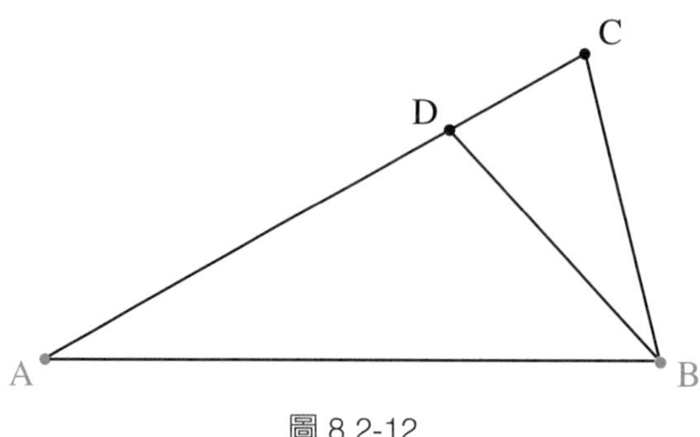

圖 8.2-12

(1) 利用三角形(AAA)相似定理

(2) 相似多邊形對應邊成比例

敘述	理由
(1)△ABC為等腰三角形	已知$\overline{AB}=\overline{AC}$ & 兩腰等長為等腰三角形
(2)$\angle ABC=\angle C$	由(1) & 等腰三角形兩底角相等
(3)△BDC為等腰三角形	已知$\overline{BC}=\overline{BD}$ & 兩腰等長為等腰三角形
(4)$\angle BDC=\angle C$	由(3) & 等腰三角形兩底角相等
(5)$\angle ABC=\angle BDC=\angle C$	由(2) & (4) 遞移律
(6)△ABC中，$\angle A=180^\circ-(\angle ABC+\angle C)$ $=180^\circ-(\angle C+\angle C)$ $=180^\circ-2\angle C$	三角形內角和180° & 由(2) $\angle ABC=\angle C$
(7)△BDC中， $\angle DBC=180^\circ-(\angle BDC+\angle C)$ $=180^\circ-(\angle C+\angle C)$ $=180^\circ-2\angle C$	三角形內角和180° 由(4) $\angle BDC=\angle C$
(8)$\angle A=\angle DBC$	由(6) & (7) 遞移律

(9) 在△ABC與△BDC中 ∠A＝∠DBC ∠ABC＝∠BDC ∠C＝∠C	如圖8.2-12所示 由(8) 已證 由(5) ∠ABC＝∠BDC 已證 共同角
(10)△ABC～△BDC	由(9) & 根據三角形(AAA)相似定理
(11) $\overline{AB}$：$\overline{BD}$＝$\overline{BC}$：$\overline{DC}$	由(10) & 相似多邊形對應邊成比例
(12) 10：5＝5：$\overline{DC}$	將已知$\overline{AB}$＝10，$\overline{BC}$＝$\overline{BD}$＝5代入(11)得
(13) 10×$\overline{DC}$＝5×5	由(12) & 外項乘積等於內項乘積
(14) $\overline{DC}$ ＝(5×5)÷10＝2.5	由(13) 等量除法公理
(15) $\overline{AD}$＝$\overline{AC}$－$\overline{DC}$＝10－2.5＝7.5	如圖8.2-12，$\overline{AD}$＝$\overline{AC}$－$\overline{DC}$ & 已知$\overline{AC}$＝10 & 由(14) $\overline{DC}$＝2.5 已證

例題 8.2-12

如圖8.2-13，平行四邊形ABCD中，過B點做一直線分別交$\overrightarrow{DA}$、$\overrightarrow{DC}$於E、F兩點，若$\overline{EA}=4$，$\overline{CD}=3$，$\overline{CF}=4$，則$\overline{BC}=$？

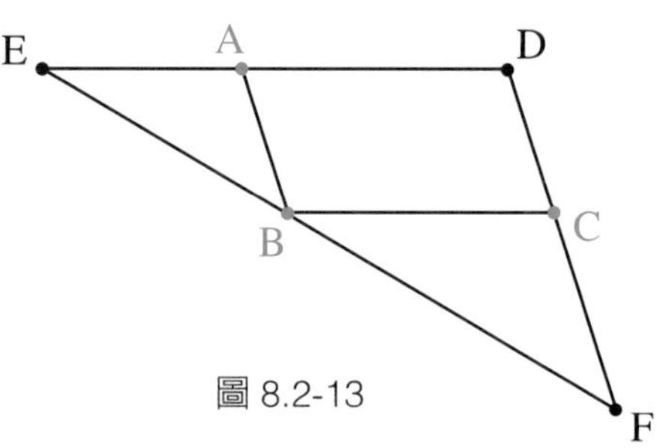

圖 8.2-13

(1) 利用三角形(AAA)相似定理
(2) 相似多邊形對應邊成比例

敘述	理由
(1) $\overline{AB}/\!/\overline{DC}$（即$\overline{AB}/\!/\overline{DF}$） $\overline{CB}/\!/\overline{DA}$（即$\overline{CB}/\!/\overline{DE}$）	已知ABCD為平行四邊形 & 平行四邊形兩組對邊互相平行
(2) $\overline{AB}=\overline{CD}$ & $\overline{AD}=\overline{BC}$	已知ABCD為平行四邊形 & 平行四邊形兩組對邊相等
(3) 在△EAB與△EDF中 ∠E＝∠E ∠EAB＝∠D ∠EBA＝∠F	如圖8.2-13所示 共同角 由(1) $\overline{AB}/\!/\overline{DF}$ & 同位角相等 由(1) $\overline{AB}/\!/\overline{DF}$ & 同位角相等
(4) △EAB～△EDF	由(3) & 根據三角形(AAA)相似定理
(5) $\overline{EA}:\overline{ED}=\overline{AB}:\overline{DF}$	由(4) & 兩相似多邊形對應邊成比例
(6) $\overline{EA}:(\overline{EA}+\overline{BC})=\overline{CD}:(\overline{CD}+\overline{CF})$	將(2) $\overline{AB}=\overline{CD}$ 已證 & $\overline{ED}=\overline{EA}+\overline{AD}$、 $\overline{DF}=\overline{DC}+\overline{CF}$ 代入(5)得
(7) $\overline{EA}:(\overline{EA}+\overline{BC})=\overline{CD}:(\overline{CD}+\overline{CF})$	將(2) $\overline{AD}=\overline{BC}$ 已證 代入(6)得
(8) $4:(4+\overline{BC})=3:(3+4)$	由(7) & 已知$\overline{EA}=4$，$\overline{CD}=3$， $\overline{CF}=4$
(9) $(4+\overline{BC})\times3=4\times(3+4)$	由(8) & 內項乘積等於外項乘積
(10) 所以$\overline{BC}=4\times(3+4)\div3-4=\dfrac{16}{3}$	由(9) & 解一元一次方程式

定理 8.2-3　直角三角形斜邊上的高分成相似形定理（直角三角形子母相似定理）

直角三角形斜邊上的高分原直角三角形成兩相似三角形，並各與原直角三角形相似。

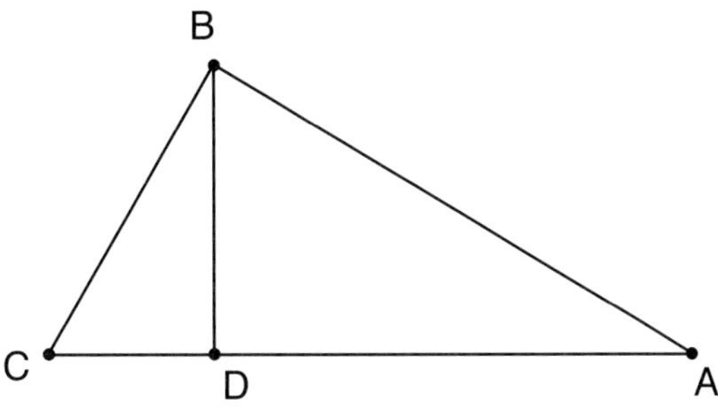

圖 8.2-14

已知　如圖8.2-14，△ABC為直角三角形，∠ABC＝90°，$\overline{BD}\perp\overline{AC}$

求證　△ABC～△ADB～△BDC

想法　利用三角形(AAA)相似定理

證明

敘述	理由
(1)∠ADB＝∠BDC＝90°	已知$\overline{BD}\perp\overline{AC}$
(2)△ABC中， ∠BAC＝180°－(∠ABC＋∠C) ＝180°－(90°＋∠C)	如圖8.2-14所示 三角形內角和為180° 已知∠ABC＝90°
(3)△BDC中， ∠DBC＝180°－(∠BDC＋∠C) ＝180°－(90°＋∠C)	如圖8.2-14所示 三角形內角和為180° 由(1) ∠BDC＝90° 已證
(4)∠BAC＝∠DBC	由(2) & (3) 遞移律

(5) 在△ABC與△BDC中， ∠C＝∠C ∠ABC＝∠BDC＝90° ∠BAC＝∠DBC	如圖8.2-14所示 共同角 已知∠ABC＝90° & 由(1) ∠BDC＝90° 由(4) 已證
(6)△ABC～△BDC	由(5) & 根據三角形(AAA)相似定理
(7)△ABC中， ∠BCA＝180°－(∠ABC＋∠A) ＝180°－(90°＋∠A)	如圖8.2-14所示 三角形內角和為180° 已知∠ABC＝90°
(8)△ADB中， ∠DBA＝180°－(∠ADB＋∠A) ＝180°－(90°＋∠A)	如圖8.2-14所示 三角形內角和為180° 由(1) ∠ADB＝90° 已證
(9)∠BCA＝∠DBA	由(7) & (8) 遞移律
(10)△ABC與△ADB中， ∠A＝∠A ∠ABC＝∠ADB＝90° ∠BCA＝∠DBA	如圖8.2-14所示 共同角 已知∠ABC＝90° & (1) ∠ADB＝90° 由(9) 已證
(11)△ABC～△ADB	由(10) & 根據三角形(AAA)相似定理
(12)△ABC～△ADB～△BDC	由(6) & (11) 遞移律

Q. E. D.

定理 8.2-4

直角三角形中比例中項定理

直角三角形斜邊上的高分斜邊成兩線段，斜邊上的高為這兩線段的比例中項

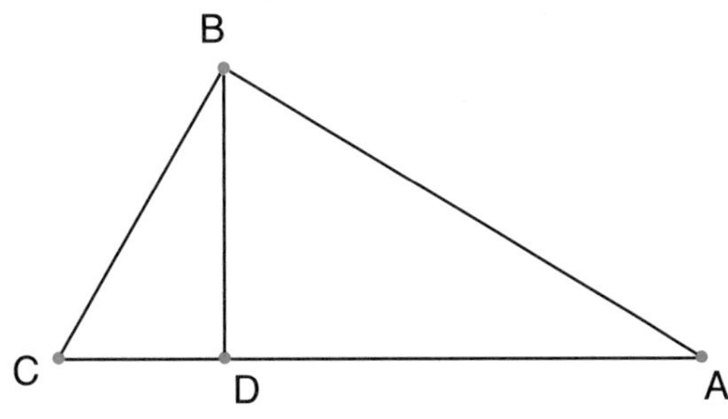

圖 8.2-15

已知

如圖8.2-15，△ABC為直角三角形，∠ABC＝90°，$\overline{BD} \perp \overline{AC}$

求證

$\overline{DB}^2=\overline{DA}\times\overline{DC}$

想法

利用直角三角形子母相似定理

證明

敘述	理由
(1)△BDC～△ADB	已知△ABC為直角三角形，∠ABC＝90°，$\overline{BD} \perp \overline{AC}$ & 直角三角形子母相似定理
(2) $\overline{DC}:\overline{DB}=\overline{DB}:\overline{DA}$	由(1) & 相似多邊形對應邊成比例
(3) $\overline{DB}^2=\overline{DA}\times\overline{DC}$	由(2) & 內項乘積等於外項乘積

Q. E. D

定理 8.2-5

直角三角形中直角邊比例中項定理

直角三角形斜邊上的高分斜邊成兩線段，任一直角邊為斜邊與這直角邊相鄰斜邊上的線段的比例中項。

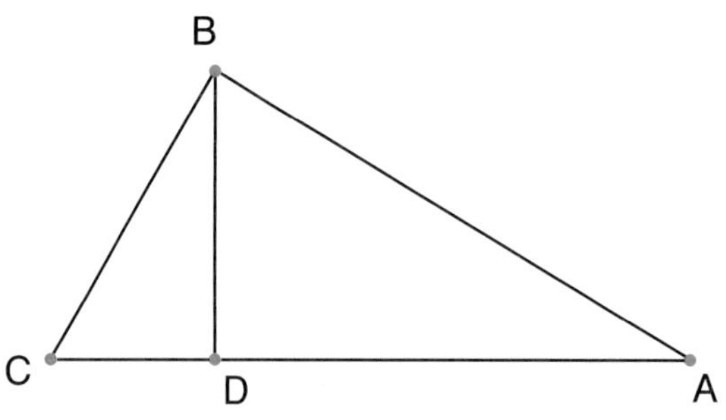

圖 8.2-16

如圖8.2-16，△ABC為直角三角形，∠ABC＝90°，$\overline{BD}\perp\overline{AC}$

(1) $\overline{CB}^2=\overline{CA}\times\overline{CD}$　　(2) $\overline{AB}^2=\overline{AC}\times\overline{AD}$

利用直角三角形子母相似定理

敘述	理由
(1) △ABC～△BDC	已知△ABC為直角三角形，∠ABC＝90°，$\overline{BD}\perp\overline{AC}$ & 直角三角形子母相似定理
(2) $\overline{CA}:\overline{CB}=\overline{CB}:\overline{CD}$	由(1) & 相似多邊形對應邊成比例
(3) $\overline{CB}^2=\overline{CA}\times\overline{CD}$	由(2) & 內項乘積等於外項乘積
(4)△ABC～△ADB	已知△ABC為直角三角形，∠ABC＝90°，$\overline{BD}\perp\overline{AC}$ & 直角三角形子母相似定理
(5) $\overline{AC}:\overline{AB}=\overline{AB}:\overline{AD}$	由(4) & 相似多邊形對應邊成比例
(6) $\overline{AB}^2=\overline{AC}\times\overline{AD}$	由(5) & 內項乘積等於外項乘積

Q. E. D

例題 8.2-13

如圖8.2-17，△ABC中，已知∠ABC＝90°，$\overline{AC}\perp\overline{BD}$，且$\overline{DA}$＝4、$\overline{DC}$＝16，則：(1) $\overline{DB}$＝？　(2) $\overline{AB}$＝？　(3) $\overline{CB}$＝？

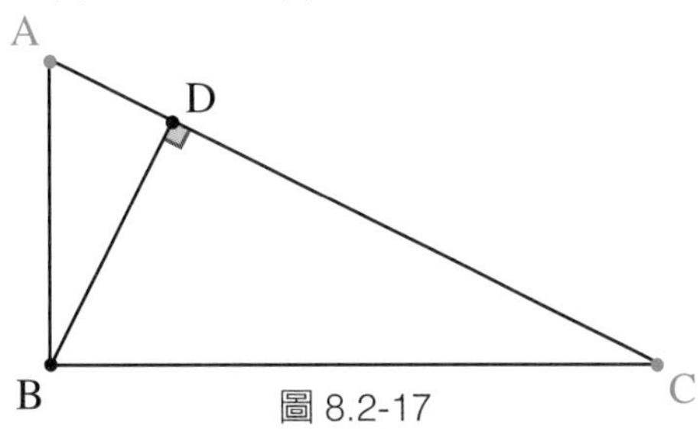

圖 8.2-17

(1) 直角三角形中比例中項定理　(2) 直角三角形中直角邊比例中項定理

敘述	理由
(1) $\overline{DB}^2=\overline{DA}\times\overline{DC}$	已知∠ABC＝90°，$\overline{AC}\perp\overline{BD}$ & 直角三角形中比例中項定理
(2) $\overline{DB}^2=4\times16$	由(1) & 已知 $\overline{DA}$＝4、$\overline{DC}$＝16
(3) $\overline{DB}=\pm\sqrt{4\times16}=\pm8$	由(2) & 求平方根
(4) 所以$\overline{DB}=8$	由(3) & $\overline{DB}$為線段長度必大於0
(5) $\overline{AB}^2=\overline{AC}\times\overline{AD}$	已知∠ABC＝90°，$\overline{AC}\perp\overline{DB}$ & 直角三角形中直角邊比例中項定理
(6) $\overline{AB}^2=20\times4$	由(5) & $\overline{AC}=\overline{DA}+\overline{DC}$ & 已知 $\overline{DA}$＝4、$\overline{DC}$＝16
(7) $\overline{AB}=\pm4\sqrt{5}$	由(6) & 求平方根
(8) 所以$\overline{AB}=4\sqrt{5}$	由(7) & $\overline{AB}$為線段長度必大於0
(9) $\overline{CB}^2=\overline{CA}\times\overline{CD}$	已知∠ABC＝90°，$\overline{AC}\perp\overline{BD}$ & 直角三角形中直角邊比例中項定理
(10) $\overline{CB}^2=20\times16$	由(9) & $\overline{CA}=\overline{DA}+\overline{DC}$ & 已知$\overline{DA}$＝4、$\overline{DC}$＝16
(11) $\overline{CB}=\pm8\sqrt{5}$	由(10) & 求平方根
(12) 所以$\overline{CB}=8\sqrt{5}$	由(11) & $\overline{CB}$為線段長度必大於0
(13) 所以$\overline{DB}=8$ $\overline{AB}=4\sqrt{5}$ $\overline{CB}=8\sqrt{5}$	由(4)、(8) & (12) 已證

例題 8.2-14

如圖8.2-18，△ABC中，已知∠ABC=90°，$\overline{AC}\perp\overline{BD}$，且$\overline{DB}=6$、$\overline{DA}=4$，則：(1) $\overline{DC}$=？ (2) $\overline{AB}$=？ (3) $\overline{CB}$=？

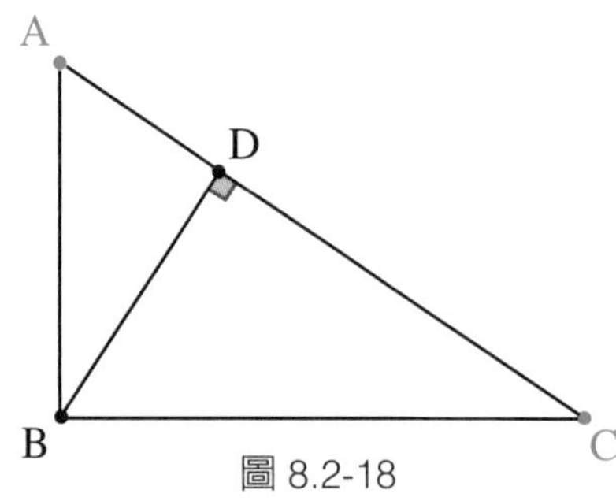

圖 8.2-18

(1) 直角三角形中比例中項定理 (2) 直角三角形中直角邊比例中項定理

敘述	理由
(1) $\overline{DB}^2=\overline{DA}\times\overline{DC}$	已知∠ABC=90°，$\overline{AB}\perp\overline{BD}$ & 直角三角形中比例中項定理
(2) $6^2=4\times\overline{DC}$	由(1) & 已知$\overline{DB}=6$、$\overline{DA}=4$
(3) $\overline{DC}=6^2\div4=9$	由(2) 等量除法公理
(4) $\overline{AB}^2=\overline{AC}\times\overline{AD}$	已知∠ABC=90°，$\overline{AC}\perp\overline{BD}$ & 直角三角形中直角邊比例中項定理
(5) $\overline{AB}^2=13\times4$	由(4) & $\overline{AC}=\overline{DA}+\overline{DC}$ & 已知$\overline{DA}=4$ & 由(3) $\overline{DC}=9$ 已證
(6) $\overline{AB}=\pm2\sqrt{13}$	由(5) & 求平方根
(7) 所以$\overline{AB}=2\sqrt{13}$	由(6) & $\overline{AB}$為線段長度必大於0
(8) $\overline{CB}^2=\overline{CA}\times\overline{CD}$	已知∠ABC=90°，$\overline{AC}\perp\overline{BD}$ & 直角三角形中直角邊比例中項定理
(9) $\overline{CB}^2=13\times9$	由(8) & $\overline{CA}=\overline{DA}+\overline{DC}$ & 已知$\overline{DA}=4$ & 由(3) $\overline{DC}=9$ 已證
(10) $\overline{CB}=\pm3\sqrt{13}$	由(9) & 求平方根
(11) 所以$\overline{CB}=3\sqrt{13}$	由(10) & $\overline{CB}$為線段長度必大於0
(12) 所以$\overline{DC}=9$ $\overline{AB}=2\sqrt{13}$ $\overline{CB}=3\sqrt{13}$	由(3)、(7) & (11) 已證

例題 8.2-15

如圖8.2-19，△ABC中，已知∠ABC＝90°，$\overline{AC}\perp\overline{BD}$，且$\overline{AB}$＝6、$\overline{BC}$＝8、$\overline{AC}$＝10，則：(1) $\overline{AD}$＝？　(2) $\overline{CD}$＝？　(3) $\overline{BD}$＝？

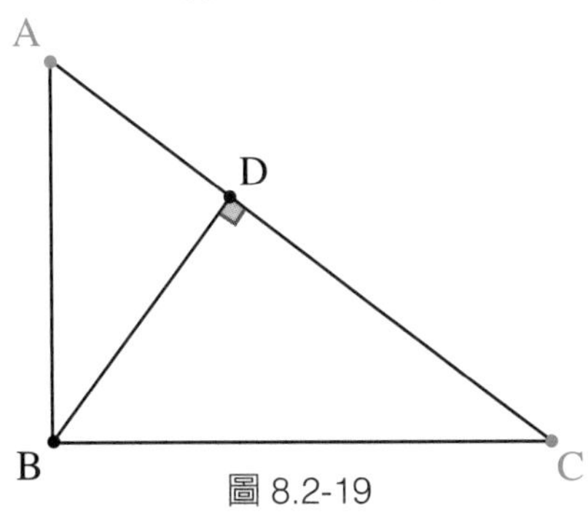

圖 8.2-19

(1) 直角三角形中比例中項定理　(2) 直角三角形中直角邊比例中項定理

敘述	理由
(1) $\overline{AB}^2=\overline{AC}\times\overline{AD}$	已知∠ABC＝90°，$\overline{AC}\perp\overline{BD}$ & 直角三角形中直角邊比例中項定理
(2) $6^2=10\times\overline{AD}$	由(1) & 已知$\overline{AB}$＝6、$\overline{AC}$＝10
(3) $\overline{AD}=6^2\div10=3.6$	由(2) 等量除法公理
(4) $\overline{CB}^2=\overline{CA}\times\overline{CD}$	已知∠ABC＝90°，$\overline{AC}\perp\overline{BD}$ & 直角三角形中直角邊比例中項定理
(5) $8^2=10\times\overline{CD}$	由(4) & 已知$\overline{BC}$＝8、$\overline{AC}$＝10
(6) $\overline{CD}=82\div10=6.4$	由(5) 等量除法公理
(7) $\overline{DB}^2=\overline{DA}\times\overline{DC}$	已知∠ABC＝90°，$\overline{AC}\perp\overline{BD}$ & 直角三角形中比例中項定理
(8) $\overline{DB}^2=3.6\times6.4$	將(3) $\overline{AD}$＝3.6 & (6) $\overline{CD}$＝6.4代入(7)得
(9) $\overline{DB}=\pm\sqrt{3.6\times6.4}$ $=\pm4.8$	由(8) & 求平方根
(10) 所以$\overline{DB}=4.8$	由(9) & $\overline{DB}$為線段長度必大於0
(11) 所以$\overline{AD}=3.6$ $\overline{CD}=6.4$ $\overline{DB}=4.8$	由(3)、(6) & (10) 已證

定理 8.2-6

三角形(SAS)相似定理

若兩三角形中有一相同角度的角，又夾這角的兩邊成比例，則這兩個三角形相似。

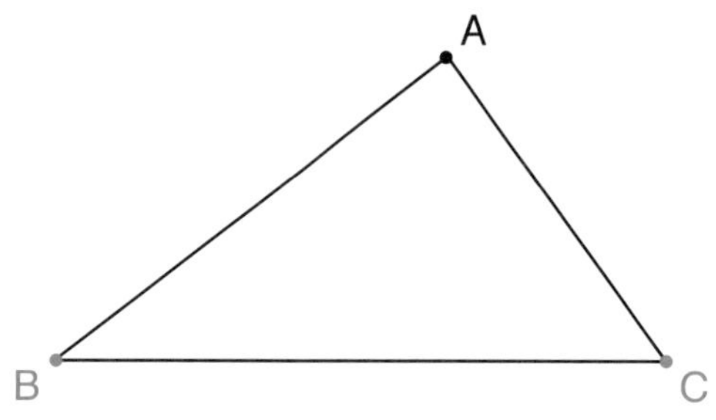

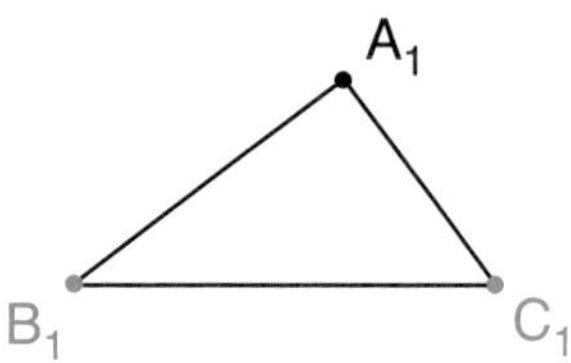

圖 8.2-20

如圖8.2-20，△ABC與△$A_1B_1C_1$中，∠A＝∠A_1，$\overline{AB}:\overline{A_1B_1}=\overline{AC}:\overline{A_1C_1}$

△ABC～△$A_1B_1C_1$

(1) 利用三角形一邊的平行判別定理(定理 8.1-12)

(2) 三角形(AAA)相似定理

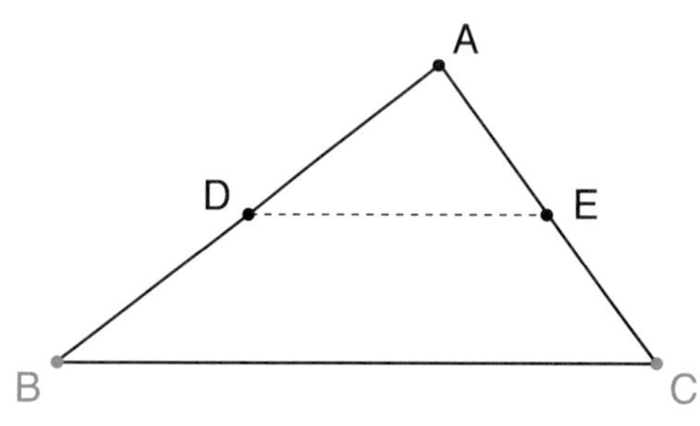

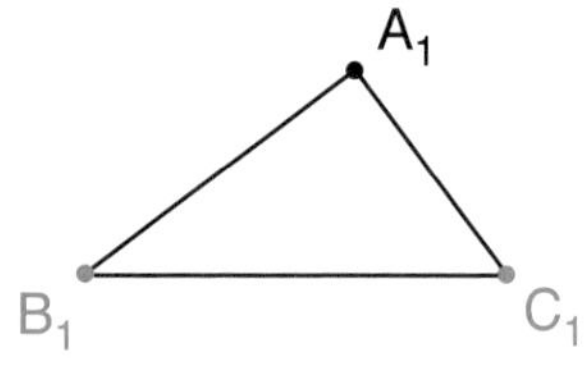

圖 8.2-20(a)

敘述	理由
(1) 假設$\overline{AB}>\overline{A_1B_1}$，在$\overline{AB}$上取$\overline{AD}=\overline{A_1B_1}$，在$\overline{AC}$上取$\overline{AE}=\overline{A_1C_1}$，連接$\overline{DE}$，如圖8.2-20(a)	假設 & 等線段作圖

(2) 在△ADE與△A_1B_1C1中， $\overline{AD}=\overline{A_1B_1}$ $\angle A=\angle A_1$ $\overline{AE}=\overline{A_1C_1}$	如圖8.2-20(a)所示 由(1) 作圖 已知 由(1) 作圖
(3)△ADE ≅ △A_1B_1C1	由(2) & 根據S.A.S.三角形全等定理
(4)$\angle ADE=\angle B_1$ & $\angle AED=\angle C_1$	由(3) & 對應角相等
(5) $\overline{AB}:\overline{A_1B_1}=\overline{AC}:\overline{A_1C_1}$	已知
(6) $\overline{AB}:\overline{AD}=\overline{AC}:\overline{AE}$	由(5) & (1) $\overline{AD}=\overline{A_1B_1}$、$\overline{AE}=\overline{A_1C_1}$ 作圖
(7) $(\overline{AB}-\overline{AD}):\overline{AD}=(\overline{AC}-\overline{AE}):\overline{AE}$	由(6) & 分比定理
(8) $\overline{DB}:\overline{AD}=\overline{EC}:\overline{AE}$	由(7) & $\overline{AB}-\overline{AD}=\overline{DB}$、 $\overline{AC}-\overline{AE}=\overline{EC}$
(9) $\overline{AD}:\overline{DB}=\overline{AE}:\overline{EC}$	由(8) & 反比定理
(10) 所以$\overline{DE}\,//\,\overline{BC}$	由(9) & 三角形一邊的平行判別定理（定理 8.1-12）
(11)$\angle ADE=\angle B$ & $\angle AED=\angle C$	由(10) & 同位角相等
(12) 所以$\angle B=\angle B_1$ & $\angle C=\angle C_1$	由(4) & (11) 遞移律
(13) 在△ABC與△$A_1B_1C_1$中， $\angle A=\angle A_1$ $\angle B=\angle B_1$ $\angle C=\angle C_1$	如圖8.2-20(a)所示 已知 由(12) 已證 由(12) 已證
(14) 所以△ABC～△$A_1B_1C_1$	由(13) & 根據三角形(AAA)相似定理

Q. E. D

例題 8.2-16

在△ABC和△DEF中，∠B＝∠E，且$\overline{BA}$＝4，$\overline{BC}$＝6，$\overline{ED}$＝10，$\overline{EF}$＝15，則△ABC和△DEF是否相似？為什麼？

利用三角形(SAS)相似定理

解

敘述	理由
(1) $\overline{BA}$：$\overline{ED}$＝4：10＝2：5	已知$\overline{BA}$＝4、$\overline{ED}$＝10＆倍比定理
(2) $\overline{BC}$：$\overline{EF}$＝6：15＝2：5	已知$\overline{BC}$＝6、$\overline{EF}$＝15＆倍比定理
(3) 在△ABC與△DEF中， ∠B＝∠E $\overline{BA}$：$\overline{ED}$＝$\overline{BC}$：$\overline{EF}$	 已知 由(1)＆(2)遞移律
(4) 所以△ABC～△DEF	由(3)＆根據三角形(SAS)相似定理

例題 8.2-17

如圖8.2-21，△ABC與△EDC中，且$\overline{CA}$＝5，$\overline{CB}$＝10，$\overline{CE}$＝12，$\overline{CD}$＝24，則△ABC與△EDC是否相似？為什麼？

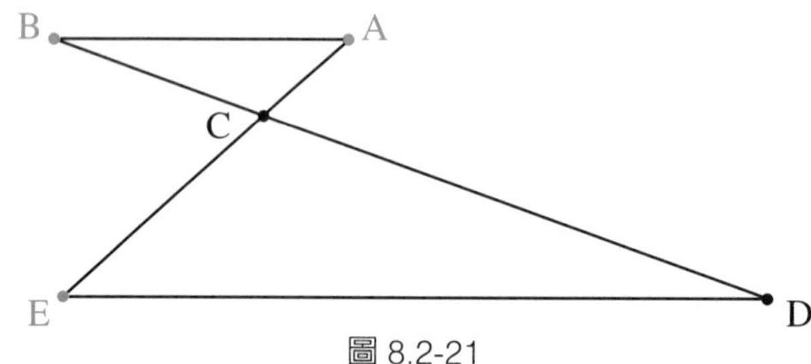

圖 8.2-21

利用三角形(SAS)相似定理

敘述	理由
(1) $\overline{CB}$：$\overline{CD}$＝10：24＝5：12	已知$\overline{CB}$＝10、$\overline{CD}$＝24＆倍比定理
(2) $\overline{CA}$：$\overline{CE}$＝5：12	已知$\overline{CA}$＝5、$\overline{CE}$＝12
(3) 在△ABC與△EDC中， ∠ACB＝∠ECD $\overline{CB}$：$\overline{CD}$＝$\overline{CA}$：$\overline{CE}$	如圖8.2-21所示 對頂角相等 由(1)＆(2)遞移律
(4) 所以△ABC～△EDC	由(3)＆根據三角形(SAS)相似定理

例題 8.2-18

如圖8.2-22，△ABC中，$\overline{AE}$＝5，$\overline{BE}$＝7，$\overline{BD}$＝3，$\overline{CD}$＝25，回答下列問題：(1) △BAC與△BDE是否相似？為什麼？

(2) 若$\overline{AC}$＝18，試求$\overline{DE}$。

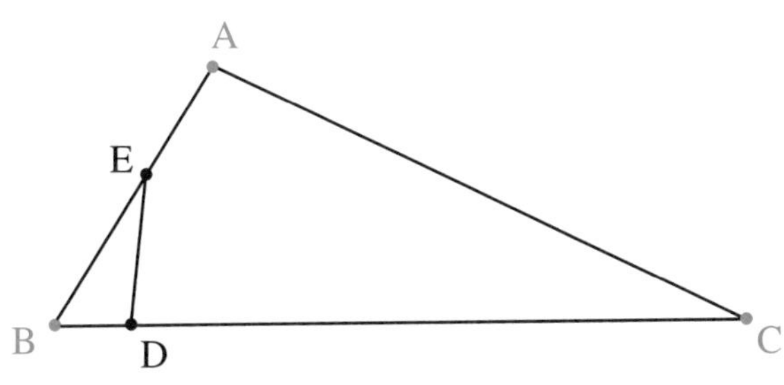

圖 8.2-22

想法　利用三角形(SAS)相似定理

解

敘述	理由
(1) $\overline{BA}$＝$\overline{BE}$＋$\overline{AE}$＝7＋5＝12	全量等於分量之和 & 已知$\overline{AE}$＝5、$\overline{BE}$＝7
(2) $\overline{BC}$＝$\overline{BD}$＋$\overline{CD}$＝3＋25＝28	全量等於分量之和 & 已知$\overline{BD}$=3、$\overline{CD}$=25
(3) $\overline{BA}$：$\overline{BD}$＝12：3＝4：1	由(1) $\overline{BA}$＝12 已證、已知$\overline{BD}$=3 & 倍比定理
(4) $\overline{BC}$：$\overline{BE}$＝28：7＝4：1	由(2) $\overline{BC}$＝28 已證、已知$\overline{BE}$=7 & 倍比定理
(5) 在△BAC與△BDE中， ∠B＝∠B $\overline{BA}$：$\overline{BD}$＝$\overline{BC}$：$\overline{BE}$	如圖8.2-22所示 共同角 由(3) & (4) 遞移律
(6) 所以△BAC～△BDE	由(5) & 根據三角形(SAS)相似定理
(7) $\overline{AC}$：$\overline{DE}$＝$\overline{BC}$：$\overline{BE}$	由(6) & 相似多邊形對應邊成比例
(8) 18：$\overline{DE}$＝4：1	將已知$\overline{AC}$＝18 & (4) $\overline{BC}$：$\overline{BE}$ =4：1 已證代入(7)得
(9) $\overline{DE}$×4＝18×1	由(8) & 內項乘積等於外項乘積
(10) $\overline{DE}$＝(18×1)÷4＝4.5	由(9) 等量除法公理

例題 8.2-19

如圖8.2-23，在△ABC和△CED中，$\overline{AB} /\!/ \overline{EC}$，且$\overline{BA}=6$，$\overline{BC}=5$，$\overline{AC}=3.5$，$\overline{CE}=24$，$\overline{CD}=20$，試求$\overline{ED}$。

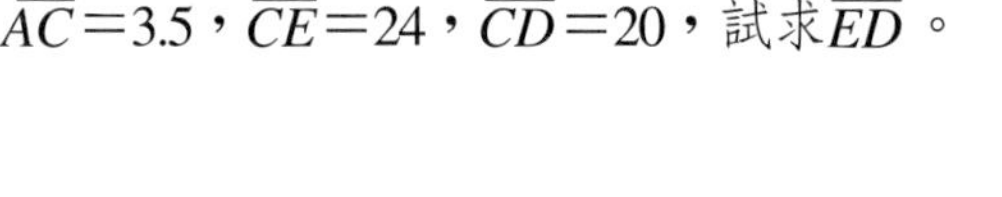

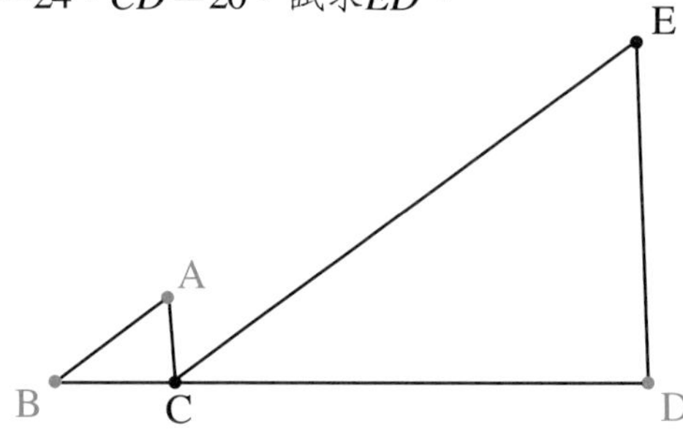

圖 8.2-23

想法 利用三角形(SAS)相似定理

解

敘述	理由
(1) ∠B＝∠ECD	已知$\overline{AB}$：$\overline{EC}$ & 同位角相等
(2) $\overline{BA}$：$\overline{CE}$＝6：24＝1：4	已知$\overline{BA}$＝6、$\overline{CE}$＝24 & 倍比定理
(3) $\overline{BC}$：$\overline{CD}$＝5：20＝1：4	已知$\overline{BC}$＝5、$\overline{CD}$＝20 & 倍比定理
(4) 在△BAC和△CED中， ∠B＝∠ECD $\overline{BA}$：$\overline{CE}$＝$\overline{BC}$：$\overline{CD}$	如圖8.2-23所示 由(1) 已證 由(2) & (3) 遞移律
(5) 所以△BAC～△CED	由(4) & 根據三角形(SAS)相似定理
(6) $\overline{AC}$：$\overline{ED}$＝$\overline{BA}$：$\overline{CE}$	由(5) & 相似多邊形對應邊成比例
(7) $\overline{AC}$：$\overline{ED}$＝1：4	由(2) & (6) 遞移律
(8) 3.5：$\overline{ED}$＝1：4	由(7) & 已知$\overline{AC}$＝3.5
(9) $\overline{ED}$＝3.5×4＝14	由(8) & 內項乘積等於外項乘積

定理 8.2-7　三角形(SSS)相似定理

若兩三角形對應邊的比相等，則這兩個三角形相似。

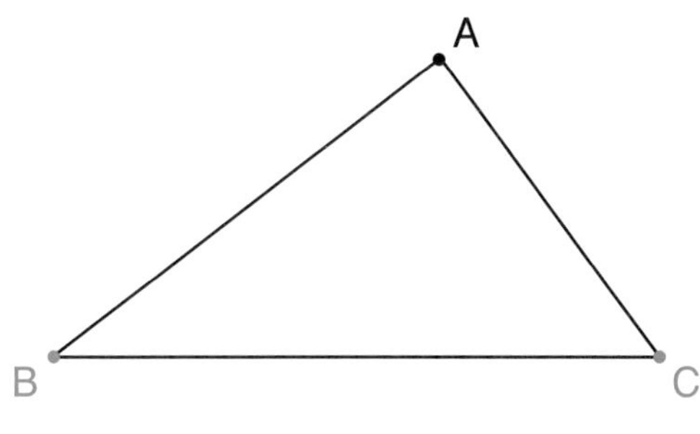

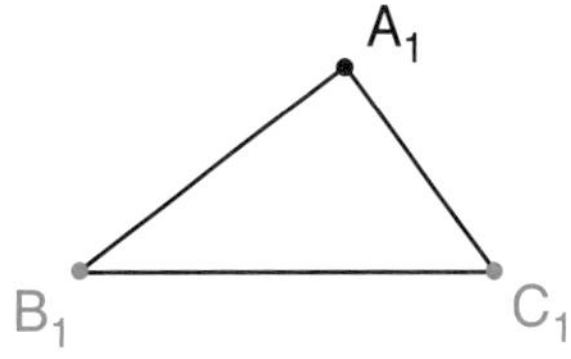

圖 8.2-24

如圖8.2-24，△ABC與△$A_1B_1C_1$中，$\overline{AB}:\overline{A_1B_1}=\overline{AC}:\overline{A_1C_1}=\overline{BC}:\overline{B_1C_1}$

△ABC～△$A_1B_1C_1$

利用三角形(SAS)相似定理

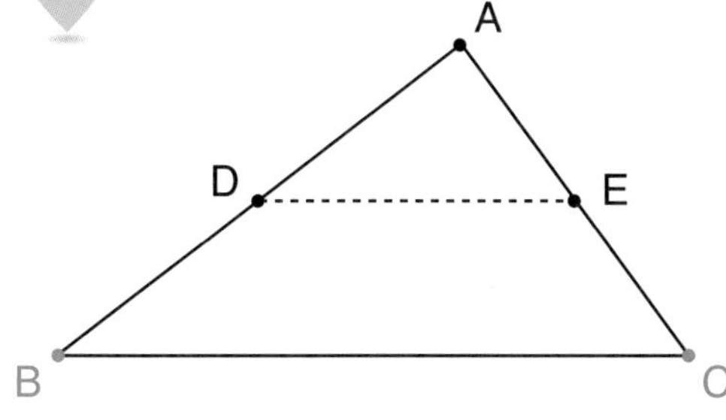

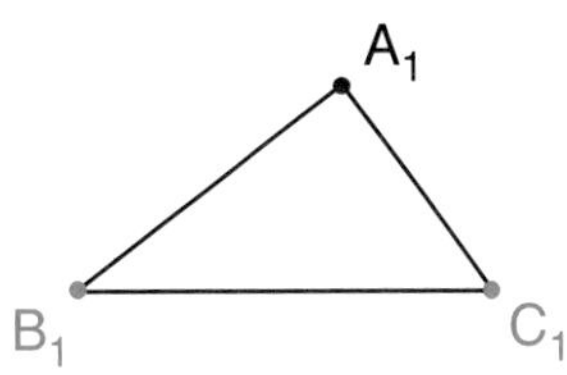

圖 8.2-24(a)

敘述	理由
(1) 假設$\overline{AB}>\overline{A_1B_1}$，在$\overline{AB}$上取$\overline{AD}=\overline{A_1B_1}$，在$\overline{AC}$上取$\overline{AE}=\overline{A_1C_1}$，連接$\overline{DE}$，如圖8.2-24(a)	假設 & 等線段作圖
(2) $\overline{AB}:\overline{A_1B_1}=\overline{AC}:\overline{A_1C_1}$	已知
(3) $\overline{AB}:\overline{AD}=\overline{AC}:\overline{AE}$	將(1) $\overline{AD}=\overline{A_1B_1}$、$\overline{AE}=\overline{A_1C_1}$ 代入(2) 得

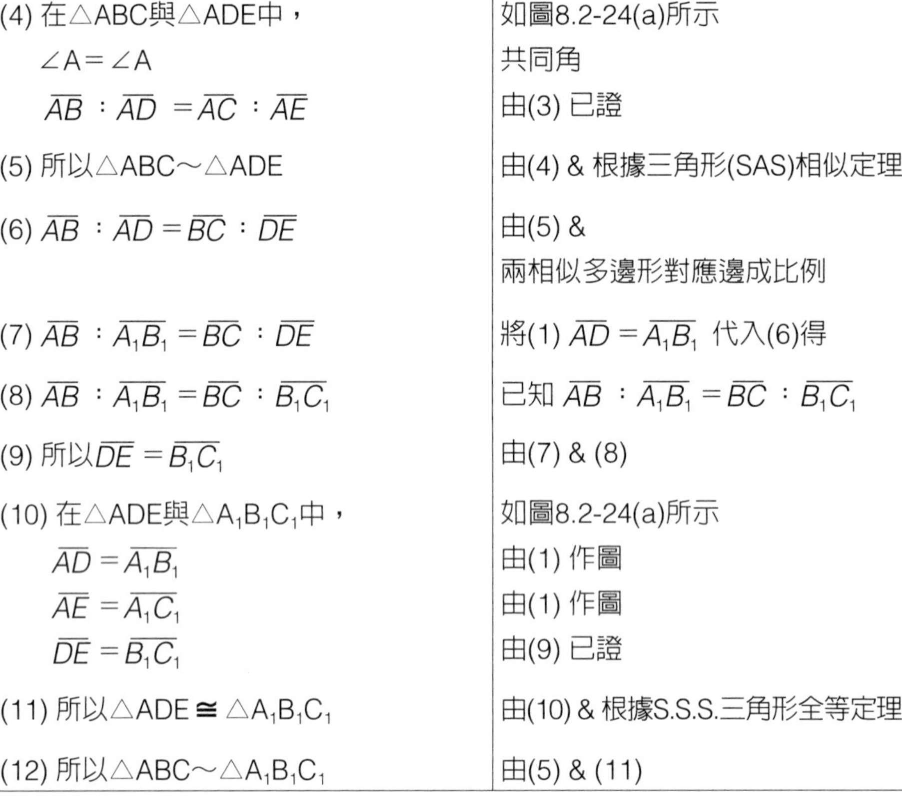

敘述	理由
(4) 在△ABC與△ADE中， $\angle A = \angle A$ $\overline{AB} : \overline{AD} = \overline{AC} : \overline{AE}$	如圖8.2-24(a)所示 共同角 由(3) 已證
(5) 所以△ABC～△ADE	由(4) & 根據三角形(SAS)相似定理
(6) $\overline{AB} : \overline{AD} = \overline{BC} : \overline{DE}$	由(5) & 兩相似多邊形對應邊成比例
(7) $\overline{AB} : \overline{A_1B_1} = \overline{BC} : \overline{DE}$	將(1) $\overline{AD} = \overline{A_1B_1}$ 代入(6)得
(8) $\overline{AB} : \overline{A_1B_1} = \overline{BC} : \overline{B_1C_1}$	已知 $\overline{AB} : \overline{A_1B_1} = \overline{BC} : \overline{B_1C_1}$
(9) 所以$\overline{DE} = \overline{B_1C_1}$	由(7) & (8)
(10) 在△ADE與△$A_1B_1C_1$中， $\overline{AD} = \overline{A_1B_1}$ $\overline{AE} = \overline{A_1C_1}$ $\overline{DE} = \overline{B_1C_1}$	如圖8.2-24(a)所示 由(1) 作圖 由(1) 作圖 由(9) 已證
(11) 所以△ADE ≅ △$A_1B_1C_1$	由(10) & 根據S.S.S.三角形全等定理
(12) 所以△ABC～△$A_1B_1C_1$	由(5) & (11)

Q. E. D.

例題 8.2-20

如圖8.2-25，請選出與△ABC相似的三角形。

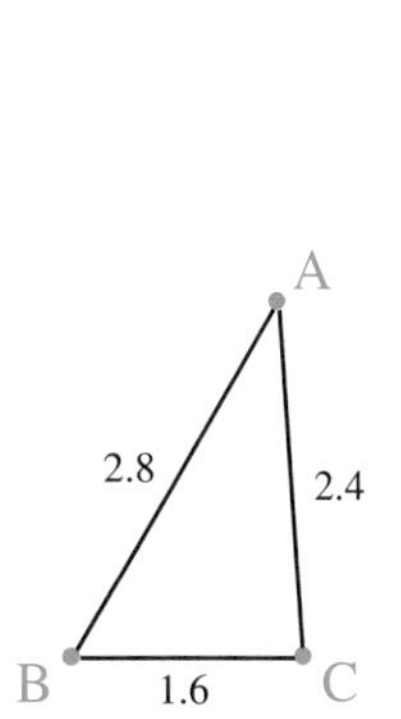

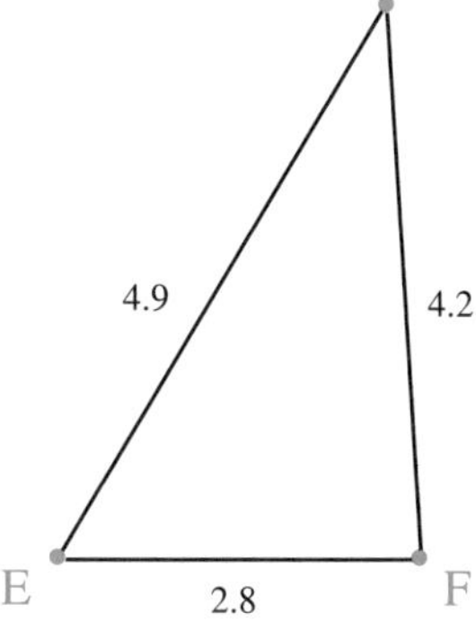

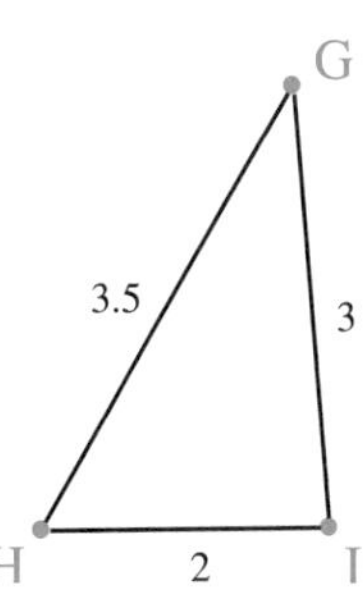

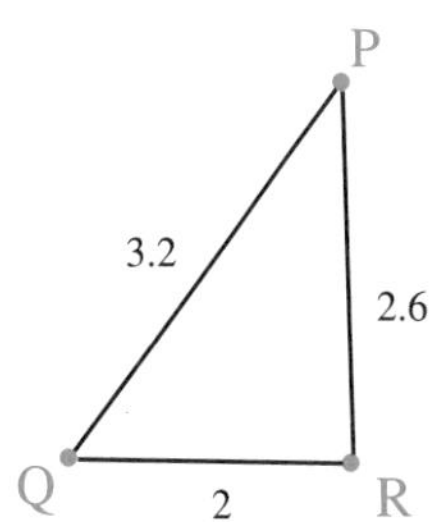

圖 8.2-25

利用三角形(SAS)相似定理

敘述	理由
(1) 在△ABC與△DEF中 $\overline{AB}$：$\overline{DE}$＝2.8：4.9＝4：7 $\overline{BC}$：$\overline{EF}$＝1.6：2.8＝4：7 $\overline{AC}$：$\overline{DF}$＝2.4：4.2＝4：7 $\overline{AB}$：$\overline{DE}$＝$\overline{BC}$：$\overline{EF}$＝$\overline{AC}$：$\overline{DF}$	如圖8.2-25所示 已知$\overline{AB}$＝2.8、$\overline{DE}$＝4.9 & 倍比定理 已知$\overline{BC}$＝1.6、$\overline{EF}$＝2.8 & 倍比定理 已知$\overline{AC}$＝2.4、$\overline{DF}$＝4.2 & 倍比定理 遞移律
(2) 所以△ABC～△DEF	由(1) & 根據三角形(SSS)相似定理
(3) 在△ABC與△GHI中 $\overline{AB}$：$\overline{GH}$＝2.8：3.5＝4：5 $\overline{BC}$：$\overline{HI}$＝1.6：2＝4：5 $\overline{AC}$：$\overline{GI}$＝2.4：3＝4：5 $\overline{AB}$：$\overline{GH}$＝$\overline{BC}$：$\overline{HI}$＝$\overline{AC}$：$\overline{GI}$	如圖8.2-25所示 已知$\overline{AB}$＝2.8、$\overline{GH}$＝3.5 & 倍比定理 已知$\overline{BC}$＝1.6、$\overline{HI}$＝2 & 倍比定理 已知$\overline{AC}$＝2.4、$\overline{GI}$＝3 & 倍比定理 遞移律
(4) 所以△ABC～△GHI	由(3) & 根據三角形(SSS)相似定理
(5) 在△ABC與△PQR中 $\overline{AB}$：$\overline{PQ}$＝2.8：3.2＝7：8 $\overline{BC}$：$\overline{QR}$＝1.6：2＝4：5 $\overline{AC}$：$\overline{PR}$＝2.4：2.6＝12：13 $\overline{AB}$：$\overline{PQ}$≠$\overline{BC}$：$\overline{QR}$≠$\overline{AC}$：$\overline{PR}$	如圖8.2-25所示 已知$\overline{AB}$＝2.8、$\overline{PQ}$＝3.2 & 倍比定理 已知$\overline{BC}$＝1.6、$\overline{QR}$＝2 & 倍比定理 已知$\overline{AC}$＝2.4、$\overline{PR}$＝2.6 & 倍比定理
(6) 所以△ABC與△PQR並不相似	由(5)

例題 8.2-21

如圖8.2-26，$\overline{AB}=9$，$\overline{BC}=12$，$\overline{CA}=6$，$\overline{DC}=4$，$\overline{AD}=8$，回答下列問題：

(1) 證明：△ABC～△CAD

(2) ∠ACD與△ABC的哪個角相等？

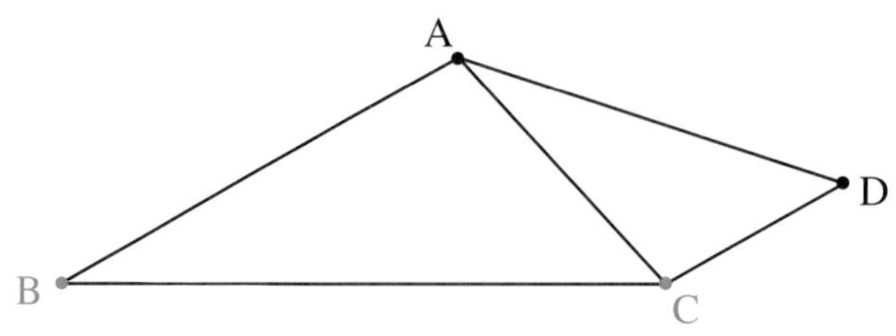

圖 8.2-26

(1) 利用三角形(SSS)相似定理

(2) 相似多邊形對應角相等

敘述	理由
(1) 在△ABC與△CAD中 $\overline{AB}:\overline{CA}=9:6=3:2$ $\overline{BC}:\overline{AD}=12:8=3:2$ $\overline{CA}:\overline{DC}=6:4=3:2$	如圖8.2-26所示 已知$\overline{AB}=9$、$\overline{CA}=6$ & 倍比定理 已知$\overline{BC}=12$、$\overline{AD}=8$ & 倍比定理 已知$\overline{CA}=6$、$\overline{DC}=4$ & 倍比定理
(2) $\overline{AB}:\overline{CA}=\overline{BC}:\overline{AD}=\overline{CA}:\overline{DC}$	由(1) & 遞移律
(3) 所以△ABC～△CAD	由(2) & 根據三角形(SSS)相似定理
(4) ∠ACD＝∠BAC	由(3) & 相似多邊形對應角相等

定理 8.2-8 相似三角形對應高比與對應邊比定理

相似三角形對應高的比等於對應邊的比

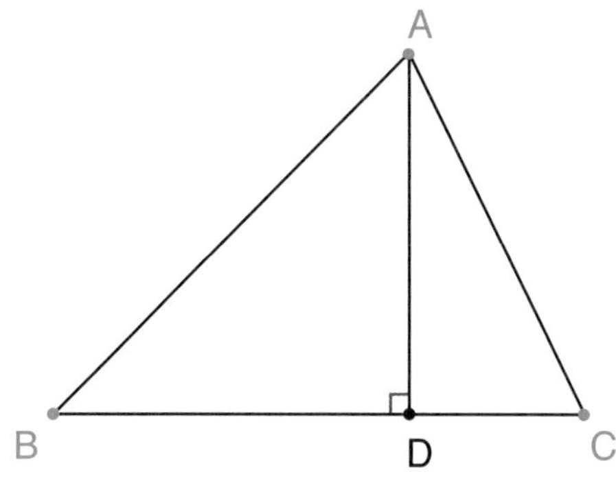

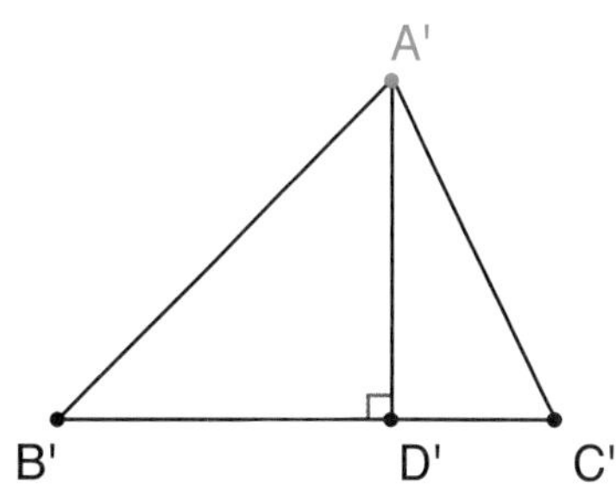

圖 8.2-27

已知 如圖8.2-27，△ABC～△A'B'C'，$\overline{AD}$ 與 $\overline{A'D'}$ 分別為 $\overline{BC}$ 與 $\overline{B'C'}$ 上的高

求證 $\overline{AD}:\overline{A'D'}=\overline{AB}:\overline{A'B'}=\overline{BC}:\overline{B'C'}=\overline{AC}:\overline{A'C'}$

想法 兩相似三角形對應角相等、對應邊成比例

證明

敘述	理由
(1) $\overline{AB}:\overline{A'B'}=\overline{BC}:\overline{B'C'}=\overline{AC}:\overline{A'C'}$ & ∠B＝∠B'	已知△ABC～△A'B'C' & 兩相似三角形對應角相等、對應邊成比例
(2) $\overline{AD}\perp\overline{BC}$ & $\overline{A'D'}\perp\overline{B'C'}$ (即∠ADB＝∠A'D'B'＝90°)	已知 $\overline{AD}$ 與 $\overline{A'D'}$ 分別為 $\overline{BC}$ 與 $\overline{B'C'}$ 上的高
(3)△ABD中，∠BAD＋∠ADB＋∠B＝180°	如圖8.2-27所示 三角形三內角和為180°
(4)∠BAD＝180°－(∠ADB＋∠B) ＝180°－(90°＋∠B) ＝90°－∠B	由(3) 等量減法公理 將(2) ∠ADB＝90° 代入
(5) △A'B'D'中，∠B'A'D'＋∠A'D'B'＋∠B'＝180°	如圖8.2-27所示 三角形三內角和為180°

(6) $\angle B'A'D' = 180^\circ - (\angle A'D'B' + \angle B')$ $= 180^\circ - (90^\circ + \angle B')$ $= 90^\circ - \angle B'$ $= 90^\circ - \angle B$	由(5) 等量減法公理 將(2) $\angle A'D'B' = 90^\circ$ 代入 將(1) $\angle B = \angle B'$ 代入
(7) $\angle BAD = \angle B'A'D'$	由(4) & (6) 遞移律
(8) 在△ABD與△A'B'D'中 $\angle B = \angle B'$ $\angle ADB = \angle A'D'B'$ $\angle BAD = \angle B'A'D'$	如圖8.2-27所示 由(1) 已證 由(2) 已證 由(7) 已證
(9) $\triangle ABD \sim \triangle A'B'D'$	由(8) & 根據A.A.A.三角形相似定理
(10) $\overline{AD} : \overline{A'D'} = \overline{AB} : \overline{A'B'}$	由(9) & 兩相似三角形對應邊成比例
(11) 所以 $\overline{AD} : \overline{A'D'} = \overline{AB} : \overline{A'B'}$ $= \overline{BC} : \overline{B'C'} = \overline{AC} : \overline{A'C'}$	由(1) $\overline{AB} : \overline{A'B'} = \overline{BC} : \overline{B'C'} = \overline{AC} : \overline{A'C'}$ & (10) 遞移律

Q. E. D

例題 8.2-22

如圖8.2-28所示，△ABC～△A'B'C'，$\overline{AD}$與$\overline{B'C'}$分別為$\overline{BC}$與$\overline{B'C'}$上的高，若$\overline{BC}$＝12公分，$\overline{B'C'}$＝9公分，$\overline{AD}$＝8公分，則$\overline{A'D'}$＝？

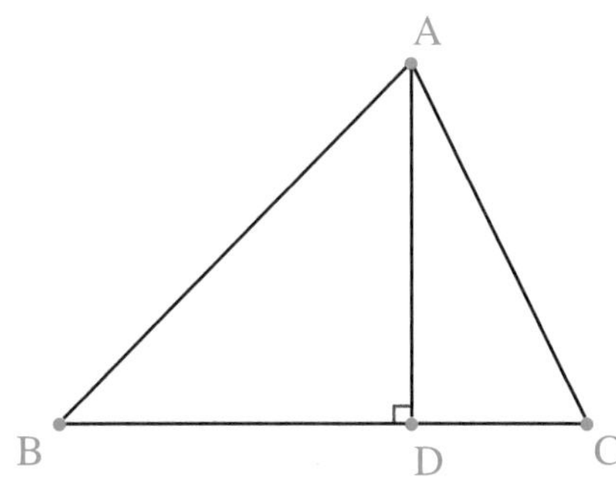

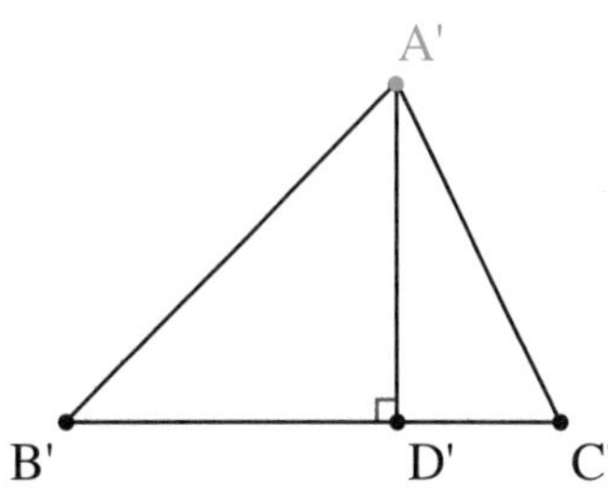

圖 8.2-28

相似三角形對應高的比等於對應邊的比

敘述	理由
(1) $\overline{AD}$：$\overline{A'D'}$＝$\overline{BC}$：$\overline{B'C'}$	已知△ABC～△A'B'C'，$\overline{AD}$與$\overline{A'D'}$分別為$\overline{BC}$與$\overline{B'C'}$上的高 & 相似三角形對應高的比等於對應邊的比
(2) 8公分：$\overline{A'D'}$＝12公分：9公分	由(1) & 已知$\overline{BC}$＝12公分，$\overline{B'C'}$＝9公分，$\overline{AD}$＝8公分
(3) $\overline{A'D'}$×(12公分)＝(8公分)×(9公分)	由(2) 內項乘積等於外項乘積
(4) $\overline{A'D'}$＝(8公分)×(9公分)÷(12公分) ＝6公分	由(3) 等量除法公理

定理 8.2-9 相似多邊形分成定理

兩相似多邊形，可分成個數相同的相似三角形，且其關係位置相同。

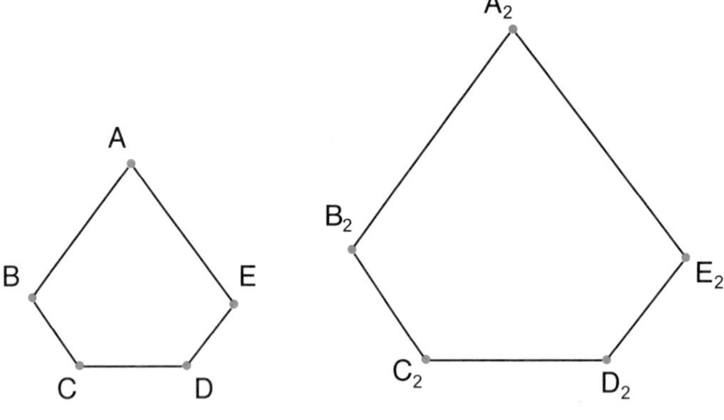

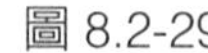
圖 8.2-29

已知 如圖8.2-29，五邊形ABCDE與五邊形$A_2B_2C_2D_2E_2$為兩似多邊形，頂點A、B、C、D、E分別與頂點A_2、B_2、C_2、D_2、E_2對應。

求證 五邊形ABCDE與五邊形$A_2B_2C_2D_2E_2$可分成個數相同且位置對應的相似三角形。

想法 利用相似多邊形定義及三角形(SAS)相似定理證明對應位置的三角形相似。

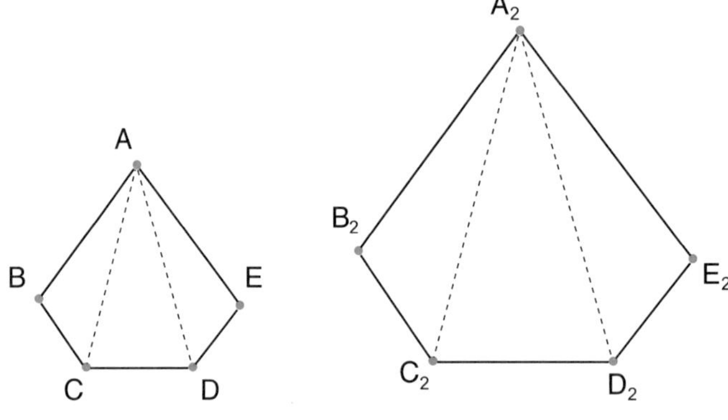

圖 8.2-29(a)

證明

敘述	理由
(1) 過A點作對角線$\overline{AC}$及$\overline{AD}$，得△ABC、△ACD與△ADE；過A_2點作對角線$\overline{A_2C_2}$及$\overline{A_2D_2}$，得△$A_2B_2C_2$、△$A_2C_2D_2$與△$A_2D_2E_2$。如圖8.2-29(a)	直線作圖

(2) $\angle B=\angle B_2$、$\angle BCD=\angle B_2C_2D_2$、$\angle E=\angle E_2$ & $\overline{AB}:\overline{A_2B_2}=\overline{BC}:\overline{B_2C_2}$ $=\overline{CD}:\overline{C_2D_2}=\overline{DE}:\overline{D_2E_2}$ $=\overline{AE}:\overline{A_2E_2}$	已知五邊形ABCDE與五邊形$A_2B_2C_2D_2E_2$為兩似多邊形 & 相似多邊形對應角相等且對應邊成比例
(3) 在△ABC與△$A_2B_2C_2$中 $\angle B=\angle B2$ $\overline{AB}:\overline{A_2B_2}=\overline{BC}:\overline{B_2C_2}$	如圖8.2-29(a)所示 由(2) 已證 由(2) 已證
(4) 所以△ABC～△$A_2B_2C_2$	由(3) & 根據三角形(SAS) 相似定理
(5) $\angle ACB=\angle A_2C_2B_2$	由(4) & 相似三角形的 對應角相等
(6) $\angle BCD=\angle B_2C_2D_2$	由(2) 已證
(7) $\angle BCD-\angle ACB=\angle B_2C_2D_2-\angle A_2C_2B_2$ （即$\angle ACD=\angle A_2C_2D_2$）	由(6)式減(5)式 等量減法公理
(8) $\overline{BC}:\overline{B_2C_2}=\overline{AC}:\overline{A_2C_2}$	由(4) & 相似多邊形對應邊成比例
(9) $\overline{BC}:\overline{B_2C_2}=\overline{CD}:\overline{C_2D_2}$	由(2) 已證
(10) $\overline{AC}:\overline{A_2C_2}=\overline{CD}:\overline{C_2D_2}$	由(8) & (9) 遞移律
(11) 在△ACD與△$A_2C_2D_2$中 $\angle ACD=\angle A_2C_2D_2$ $\overline{AC}:\overline{A_2C_2}=\overline{CD}:\overline{C_2D_2}$	如圖8.2-29(a)所示 由(7) 已證 由(10) 已證
(12) 所以△ACD～△$A_2C_2D_2$	由(11) & 根據三角形(SAS) 相似定理
(13) 在△ADE與△$A_2D_2E_2$中 $\angle E=\angle E_2$ $\overline{DE}:\overline{D_2E_2}=\overline{AE}:\overline{A_2E_2}$	如圖8.2-29(a)所示 由(2) 已證 由(2) 已證
(14) △ADE～△$A_2D_2E_2$	由(13) & 根據三角形(SAS) 相似定理

Q. E. D

定理 8.2-10

相似多邊形組成定理

兩多邊形，若由個數相等，關係位置相同的相似三角形所組成，則這兩多邊形相似。

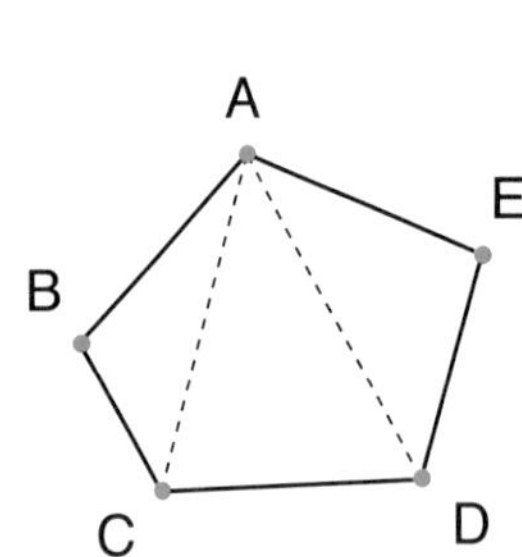

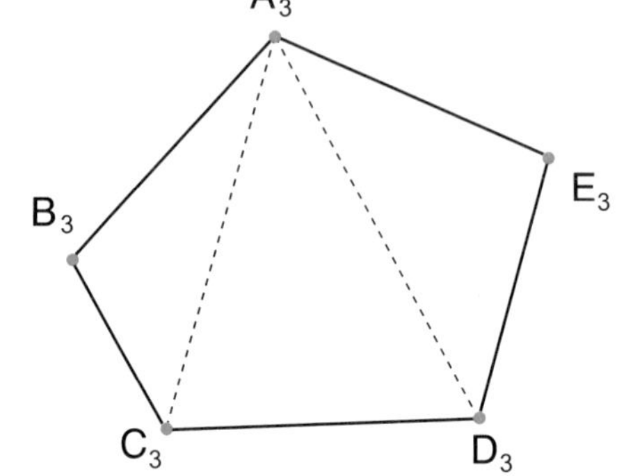

圖 8.2-30

已知　如圖8.2-30，五邊形ABCDE與五邊形$A_3B_3C_3D_3E_3$中，若$\triangle ABC \sim \triangle A_3B_3C_3$，$\triangle ACD \sim \triangle A_3C_3D_3$，$\triangle ADE \sim \triangle A_3D_3E_3$。

求證　五邊形ABCDE～五邊形$A_3B_3C_3D_3E_3$

想法　證明五邊形ABCDE 與五邊形$A_3B_3C_3D_3E_3$的對應邊成比例及對應角相等

證明

敘述	理由
(1) $\overline{AC}:\overline{A_3B_3}=\overline{BC}:\overline{B_3C_3}=\overline{AC}:\overline{A_3C_3}$ &$\angle ABC=\angle A_3B_3C_3$，$\angle BCA=\angle B_3C_3A_3$，$\angle BAC=\angle B_3A_3C_3$	已知$\triangle ABC \sim \triangle A_3B_3C_3$ & 相似形三角形的對應邊成比例且對應角相等
(2) $\overline{AD}:\overline{A_3D_3}=\overline{CD}:\overline{C_3D_3}=\overline{AC}:\overline{A_3C_3}$ &$\angle ACD=\angle A_3C_3D_3$，$\angle CAD=\angle C_3A_3D_3$，$\angle CDA=\angle C_3D_3A_3$	已知$\triangle ACD \sim \triangle A_3C_3D_3$ & 相似形三角形的對應邊成比例且對應角相等

(3) $\overline{AD}:\overline{A_3D_3}=\overline{DE}:\overline{D_3E_3}=\overline{AE}:\overline{A_3E_3}$ &∠ADE＝∠$A_3D_3E_3$，∠DAE＝∠$D_3A_3E_3$，∠DEA＝∠$D_3E_3A_3$	已知△ADE～△$A_3D_3E_3$ & 相似形三角形的對應邊成比例且對應角相等
(4) $\overline{AB}:\overline{A_3B_3}=\overline{BC}:\overline{B_3C_3}=\overline{CD}:\overline{C_3D_3}$ $=\overline{DE}:\overline{D_3E_3}=\overline{AE}:\overline{A_3E_3}$	由(1)、(2) & (3) 遞移律
(5) ∠BAC＋∠CAD＋∠DAE ＝∠$B_3A_3C_3$＋∠$C_3A_3D_3$＋∠$D_3A_3E_3$	由(1)、(2) & (3) & 等量加法公理
(6) ∠BAE＝∠$B_3A_3E_3$	由(5) & ∠BAE＝∠BAC＋∠CAD＋∠DAE ∠$B_3A_3E_3$＝∠$B_3A_3C_3$＋∠$C_3A_3D_3$＋∠$D_3A_3E_3$
(7) ∠BCA＋∠ACD＝∠$B_3C_3A_3$＋∠$A_3C_3D_3$	由(1) & (2) & 等量加法公理
(8) ∠BCD＝∠$B_3C_3D_3$	由(7) & ∠BCD＝∠BCA＋∠ACD & ∠$B_3C_3D_3$＝∠$B_3C_3A_3$＋∠$A_3C_3D_3$
(9) ∠CDA＋∠ADE＝∠$C_3D_3A_3$＋∠$A_3D_3E_3$	由(2) & (3) & 等量加法公理
(10) ∠CDE＝∠$C_3D_3E_3$	由(9) & ∠CDE＝∠CDA＋∠ADE & ∠$C_3D_3E_3$＝∠$C_3D_3A_3$＋∠$A_3D_3E_3$
(11) ∠BAE＝∠$B_3A_3E_3$、∠ABC＝∠$A_3B_3C_3$、∠BCD＝∠$B_3C_3D_3$、∠CDE＝∠$C_3D_3E_3$、∠DEA＝∠$D_3E_3A_3$	由(6)、(1)、(8)、(10) & (3)已證
(12) 五邊形ABCDE～五邊形$A_3B_3C_3D_3E_3$	由(4) & (11) & 相似多邊形的定義

Q. E. D

定理 8.2-11 兩弦內分定理（圓內冪性質）

若兩弦相交於圓內，則一弦上兩線段的積等於另一弦上兩線段的積。

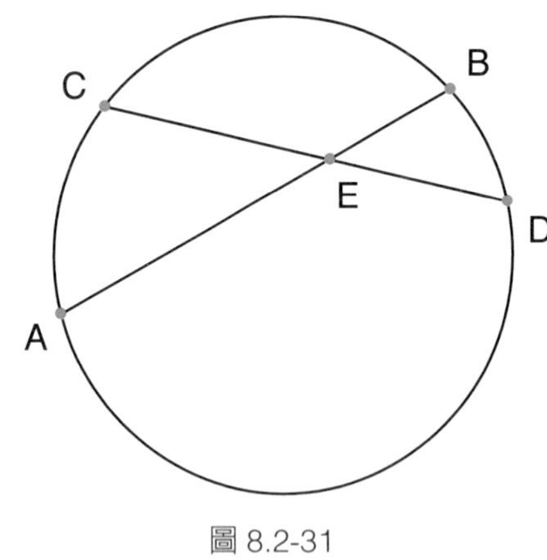

圖 8.2-31

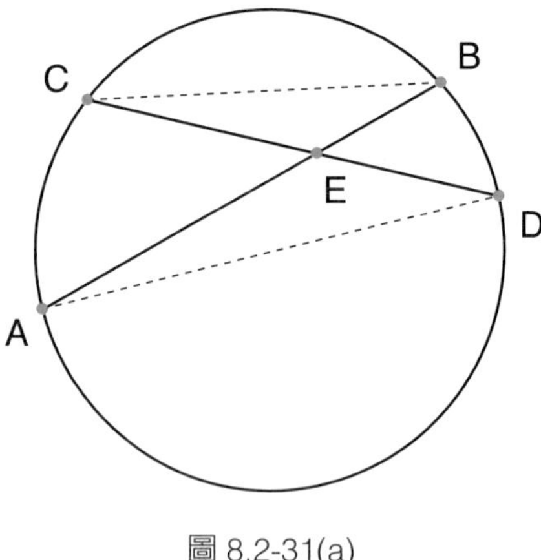

圖 8.2-31(a)

已知　如圖8.2-31，$\overline{AB}$及$\overline{CD}$為圓的兩弦。

求證　$\overline{AE}\times\overline{EB}=\overline{CE}\times\overline{ED}$

想法　如圖8.2-31(a)，證明△AED～△CEB，再利用相似三角形的對應邊成比例的性質。

證明

敘述	理由
(1) 連接$\overline{AD}$、$\overline{BC}$，如圖8.2-31(a)	兩點作一直線
(2) 在△AED與△CEB中，	如圖8.2-31(a)所示
∠A＝∠C	同圓中等弧對等圓周角
∠D＝∠B	同圓中等弧對等圓周角
∠AED＝∠CEB	對頂角相等
(3) △AED～△CEB	由(2) & 根據三角形(AAA)相似定理
(4) $\overline{AE}:\overline{CE}=\overline{ED}:\overline{EB}$	由(3) & 相似三角形對應邊成比例
(5) $\overline{AE}\times\overline{EB}=\overline{CE}\times\overline{ED}$	由(4) & 外項乘積等於內項乘積

Q. E. D

例題 8.2-23

如圖8.2-32，弦$\overline{AB}$與弦$\overline{CD}$交於P點。若$\overline{PA}=4$，$\overline{PB}=6$，則$\overline{PC}\times\overline{PD}=$_____。

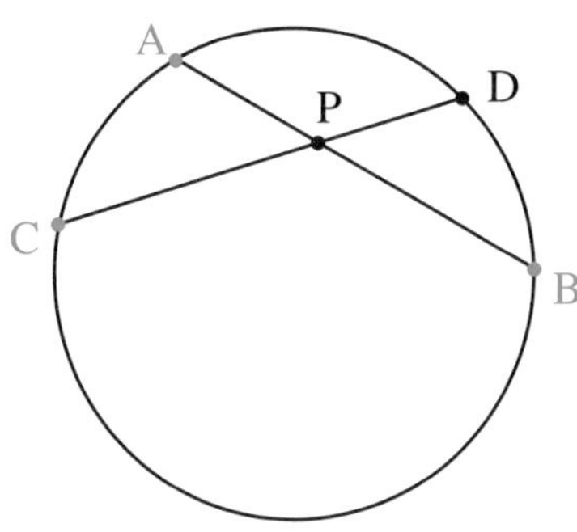

圖 8.2-32

利用圓內冪性質來解題

敘述	理由
(1) $\overline{PC}\times\overline{PD}=\overline{PA}\times\overline{PB}$	已知弦$\overline{AB}$與弦$\overline{CD}$交於P點 & 圓內冪性質
(2) $\overline{PC}\times\overline{PD}=4\times6=24$	由(1) & 已知$\overline{PA}=4$，$\overline{PB}=6$

例題 8.2-24

如圖8.2-33，圓的兩弦$\overline{AB}$和$\overline{CD}$相交於P點。若$\overline{CP}=20$，$\overline{DP}=4$，$\overline{BP}=5$，則$\overline{PA}=$_____。

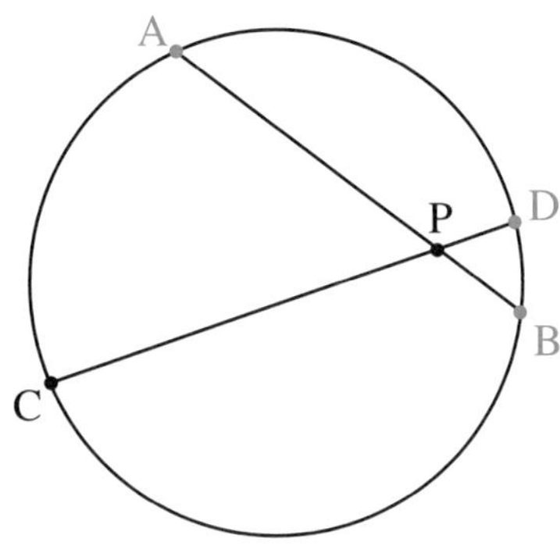

圖 8.2-33

利用圓內冪性質來解題

敘述	理由
(1) $\overline{PA}\times\overline{PB}=\overline{PC}\times\overline{PD}$	已知弦$\overline{AB}$與弦$\overline{CD}$交於P點 & 圓內冪性質
(2) $\overline{PA}\times5=20\times4$	由(1) & 已知$\overline{CP}=20$，$\overline{DP}=4$，$\overline{BP}=5$
(3) $\overline{PA}=(20\times4)\div5=16$	由(2) 等量除法公理

例題 8.2-25

如圖8.2-34，$\overline{AB}$、$\overline{CD}$為圓的兩弦，且兩弦相交於P點。若$\overline{AP}=x$，$\overline{CP}=x+3$，$\overline{BP}=3x-1$，$\overline{DP}=x+1$，則$\overline{AB}=$？

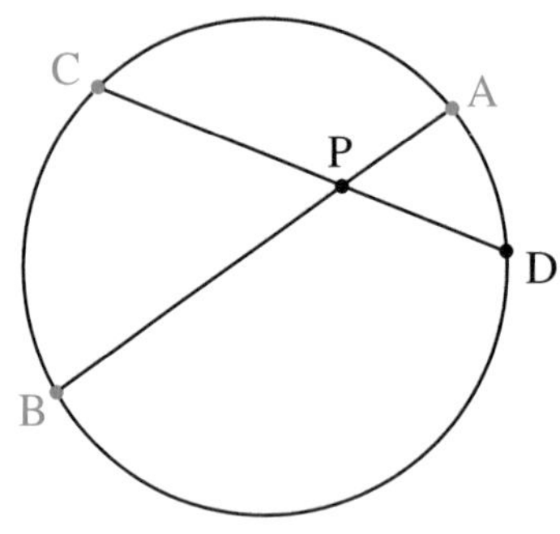

圖 8.2-34

利用圓內冪性質來解題

敘述	理由
(1) $\overline{PA}\times\overline{PB}=\overline{PC}\times\overline{PD}$	已知弦$\overline{AB}$與弦$\overline{CD}$交於P點 & 圓內冪性質
(2) $x\times(3x-1)=(x+3)\times(x+1)$	由(1) & 已知$\overline{AP}=x$，$\overline{CP}=x+3$，$\overline{BP}=3x-1$，$\overline{DP}=x+1$
(3) $x=\frac{1}{2}$或$x=3$	由(2) & 解一元二次方程式
(4) 所以$x=3$	由(3) & $\overline{AP}=x$為線段長度，必大於0
(5) $\overline{AB}=\overline{AP}+\overline{BP}=x+3x-1$ $=4x-1$ $=4\times3-1=11$	如圖8.2-34所示，全量等於分量之和 & 已知$\overline{AP}=x$，$\overline{BP}=3x-1$ & 由(4) $x=3$代入
(6) 所以$\overline{AB}=11$	由(5) 已證

例題 8.2-26

如圖8.2-35，$\overline{AE}$、$\overline{DB}$在圓內交於一點C。$\overline{AC}=3x-1$，$\overline{CD}=x+1$，$\overline{BC}=5x+1$，$\overline{CE}=4x-4$，則x＝_____。

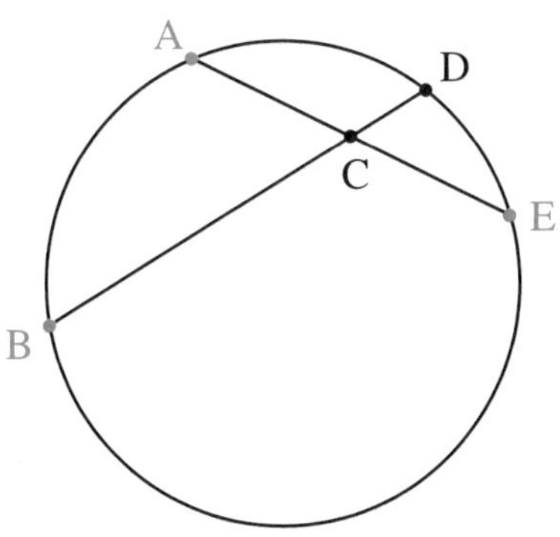

圖 8.2-35

想法　利用圓內冪性質來解題

解

敘述	理由
(1) $\overline{AC}\times\overline{CE}=\overline{BC}\times\overline{CD}$	已知$\overline{AE}$、$\overline{DB}$在圓內交於一點C & 圓內冪性質
(2) $(3x-1)\times(4x-4)=(5x+1)\times(x+1)$	由(1) & 已知$\overline{AC}=3x-1$，$\overline{CD}=x+1$，$\overline{BC}=5x+1$，$\overline{CE}=4x-4$
(3) $x=\frac{1}{7}$ 或 $x=3$	由(2) & 解一元二次方程式
(4) 若$x=\frac{1}{7}$，則$\overline{AC}=3x-1=3\times\frac{1}{7}-1=\frac{4}{7}$不合	將$x=\frac{1}{7}$代入已知$\overline{AC}=3x-1$ & $\overline{AC}$為線段長度，必大於0
(5) 若$x=3$，則$\overline{AC}=3x-1=3\times3-1=8$ $\overline{CD}=x+1=3+1=4$ $\overline{BC}=5x+1=5\times3+1=16$ $\overline{CE}=4x-4=4\times3-4=8$	將$x=3$代入已知$\overline{AC}=3x-1$，$\overline{CD}=x+1$，$\overline{BC}=5x+1$，$\overline{CE}=4x-4$
(6) 所以$x=3$	由(5)

例題 8.2-27

如圖8.2-36，圓的兩弦$\overline{AB}$和$\overline{CD}$相交於E點，且$\overline{AE}>\overline{BE}$。若$\overline{CE}=20$，$\overline{DE}=4$，$\overline{AB}=21$，則$\overline{AE}=$______。

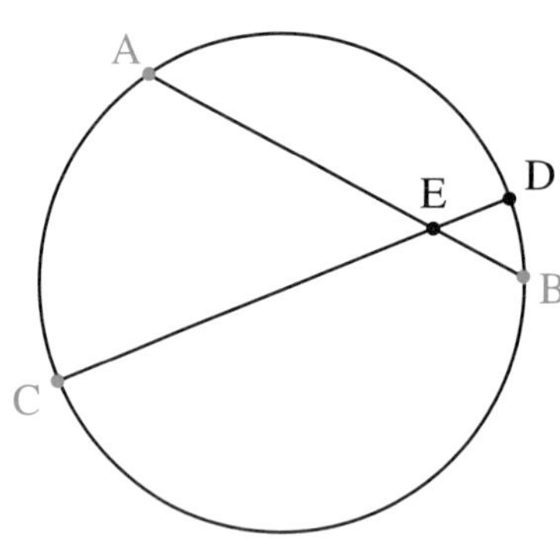

圖 8.2-36

利用圓內冪性質來解題

敘述	理由
(1) $\overline{AB}=\overline{AE}+\overline{BE}$	如圖8.2-36所示，全量等於分量之和
(2) $\overline{BE}=\overline{AB}-\overline{AE}=21-\overline{AE}$	由(1) 等量減法公理 & 已知$\overline{AB}=21$
(3) $\overline{AE}\times\overline{BE}=\overline{CE}\times\overline{DE}$	已知圓的兩弦$\overline{AB}$和$\overline{CD}$相交於E點 & 圓內冪性質
(4) $\overline{AE}\times(21-\overline{AE})=20\times4$	將(2) $\overline{BE}=21-\overline{AE}$ 已證 & 已知$\overline{CE}=20$，$\overline{DE}=4$ 代入(3)
(5) $\overline{AE}=5$ 或$\overline{AE}=16$	由(4) & 解一元二次方程式
(6) 當$\overline{AE}=5$時， $\overline{BE}=21-\overline{AE}=21-5=16$ 不合	將(5) $\overline{AE}=5$ 代入 (2) $\overline{BE}=21-\overline{AE}$ & 已知$\overline{AE}>\overline{BE}$
(7) 當$\overline{AE}=16$時， $\overline{BE}=21-\overline{AE}=21-16=5$	將(5) $\overline{AE}=16$ 代入 (2) $\overline{BE}=21-\overline{AE}$ & 已知$\overline{AE}>\overline{BE}$
(8) 所以$\overline{AE}=16$	由(7)

定理 8.2-12

兩割線外分定理（圓外冪性質）

若兩割線相交於圓外一點，則一割線的全長與其圓外線段的積，等於另一割線的全長與其圓外線段的積。

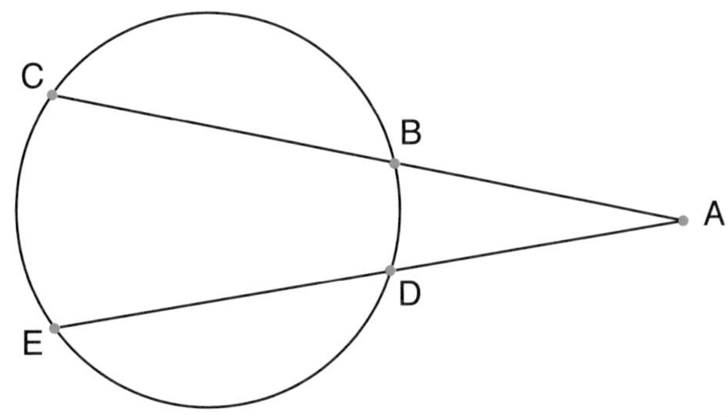

圖 8.2-37

已知　如圖8.2-37，$\overline{AC}$及$\overline{AE}$為圓的兩割線且相交於A點。

求證　$\overline{AB}\times\overline{AC}=\overline{AD}\times\overline{AE}$

想法　如圖8.2-37(a)，證明△ACD～△AEB，利用相似三角形的對應邊成比例的性質。

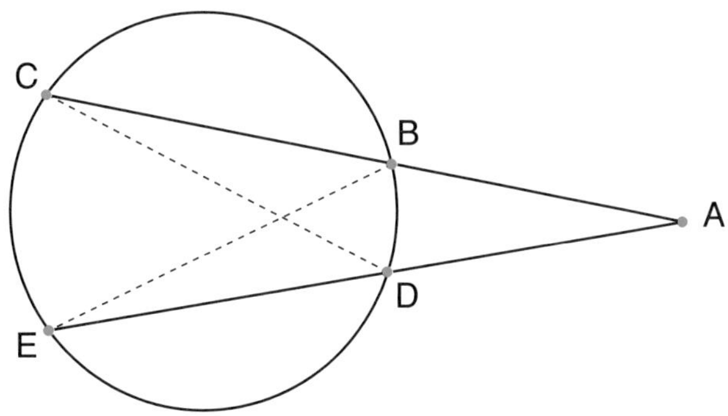

圖 8.2-37(a)

敘述	理由
(1) 連接$\overline{BE}$，$\overline{CD}$，如圖8.2-37(a)	兩點作一直線
(2)∠CDE＝∠EBC	同圓中等弧對等圓周角
(3)∠ADC＝180°－∠CDE	∠ADC與∠CDE互為補角
(4)∠ABE＝180°－∠EBC	∠ABE與∠EBC互為補角
(5)∠ADC＝∠ABE	由(2)、(3) & (4) 代換
(6) 在△ACD與△AEB中 ∠C＝∠E ∠A＝∠A ∠ADC＝∠ABE	如圖8.2-37(a)所示 同圓中等弧對等圓周角 共同角 由(5) 已證
(7)△ACD～△AEB	由(6) & 根據三角形(AAA)相似定理
(8) $\overline{AC}:\overline{AE}=\overline{AD}:\overline{AB}$	由(7) & 相似三角形對應邊成比例
(9) $\overline{AB}\times\overline{AC}=\overline{AD}\times\overline{AE}$	由(8) & 外項乘積等於內項乘積

Q. E. D

例題 8.2-28

如圖8.2-38，通過圓外一點P，作兩條割線，分別與圓交於A、B及C、D四點。已知$\overline{PA}=6$，$\overline{PB}=10$，$\overline{PC}=5$，則$\overline{PD}=$？

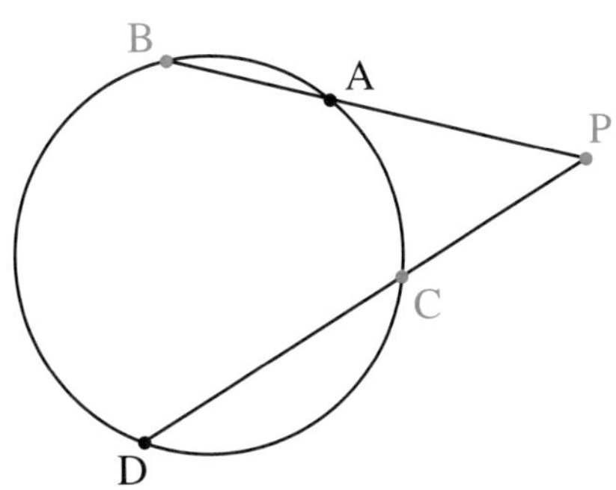

圖 8.2-38

利用圓外冪性質解題

敘述	理由
(1) $\overline{PA}\times\overline{PB}=\overline{PC}\times\overline{PD}$	已知通過圓外一點P，作兩條割線，分別與圓交於A、B及C、D四點 & 圓外冪性質
(2) $6\times10=5\times\overline{PD}$	由(1) & 已知$\overline{PA}=6$，$\overline{PB}=10$，$\overline{PC}=5$
(3) $\overline{PD}=6\times10\div5=12$	由(2) & 等量除法公理

例題 8.2-29

如圖8.2-39，若圓的兩弦$\overline{AB}$與$\overline{CD}$延長線相交於圓外一點P。已知$\overline{PA}=8$，$\overline{PC}=5$，$\overline{AB}=7$，則$\overline{CD}=$______。

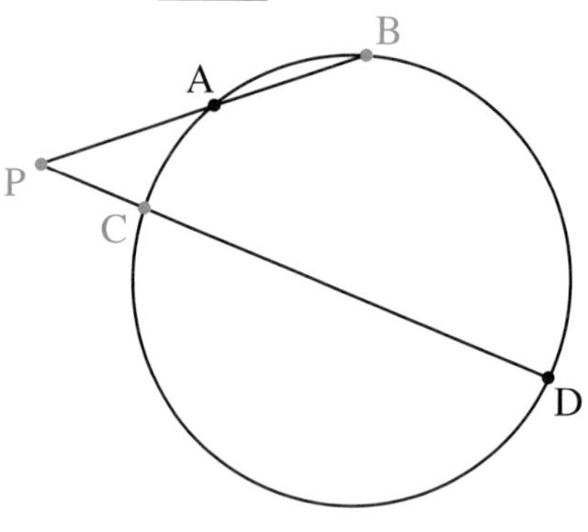

圖 8.2-39

利用圓外冪性質解題

敘述	理由
(1) $\overline{PA}\times\overline{PB}=\overline{PC}\times\overline{PD}$	已知圓的兩弦$\overline{AB}$與$\overline{CD}$延長線相交於圓外一點P & 圓外冪性質
(2) $\overline{PA}\times(\overline{PA}+\overline{AB})=\overline{PC}\times(\overline{PC}+\overline{CD})$	由(1) & $\overline{PB}=\overline{PA}+\overline{AB}$、$\overline{PD}=\overline{PC}+\overline{CD}$
(3) $8\times(8+7)=5\times(5+\overline{CD})$	由(2) & 已知$\overline{PA}=8$，$\overline{PC}=5$，$\overline{AB}=7$
(4) $\overline{CD}=[8\times(8+7)-5\times5]\div5=19$	由(3) & 解一元一次方程式

例題 8.2-30

如圖8.2-40，P為圓O外的一點，$\overline{PA}$、$\overline{PC}$為兩條割線，其中$\overline{PA}$通過圓心。若$\overline{PD}=3$，$\overline{CD}=5$，$\overline{OA}=5$，則$\overline{PB}=$？

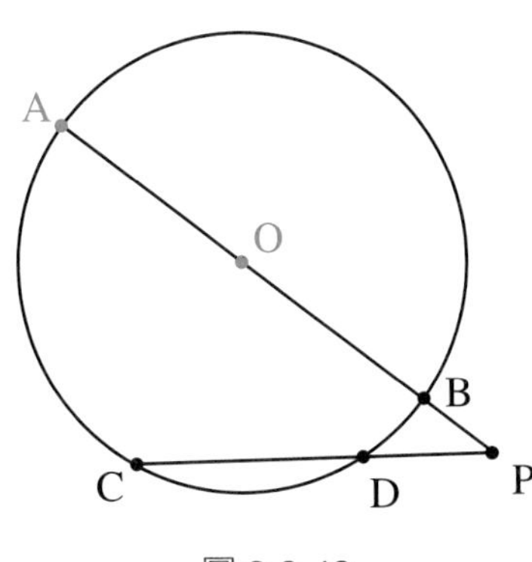

圖 8.2-40

利用圓外冪性質解題

敘述	理由
(1) $\overline{AB}$為圓O之直徑	已知P為圓O外的一點，$\overline{PA}$為割線且通過圓心
(2) $\overline{AB}=2\overline{OA}=2\times5=10$	由(1) & 直徑為半徑的2倍 & 已知$\overline{OA}=5$
(3) $\overline{PB}\times\overline{PA}=\overline{PD}\times\overline{PC}$	已知P為圓O外的一點，$\overline{PA}$、$\overline{PC}$為兩條割線 & 圓外冪性質
(4) $\overline{PB}\times(\overline{PB}+\overline{AB})=\overline{PD}\times(\overline{PD}+\overline{CD})$	由(3) & $\overline{PA}=\overline{PB}+\overline{AB}$、$\overline{PC}=\overline{PD}+\overline{CD}$
(5) $\overline{PB}\times(\overline{PB}+10)=3\times(3+5)$	將(2) $\overline{AB}=10$已證 & 已知$\overline{PD}=3$，$\overline{CD}=5$代入(4)
(6) $\overline{PB}=-12$或$\overline{PB}=2$	由(5) & 解一元二次方程式
(7) 所以$\overline{PB}=2$	由(6) & $\overline{PB}$為線段長度必大於0

例題 8.2-31

如圖8.2-41，過P點作兩割線分別交圓於A、B、C、D四點。若 $\overline{PA}=3$，$\overline{PB}=3x+4$，$\overline{PC}=x+1$，$\overline{CD}=3x+1$，則 $\overline{AB}=$______。

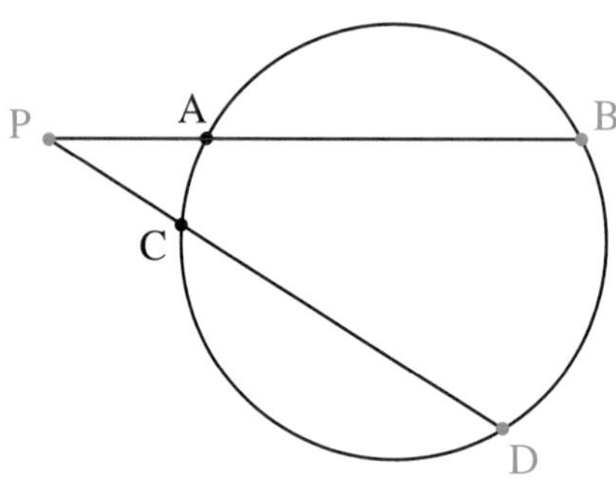

圖 8.2-41

利用圓外冪性質解題

敘述	理由
(1) $\overline{PA}\times\overline{PB}=\overline{PC}\times\overline{PD}$	已知過P點作兩割線分別交圓於A、B、C、D四點 & 圓外冪性質
(2) $\overline{PA}\times\overline{PB}=\overline{PC}\times(\overline{PC}+\overline{CD})$	由(1) & $\overline{PD}=\overline{PC}+\overline{CD}$
(3) $3\times(3x+4)=(x+1)\times[(x+1)+(3x+1)]$	由(2) & 已知$\overline{PA}=3$，$\overline{PB}=3x+4$，$\overline{PC}=x+1$，$\overline{CD}=3x+1$
(4) $x=\frac{-5}{4}$或 $x=2$	由(3) & 解一元二次方程式
(5) 當$x=\frac{-5}{4}$時， $\overline{PC}=x+1=\frac{-5}{4}+1=\frac{-1}{4}$（不合）	將(4) $x=\frac{-5}{4}$代入已知$\overline{PC}=x+1$ & $\overline{PC}$為線段長度必大於0
(6) 當$x=2$時， $\overline{PB}=3x+4=3\times2+4=10$ $\overline{PC}=x+1=2+1=3$ $\overline{CD}=3x+1=3\times2+1=7$	將(4) $x=2$ 代入已知 $\overline{PB}=3x+4$ $\overline{PC}=x+1$ $\overline{CD}=3x+1$
(7) 所以$\overline{AB}=\overline{PB}-\overline{PA}=10-3=7$	如圖8.2-41所示，$\overline{AB}=\overline{PB}-\overline{PA}$ & (6) $\overline{PB}=10$ & 已知$\overline{PA}=3$

定理 8.2-13　切線與割線外分定理（圓切冪性質）

若切線與割線相交，則切線長是割線全長與圓外線段的比例中項。

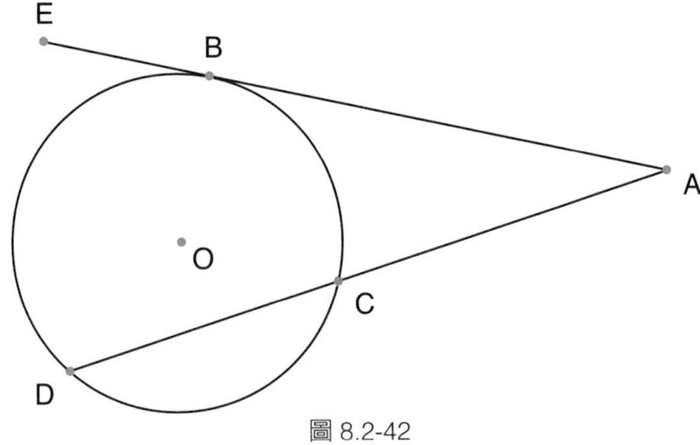

圖 8.2-42

如圖8.2-42，$\overline{AD}$為圓的割線，$\overline{AE}$與圓相切於B點

$\overline{AB}^2=\overline{AD}\times\overline{AC}$

如圖8.2-42(a)，證明△ABD～△ACB，利用相似三角形的對應邊成比例的性質。

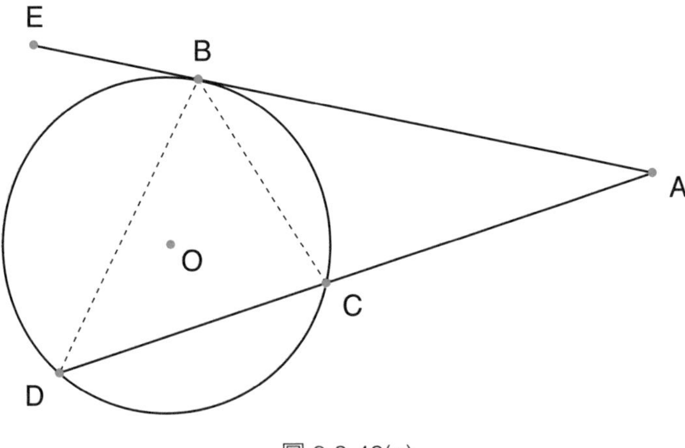

圖 8.2-42(a)

敘述	理由
(1) 連接$\overline{BD}$、$\overline{BC}$，如圖8.2-42(a)	兩點作一直線
(2)$\angle D=\frac{1}{2}\overset{\frown}{BC}$	圓周角等於所對弧度的一半
(3)$\angle ABC=\frac{1}{2}\overset{\frown}{BC}$	弦切角等於所對弧度的一半
(4)$\angle D=\angle ABC$	由(2) & (3) 遞移律
(5)$\angle BCD=\frac{1}{2}\overset{\frown}{BD}$	圓周角等於所對弧度的一半
(6)$\angle EBD=\frac{1}{2}\overset{\frown}{BD}$	弦切角等於所對弧度的一半
(7)$\angle BCD=\angle EBD$	由(5) & (6) 遞移律
(8)$\angle ABD=180^\circ-\angle EBD$	$\angle ABD$與$\angle EBD$互為補角
(9)$\angle ACB=180^\circ-\angle BCD$	$\angle ACB$與$\angle BCD$互為補角
(10)$\angle ABD=\angle ACB$	由(7)、(8) & (9) 代換
(11) 在$\triangle ABD$與$\triangle ACB$中， $\angle A=\angle A$ $\angle ABD=\angle ACB$ $\angle D=\angle ABC$	如圖8.2-42(a)所示 共同角 由(10) 已證 由(4) 已證
(12)$\triangle ABD\sim\triangle ACB$	由(11) & 根據三角形(AAA)相似定理
(13) $\overline{AD}:\overline{AB}=\overline{AB}:\overline{AC}$	由(12) & 相似三角形對應邊成比例
(14) 所以$\overline{AB}^2=\overline{AD}\times\overline{AC}$	由(13) & 內項乘積等於外項乘積

Q. E. D

例題 8.2-32

如圖8.2-43，$\overline{PA}$切圓於A點，$\overline{PD}$為割線且交圓於C、D兩點。若$\overline{PA}=10$，$\overline{PD}=20$，則$\overline{PC}=$？

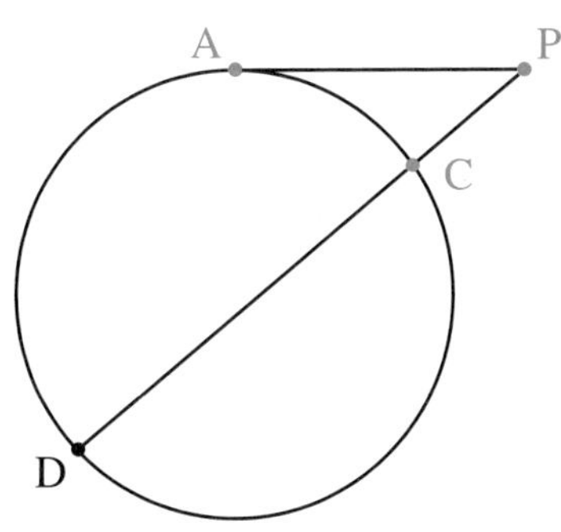

圖 8.2-43

想法

利用圓外冪性質解題

解

敘述	理由
(1) $\overline{PA}^2=\overline{PD}\times\overline{PC}$	已知$\overline{PA}$切圓於A點，$\overline{PD}$為割線且交圓於C、D兩點 & 圓切冪性質
(2) $10^2=20\times\overline{PC}$	由(1) & 已知$\overline{PA}=10$，$\overline{PD}=20$
(3) $\overline{PC}=10^2\div20=5$	由(2) 等量除法公理

例題 8.2-33

如圖8.2-44，$\overline{PA}$切圓於A點，$\overline{PD}$為割線且交圓於C、D兩點。若$\overline{PC}=4$，$\overline{CD}=5$，則$\overline{PA}=$？

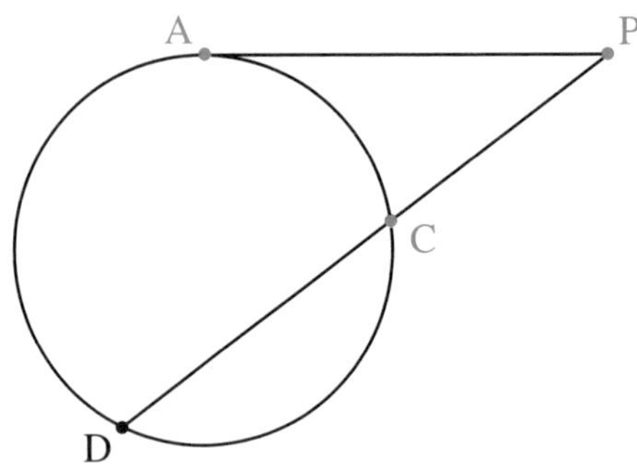

圖 8.2-44

利用圓切冪性質解題

敘述	理由
(1) $\overline{PA}^2=\overline{PD}\times\overline{PC}$	已知$\overline{PA}$切圓於A點，$\overline{PD}$為割線且交圓於C、D兩點 & 圓切冪性質
(2) $\overline{PA}^2=(\overline{PC}+\overline{CD})\times\overline{PC}$	由(1) & $\overline{PD}=\overline{PC}+\overline{CD}$
(3) $\overline{PA}^2=(4+5)\times 4$	由(2) & 已知$\overline{PC}=4$，$\overline{CD}=5$
(4) $\overline{PA}=6$ 或$\overline{PA}=-6$	由(3) 求平方根
(5) 所以$\overline{PA}=6$	由(4) & $\overline{PA}$為線段長度必大於0

例題 8.2-34

如圖8.2-45，$\overline{PA}$切圓於A點，$\overline{PD}$為割線且交圓於C、D兩點。若$\overline{PA}=8$，$\overline{CD}=12$，則$\overline{PC}=$？

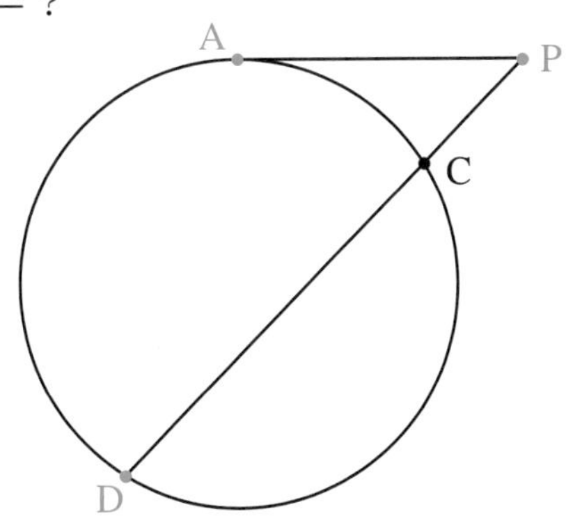

圖 8.2-45

利用圓切冪性質解題

敘述	理由
(1) $\overline{PA}^2=\overline{PD}\times\overline{PC}$	已知$\overline{PA}$切圓於A點，$\overline{PD}$為割線且交圓於C、D兩點 & 圓切冪性質
(2) $\overline{PA}^2=(\overline{PC}+\overline{CD})\times\overline{PC}$	由(1) & $\overline{PD}=\overline{PC}+\overline{CD}$
(3) $8^2=(\overline{PC}+12)\times\overline{PC}$	由(2) & 已知$\overline{PA}=8$，$\overline{CD}=12$
(4) $\overline{PC}=4$ 或$\overline{PC}=-16$	由(3) 解一元二次方程式
(5) 所以$\overline{PC}=4$	由(4) & $\overline{PC}$為線段長度必大於0

例題 8.2-35

如圖8.2-46，$\overline{PA}$切圓O於A點，$\overline{PD}$為割線且通過圓心O。若$\overline{PA}=8$，$\overline{PC}=4$，則圓O的半徑為何？

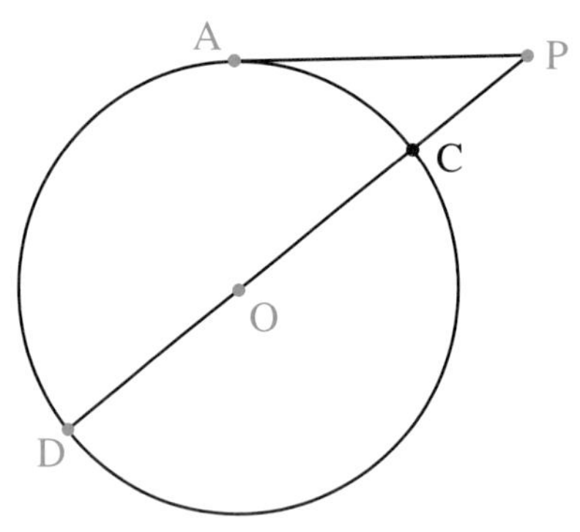

圖 8.2-46

想法　利用圓切冪性質解題

解

敘述	理由
(1) $\overline{PA}^2=\overline{PD}\times\overline{PC}$	$\overline{PA}$切圓O於A點，$\overline{PD}$為割線且通過圓心O & 圓切冪性質
(2) $\overline{PA}^2=(\overline{PC}+\overline{CD})\times\overline{PC}$	由(1) & $\overline{PD}=\overline{PC}+\overline{CD}$
(3) $8^2=(4+\overline{CD})\times 4$	由(2) & 已知$\overline{PA}=8$，$\overline{PC}=4$
(4) $\overline{CD}=12$	由(3) 解一元一次方程式
(5) 所以圓O的半徑為$12\div 2=6$	由(4) & $\overline{CD}$為圓O的直徑 & 半徑為直徑的一半

習題 8.2

習題8.2-1　已知四邊形ABCD～四邊形EFGH，∠A＝90°，∠C＝75°，∠H＝105°，試求∠F。

習題8.2-2　若設四邊形ABCD～四邊形EFGH，∠A：∠B：∠C＝3：5：7，且∠D＝60°，試求 ∠F、∠G。

習題8.2-3　如圖8.2-47，已知△ABC～△DEC，且$\overline{AB}$＝6，$\overline{BC}$＝14，$\overline{DE}$＝9，試求$\overline{EC}$。

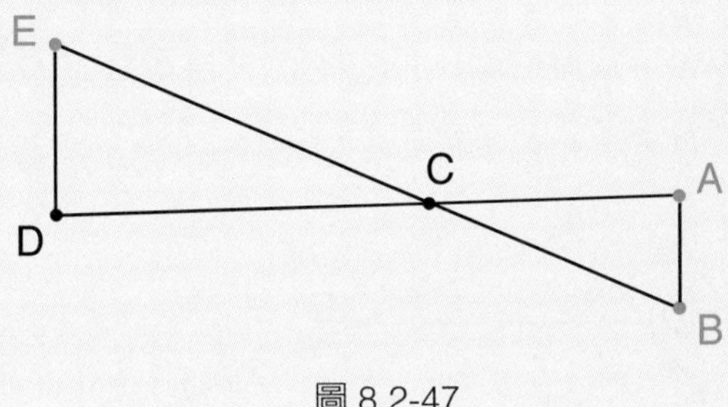

圖 8.2-47

習題8.2-4 已知四邊形ABCD～四邊形EFGH，若$\overline{BC}=10$，$\overline{CD}=20$，$\overline{FG}=4$，試求$\overline{GH}$。

習題8.2-5 如圖8.2-48，△ABC中，$\overline{DE} /\!/ \overline{BC}$，且$\overline{AD}=4$，$\overline{DB}=2$，$\overline{DE}=6$，試求$\overline{BC}$。

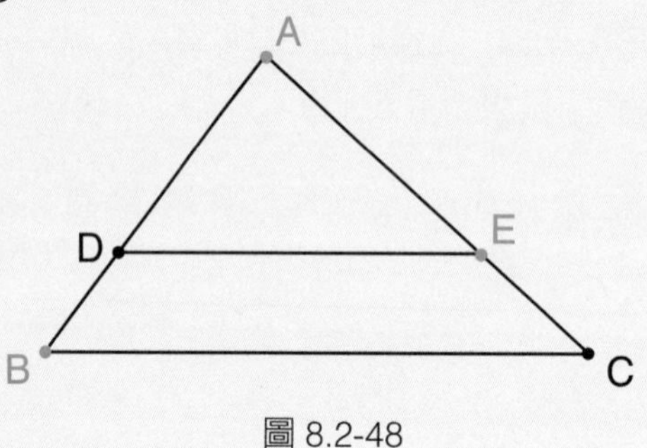

圖 8.2-48

習題8.2-6 如圖8.2-49，△ABC中，$\overline{DE} /\!/ \overline{BC}$，若$\overline{AD}:\overline{BD}=3:5$，則$\overline{DE}:\overline{BC}=$？

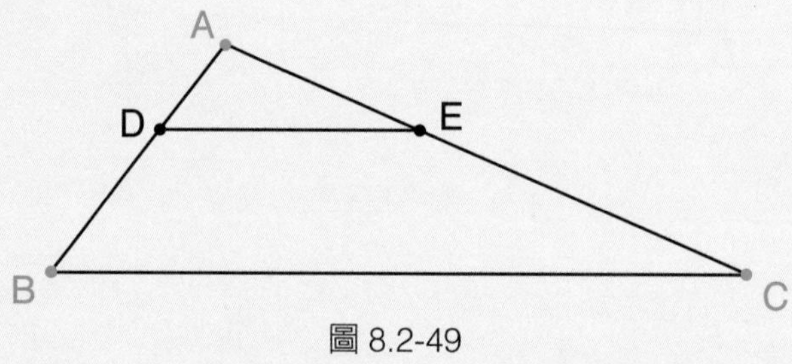

圖 8.2-49

習題8.2-7　如圖8.2-50，△ABC中，∠BDE＝∠A，且$\overline{DE}$：$\overline{AC}$＝3：5，若$\overline{BC}$＝20，$\overline{DB}$＝9，試求$\overline{AD}$和$\overline{BE}$。

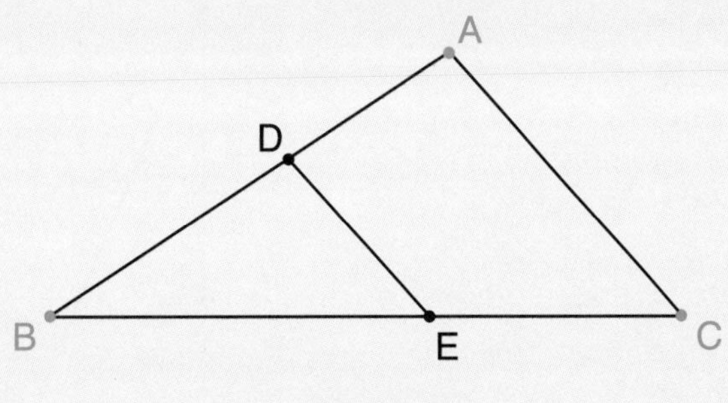

圖 8.2-50

習題8.2-8　如圖8.2-51，∠B＝∠E，且$\overline{AB}$＝9，$\overline{BC}$＝6，$\overline{DE}$＝12，試求$\overline{EC}$。

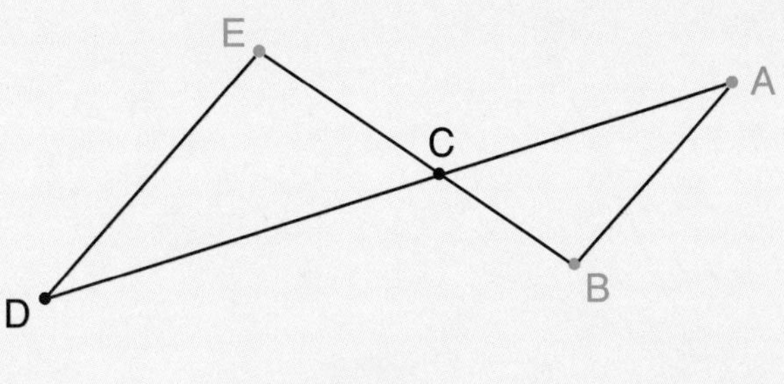

圖 8.2-51

習題8.2-9 如圖8.2-52，△ABC中，若$\overline{AD}\perp\overline{BC}$且$\overline{BE}\perp\overline{AC}$，求證△AFE～△BFD。

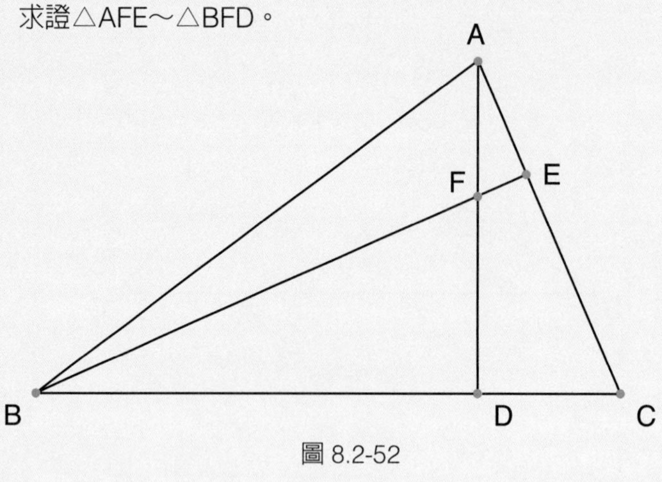

圖 8.2-52

習題8.2-10 如圖8.2-53，∠C＝∠D＝90°，若$\overline{AC}=6$，$\overline{AE}=8$，$\overline{BD}=3$，則$\overline{BE}=$？

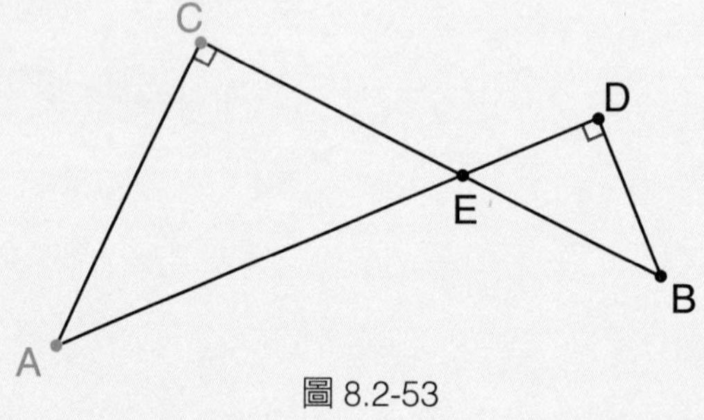

圖 8.2-53

習題8.2-11 如圖8.2-54，△ABC中，若$\overline{AB}=\overline{AC}=12$，$\overline{BC}=\overline{BD}=6$，則$\overline{AD}=$？

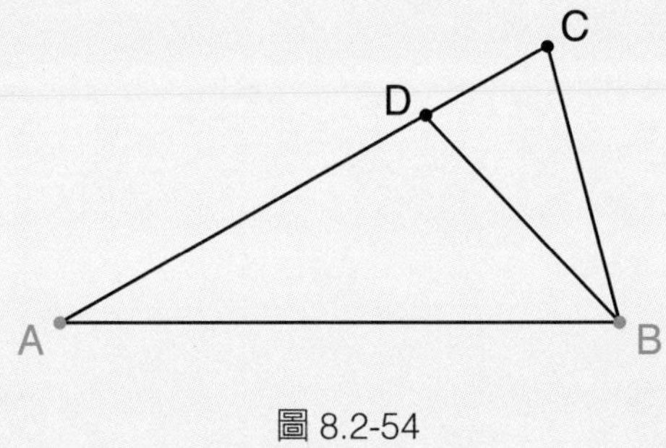

圖 8.2-54

習題8.2-12 如圖8.2-55，△ABC～△A'B'C'，$\overline{AD}$與$\overline{A'D'}$分別為$\overline{BC}$與$\overline{B'C'}$上的高，若$\overline{BC}=24$公分，$\overline{B'C'}=18$公分，$\overline{AD}=16$公分，則$\overline{A'D'}=$？

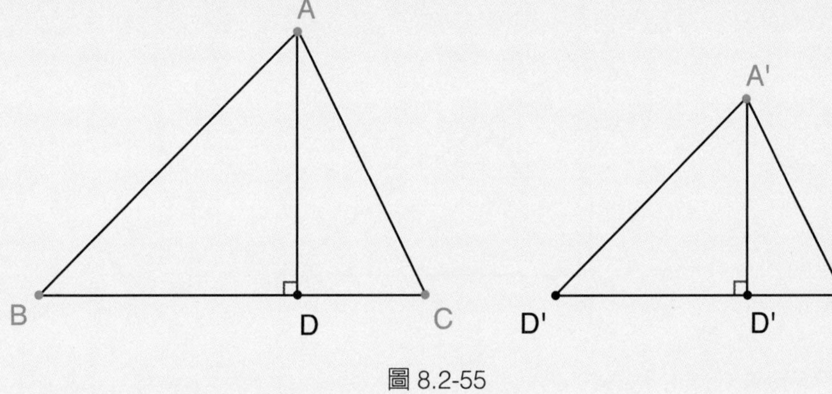

圖 8.2-55

習題8.2-13

如圖8.2-56，設$\overline{AB}$為圓之直徑，$\overline{BD}$切圓於B點，$\overline{AD}$與圓周相交於E點，求證：

(a) $\overline{AB}^2=\overline{AE}\times\overline{AD}$

(b) $\overline{EB}^2=\overline{EA}\times\overline{ED}$

(c) $\overline{DB}^2=\overline{DE}\times\overline{DA}$

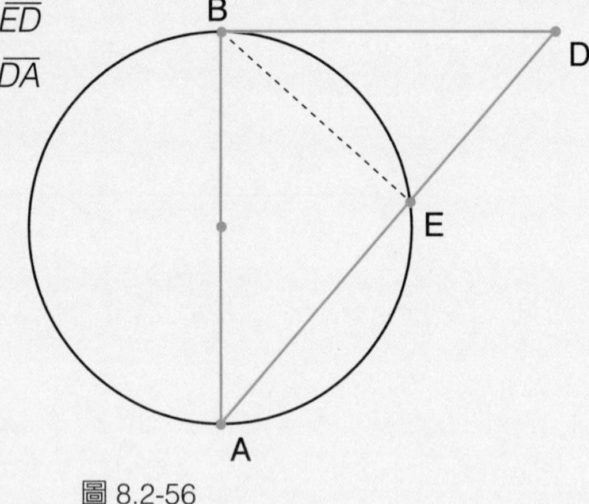

圖 8.2-56

習題8.2-14

如圖8.2-57，△ABC中，已知∠ABC＝90°，$\overline{AC}\perp\overline{BD}$，且$\overline{DA}$＝5、$\overline{DC}$＝10，則：(1) $\overline{DB}$＝？ (2) $\overline{AB}$＝？ (3) $\overline{CB}$＝？

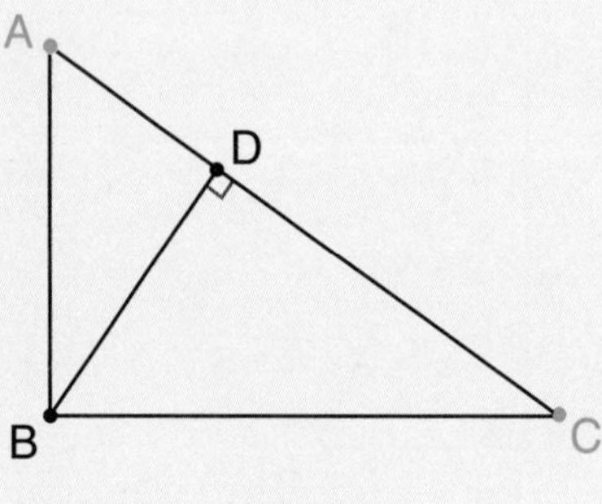

圖 8.2-57

習題8.2-15　如圖8.2-58，△ABC中，已知∠ABC＝90°，$\overline{AC} \perp \overline{BD}$，且$\overline{AB}$＝9、$\overline{BC}$＝12、$\overline{AC}$＝15，則：(1) $\overline{AD}$＝？ (2) $\overline{CD}$＝？ (3)$\overline{BD}$＝？

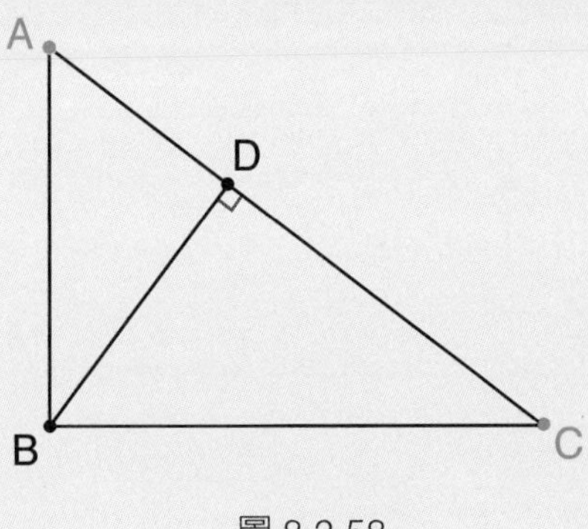

圖 8.2-58

習題8.2-16　如圖8.2-59，△ABC與△EDC中，$\overline{CA}$＝6，$\overline{CB}$＝12，$\overline{CE}$＝10，$\overline{CD}$＝20，則△ABC與△EDC是否相似？為什麼？

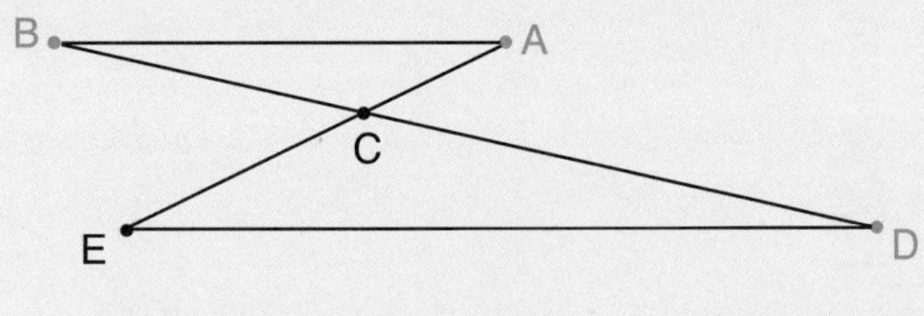

圖 8.2-59

習題8.2-17　如圖8.2-60，△ABC中，$\overline{AE}=4$，$\overline{BE}=6$，$\overline{BD}=3$，$\overline{CD}=17$，

則：(1) △BAC與△BDE是否相似？為什麼？

(2) 若$\overline{AC}=16$，試求$\overline{DE}$。

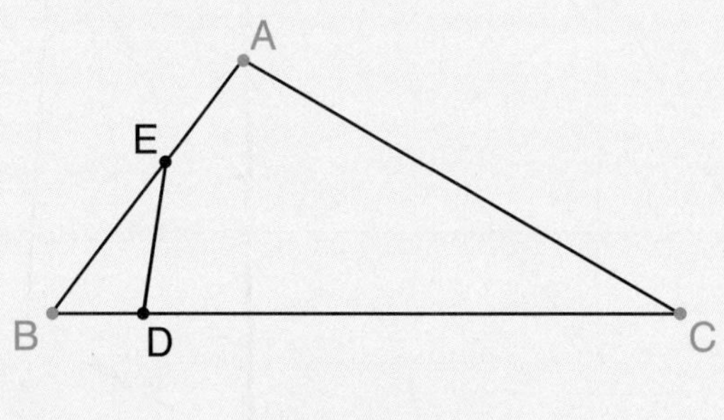

圖 8.2-60

習題8.2-18　如圖8.2-61，$\overline{AB}=18$，$\overline{BC}=24$，$\overline{CA}=12$，$\overline{DC}=8$，$\overline{AD}=16$，

則：(1) 證明：△ABC～△CAD

(2) ∠ACD與△ABC的哪個角相等？

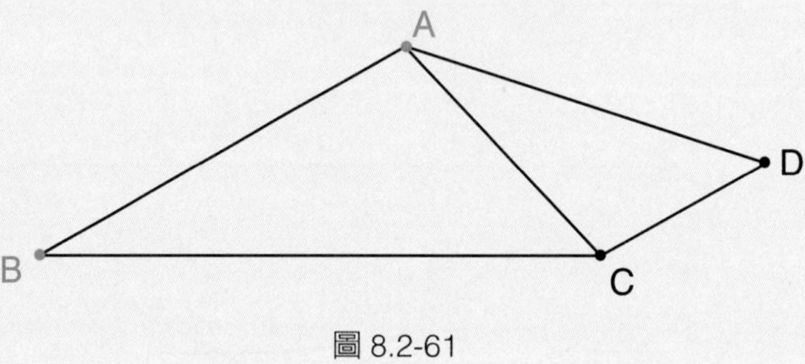

圖 8.2-61

習題8.2-19　如圖8.2-62，弦$\overline{AB}$與弦$\overline{CD}$交於P點。若$\overline{PA}=5$，$\overline{PB}=6$，則$\overline{PC}\times\overline{PD}=$_____。

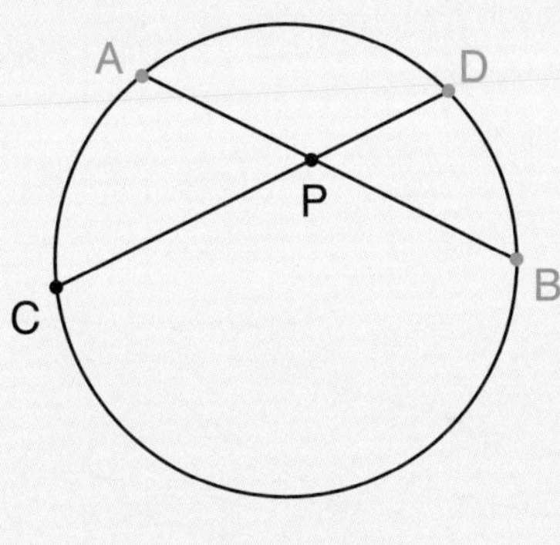

圖 8.2-62

習題8.2-20　如圖8.2-63，圓的兩弦 $\overline{AB}$ 和$\overline{CD}$相交於P點。若$\overline{CP}=15$，$\overline{DP}=4$，$\overline{BP}=5$，則$\overline{PA}=$_____。

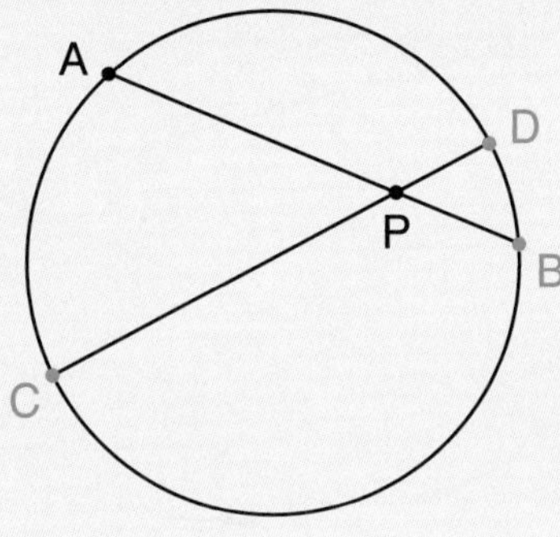

圖 8.2-63

習題8.2-21 如圖8.2-64，圓的兩弦$\overline{AB}$和$\overline{CD}$相交於E點，且$\overline{AE}>\overline{BE}$。若$\overline{CE}=15$，$\overline{DE}=5$，$\overline{AB}=28$，則$\overline{AE}=$_____。

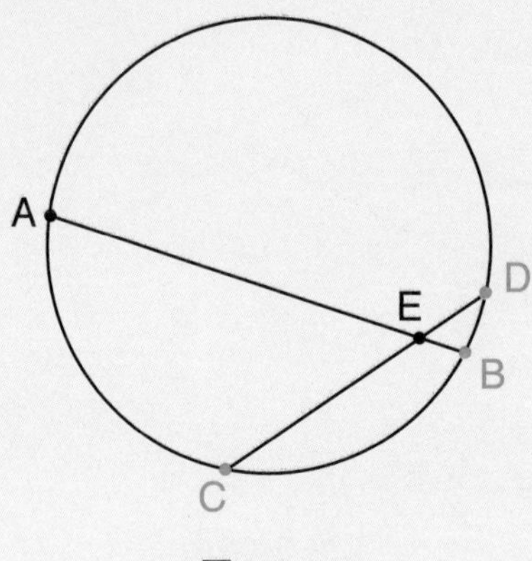

圖 8.2-64

習題8.2-22 如如圖8.2-65，通過圓外一點P，作兩條割線，分別與圓交於A、B及C、D四點。已知$\overline{PA}=6$，$\overline{PB}=15$，$\overline{PC}=5$，則$\overline{PD}=$？

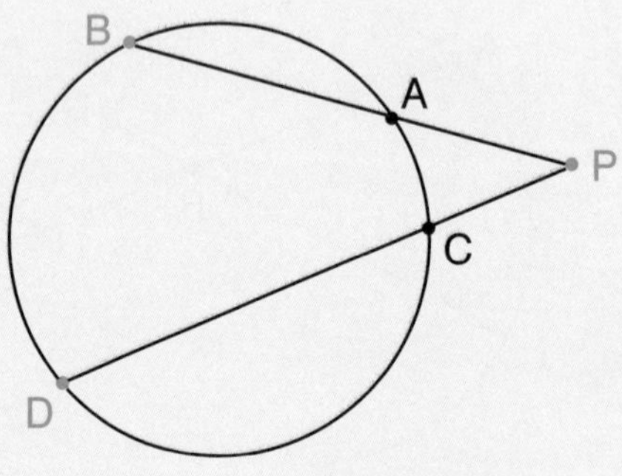

圖 8.2-65

習題8.2-23　如圖8.2-66，若圓的兩弦$\overline{AB}$與$\overline{CD}$延長線相交於圓外一點P。已知$\overline{PA}=4$，$\overline{PC}=5$，$\overline{AB}=6$，則$\overline{CD}=$_____。

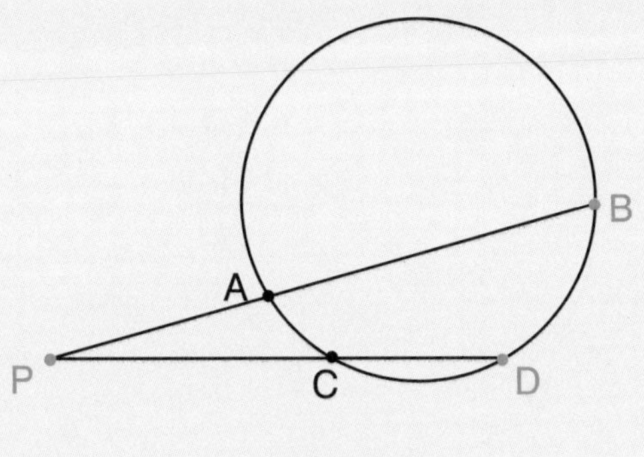

圖 8.2-66

習題8.2-24　如圖8.2-67，$\overline{AB}$、$\overline{CD}$為圓的兩弦，且兩弦的延長線相交於P點。若$\overline{AB}=\overline{AP}=x$，$\overline{PC}=x-2$，$\overline{CD}=3x-4$，則$\overline{CD}=$？

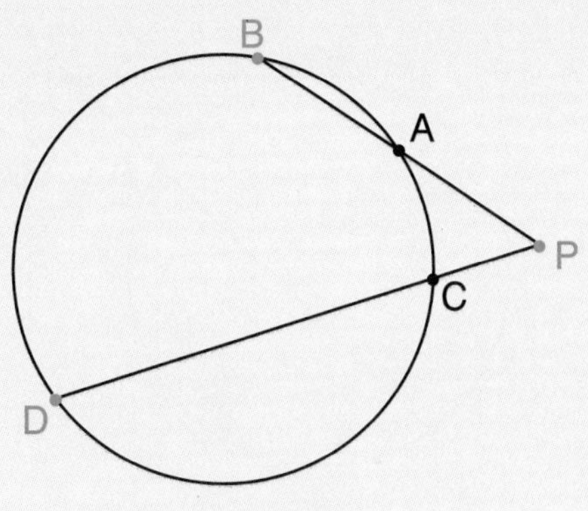

圖 8.2-67

習題8.2-25 如圖8.2-68，$\overline{PA}$ 切圓於A點，$\overline{PD}$ 為割線且交圓於C、D兩點。若$\overline{PA}=8$，$\overline{PD}=16$，則$\overline{PC}=$？

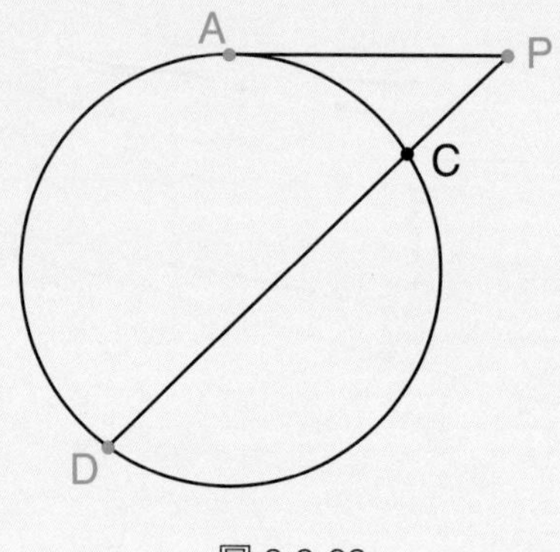

圖 8.2-68

習題8.2-26 如圖8.2-69，$\overline{PA}$ 切圓於A點，$\overline{PD}$ 為割線且交圓於C、D兩點。若$\overline{PC}=4$，$\overline{CD}=12$，則$\overline{PA}=$？

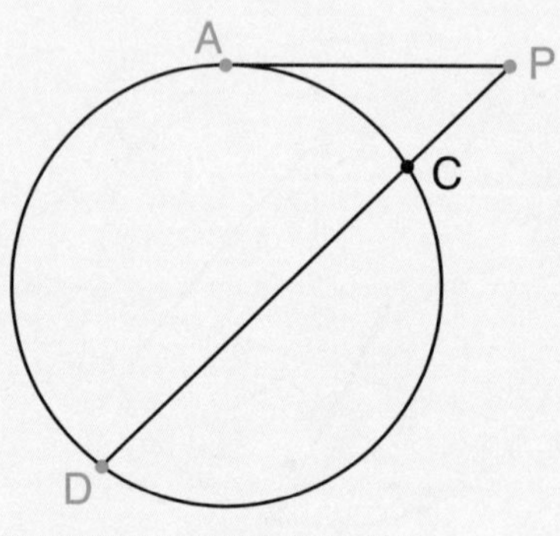

圖 8.2-69

8.3 節　勾股定理（畢氏定理）

本節介紹在平面幾何上一個非常重要的定理：

勾股定理，又稱畢達哥拉斯（Pythagoras）定理或畢氏定理。 傳統上認為是由古希臘的畢達哥拉斯所證明。據說畢達哥拉斯證明了這個定理後，即斬了百頭牛作慶祝，因此又稱「百牛定理」。在中國，《周髀算經》記載了勾股定理的公式與證明，相傳是在商代由商高發現，故又有稱之為商高定理。

定理 8.3-1

畢氏定理

直角三角形中，兩直角邊的平方和等於斜邊的平方和。

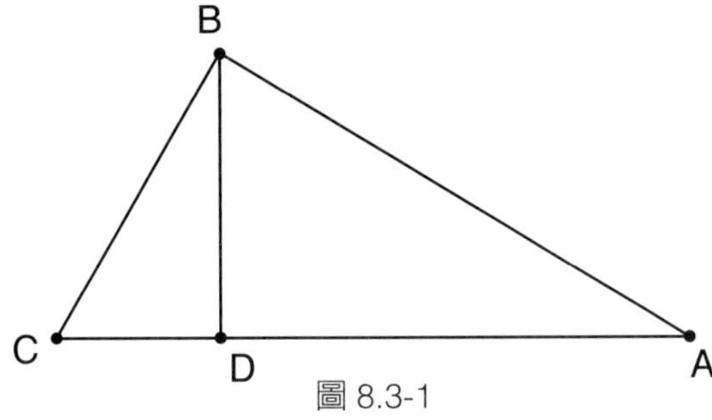

圖 8.3-1

已知　如圖8.3-1，△ABC為直角三角形，∠ABC＝90°，$\overline{BD}\perp\overline{AC}$

求證　$\overline{AB}^2+\overline{BC}^2=\overline{AC}^2$

想法　利用直角三角形中直角邊比例中項定理

證明

敘述	理由
(1) $\overline{AB}^2=\overline{AC}\times\overline{AD}$ $\overline{BC}^2=\overline{AC}\times\overline{DC}$	已知△ABC為直角三角形，∠ABC＝90°，$\overline{BD}\perp\overline{AC}$ & 直角三角形中直角邊比例中項定理
(2) $\overline{AB}^2+\overline{BC}^2=\overline{AC}\times\overline{AD}+\overline{AC}\times\overline{DC}$ $=\overline{AC}\times(\overline{AD}+\overline{DC})$ $=\overline{AC}\times(\overline{AC}+\overline{AC}^2)$	由(1) 等量加法公理 提出公因式$\overline{AC}$ 全量等於分量之和$\overline{AC}=\overline{AD}+\overline{CD}$
(3) 所以$\overline{AB}^2+\overline{BC}^2=\overline{AC}^2$	由(2)

Q. E. D

例題 8.3-1

如圖8.3-2，△ABC為直角三角形，∠ABC＝90°，若$\overline{AB}$＝3、$\overline{BC}$＝4，則$\overline{AC}$＝？

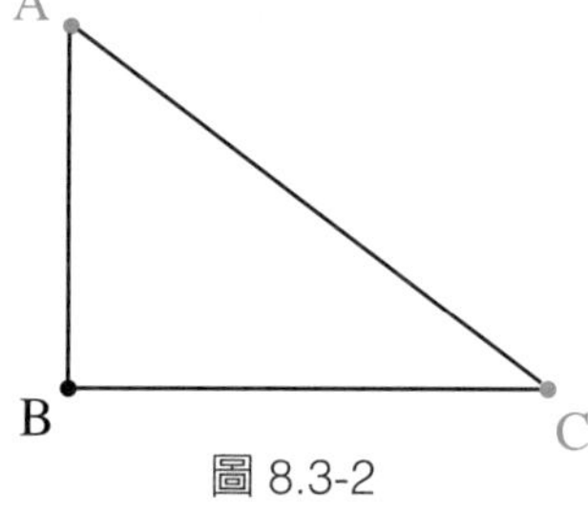

圖 8.3-2

利用畢氏定理解題

敘述	理由
(1) $\overline{AB}^2+\overline{BC}^2=\overline{AC}^2$	已知△ABC為直角三角形，∠ABC＝90° & 畢氏定理
(2) $3^2+4^2=\overline{AC}^2$	由(1) & 已知$\overline{AB}$＝3、$\overline{BC}$＝4
(3) $\overline{AC}=-5$ 或$\overline{AC}=5$	由(2) 求平方根
(4) 所以$\overline{AC}=5$	由(3) & $\overline{AC}$為線段長度必大於0

例題 8.3-2

如圖8.3-3，△ABC為直角三角形，∠ABC＝90°，若$\overline{AB}$＝5、$\overline{BC}$＝12，則$\overline{AC}$＝？

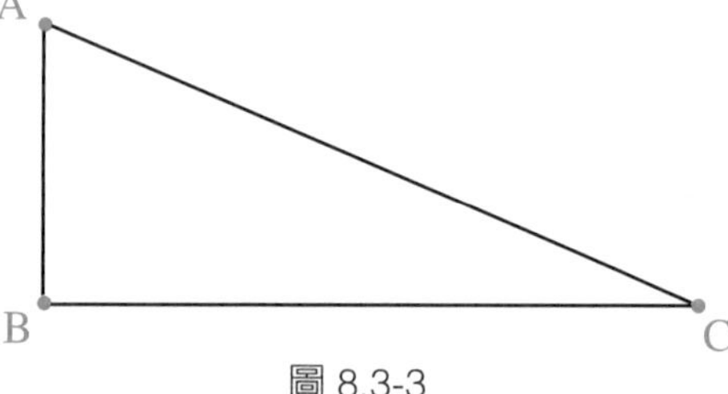

圖 8.3-3

利用畢氏定理解題

敘述	理由
(1) $\overline{AB}^2+\overline{BC}^2=\overline{AC}^2$	已知△ABC為直角三角形，∠ABC＝90° & 畢氏定理
(2) $5^2+12^2=\overline{AC}^2$	由(1) & 已知$\overline{AB}$＝5、$\overline{BC}$＝12
(3) $\overline{AC}=-13$ 或$\overline{AC}=13$	由(2) 求平方根
(4) 所以$\overline{AC}=13$	由(3) & $\overline{AC}$為線段長度必大於0

例題 8.3-3

如圖8.3-4，△ABC為直角三角形，∠ABC＝90°，若 $\overline{AB}$＝7、$\overline{BC}$＝24，則$\overline{AC}$＝？

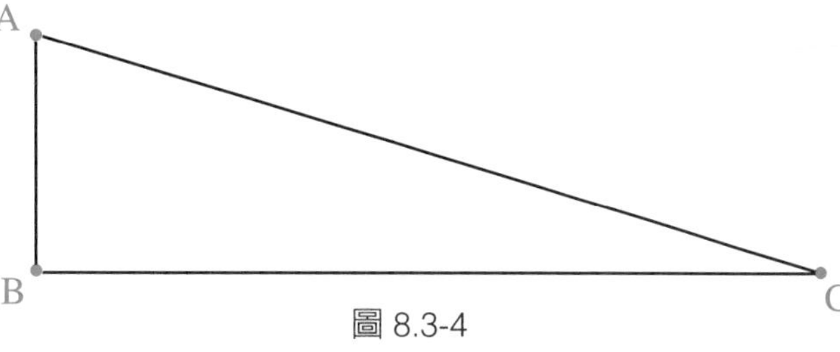

圖 8.3-4

利用畢氏定理解題

敘述	理由
(1) $\overline{AB}^2+\overline{BC}^2=\overline{AC}^2$	已知△ABC為直角三角形，∠ABC＝90° & 畢氏定理
(2) $7^2+24^2=\overline{AC}^2$	由(1) & 已知$\overline{AB}$＝7、$\overline{BC}$＝24
(3) $\overline{AC}$＝－25 或 $\overline{AC}$＝25	由(2) 求平方根
(4) 所以$\overline{AC}$ ＝25	由(3) & $\overline{AC}$為線段長度必大於0

例題 8.3-4

如圖8.3-5，△ABC為直角三角形，∠ABC＝90°，若 $\overline{AB}$＝8、$\overline{BC}$＝15，則$\overline{AC}$＝？

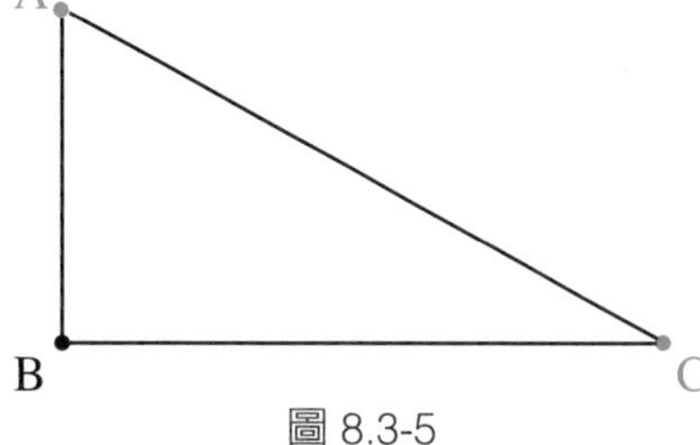

圖 8.3-5

利用畢氏定理解題

敘述	理由
(1) $\overline{AB}^2+\overline{BC}^2=\overline{AC}^2$	已知△ABC為直角三角形，∠ABC＝90° & 畢氏定理
(2) $8^2+15^2=\overline{AC}^2$	由(1) & 已知$\overline{AB}$＝8、$\overline{BC}$＝15
(3) $\overline{AC}$＝－17 或 $\overline{AC}$＝17	由(2) 求平方根
(4) 所以$\overline{AC}$＝17	由(3) & $\overline{AC}$為線段長度必大於0

例題 8.3-5

如圖8.3-6，△ABC為直角三角形，∠ABC＝90°，若 $\overline{AB}$＝9、$\overline{BC}$＝40，則$\overline{AC}$＝？

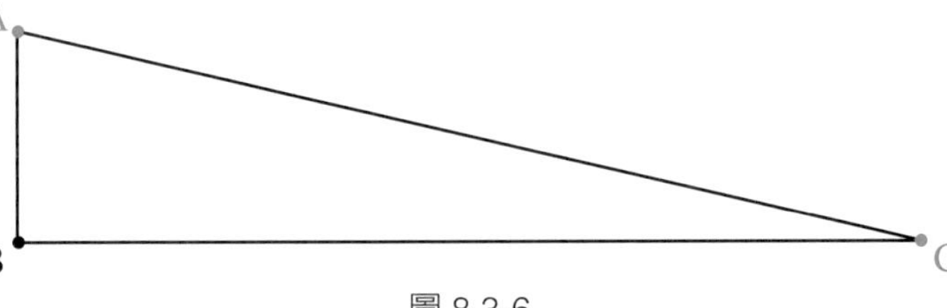

圖 8.3-6

利用畢氏定理解題

敘述	理由
(1) $\overline{AB}^2+\overline{BC}^2=\overline{AC}^2$	已知△ABC為直角三角形，∠ABC＝90° & 畢氏定理
(2) $9^2+40^2=\overline{AC}^2$	由(1) & 已知$\overline{AB}$＝9、$\overline{BC}$＝40
(3) $\overline{AC}=-41$ 或 $\overline{AC}=41$	由(2) 求平方根
(4) 所以$\overline{AC}$＝41	由(3) & $\overline{AC}$為線段長度必大於0

例題 8.3-6

如圖8.3-7，△ABC為直角三角形，∠ABC＝90°，若 $\overline{AB}$＝1、$\overline{BC}$＝1，則$\overline{AC}$＝？

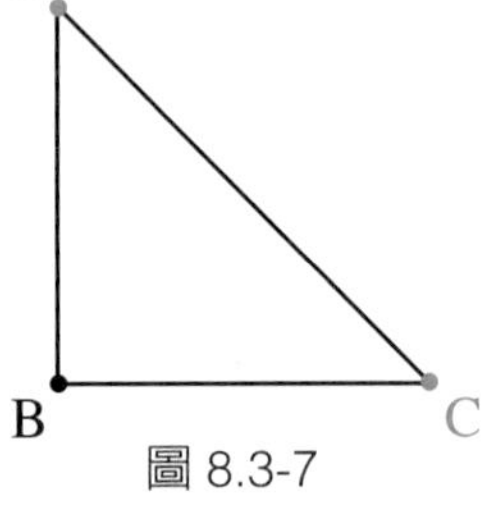

圖 8.3-7

利用畢氏定理解題

敘述	理由
(1) $\overline{AB}^2+\overline{BC}^2=\overline{AC}^2$	已知△ABC為直角三角形，∠ABC＝90° & 畢氏定理
(2) $1^2+1^2=\overline{AC}^2$	由(1) & 已知$\overline{AB}$＝1、$\overline{BC}$＝1
(3) $\overline{AC}=-\sqrt{2}$ 或$\overline{AC}=\sqrt{2}$	由(2) 求平方根
(4) 所以$\overline{AC}=\sqrt{2}$	由(3) & $\overline{AC}$為線段長度必大於0

例題 8.3-7

如圖8.3-8，△ABC為直角三角形，∠ABC＝90°，若 $\overline{AB}=1$、$\overline{AC}=2$，則$\overline{BC}$＝？

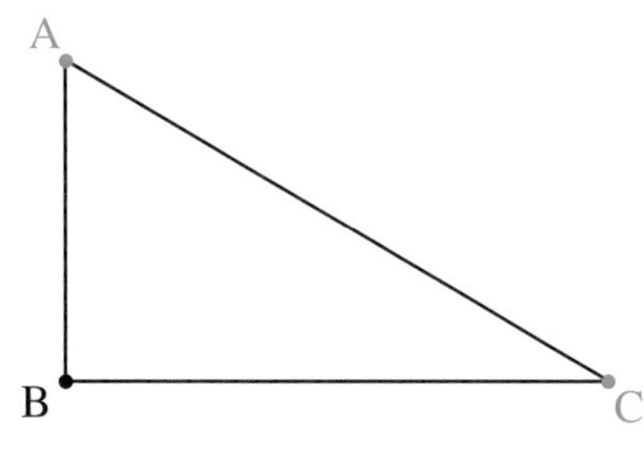

圖 8.3-8

利用畢氏定理解題

敘述	理由
(1) $\overline{AB}^2+\overline{BC}^2=\overline{AC}^2$	已知△ABC為直角三角形，∠ABC＝90° & 畢氏定理
(2) $1^2+\overline{BC}^2=2^2$	由(1) & 已知$\overline{AB}=1$、$\overline{AC}=2$
(3) $\overline{BC}=-\sqrt{3}$ 或$\overline{BC}=\sqrt{3}$	由(2) 求平方根
(4) 所以$\overline{BC}=\sqrt{3}$	由(3) & $\overline{BC}$為線段長度必大於0

例題8.3-1～例題8.3-7為常見的直角三角形，同學不妨將這些數字熟記。（3、4、5；5、12、13；8、15、17；7、24、25；9、40、41；1、2、$\sqrt{3}$；1、1、$\sqrt{2}$）

定理 8.3-2

畢氏定理的逆定理

在一個三角形的三邊中，若有兩邊的平方和等於第三邊的平方和，則此三角形為直角三角形。

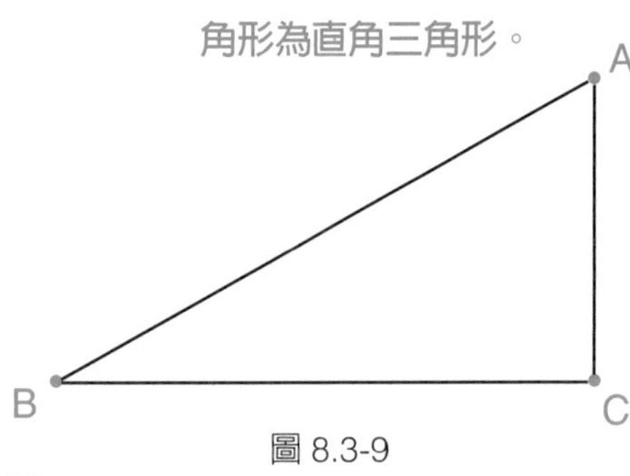

圖 8.3-9

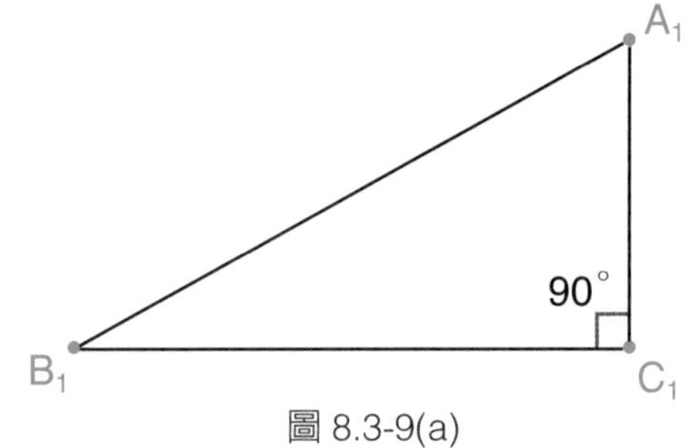

圖 8.3-9(a)

已知　如圖8.3-9，△ABC中，$\overline{AC}^2+\overline{BC}^2=\overline{AB}^2$

求證　△ABC為直角三角形

利用畢氏定理和三角形全等定理來證明

敘述	理由
(1) 作△$A_1B_1C_1$，如圖8.3-9(a)所示，其中$\overline{A_1C_1}=\overline{AC}$、$\overline{B_1C_1}=\overline{BC}$且$\angle C_1=90^\circ$	尺規作圖
(2) △$A_1B_1C_1$為直角三角形 $\overline{A_1C_1}^2+\overline{BC}^2=\overline{A_1B_1}^2$	由(1) 作圖 畢氏定理
(3) $\overline{AC}^2+\overline{BC}^2=\overline{A_1B_1}^2$	由(2) & (1) $\overline{A_1C_1}=\overline{AC}$、$\overline{B_1C_1}=\overline{BC}$
(4) ∴$\overline{AB}^2=\overline{A_1B_1}^2$	由(3) & 已知$\overline{AC}^2+\overline{BC}^2=\overline{AB}^2$遞移律
(5) $\overline{AB}=\overline{A_1B_1}$	由(5) 等式兩邊同開根號
(6) 在△ABC與△$A_1B_1C_1$中 $\overline{AC}=\overline{A_1C_1}$ $\overline{BC}=\overline{B_1C_1}$ $\overline{AB}=\overline{A_1B_1}$	如圖8.3-9(a)所示 由(1) $\overline{A_1C_1}=\overline{AC}$ 由(1) $\overline{B_1C_1}=\overline{BC}$ 由(5) $\overline{AB}=\overline{A_1B_1}$
(7) ∴ △ABC ≅ △$A_1B_1C_1$	由(6) & 根據S.S.S.三角形全等定理
(8) $\angle C=\angle C_1=90^\circ$	由(7) 對應角相等 & (1) $\angle C_1=90^\circ$
(9) 所以 △ABC為直角三角形	由(8) $\angle C=90^\circ$ & 直角三角形定義

Q. E. D

例題 8.3-8

如圖8.3-10，△ABC中，若$\overline{AB}$：$\overline{BC}$：$\overline{AC}$＝3：4：5，判斷△ABC為何種三角形？

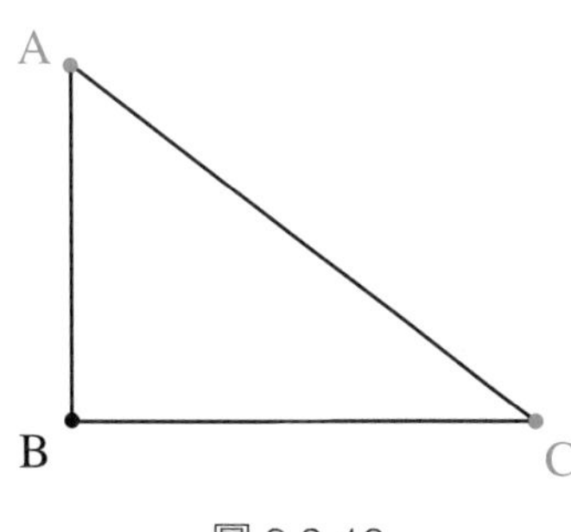

圖 8.3-10

利用畢氏定理的逆定理來判斷

敘述	理由
(1) 假設$\overline{AB}=3r$、$\overline{BC}=4r$、$\overline{AC}=5r$，($r>0$)	已知$\overline{AB}$：$\overline{BC}$：$\overline{AC}$＝3：4：5 & 假設 &$\overline{AB}$、$\overline{BC}$、$\overline{AC}$為線段長度必大於0
(2) $\overline{AB}^2+\overline{BC}^2=(3r)^2+(4r)^2=25r^2$	由(1) 假設$\overline{AB}=3r$、$\overline{BC}=4r$
(3) $\overline{AC}^2=(5r)^2=25r^2$	由(1) 假設$\overline{AC}=5r$
(4) 所以$\overline{AB}^2+\overline{BC}^2=\overline{AC}^2$	由(2) & (3) 遞移律
(5)△ABC為直角三角形，且∠ABC＝90°	由(4) & 根據畢氏定理的逆定理

在例題8.3-8中，當r＝1時，$\overline{AB}=3$、$\overline{BC}=4$、$\overline{AC}=5$；
當r＝2時，$\overline{AB}=6$、$\overline{BC}=8$、$\overline{AC}=10$；
當r＝3時，$\overline{AB}=9$、$\overline{BC}=12$、$\overline{AC}=15$。

因此三邊長比為3：4：5的直角三角形，其邊長可為3、4、5；也可以為6、8、10；也可以為9、12、15。而且根據三角形(SSS)相似定理，邊長為3、4、5；6、8、10；9、12、15的直角三角形全都相似。

例題 8.3-9 等腰直角三角形三邊長之比爲 $1：1：\sqrt{2}$

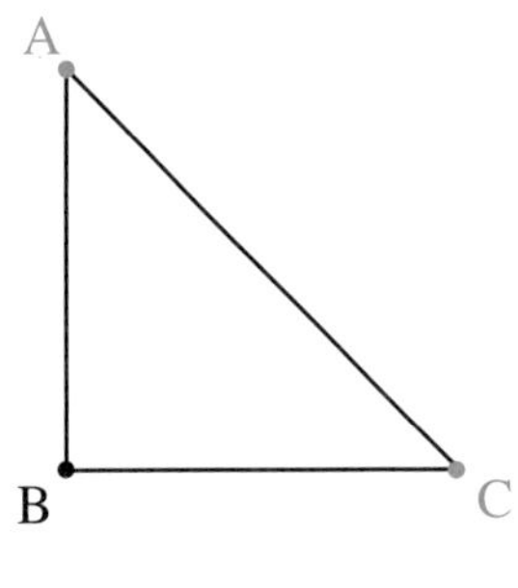

圖 8.3-10

如圖8.3-11，△ACB為等腰直角三角形，$\overline{AB}=\overline{BC}$ 且 $\angle ABC=90^\circ$

$\overline{AB}：\overline{BC}：\overline{AC}=1：1：\sqrt{2}$。

利用畢氏定理證明

敘述	理由
(1) 假設 $\overline{AB}=\overline{BC}=r$，($r>0$)	已知 $\overline{AB}=\overline{BC}$ & 假設 & $\overline{AB}$、$\overline{BC}$ 為線段長度必大於0
(2) $\overline{AB}^2+\overline{BC}^2=\overline{AC}^2$	已知△ACB為等腰直角三角形， $\angle ABC=90^\circ$ & 畢氏定理
(3) $r^2+r^2=\overline{AC}^2$	由(2) & (1) 假設 $\overline{AB}=\overline{BC}=r$
(4) $\overline{AC}=-\sqrt{2}r$ 或 $\overline{AC}=\sqrt{2}r$	由(3) 求平方根
(5) 所以 $\overline{AC}=\sqrt{2}r$	由(4) & $\overline{AC}$ 為線段長度必大於0
(6) $\overline{AB}：\overline{BC}：\overline{AC}$ $=r：r：\sqrt{2}r$ $=1：1：\sqrt{2}$	由(1)假設 $\overline{AB}=\overline{BC}=r$ & (5) $\overline{AC}=\sqrt{2}r$ & 倍比定理
(7) 所以 $\overline{AB}：\overline{BC}：\overline{AC}=1：1：\sqrt{2}$	由(6)

Q. E. D

例題 8.3-10　30°-90°-60°的直角三角形三邊長之比爲 1：2：$\sqrt{3}$

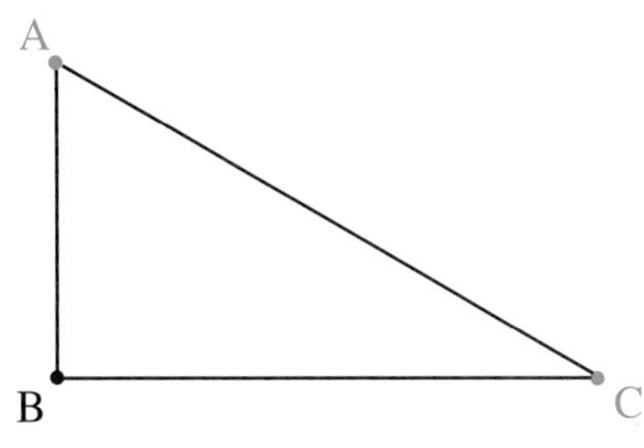

圖 8.3-12

如圖8.3-12，△CBA為直角三角形，∠ACB＝30°、∠BAC＝60°、∠ABC＝90°，

$\overline{AB}$：$\overline{AC}$：$\overline{BC}$＝1：2：$\sqrt{3}$。

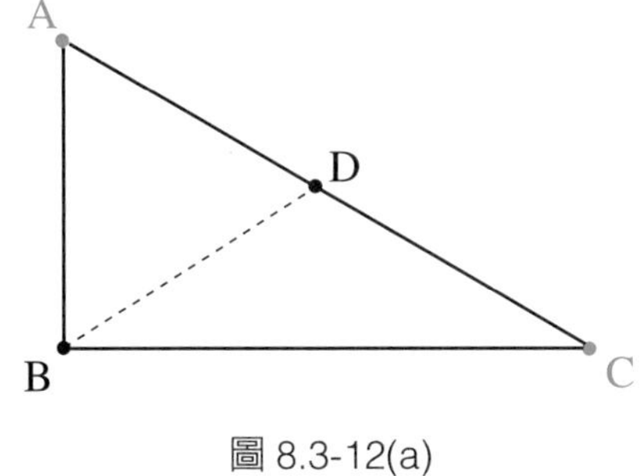

圖 8.3-12(a)

利用畢氏定理證明

敘述	理由
(1)△CBA 中，$\overline{AC}$＞$\overline{AB}$	已知∠ABC＝90°＞∠ACB＝30° & 三角形之邊角關係，大角對大邊
(2) 在$\overline{AC}$上取$\overline{AD}$＝$\overline{AB}$，連接$\overline{BD}$ 如圖8.3-12(a)	由(1) $\overline{AC}$＞$\overline{AB}$ & 作圖
(3)△ABD為等腰三角形	由(2) & 兩腰等長為等腰三角形
(4)△ABD中，∠ABD＝∠ADB＝(180°－∠BAC)÷2	如圖8.3-12(a)所示 由(3) & 等腰三角形兩底角相等 &等腰三角形底角與頂角的關係

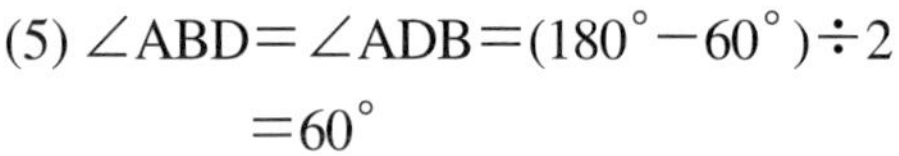

(5) $\angle ABD = \angle ADB = (180^\circ - 60^\circ) \div 2 = 60^\circ$	由(4) & 已知$\angle BAC = 60^\circ$
(6) $\angle ABD = \angle ADB = \angle BAC = 60^\circ$	由(5) $\angle ABD = \angle ADB = 60^\circ$ & 已知$\angle BAC = 60^\circ$ 遞移律
(7) △ABD為正三角形	由(6) & 等角三角形為正三角形
(8) $\overline{AB} = \overline{BD} = \overline{AD}$	由(7) & 正三角形三邊等長
(9) $\angle DBC = \angle ABC - \angle ABD$ $= 90^\circ - 60^\circ = 30^\circ$	如圖8.3-12(a)，全量與分量之關係 已知$\angle ABC = 90^\circ$ & (5) $\angle ABD = 60^\circ$
(10) $\angle DBC = \angle ACB = 30^\circ$	由(9) $\angle DBC = 30^\circ$ & 已知$\angle ACB = 30^\circ$ 遞移律
(11) △BDC為等腰三角形	由(10) & 兩底角相等為等腰三角形
(12) $\overline{BD} = \overline{CD}$	由(11) & 等腰三角形兩腰等長
(13) 假設$\overline{AB} = \overline{BD} = \overline{AD} = \overline{CD} = r$，$(r > 0)$	由(8) & (12) 遞移律 & 假設
(14) $\overline{AC} = \overline{AD} + \overline{CD} = r + r = 2r$	全量等於分量之和 & (13) 假設
(15) △ABC中，$\overline{AB}^2 + \overline{BC}^2 = \overline{AC}^2$	已知△CBA為直角三角形， $\angle ABC = 90^\circ$ & 畢氏定理
(16) $r^2 + \overline{BC}^2 = (2r)^2$	由(13)、(14) & (15) 代換
(17) $\overline{BC} = -\sqrt{3}\,r$ 或 $\overline{BC} = \sqrt{3}\,r$	由(16) 求平方根
(18) 所以$\overline{BC} = \sqrt{3}\,r$	由(17) & $\overline{BC}$為線段長度必大於0
(19) $\overline{AB} : \overline{AC} : \overline{BC}$ $= r : 2r : \sqrt{3}\,r$ $= 1 : 2 : \sqrt{3}$	由(13) 假設$\overline{AB} = r$ & (14) $\overline{AC} = 2r$ & (18) $\overline{BC} = r$ & 倍比定律
(20) 所以$\overline{AB} : \overline{AC} : \overline{BC} = 1 : 2 : \sqrt{3}$	由(19)

Q. E. D

例題 8.3-11

如圖8.3-13，△ABC為一直角三角形，∠A＝90°、∠ADB＝60°、∠C＝30°，若$\overline{AB}$＝4，則$\overline{BD}$＝______，$\overline{DC}$＝______。

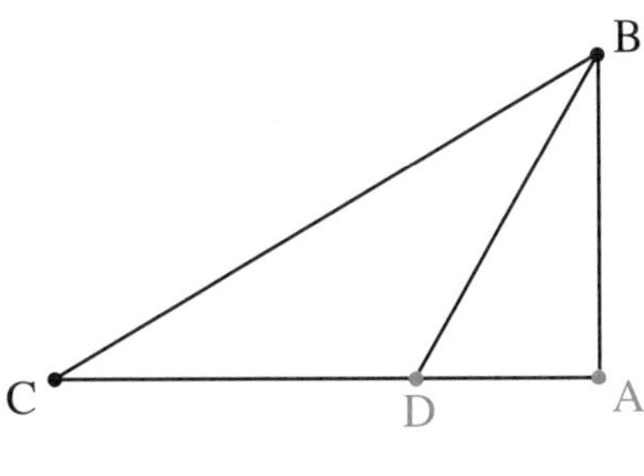

圖 8.3-13

利用30°-90°-60°的直角三角形邊長比為1：2：√3來解題

敘述	理由
(1) △BAD中， ∠ABD＋∠A＋∠ADB＝180°	如圖8.3-13所示 三角形內角和180°
(2)∠ABD＝180°－∠A－∠ADB ＝180°－90°－60°＝30°	由(1) 等量減法公理 將已知∠A＝90°、∠ADB＝60°代入
(3) △BAD為30°-90°-60°的直角三角形	由(2) ∠ABD＝30° & 已知∠A＝90°、∠ADB＝60°
(4) $\overline{AD}$：$\overline{BD}$：$\overline{AB}$＝1：2：√3	由(3) & 30°-90°-60°的直角三角形邊長比為1：2：√3
(5) $\overline{BD}$：$\overline{AB}$＝2：√3	由(4)
(6) $\overline{BD}$：4＝2：√3	由(5) & 已知$\overline{AB}$＝4

 (7) $\overline{BD}\times\sqrt{3}=4\times2$	由(6) & 外項乘積等於內項乘積
(8) $\overline{BD}=4\times2\div\sqrt{3}=\frac{8}{\sqrt{3}}=\frac{8\sqrt{3}}{3}$	由(7) 等量除法公理 & 分母有理化
(9)△ABC中， $\angle ABC+\angle A+\angle C=180^\circ$	如圖8.3-13所示 三角形內角和180°
(10)$\angle ABC=180^\circ-\angle A-\angle C$ $=180^\circ-90^\circ-30^\circ=60^\circ$	由(9) 等量減法公理 將已知$\angle A=90^\circ$、$\angle C=30^\circ$代入
(11)$\angle ABC=\angle DBC+\angle ABD$	全量等於分量之和
(12)$\angle DBC=\angle ABC-\angle ABD$ $=60^\circ-30^\circ=30^\circ$	由(11) 等量減法公理 & (10)$\angle ABC=60^\circ$ & (2)$\angle ABD=30^\circ$
(13)$\angle C=\angle DBC=30^\circ$	由(12) & 已知$\angle C=30^\circ$ 遞移律
(14)△DBC為等腰三角形	由(13) & 兩底角相等為等腰三角形
(15) $\overline{DC}=\overline{BD}=\frac{8\sqrt{3}}{3}$	由(14) 等腰三角形兩腰等長 & (8) $\overline{BD}=\frac{8\sqrt{3}}{3}$

Q. E. D

例題 8.3-12

如圖8.3-14，△ABC、△ACD為直角三角形，∠B＝∠ACD＝90°且∠CAD＝30°，$\overline{AB}=\overline{BC}$，若$\overline{DC}=5$，，則$\overline{AC}=$______，$\overline{AB}=$______。

想法

(1) 利用30°-90°-60°的直角三角形邊長比為1：2：$\sqrt{3}$

(2) 等腰直角三角形邊長比為1：1：$\sqrt{2}$

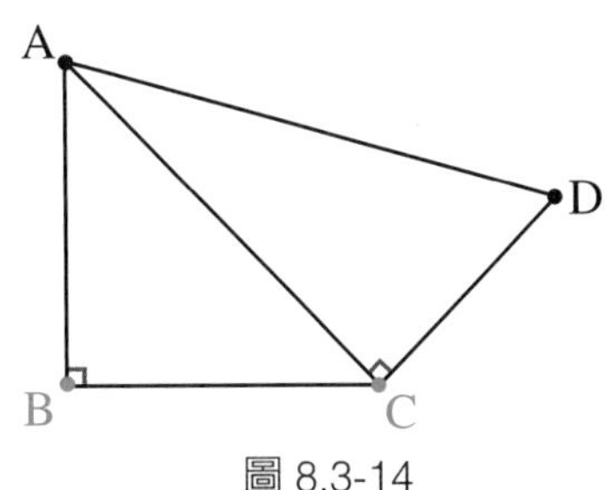

圖 8.3-14

解

敘述	理由
(1)△ACD中， ∠ACD＋∠CAD＋∠D＝180°	如圖8.3-14所示 三角形內角和180°
(2)∠D＝180°－∠ACD－∠CAD ＝180°－90°－30°＝60°	由(1) 等量減法公理 將已知∠ACD＝90°、∠CAD＝30°代入
(3)△ACD為30°-90°-60°的直角三角形	由(2) ∠D＝60° & 已知∠ACD＝90°、∠CAD＝30°
(4) $\overline{CD}:\overline{AD}:\overline{AC}=1:2:\sqrt{3}$	由(3) & 30°-90°-60°的直角三角形邊長比為1：2：$\sqrt{3}$
(5) $\overline{CD}:\overline{AC}=1:\sqrt{3}$	由(4)
(6) $5:\overline{AC}=1:\sqrt{3}$	由(5) & 已知$\overline{DC}=5$
(7) $\overline{AC}=5\times\sqrt{3}=5\sqrt{3}$	由(6) & 內項乘積等於外項乘積
(8)△ABC為等腰直角三角形	已知∠B＝90°，$\overline{AB}=\overline{BC}$
(9) $\overline{AB}:\overline{BC}:\overline{AC}=1:1:\sqrt{2}$	由(8) & 等腰直角三角形邊長比為1：1：$\sqrt{2}$
(10) $\overline{AB}:\overline{AC}=1:\sqrt{2}$	由(9)
(11) $\overline{AB}:5\sqrt{3}=1:\sqrt{2}$	由(10) & (7) $\overline{AC}=5\sqrt{3}$ 已證
(12) $\overline{AB}\times\sqrt{2}=5\sqrt{3}\times1$	由(11) & 外項乘積等於內項乘積
(13) $\overline{AB}=5\sqrt{3}\times1\div\sqrt{2}=\frac{5\sqrt{6}}{2}$	由(12)等量除法公理 & 分母有理化

例題 8.3-13

如圖8.3-15，$\overline{AE}\perp\overline{BC}$，∠B＝30°，∠ADE＝60°，∠C＝45°，則$\overline{BD}$：$\overline{DE}$：$\overline{EC}$＝________。

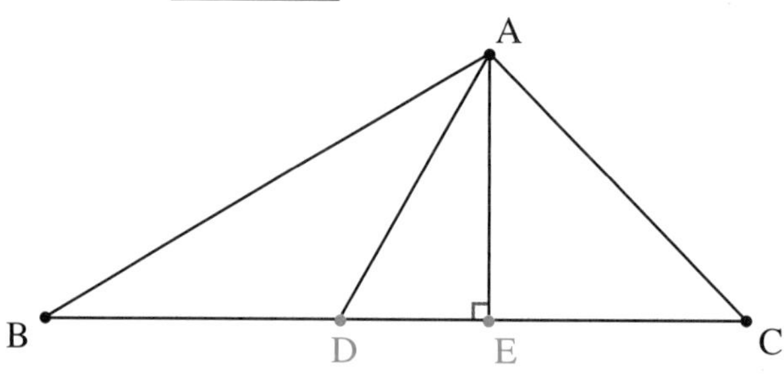

圖 8.3-15

(1) 利用30°-90°-60°的直角三角形邊長比為1：2：$\sqrt{3}$
(2) 等腰直角三角形邊長比為1：1：$\sqrt{2}$

敘述	理由
(1) ∠AEB＝∠AEC＝90°	已知$\overline{AE}\perp\overline{BC}$
(2) △BEA中， ∠B＋∠AEB＋∠BAE＝180°	如圖8.3-15所示 三角形內角和180°
(3) ∠BAE＝180°－∠AEB－∠B ＝180°－90°－30°＝60°	由(1) 等量減法公理 將已知∠B＝30°& (1)∠AEB＝90°代入
(4) △BEA為30°-90°-60°的直角三角形	由(1) ∠AEB＝90°、(3) ∠BAE＝60° & 已知∠B＝30°
(5) $\overline{AE}$：$\overline{AB}$：$\overline{BE}$＝1：2：$\sqrt{3}$	由(4) & 30°-90°-60°的直角三角形邊長比為1：2：$\sqrt{3}$
(6) $\overline{AE}$：$\overline{BE}$＝1：$\sqrt{3}$	由(5)
(7) $\overline{BE}=\overline{AE}\times\sqrt{3}=\sqrt{3}\,\overline{AE}$	由(6) & 內項乘積等於外項乘積

(8)△AED中， ∠DAE＋∠ADE＋∠AED＝180°	如圖8.3-15所示 三角形內角和180°
(9)∠DAE＝180°－∠ADE－∠AED ＝180°－60°－90° ＝30°	由(8) 等量減法公理 將已知∠ADE＝60° & (1) ∠AEB＝90°代入
(10)△AED為30°-90°-60°的直角三角形	由(9) ∠DAE＝30° & 已知∠ADE＝60° & (1)∠AEB＝90°
(11) $\overline{DE}:\overline{AD}:\overline{AE}=1:2:\sqrt{3}$	由(10) & 30°-90°-60°的直角三角形邊長比為$1:2:\sqrt{3}$
(12) $\overline{DE}:\overline{AD}=1:\sqrt{3}$	由(11)
(13) $\overline{DE}\times\sqrt{3}=\overline{AE}\times 1$	由(12) & 外項乘積等於內項乘積
(14) $\overline{DE}=\overline{AE}\times 1\div\sqrt{3}=\frac{\sqrt{3}}{3}\overline{AE}$	由(13) 等量除法公理 & 分母有理化
(15) $\overline{BE}=\overline{BD}+\overline{DE}$	如圖8.3-15，全量等於分量之和
(16) $\overline{BD}=\overline{DE}-\overline{DE}=\sqrt{3}\overline{AE}-\frac{\sqrt{3}}{3}\overline{AE}$	將(7) & (14) 代入(15)得
(17) 所以$\overline{BD}=\frac{2\sqrt{3}}{3}\overline{AE}$	由(16)
(18)△ACE中， ∠C＋∠AEC＋∠CAE＝180°	如圖8.3-15所示 三角形內角和180°
(19)∠CAE＝180°－∠C－∠AEC ＝180°－45°－90° ＝45°	由(18) 等量減法公理 已知∠C＝45° & (1) ∠AEC＝90°
(20)△ACE為等腰直角三角形	由(19) ∠CAE＝45°、(1) ∠AEC＝90° & 已知∠C＝45°
(21) $\overline{EC}=\overline{AE}$	由(20) & 等腰直角三角形兩腰等長
(22) 所以$\overline{BD}:\overline{DE}:\overline{EC}$ $=\frac{2\sqrt{3}}{3}\overline{AE}:\frac{\sqrt{3}}{3}\overline{AE}:\overline{AE}$ $=2:1:\sqrt{3}$	由(17) $\overline{BD}=\frac{2\sqrt{3}}{3}\overline{AE}$、(21) $\overline{EC}=\overline{AE}$ & (14) $\overline{DE}=\frac{\sqrt{3}}{3}\overline{AE}$ 倍比定理
(23) $\overline{BD}:\overline{DE}:\overline{EC}=2:1:\sqrt{3}$	由(22)

接下來，讓我們利用等腰三角形頂角平分線垂直平分底邊的性質與畢氏定理來解例題8.3-14。

例題 8.3-14

如圖8.3-16，等腰三角形ABC中，$\overline{AC}=\overline{AB}$，若$\overline{BC}=10$，$\overline{AD}=12$，且$\overline{AD}$平分∠BAC，則$\overline{AB}+\overline{BC}+\overline{AC}=$？

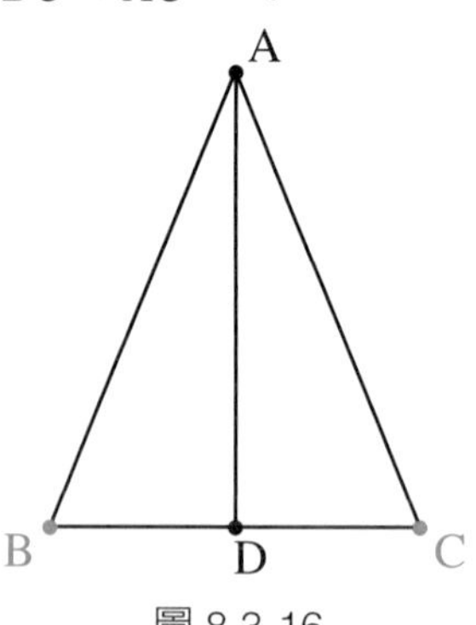

圖 8.3-16

(1) 利用已知△ABC為等腰三角形、$\overline{AD}$平分∠BAC & 等腰三角形頂角平分線垂直平分底邊，可得到$\overline{AD}\perp\overline{BC}$且$\overline{BD}=\overline{CD}$；

(2) 利用$\overline{AD}\perp\overline{BC}$可得知△ABD為直角三角形；

(3) 利用△ABD為直角三角形 & 畢氏定理，可求得$\overline{AB}$之值；

(4) 利用$\overline{AB}$之值 & 已知$\overline{AC}=\overline{AB}$、$\overline{BC}=10$，即可得到$\overline{AB}+\overline{BC}+\overline{AC}$

敘述	理由
(1) $\overline{AD}\perp\overline{BC}$ 且 $\overline{BD}=\overline{CD}=\frac{1}{2}\overline{BC}$	已知△ABC為等腰三角形、$\overline{AD}$平分∠BAC & 等腰三角形頂角平分線垂直平分底邊
(2) ∠ADB＝90°， △ABD為直角三角形	由(1) $\overline{AD}\perp\overline{BC}$ 直角三角形定義
(3) $\overline{BD}=\overline{CD}=\frac{1}{2}\times10=5$	由(1) $\overline{BD}=\overline{CD}=\frac{1}{2}$ & 已知$\overline{BC}=10$
(4)△ABD中，$\overline{AB}^2=\overline{BD}^2+\overline{AD}^2$	由(2) △ABD為直角三角形 & 畢氏定理
(5) $\overline{AB}^2=5^2+12^2$	由(4) & 已知$\overline{AD}=12$ & (3) $\overline{BD}=5$
(6) $\overline{AB}=-13$ 或 $\overline{AB}=13$	由(5) 求平方根
(7) 所以$\overline{AB}=13$	由(6) & $\overline{AB}$為線段長度必大於0
(8) $\overline{AC}=\overline{AB}=13$	已知$\overline{AC}=\overline{AB}$ & (7) $\overline{AB}=13$
(9) 所以$\overline{AB}+\overline{BC}+\overline{AC}$ $=13+10+13=36$	由(8) $\overline{AC}=\overline{AB}=13$ & 已知$\overline{BC}=10$ 加法

接下來，讓我們運用第四章所提到的三角形的內心與外心的性質，結合畢氏定理，再搭配第七章中例題7.3-11的結論：直角三角形內切圓半徑＝（兩股和減去斜邊）÷2。來解以下例題8.3-15~例題8.3-17。

例題 8.3-15

如圖8.3-17，圓I為直角三角形ABC的內切圓，D、E、F為切點，$\overline{AB} \perp \overline{BC}$。若$\overline{AB}$＝8公分，$\overline{BC}$＝6公分，求圓I的半徑。

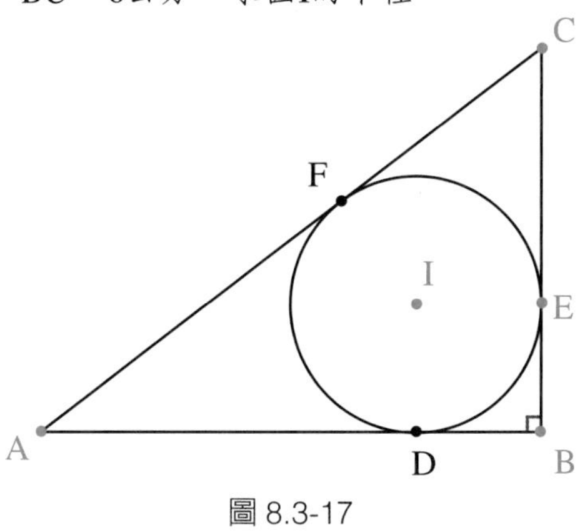

圖 8.3-17

(1) 先利用畢氏定理求出直角三角形的斜邊長

(2) 再利用第七章例題7.3-11的結論：
直角三角形內接圓半徑＝（兩股和減去斜邊）÷2，
求出直角三角形內切圓半徑

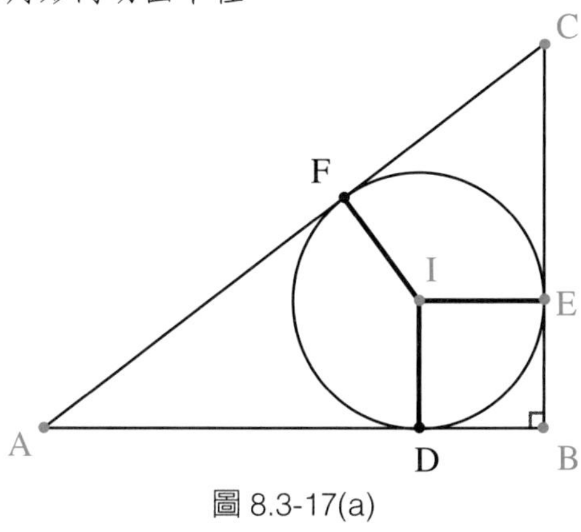

圖 8.3-17(a)

敘述	理由
(1) 連接$\overline{ID}$、$\overline{IE}$、$\overline{IF}$，如圖8.3-17(a) 則$\overline{ID}=\overline{IE}=\overline{IF}$為圓I半徑	作圖 & 已知圓I為直角三角形ABC的內切圓，D、E、F為切點
(2) 直角三角形ABC中 $\overline{AC}^2=\overline{AB}^2+\overline{BC}^2$ $=(8公分)^2+(6公分)^2$ $=64平方公分+36平方公分$ $=100平方公分$	畢氏定理 & 已知直角三角形ABC中，$\overline{AB}\perp\overline{BC}$ & $\overline{AB}=8公分$，$\overline{BC}=6公分$
(3) $\overline{AC}=10公分$ 或$\overline{AC}=-10公分$	由(1) 求平方根
(4) $\overline{AC}=10公分$	由(3) & $\overline{AC}$為線段長度必大於0
(5) 圓I半徑$\overline{ID}=\overline{IE}=\overline{IF}$ $=\dfrac{\overline{AB}+\overline{BC}-\overline{AC}}{2}$ $=\dfrac{8公分+6公分-10公分}{2}$ $=2公分$	由(1) $\overline{ID}=\overline{IE}=\overline{IF}$ 為圓I半徑 & 利用第七章例題7.3-11的結論： 直角三角形內接圓半徑 =(兩股和減去斜邊)÷2 & 已知圓I為直角三角形ABC的內切圓， $\overline{AB}\perp\overline{BC}$ & $\overline{AB}=8公分$，$\overline{BC}=6公分$ & 由(4) $\overline{AC}=10公分$ 已證

例題 8.3-16

如圖8.3-18，已知I為△ABC的內心，若∠BIC＝135°，且$\overline{AB}$＝5公分，$\overline{AC}$＝12公分，試求△ABC內切圓的半徑。

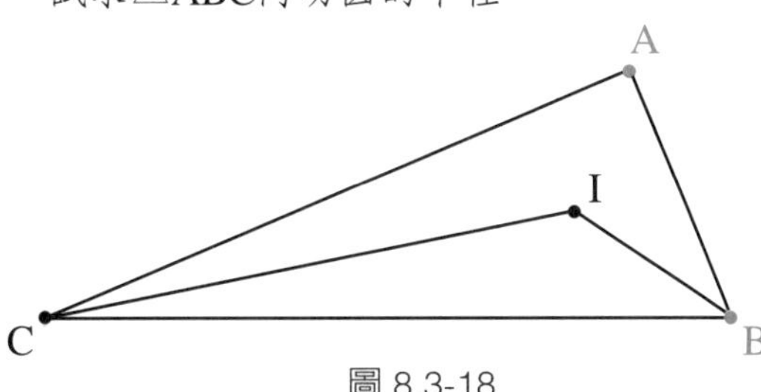

圖 8.3-18

(1) 利用例題4.3-2結論：若I點為△ABC的內心，則∠BIC＝90°＋ ∠BAC

(2) 利用畢氏定理求出直角三角形的第三邊

(3) 利用第七章例題7.3-11的結論：

　直角三角形內接圓半徑＝（兩股和減去斜邊）÷2，

　求出直角三角形內切圓半徑

敘述	理由
(1)∠BIC＝90°＋$\frac{1}{2}$∠BAC	已知I點為△ABC的內心 & 利用例題4.3-2結論
(2) 135°＝90°＋$\frac{1}{2}$∠BAC	由(1) & 已知∠BIC＝135°
(3)∠BAC＝(135°－90°)×2＝90°	由(2) 求∠BAC之值
(4)△ABC為直角三角形 $\overline{BC}^2=\overline{AB}^2+\overline{AC}^2$	由(3) & 直角三角形定義 & 畢氏定理
(5) $\overline{BC}^2$＝(5公分)^2＋(12公分)^2 ＝25平方公分＋144平方公分 ＝169平方公分	由(4) & 已知$\overline{AB}$＝5公分，$\overline{AC}$＝12公分
(6) $\overline{BC}$＝13公分 或 $\overline{BC}$＝－13公分	由(5) 求平方根
(7) $\overline{BC}$＝13公分	由(6) & $\overline{BC}$為線段長度必大於0
(8)　△ABC內切圓半徑 ＝$\frac{\overline{AB}+\overline{AC}-\overline{BC}}{2}$ ＝$\frac{5公分+12公分-13公分}{2}$ ＝2公分	已知I為△ABC的內心 & 利用第七章例題7.3-11的結論 & 已知$\overline{AB}$＝5公分，$\overline{AC}$＝12公分 & (7) $\overline{BC}$＝13公分 已證

例題 8.3-17

有一個直角三角形，其外心到三頂點的距離和為39公分，若有一股長為10公分，則：

(1) 此直角三角形外接圓半徑為何？

(2) 此三角形的另一股長為何？

(3) 此直角三角形內切圓半徑為何？

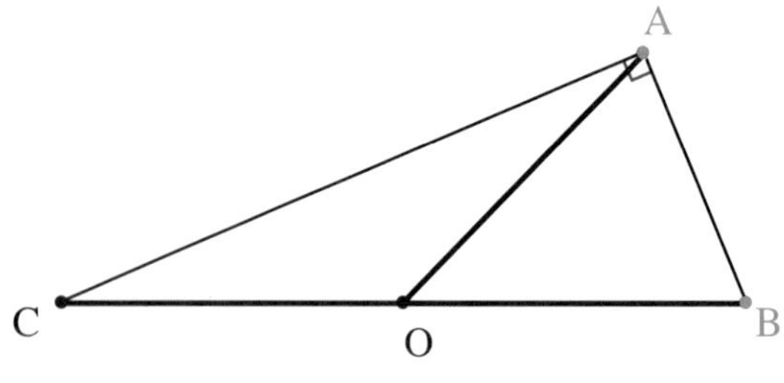

圖 8.3-19

(1) 利用例題4.3-3結論：直角三角形斜邊中點為此三角形的外心。在圖形中找出直角三角形的外心

(2) 利用三角形的外心到三頂點等距離的性質，求出斜邊長

(3) 利用畢氏定理求出另一股長

(4) 利用第七章例題7.3-11的結論：
直角三角形內接圓半徑＝（兩股和減去斜邊）÷2，
求出直角三角形內切圓半徑

敘述	理由
(1) 依題目敘述畫出圖形，如圖8.3-19，其中△ABC為直角三角形，∠BAC＝90°，$\overline{AB}$＝10公分，O點為其外接圓圓心，$\overline{OA}$＝$\overline{OB}$＝$\overline{OC}$為此直角三角形ABC的外接圓半徑	作圖 & 已知有一股長為10公分 & 例題4.3-3結論：直角三角形斜邊中點為此三角形的外心 & 三角形的外心到三頂點等距離
(2) $\overline{OA}$＋$\overline{OB}$＋$\overline{OC}$＝39公分	由(1) O點為△ABC外接圓圓心 & 已知外心到三頂點的距離和為39公分
(3) $\overline{OC}$＋$\overline{OC}$＋$\overline{OC}$＝39公分	由(2) & (1) $\overline{OA}$＝$\overline{OB}$＝$\overline{OC}$
(4) 外接圓半徑$\overline{OC}$＝(39公分)÷3 ＝13公分	由(3) 求$\overline{OC}$之值

(5) $\overline{OA}=\overline{OB}=\overline{OC}=13$公分	由(1) $\overline{OA}=\overline{OB}=\overline{OC}$ & (4) $\overline{OC}=13$公分 遞移律
(6) $\overline{BC}=\overline{OB}+\overline{OC}$ $=13$公分$+13$公分$=26$公分	全量等於分量之和 & (5) $\overline{OB}=\overline{OC}=13$公分
(7)△ABC中，$\overline{AB}^2+\overline{AC}^2=\overline{BC}^2$	已知△ABC為直角三角形 & 畢氏定理
(8) $\overline{AC}^2=\overline{BC}^2-\overline{AB}^2$ $=(26$公分$)^2-(10$公分$)^2$ $=576$平方公分	由(7) 等量減法公理 & (1) $\overline{AB}=10$公分 & (6) $\overline{BC}=26$公分
(9) $\overline{AC}=24$公分 或 $\overline{AC}=-24$公分	由(8) 求平方根
(10) 另一股長$\overline{AC}=24$公分	由(9) & $\overline{AC}$為線段長度必大於0
(11)　直角三角形內切圓半徑 $=\dfrac{\overline{AB}+\overline{AC}-\overline{BC}}{2}$ $=\dfrac{10\text{公分}+24\text{公分}-26\text{公分}}{2}$ $=4$公分	利用第七章例題7.3-11的結論求直角三角形內切圓半徑 & (1) $\overline{AB}=10$公分 & (6) $\overline{BC}=26$公分 & (10) $\overline{AC}=24$公分 已證

各位同學，在以上的例題當中，我們將畢氏定理應用在三角形上，接下來，讓我們將第六章所學的四邊形的一些性質，搭配上畢氏定理，來解決以下的例題8.3-18~例題8.3-25。

例題 8.3-18

如圖8.3-20，正方形ABCD的邊長為10，求其對角線$\overline{AC}$之值。

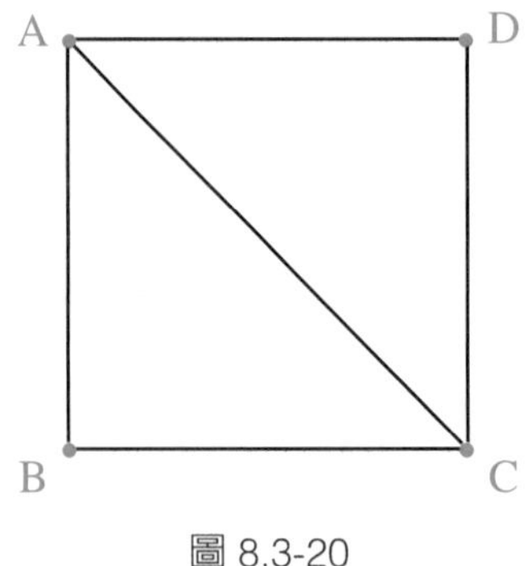

圖 8.3-20

利用畢氏定理解題

敘述	理由
(1) $\angle ABC=90^\circ$ & $\overline{AB}=\overline{BC}=10$	已知ABCD為正方形 & 邊長為10
(2) △ABC為直角三角形	由(1) $\angle ABC=90^\circ$ & 直角三角形定義
(3) $\overline{AB}^2+\overline{BC}^2=\overline{AC}^2$	由(2) & 畢氏定理
(4) $10^2+10^2=\overline{AC}^2$	由(3) & (1) $\overline{AB}=\overline{BC}=10$
(5) $\overline{AC}=-10\sqrt{2}$ 或 $\overline{AC}=10\sqrt{2}$	由(4) 求平方根
(6) 所以$\overline{AC}=10\sqrt{2}$	由(5) & $\overline{AC}$為線段長度必大於0

例題 8.3-19

如圖8.3-21，長方形ABCD中，對角線$\overline{AC}$、$\overline{BD}$相交於O點，且$\overline{AB}=5$，$\overline{BC}=12$，求$\overline{OA}$。

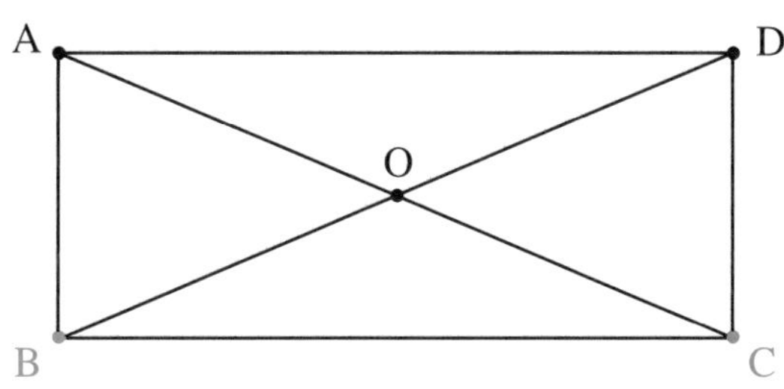

圖 8.3-21

想法

(1) 長方形對角線互相平分

(2) 畢氏定理

解

敘述	理由
(1) $\angle ABC=90^\circ$	已知ABCD為長方形 & 長方形四個角皆為90°
(2) $\triangle ABC$為直角三角形	由(1) & 直角三角形定義
(3) $\overline{AB}^2+\overline{BC}^2=\overline{AC}^2$	由(2) & 畢氏定理
(4) $5^2+12^2=\overline{AC}^2$	由(3) & 已知$\overline{AB}=5$、$\overline{BC}=12$
(5) $\overline{AC}=-13$ 或 $\overline{AC}=13$	由(4) 求平方根
(6) 所以$\overline{AC}=13$	由(5) & $\overline{AC}$為線段長度必大於0
(7) $\overline{OA}=\overline{OC}=\frac{1}{2}\overline{AC}$	已知ABCD為長方形，對角線$\overline{AC}$、$\overline{BD}$相交於O點 & 長方形對角線互相平分
(8) 所以$\overline{OA}=\frac{1}{2}\times 13=6.5$	將(6) $\overline{AC}=13$ 代入(7) $\overline{OA}=\frac{1}{2}\overline{AC}$

例題 8.3-20

如圖8.3-22，長方形ABCD中，對角線$\overline{AC}$、$\overline{BD}$相交於O點，且$\overline{AB}=12$，$\overline{BC}=16$，求$\overline{BD}$。

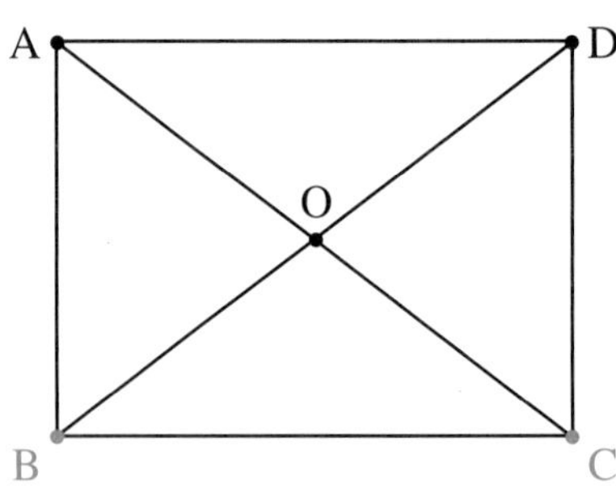

圖 8.3-22

(1) 長方形對角線互相平分

(2) 畢氏定理

敘述	理由
(1) $\angle ABC=90^\circ$	已知ABCD為長方形 & 長方形四個角皆為90°
(2) $\triangle ABC$為直角三角形	由(1) & 直角三角形定義
(3) $\overline{AB}^2+\overline{BC}^2=\overline{AC}^2$	由(2) & 畢氏定理
(4) $12^2+16^2=\overline{AC}^2$	由(3) & 已知$\overline{AB}=12$、$\overline{BC}=16$
(5) $\overline{AC}=-20$ 或 $\overline{AC}=20$	由(4) 求平方根
(6) 所以$\overline{AC}=20$	由(5) & 為線段長度必大於0
(7) $\overline{BD}=\overline{AC}=20$	已知ABCD為長方形，$\overline{AC}$、$\overline{BD}$為對角線 & 長方形對角線等長 & 由(6) $\overline{AC}=20$ 已證

例題 8.3-21

如圖8.3-23，箏形ABCD中，對角線$\overline{AC}$與$\overline{BD}$的交點為O，且$\overline{AO}=3$，$\overline{BD}=8$，求$\overline{AB}$。

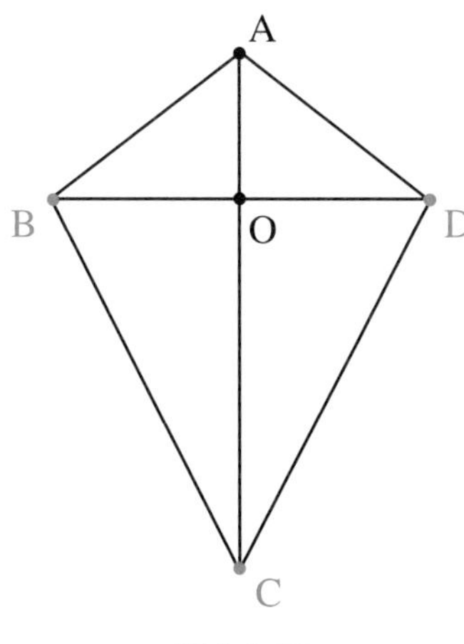

圖 8.3-23

(1) 利用$\overline{AC}$垂直平分$\overline{BD}$，可得知△AOB為直角三角形 & $\overline{OB}$之值

(2) 利用△AOB為直角三角形 & 畢氏定理，可求得$\overline{AB}$之值

敘述	理由
(1) $\overline{AC}\perp\overline{BD}$ & $\overline{OB}=\overline{OD}=\frac{1}{2}\overline{BD}$	已知ABCD為箏形 & 對角線$\overline{AC}$垂直平分$\overline{BD}$
(2) $\overline{OB}=\overline{OD}=\frac{1}{2}\overline{BD}=\frac{1}{2}\times 8=4$	由(1) $\overline{OB}=\overline{OD}=\frac{1}{2}\overline{BD}$ & 已知$\overline{BD}=8$
(3)△ABO為直角三角形	由(1) $\overline{AC}\perp\overline{BD}$
(4) $\overline{AC}^2+\overline{BO}^2=\overline{AB}^2$	由(3) & 畢氏定理
(5) $3^2+4^2=\overline{AB}^2$	由(4) & 已知$\overline{AO}=3$ & (2) $\overline{OB}=4$
(6) $\overline{AB}=-5$ 或 $\overline{AB}=5$	由(5) 求平方根
(7) 所以$\overline{AB}=5$	由(6) & $\overline{AB}$為線段長度必大於0

例題 8.3-22

如圖8.3-24，箏形ABCD中，對角線$\overline{AC}$與$\overline{BD}$的交點為O，且$\overline{AB}=13$，$\overline{AO}=5$，求$\overline{BD}$。

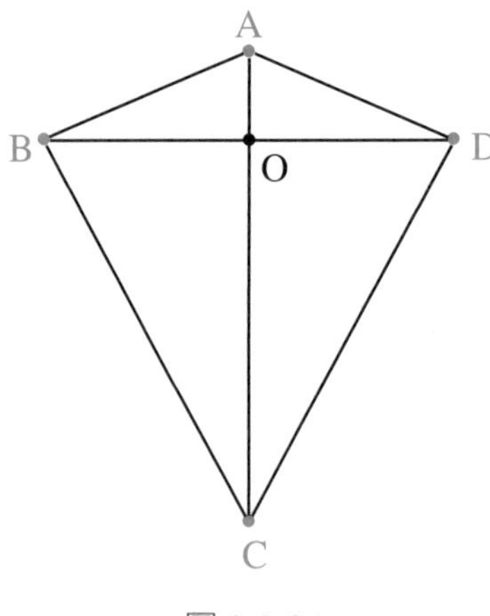

圖 8.3-24

(1) 利用$\overline{AC}$垂直平分$\overline{BD}$，可得知△AOB為直角三角形 & $\overline{BD}=2\overline{OB}$；
(2) 利用△AOB為直角三角形 & 畢氏定理，可求得$\overline{OB}$之值。

敘述	理由
(1) $\overline{AC}\perp\overline{BD}$ & $\overline{OB}=\overline{OD}=\frac{1}{2}\overline{BD}$	已知ABCD為箏形 & 對角線$\overline{AC}$垂直平分$\overline{BD}$
(2)△ABO為直角三角形	由(1) $\overline{AC}\perp\overline{BD}$
(3) $\overline{AO}^2+\overline{OB}^2=\overline{AB}^2$	由(2) & 畢氏定理
(4) $5^2+\overline{OB}^2=13^2$	由(3) & 已知$\overline{AB}=13$，$\overline{AO}=5$
(5) $\overline{OB}=-12$ 或 $\overline{OB}=12$	由(4) 求平方根
(6) 所以$\overline{OB}=12$	由(5) & $\overline{OB}$為線段長度必大於0
(7) $12=\frac{1}{2}\overline{BD}$	由(1) $\overline{OB}=\frac{1}{2}\overline{BD}$ & (6) $\overline{OB}=12$
(8) $\overline{BD}=2\times12=24$	由(7) 等式兩邊同乘以2

例題 8.3-23

如圖8.3-25，菱形ABCD中，已知$\overline{AC}=6$，$\overline{BD}=8$，求$\overline{AB}$之值。

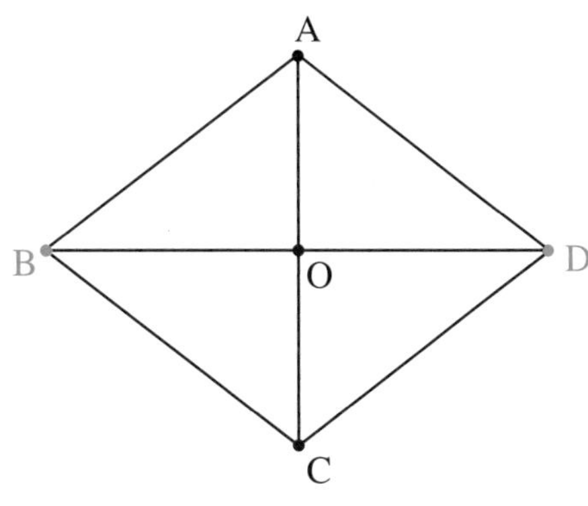

圖 8.3-25

想法 利用菱形之對角線互相垂直平分 & 畢氏定理，可求得$\overline{AB}$之值。

解

敘述	理由
(1) $\overline{AC}\perp\overline{BD}$ & $\overline{OB}=\overline{OD}=\frac{1}{2}\overline{BD}$、$\overline{OA}=\overline{OC}=\frac{1}{2}\overline{AC}$	已知ABCD為菱形 & 菱形之對角線互相垂直平分
(2) $\overline{OB}=\frac{1}{2}\times 8=4$、$\overline{OA}=\frac{1}{2}\times 6=3$	由(1) $\overline{OB}=\frac{1}{2}\overline{BD}$、$\overline{OA}=\frac{1}{2}\overline{AC}$ & 已知$\overline{AB}=6$，$\overline{BD}=8$
(3)△ABO為直角三角形	由(1) $\overline{AB}\perp\overline{BD}$
(4) $\overline{AO}^2+\overline{BO}^2=\overline{AB}^2$	由(3) & 畢氏定理
(5) $3^2+4^2=\overline{AB}^2$	由(4) & (2) $\overline{OB}=4$、$\overline{OA}=3$
(6) $\overline{AB}=-5$ 或 $\overline{AB}=5$	由(5) 求平方根
(7) 所以$\overline{AB}=5$	由(6) & $\overline{AB}$為線段長度必大於0

例題 8.3-24

如圖8.3-26，已知四邊形ABCD為正方形，且∠AEB＝∠BFC，

(1) 求證：$\overline{AE}=\overline{BF}$

(2) 若正方形ABCD的邊長為12，$\overline{BE}=5$，則$\overline{BF}=$_____。

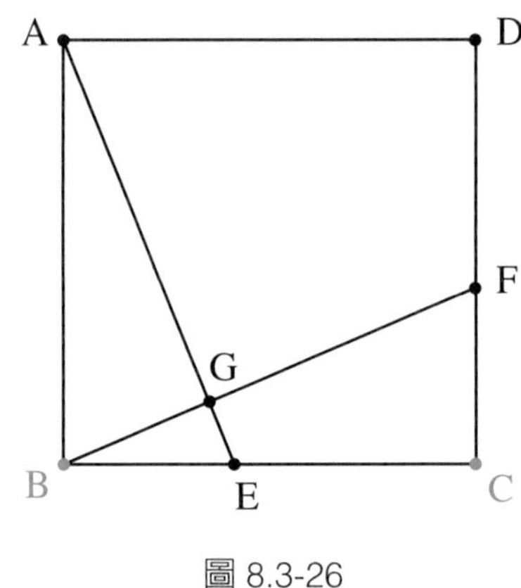

圖 8.3-26

想法

(1) 利用A.A.S.三角形全等定理來證明△ABE≅△BCF，可得$\overline{AE}=\overline{BF}$；

(2) 利用畢氏定理來求$\overline{BF}$之值。

解

敘述	理由
(1)△ABE與△BCF中 ∠ABE＝∠BCF＝90° ∠AEB＝∠BFC $\overline{AB}=\overline{BC}$	如圖8.3-26所示 已知四邊形ABCD為正方形 已知 已知四邊形ABCD為正方形
(2)△ABE≅△BCF	由(1) & 根據A.A.S.三角形全等定理
(3) $\overline{AE}=\overline{BF}$	由(2) & 對應邊相等
(4)△ABE為直角三角形	已知四邊形ABCD為正方形，∠ABE＝90°
(5) $\overline{AB}^2+\overline{BE}^2=\overline{AE}^2$	由(4) & 畢氏定理
(6) $12^2+5^2=\overline{AE}^2$	由(5) & 已知$\overline{BE}=5$、正方形ABCD的邊長$\overline{AB}=12$
(7) $\overline{AE}=-13$ 或 $\overline{AE}=13$	由(6) 求平方根
(8) 所以$\overline{AE}=13$	由(7) & $\overline{AE}$為線段長度必大於0
(9) $\overline{BF}=\overline{AE}=13$	由(3) $\overline{AE}=\overline{BF}$ & (8) $\overline{AE}=13$

例題 8.3-25

如圖8.3-27，四邊形ABCD中，$\overline{AD}$ // $\overline{BC}$，$\overline{AB}$＝$\overline{CD}$，$\overline{AH}$⊥$\overline{BC}$，且$\overline{AH}$＝8，$\overline{BC}$＝20，$\overline{AD}$＝10，求$\overline{BD}$。

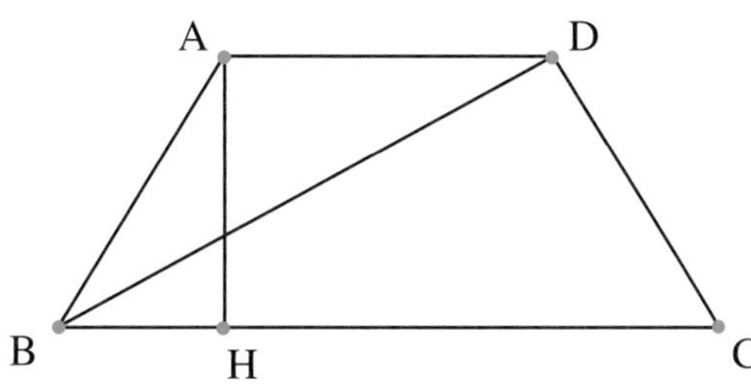

圖 8.3-27

(1) 作一輔助線$\overline{DE}$⊥$\overline{BC}$，使得△ABH≅△DCE，得到$\overline{AH}$＝$\overline{DE}$、$\overline{BH}$＝$\overline{CH}$；

(2) 在△BDE中，利用畢氏定理求得$\overline{BD}$之值。

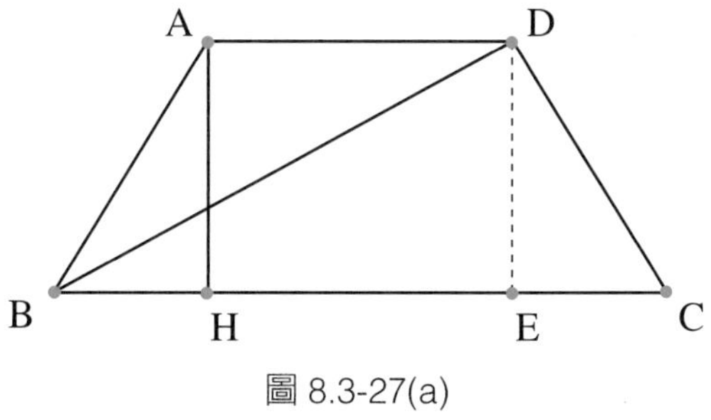

圖 8.3-27(a)

敘述	理由
(1) 作$\overline{DE}$⊥$\overline{BC}$，則∠DEC＝90°，如圖8.3-27(a)所示	作圖
(2) 四邊形ABCD為等腰梯形	已知四邊形ABCD中，$\overline{AD}$ // $\overline{AB}$，$\overline{AB}$＝$\overline{CD}$
(3) 在△ABH與△DCE中， ∠AHB＝∠DEC＝90° ∠ABH＝∠DCE $\overline{AB}$＝$\overline{DC}$	如圖8.3-27(a)所示 已知$\overline{AH}$⊥$\overline{BC}$ & 由(1) $\overline{AH}$⊥$\overline{BC}$ 作圖 由(2) 等腰梯形兩底角相等 已知$\overline{AB}$＝$\overline{DC}$
(4)△ABH≅△DCE	由(3) & 根據A.A.S.三角形全等定理
(5) $\overline{AH}$＝$\overline{DE}$＝8、$\overline{BH}$＝$\overline{CE}$	由(4) 對應邊相等 & 已知$\overline{AH}$＝8

(6)  $\overline{AH} // \overline{DE}$	已知 $\overline{AH} \perp \overline{BC}$ & 由(1) $\overline{DE} \perp \overline{BC}$ & 垂直於同一線段的兩線段互相平行
(7) ADEH為平行四邊形	已知 $\overline{AD} // \overline{BC}$ & (6) $\overline{DE} // \overline{BC}$ & 平行四邊形定義
(8) $\overline{HE}=\overline{AD}=10$	由(7) 平行四邊形對邊相等 & 已知 $\overline{AD}=10$
(9) $\overline{BC}=\overline{BH}+\overline{HE}+\overline{CE}$	全量等於分量之和
(10) $20=\overline{BH}+10+\overline{BH}$	由(9) & 已知 $\overline{BC}=20$ & (5) $\overline{BH}=\overline{CE}$ & (8) $\overline{HE}=10$
(11) $\overline{BH}=5$	由(10) 解一元一次方程式
(12) $\overline{BH}=\overline{BH}+\overline{HE}=5+10=15$	全量等於分量之和 & (8) $\overline{HE}=10$ & (11) $\overline{BH}=5$
(13)△BDE為直角三角形， $\overline{DE}^2+\overline{BE}^2=\overline{BD}^2$	由(1) $\overline{DE} \perp \overline{BC}$ 作圖 畢氏定理
(14) $8^2+152=\overline{BD}^2$	由(13) & (5) $\overline{DE}=8$ & (12) $\overline{BE}=15$
(15) $\overline{BD}=-17$ 或 $\overline{BD}=17$	由(14)求平方根
(16) 所以 $\overline{BD}=17$	由(15) & $\overline{BD}$ 為線段長度必大於0

接下來，我們將畢氏定理與第七章所學到的圓的一些性質，來解決以下的例題8.3-26~例題8.3-47。

例題 8.3-26

如圖8.3-28，四邊形OABC中，∠A＝∠CBO＝90°，$\overline{AB}=\overline{BC}=8$，$\overline{AO}=6$，回答下列問題：

(1) 試求$\overline{CO}$。

(2) 若以O為圓心，10為半徑畫圓，則A、B、C三點會分別落在圓內、圓上或圓外？

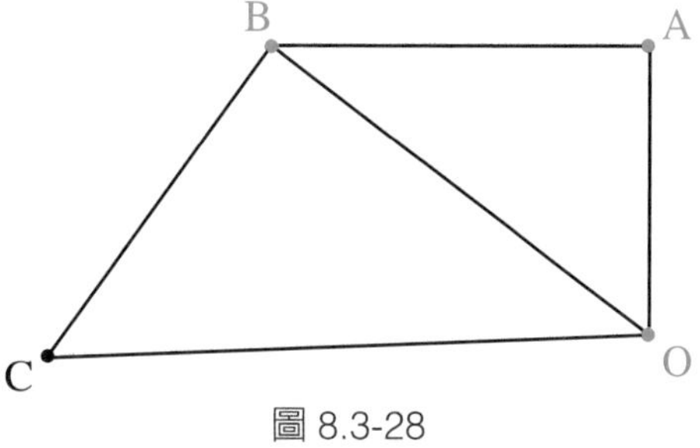

圖 8.3-28

(1) 利用畢氏定理求出$\overline{CO}$之值；

(2) 再利用點與圓心的距離來判斷點與圓的關係：

1. 點與圓心的距離小於r，則此點位於圓內；
2. 點與圓心的距離等於r，則此點位於圓周上；
3. 點與圓心的距離大於r，則此點位於圓外；

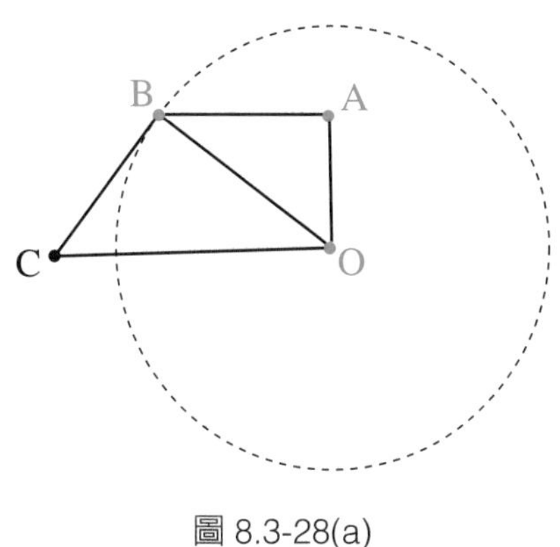

圖 8.3-28(a)

敘述	理由
(1) △ABO為直角三角形， $\overline{AB}^2+\overline{AO}^2=\overline{BO}^2$	已知∠A＝90° 畢氏定理
(2) $8^2+6^2=\overline{BO}^2$	由(1) & 已知$\overline{AB}=8$，$\overline{AO}=6$
(3) $\overline{BO}=-10$ 或 $\overline{BO}=10$	由(2) 求平方根
(4) 所以$\overline{BO}=10$	由(3) & $\overline{BO}$為線段長度必大於0
(5) △BCO為直角三角形， $\overline{BC}^2+\overline{BO}^2=\overline{CO}^2$	已知∠CBO＝90° 畢氏定理
(6) $8^2+10^2=\overline{CO}^2$	由(5) & 已知$\overline{BC}=8$ & 由(4) $\overline{BO}=10$
(7) $\overline{CO}=-2\sqrt{41}$ 或 $\overline{CO}=2\sqrt{41}$	由(6) 求平方根
(8) 所以$\overline{CO}=2\sqrt{41}$	由(7) & $\overline{CO}$為線段長度必大於0
(9) 以O為圓心，10為半徑畫圓， 如圖8.3-28(a)所示， 因$\overline{AO}=6<10$，故A點在圓內； 因$\overline{BO}=10$，故B點在圓周上； 因$\overline{CO}=2\sqrt{41}>10$，故C點在圓外。	作圖 點與圓心的距離小於r，則此點位於圓內點與圓心的距離等於r，則此點位於圓周上點與圓心的距離大於r，則此點位於圓外

例題 8.3-27

如圖8.3-29，矩形ABCD中，$\overline{AB}=3$，$\overline{AD}=4$。以A為圓心，r為半徑畫圓，使得B、C、D中的一點在圓外，兩點在圓內，求r的範圍。

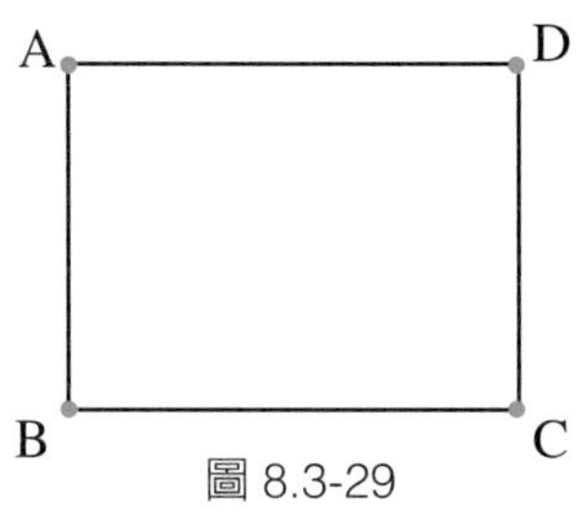

圖 8.3-29

(1) 利用畢氏定理求出$\overline{AC}$之值；

(2) 再利用點與圓心的距離來判斷點與圓的關係：

1. 點與圓心的距離小於r，則此點位於圓內；
2. 點與圓心的距離等於r，則此點位於圓周上；
3. 點與圓心的距離大於r，則此點位於圓外；

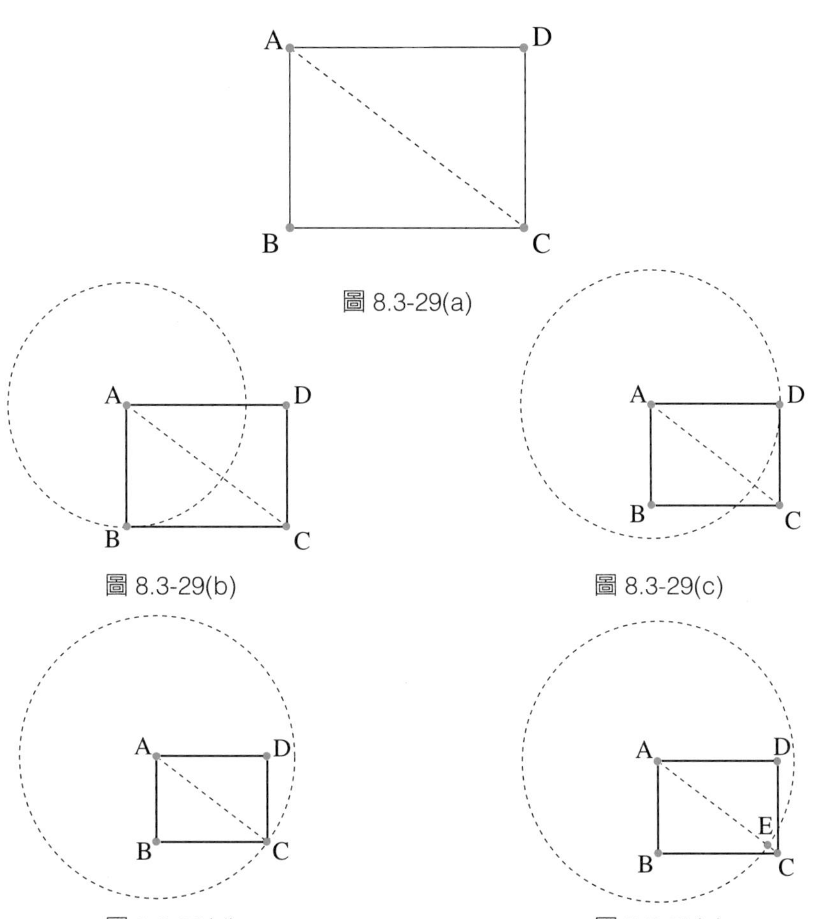

圖 8.3-29(a)

圖 8.3-29(b)　圖 8.3-29(c)

圖 8.3-29(d)　圖 8.3-29(e)

解

敘述	理由
(1) 連接$\overline{AC}$，如圖8.3-29(a)所示	作圖
(2) $\overline{BC}=\overline{AD}=4$	已知ABCD為矩形 & 矩形對邊相等 & 已知$\overline{AD}=4$
(3) △ABC為直角三角形， $\overline{AB}^2+\overline{BC}^2=\overline{AC}^2$	已知ABCD為矩形 & ∠B＝90° 畢氏定理
(4) $3^2+4^2=\overline{AC}^2$	由(3) & 已知$\overline{AB}=3$ & (2) $\overline{BC}=4$
(5) $\overline{AC}=-5$ 或 $\overline{AC}=5$	由(4) 求平方根
(6) 所以$\overline{AC}=5$	由(5) & $\overline{AC}$為線段長度必大於0
(7)以A為圓心，$\overline{AB}=3$為半徑畫圓，如圖8.3-29(b)所示， 因$\overline{AB}=3=r$，故B點在圓周上； 因$\overline{AC}=5>r$，故C點在圓外； 因$\overline{AD}=4>r$，故D點在圓外；	作圖 點與圓心的距離等於r，則此點位於圓周上 點與圓心的距離大於r，則此點位於圓外 點與圓心的距離大於r，則此點位於圓外
(8) 以A為圓心，$\overline{AD}=4$為半徑畫圓，如圖8.3-29(c)所示， 因$\overline{AB}=3<r$，故B點在圓內； 因$\overline{AC}=5>r$，故C點在圓外； 因$\overline{AD}=4=r$，故D點在圓周上；	作圖 點與圓心的距離小於r，則此點位於圓內 點與圓心的距離大於r，則此點位於圓外 點與圓心的距離等於r，則此點位於圓周上
(9) 以A為圓心，$\overline{AC}=5$為半徑畫圓，如圖8.3-29(d)所示， 因$\overline{AB}=3<r$，故B點在圓內； 因$\overline{AC}=5=r$，故C點在圓周上； 因$\overline{AD}=4<r$，故D點在圓內；	作圖 點與圓心的距離小於r，則此點位於圓內 點與圓心的距離等於r，則此點位於圓周上 點與圓心的距離小於r，則此點位於圓內
(10) 以A為圓心，$4<\overline{AE}<5$為半徑畫圓，如圖8.3-29(e)所示， 因$\overline{AB}=3<r$，故B點在圓內； 因$\overline{AC}=5>r$，故C點在圓外； 因$\overline{AD}=4<r$，故D點在圓內；	作圖 點與圓心的距離小於r，則此點位於圓內 點與圓心的距離大於r，則此點位於圓外 點與圓心的距離小於r，則此點位於圓內
(11) 所以當$4<r<5$時，B、D兩點在圓內；C點在圓外	由(10) 已證

例題 8.3-28

如圖8.3-30，將半徑為5的半圓分成六等分，設等分點依次為P_1、P_2、P_3、P_4、P_5，則$\overline{AP_1}^2+\overline{AP_2}^2+\overline{AP_3}^2+\overline{AP_4}^2+\overline{AP_5}^2=$______。

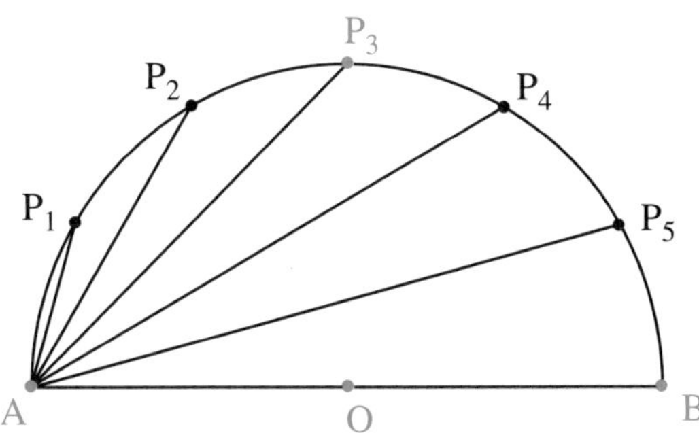

圖 8.3-30

(1) 同圓中等弧對等弦
(2) 利用直徑所對的圓周角為直角
(3) 畢氏定理

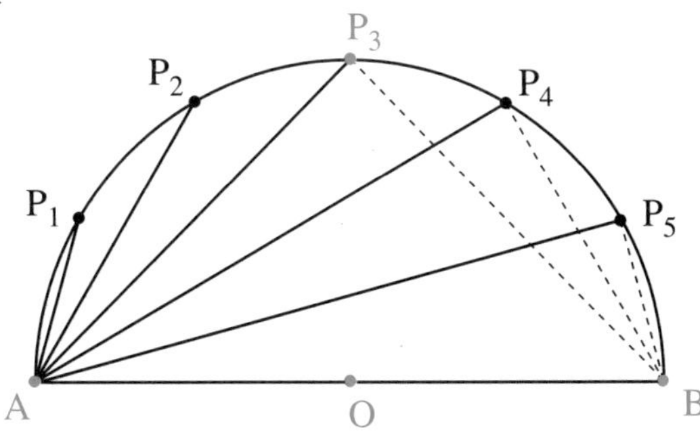

圖 8.3-30(a)

敘述	理由
(1) 連接$\overline{BP_5}$、$\overline{BP_4}$ & $\overline{BP_3}$ 如圖8.3-30(a)所示	作圖
(2) $\overset{\frown}{BP_5}=\overset{\frown}{AP_1}$、$\overset{\frown}{BP_4}=\overset{\frown}{AP_2}$、$\overset{\frown}{BP_3}=\overset{\frown}{AP_3}$	已知P_1、P_2、P_3、P_4、P_5將半圓分成六等分
(3) $\overline{BP_5}=\overline{AP_1}$、$\overline{BP_4}=\overline{AP_2}$、$\overline{BP_3}=\overline{AP_3}$	由(2) & 同圓中等弧對等弦
(4) $\triangle ABP_5$為直角三角形， $\overline{AP_5}^2+\overline{BP_5}^2=\overline{AB}^2$	$\overline{AB}$為直徑 & 直徑所對的圓周角$\angle P_5$為直角 & 畢氏定理

(5) 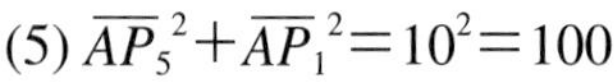 $\overline{AP_5}^2+\overline{AP_1}^2=10^2=100$	由(4) & (3) $\overline{BP_5}=\overline{AP_1}$ 已知圓半徑為5，圓直徑$\overline{AB}=10$
(6)△ABP$_4$為直角三角形， $\overline{AP_4}^2+\overline{BP_4}^2=\overline{AB}^2$	$\overline{AB}$為直徑 & 直徑所對的圓周角∠P$_4$為直角 & 畢氏定理
(7) $\overline{AP_4}^2+\overline{AP_2}^2=10^2=100$	由(6) & (3) $\overline{BP_4}=\overline{AP_2}$ & 已知圓半徑為5，圓直徑$\overline{AB}=10$
(8)△ABP$_3$為直角三角形， $\overline{AP_3}^2+\overline{BP_3}^2=\overline{AB}^2$	$\overline{AB}$為直徑 & 直徑所對的圓周角∠P$_3$為直角 & 畢氏定理
(9) $\overline{AP_3}^2+\overline{AP_3}^2=10^2=100$	由(8) & (3) $\overline{BP_3}=\overline{AP_3}$ & 已知圓半徑為5，圓直徑$\overline{AB}=10$
(10) $\overline{AP_3}^2=50$	由(9)
(11) $\overline{AP_1}^2+\overline{AP_2}^2+\overline{AP_3}^2+\overline{AP_4}^2+\overline{AP_5}^2$ $=100+100+50=250$	由(5)式+(7)式+(10)式 等量加法公理

例題 8.3-29

如圖8.3-31，已知半圓O的半徑為2，且C、D、E三點將半圓弧分成四等分，則$\overline{AC}^2-\overline{AD}^2+\overline{AE}^2=$______。

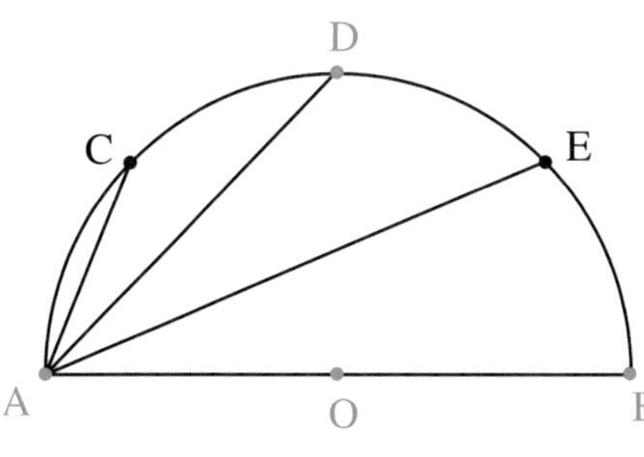

圖 8.3-31

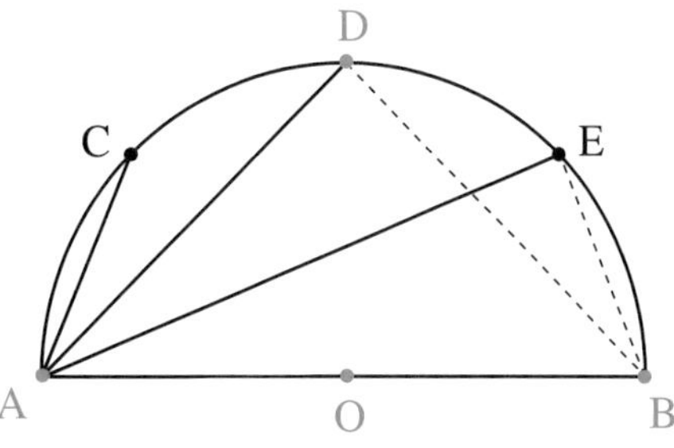

圖 8.3-31(a)

(1) 同圓中等弧對等弦

(2) 利用直徑所對的圓周角為直角

(3) 畢氏定理

敘述	理由
(1) 連接$\overline{BE}$、$\overline{BD}$，如圖8.3-31(a)所示	作圖
(2) $\overset{\frown}{BE}=\overset{\frown}{AC}$、$\overset{\frown}{BD}=\overset{\frown}{AD}$	已知C、D、E三點將半圓弧分成四等分
(3) $\overline{BE}=\overline{AC}$、$\overline{BD}=\overline{AD}$	由(2) & 同圓中等弧對等弦
(4)△ABE為直角三角形， $\overline{AE}^2+\overline{BE}^2=\overline{AB}^2$	$\overline{AB}$為直徑 & 直徑所對的圓周角∠E為直角 & 畢氏定理
(5) $\overline{AE}^2+\overline{AC}^2=4^2=16$	由(4) & (3) $\overline{BE}=\overline{AC}$ & 已知圓半徑為2，圓直徑$\overline{AB}=4$
(6)△ABD為直角三角形， $\overline{AD}^2+\overline{BD}^2=\overline{AB}^2$	$\overline{AB}$為直徑 & 直徑所對的圓周角∠D為直角 & 畢氏定理
(7) $\overline{AD}^2+\overline{AD}^2=4^2=16$	由(6) & (3) $\overline{BD}=\overline{AD}$ & 已知圓半徑為2，圓直徑$\overline{AB}=4$
(8) $\overline{AD}^2=8$	由(7)
(9) 所以$\overline{AC}^2-\overline{AD}^2+\overline{AE}^2$ $=(\overline{AC}^2+\overline{AE}^2)-\overline{AD}^2$ $=16-8=8$	題目所求 加法交換律 & 結合律 由(5) $\overline{AE}^2+\overline{AC}^2=16$ & (8) $\overline{AD}^2=8$

例題 8.3-30

已知有一圓O，$\overline{AB}$為其一弦，且$\overline{AB}=24$，此弦到圓心的距離是5，則此圓O的直徑為何？

(1) 利用定理7.2-5垂直於弦的直徑定理：垂直於弦的直徑必平分這弦與這弦所對的弧。

(2) 畢氏定理

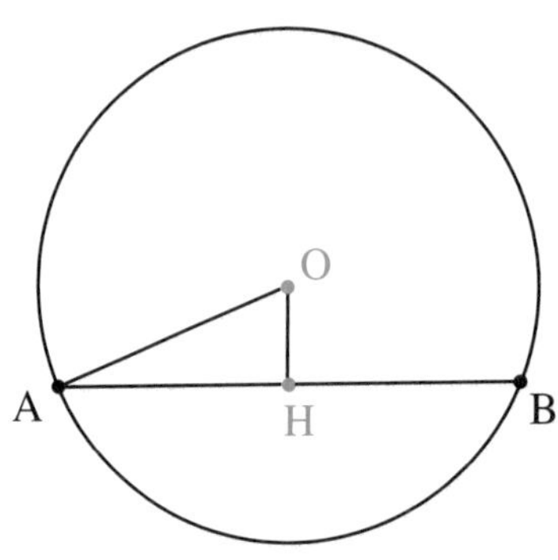

圖 8.3-32

敘述	理由
(1) 根據已知作圖，如圖8.3-32所示 $\overline{OA}$為圓O之半徑；$\overline{OH}$為弦心距	已知有一圓O，$\overline{AB}$為其一弦，且$\overline{AB}=24$，此弦到圓心的距離是5
(2) $\overline{OH}\perp\overline{AB}$，$\angle OHA=90^\circ$	由(1) $\overline{OH}$為弦心距
(3) $\overline{AH}=\overline{BH}=\frac{1}{2}\overline{AB}=\frac{1}{2}\times24=12$	根據定理7.2-5垂直於弦的直徑定理 & $\overline{OH}$垂直平分$\overline{AB}$ & 已知$\overline{OH}=24$
(4)△OHA為直角三角形，$\overline{OH}^2+\overline{AH}^2=\overline{OA}^2$	由(2) $\angle OHA=90^\circ$ 畢氏定理
(5) $5^2+12^2=\overline{OA}^2$	由(4) & 已知弦到圓心的距離$\overline{OH}=5$ & (3) $\overline{AH}=12$
(6) $\overline{OA}=-13$ 或 $\overline{OA}=13$	由(5) 求平方根
(7) 所以$\overline{OA}=13$	由(6) & $\overline{OA}$為線段長度必大於0
(8) 所以圓O的直徑為$2\overline{OA}=26$	由(7) 圓半徑$\overline{OA}=13$ & 直徑為半徑的2倍

例題 8.3-32

如圖8.3-34，圓O是半徑為5的圓，$\overline{AB}$、$\overline{CD}$為圓O的兩弦，$\overline{OM}\perp\overline{AB}$，$\overline{ON}\perp\overline{CD}$。

(1) 若 $\overline{OM}=3$，則 $\overline{AB}=$？

(2) 若$\overline{CD}=6$，則$\overline{ON}=$？

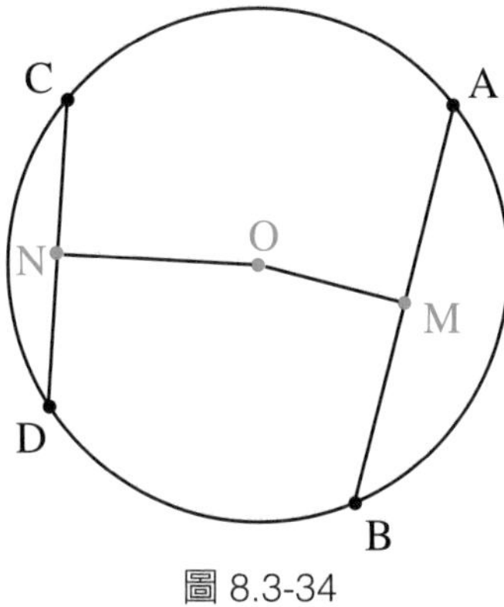

圖 8.3-34

(1) 利用定理7.2-5垂直於弦的直徑定理：垂直於弦的直徑必平分這弦與這弦所對的弧。

(2) 畢氏定理

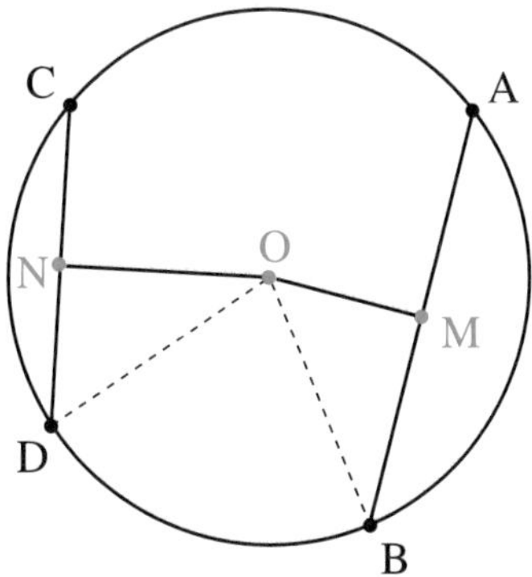

圖 8.3-34

敘述	理由
(1) 連接$\overline{OB}$、$\overline{OD}$，如圖8.3-34(a)，$\overline{OB}=\overline{OD}=5$為圓O之半徑，	作圖 已知圓之半徑為5
(2) $\angle OMB=90^\circ$	已知$\overline{OM}\perp\overline{AB}$
(3) $\overline{AM}=\overline{BM}=\frac{1}{2}\overline{AB}$	根據定理7.2-5垂直於弦的直徑定理 & $\overline{OM}$垂直平分$\overline{AB}$

(4)△OBM為直角三角形， $\overline{OM}^2+\overline{BM}^2=\overline{OB}^2$	由(2) ∠ OMB＝90° 畢氏定理
(5) $3^2+\overline{BM}^2=5^2$	由(4) & 已知$\overline{OM}=3$ & (1) $\overline{OB}=5$
(6) $\overline{BM}=-4$ 或 $\overline{BM}=4$	由(5) 求平方根
(7) 所以$\overline{BM}=4$	由(6) & $\overline{BM}$為線段長度必大於0
(8) $4=\frac{1}{2}\overline{AB}$	由(3) $\overline{BM}=\frac{1}{2}\overline{AB}$ & (7) $\overline{BM}=4$
(9) $\overline{AB}=2\times4=8$	由(8) 等式兩邊同乘以2
(10)∠OND＝90°	已知$\overline{ON}\perp\overline{CD}$
(11) $\overline{CN}=\overline{DN}=\frac{1}{2}\overline{CD}=\frac{1}{2}\times6=3$	根據定理7.2-5垂直於弦的直徑定理 & $\overline{ON}$垂直平分$\overline{CD}$ & 已知$\overline{CD}=6$
(12)△OND為直角三角形， $\overline{ON}^2+\overline{DN}^2=\overline{OD}^2$	由(10) ∠ OND＝90° 畢氏定理
(13) $\overline{ON}^2+3^2=5^2$	由(12) & (11) $\overline{DN}=3$ & (1) $\overline{OD}=5$
(14) $\overline{ON}=-4$ 或$\overline{ON}=4$	由(13) 求平方根
(15) 所以$\overline{ON}=4$	由(14) & $\overline{ON}$為線段長度必大於0

例題 8.3-33

圓中有一弦長為24公分，此弦的弦心距是5公分。若此圓的另一弦長是10公分，則此弦的弦心距是______公分。

(1) 利用定理7.2-5垂直於弦的直徑定理：
垂直於弦的直徑必平分這弦與這弦所對的弧。

(2) 畢氏定理

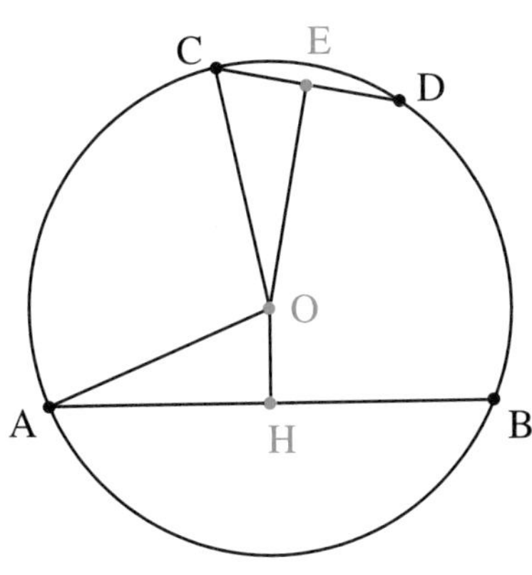

圖 8.3-35

敘述	理由
(1) 根據已知作圖，如圖8.3-35所示： $\overline{OA}=\overline{OC}$為圓O之半徑； $\overline{AB}=24$公分， $\overline{OH}$為$\overline{AB}$到O的弦心距， $\overline{OH}=5$公分； $\overline{CD}=10$公分， $\overline{OE}$為$\overline{CD}$到O的弦心距；	已知圓中有一弦長為24公分，此弦的弦心距是5公分。若此圓的另一弦長是10公分
(2) $\overline{OH}\perp\overline{BH}$，$\angle OHA=90^\circ$	由(1) $\overline{OH}$為圓心到$\overline{AB}$的弦心距
(3) $\overline{OH}=\overline{BH}=\frac{1}{2}\overline{AB}$ $=\frac{1}{2}\times(24公分)=12公分$	根據定理7.2-5垂直於弦的直徑定理 & $\overline{OH}$垂直平分$\overline{AB}$ & 已知$\overline{AB}=24$公分
(4) △OHA為直角三角形， $\overline{OH}^2+\overline{AH}^2=\overline{OA}^2$	由(2) $\angle OHA=90^\circ$ 畢氏定理
(5) $(5公分)^2+(12公分)^2=\overline{OA}^2$	由(4) & (1) $\overline{OH}=5$公分 & (3) $\overline{AH}=12$公分

(6) $\overline{OA}=-13$公分 或 $\overline{OA}=13$公分	由(5) 求平方根
(7) 所以圓半徑$\overline{OA}=13$公分	由(6) & $\overline{OA}$為線段長度必大於0
(8) $\overline{OE}\perp\overline{CD}$，$\angle OEC=90^\circ$	由(1) $\overline{OE}$為圓心到$\overline{CD}$的弦心距
(9) $\overline{CE}=\overline{DE}=\frac{1}{2}\overline{CD}$ $=\frac{1}{2}\times(10$公分$)=5$公分	根據定理7.2-5垂直於弦的直徑定理 & $\overline{OE}$垂直平分$\overline{CD}$ & 已知$\overline{CD}=10$公分
(10)△OCE為直角三角形， $\overline{OE}^2+\overline{CE}^2=\overline{OC}^2$	由(8) ∠ OEC＝90° 畢氏定理
(11) $\overline{OE}^2+(5$公分$)^2=(13$公分$)^2$	由(10) & (9) $\overline{CE}=5$公分 & (1) $\overline{OA}=\overline{OC}$ & (7) $\overline{OA}=13$公分
(12) $\overline{OE}=-12$公分 或 $\overline{OE}=12$公分	由(11) 求平方根
(13) 所以圓心到$\overline{CD}$的弦心距 $\overline{OE}=12$公分	由(12) & $\overline{OE}$為線段長度必大於0

例題 8.3-34

如圖8.3-36，$\overline{AB}$、$\overline{CD}$與$\overline{EF}$皆為圓O的弦，其弦心距分別為$\overline{OX}$、$\overline{OY}$與$\overline{OZ}$。已知$\overline{AB}=20$，$\overline{OX}=24$，$\overline{OZ}=16$，$\overline{CD}=48$，則：

(1) 圓O的半徑＝______。

(2) $\overline{OY}$＝______。

(3) 弦$\overline{EF}$＝______。

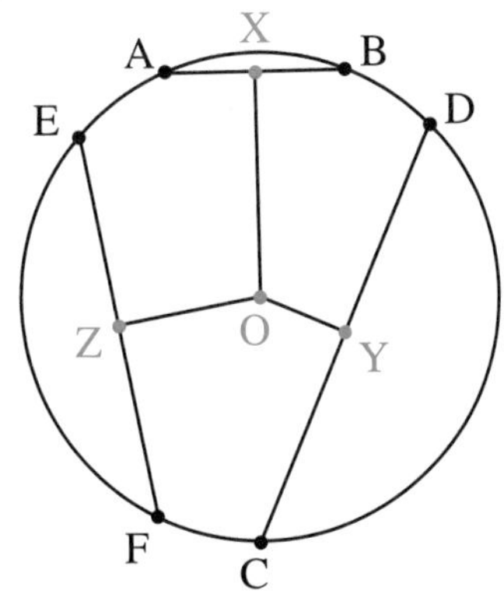

圖 8.3-36

(1) 利用定理7.2-5垂直於弦的直徑定理：垂直於弦的直徑必平分這弦與這弦所對的弧。

(2) 畢氏定理

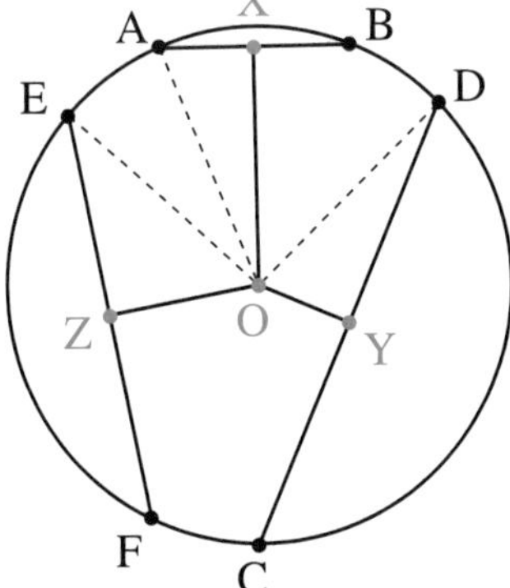

圖 8.3-36(a)

敘述	理由
(1) 連接$\overline{OD}$、$\overline{OA}$與$\overline{OE}$，如圖8.3-36(a) $\overline{OD}=\overline{OA}=\overline{OE}$為圓O之半徑；	作圖
(2) $\overline{OX}\perp\overline{AB}$，$\angle OXA=90^\circ$	已知$\overline{OX}$為弦心距
(3) $\overline{AX}=\overline{BX}=\frac{1}{2}\overline{AB}=\frac{1}{2}\times 20=10$	根據定理7.2-5垂直於弦的直徑定理 & $\overline{OX}$垂直平分$\overline{AB}$ & 已知$\overline{AB}=20$
(4) △OXA為直角三角形， $\overline{OX}^2+\overline{AX}^2=\overline{OA}^2$	由(2) $\angle OXA=90^\circ$ 畢氏定理

(5) $24^2+10^2=\overline{OA}^2$	由(4) & 已知 $\overline{OX}=24$ & (3) $\overline{AX}=10$
(6) $\overline{OA}=-26$ 或 $\overline{OA}=26$	由(5) 求平方根
(7) 所以圓半徑 $\overline{OA}=26$ --- 以下求 $\overline{OY}$ ---	由(6) & $\overline{OA}$ 為線段長度必大於0
(8) $\overline{OD}=\overline{OA}=\overline{OE}=26$	由(7) & (1) $\overline{OD}=\overline{OA}=\overline{OE}$ 遞移律
(9) $\overline{OY}\perp\overline{CD}$，$\angle OYD=90°$	已知 $\overline{OY}$ 為弦心距
(10) $\overline{CY}=\overline{DY}=\frac{1}{2}\overline{CD}=\frac{1}{2}\times48=24$	根據定理7.2-5垂直於弦的直徑定理 & $\overline{OY}$ 垂直平分 $\overline{CD}$ & 已知 $\overline{CD}=48$
(11) △OYD為直角三角形， $\overline{OY}^2+\overline{DY}^2=\overline{OD}^2$	由(9) ∠ OYD＝90° 畢氏定理
(12) $\overline{OY}^2+24^2=26^2$	由(11) & (10) $\overline{DY}=24$ & (8) $\overline{OD}=26$
(13) $\overline{OY}=-10$ 或 $\overline{OY}=10$	由(12) 求平方根
(14) 所以 $\overline{OY}=10$	由(13) & $\overline{OY}$ 為線段長度必大於0
--- 以下求 $\overline{EF}$ ---	
(15) $\overline{OZ}\perp\overline{EF}$，$\angle OZE=90°$	已知 $\overline{OZ}$ 為弦心距
(16) $\overline{EZ}=\overline{FZ}=\frac{1}{2}\overline{EF}$	根據定理7.2-5垂直於弦的直徑定理 & $\overline{OZ}$ 垂直平分 $\overline{EF}$
(17) △OEZ為直角三角形， $\overline{OZ}^2+\overline{EZ}^2=\overline{OE}^2$	由(15) ∠ OZE＝90° 畢氏定理
(18) $16^2+\overline{EZ}^2=26^2$	由(17) & 已知 $\overline{OZ}=16$ & (8) $\overline{OE}=26$
(19) $\overline{EZ}=-2\sqrt{105}$ 或 $\overline{EZ}=2\sqrt{105}$	由(18) 求平方根
(20) 所以 $\overline{EZ}=2\sqrt{105}$	由(19) & $\overline{EZ}$ 為線段長度必大於0
(21) $2\sqrt{105}=\frac{1}{2}\overline{EF}$	將(20) $\overline{EZ}=2\sqrt{105}$ 代入 (16) $\overline{EZ}=\frac{1}{2}\overline{EF}$
(22) 所以 $\overline{EF}=2\times2\sqrt{105}=4\sqrt{105}$	由(21) 等式兩邊同乘以2

例題 8.3-35

如圖8.3-37，已知$\overline{AB}$是圓O的直徑，且$\overline{AB}\perp\overline{CD}$，$\overline{AE}=\overline{CD}=8$，則$\overline{CD}$的弦心距$\overline{OE}=$_____。

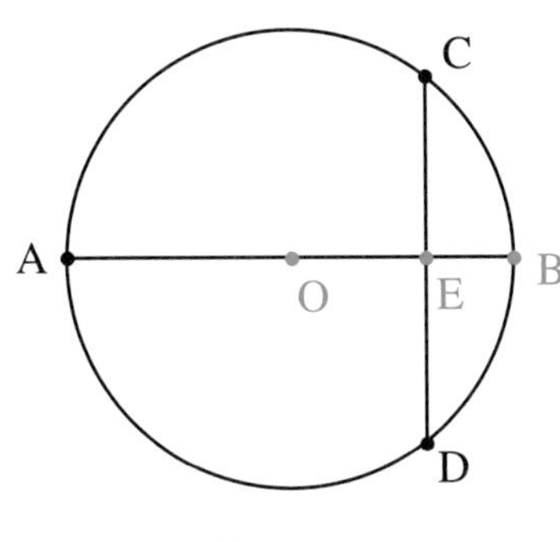

圖 8.3-37

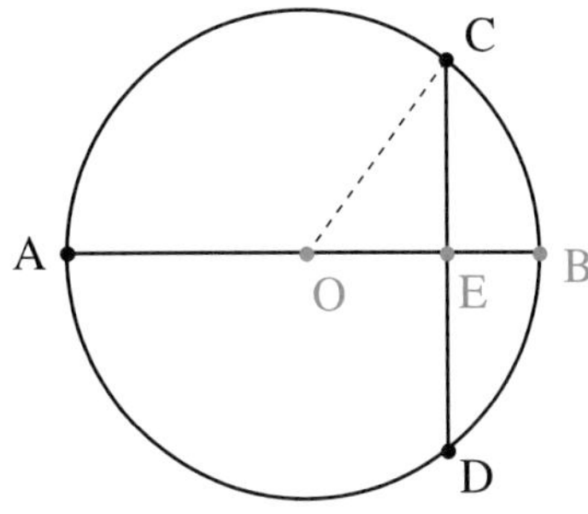

圖 8.3-37(a)

(1) 利用定理7.2-5垂直於弦的直徑定理：垂直於弦的直徑必平分這弦與這弦所對的弧。

(2) 畢氏定理

敘述	理由
(1) 連接$\overline{OC}$，如圖8.3-37(a)所示則$\overline{OC}=\overline{OA}$為圓O之半徑，	作圖
(2) $\angle OEC=90^\circ$	已知$\overline{AB}\perp\overline{CD}$
(3) $\overline{CE}=\overline{DE}=\frac{1}{2}\overline{CD}=\frac{1}{2}\times8=4$	根據定理7.2-5垂直於弦的直徑定理 & $\overline{AB}$垂直平分$\overline{CD}$ & 已知$\overline{CD}=8$
(4) $\overline{AE}=\overline{OA}+\overline{OE}$	如圖8.3-37(a)所示，全量等於分量之和
(5) $\overline{OA}=\overline{AE}-\overline{OE}=8-\overline{OE}$	由(4) 等量減法公理 & 已知$\overline{AE}=8$
(6) $\overline{OC}=\overline{OA}=8-\overline{OE}$	由(5) & (1) $\overline{OC}=\overline{OA}$ 遞移律
(7) △OEC為直角三角形，$\overline{OE}^2+\overline{CE}^2=\overline{OC}^2$	由(2) $\angle OEC=90^\circ$ 畢氏定理
(8) $\overline{OE}^2+4^2=(8-\overline{OE})^2$	由(7) & (3) $\overline{CE}=4$ & (6) $\overline{OC}=8-\overline{OE}$
(9) $\overline{OE}=3$	由(8) 解一元二次方程式

例題 8.3-36

如圖8.3-38，直線L與圓O相切於P點，A為直線L上一點。已知圓O的半徑為6，$\overline{AP}=8$，則$\overline{OA}=$______。

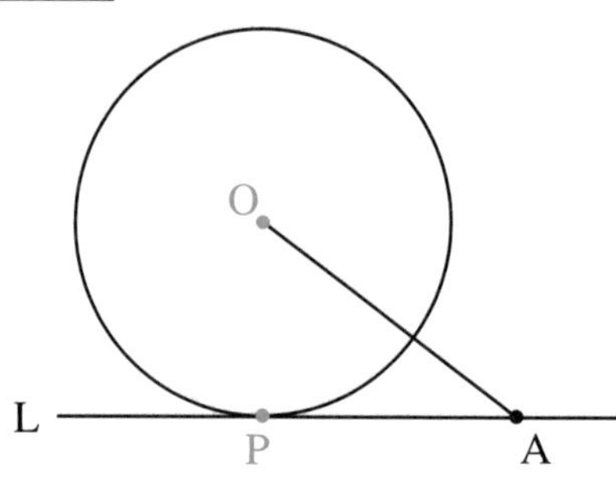

圖 8.3-38

(1) 連接$\overline{OP}$，因直線L與圓O相切於P點，故$\overline{OP}\perp L$，△OPA為直角三角形；

(2) 再利用畢氏定理求$\overline{OA}$之值

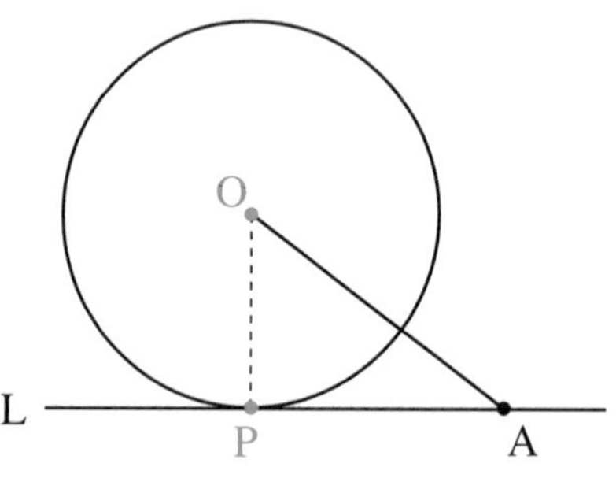

圖 8.3-38(a)

敘述	理由
(1) 連接$\overline{OP}$，如圖8.3-38(a)所示， 則$\overline{OP}=6$為圓O之半徑； $\overline{OP}\perp L$，$\angle OPA=90^{\circ}$	作圖 已知圓O的半徑為6 已知直線L與圓O相切於P點
(2)△OPA為直角三角形， $\overline{OP}^2+\overline{AP}^2=\overline{OA}^2$	由(1)$\angle OPA=90^{\circ}$ 畢氏定理
(3) $6^2+8^2=\overline{OA}^2$	由(2) & (1) $\overline{OP}=6$ & 已知$\overline{AP}=8$
(4) $\overline{OA}=-10$ 或 $\overline{OA}=10$	由(3) 求平方根
(5) 所以$\overline{OA}=10$	由(4) & $\overline{OA}$ 為線段長度必大於0

例題 8.3-37

如圖8.3-39，$\overline{AB}$ 切圓O於B，$\overline{AO}$ 交圓O於C。若$\overline{AB}=15$，$\overline{OC}=8$，則$\overline{AC}=$______。

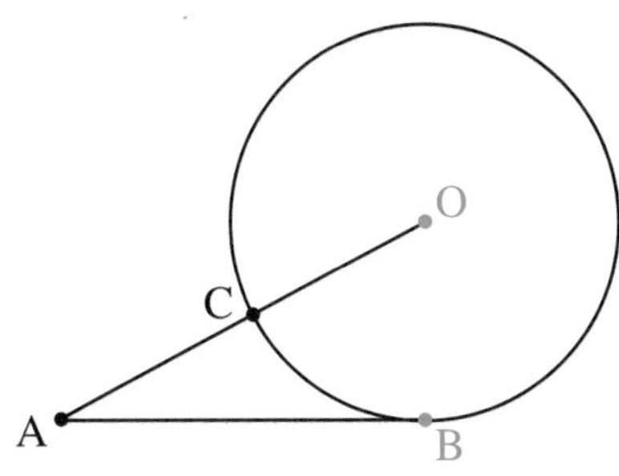

圖 8.3-39

想法

(1) 連接$\overline{OB}$，$\overline{AB}$ 切圓O於B，故$\overline{OB}\perp\overline{AB}$，△OAB為直角三角形；

(2) 利用畢氏定理求解

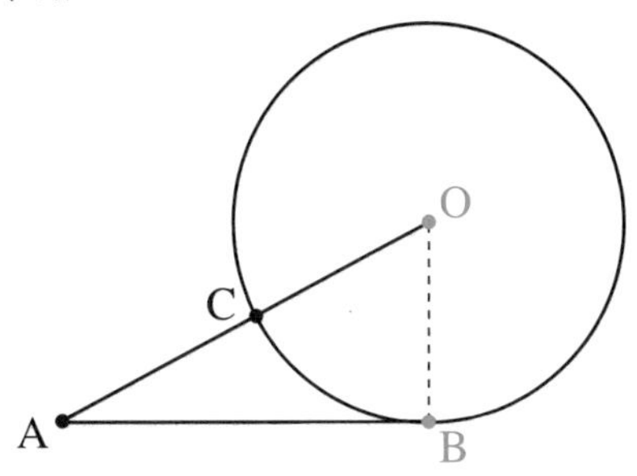

圖 8.3-39(a)

解

敘述	理由
(1) 連接$\overline{OB}$，如圖8.3-39(a)所示則 $\overline{OB}=\overline{OC}=8$為圓O之半徑，故$\overline{OB}\perp\overline{AB}$，$\angle OBA=90^\circ$	作圖 已知$\overline{OC}=8$ 已知$\overline{AB}$切圓O於B
(2)△OBA為直角三角形，$\overline{OB}^2+\overline{AB}^2=\overline{OA}^2$	由(1) $\angle OBA=90^\circ$ 畢氏定理
(3) $8^2+15^2=\overline{OA}^2$	由(2) & (1) $\overline{OB}=8$ & 已知$\overline{AB}=15$
(4) $\overline{OA}=-17$ 或 $\overline{OA}=17$	由(3) 求平方根
(5) 所以$\overline{OA}=17$	由(4) & $\overline{OA}$ 為線段長度必大於0
(6) $\overline{OA}=\overline{OC}+\overline{AC}$	如圖8.3-39(a)所示，全量等於分量之和
(7) $\overline{AC}=\overline{OA}-\overline{OC}$ $=17-8=9$	由(6) 等量減法公理 & (5) $\overline{OA}=17$ & 已知$\overline{OC}=8$

例題 8.3-38

如圖8.3-40，直線L與圓O相切於P點，A為直線L上一點，$\overline{OA}$ 與圓O相交於B點。已知$\overline{PA}=15$，$\overline{AB}=9$，則圓O的半徑為 ______ 。

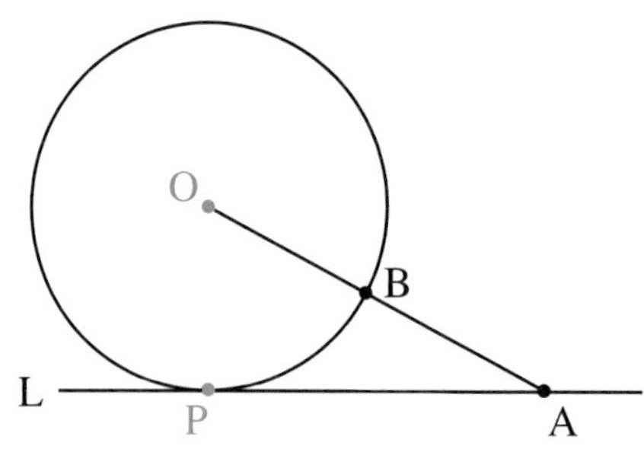

圖 8.3-40

(1) 連接$\overline{OP}$，直線L與圓O相切於P點，故$\overline{OP}\perp L$，△OPA為直角三角形；
(2) 利用畢氏定理求解

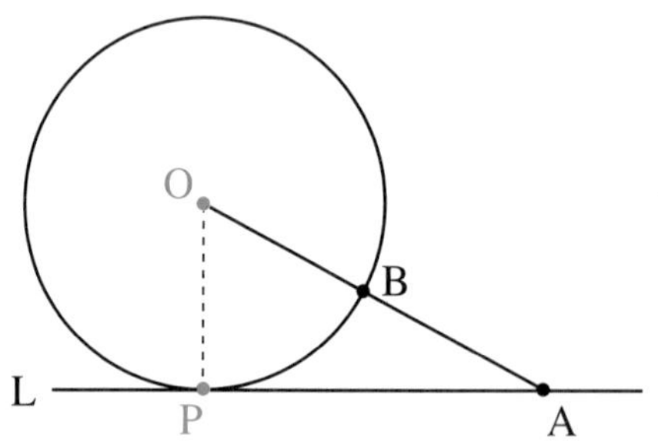

圖 8.3-40(a)

敘述	理由
(1) 連接$\overline{OP}$，如圖8.3-40(a)所示 則$\overline{OB}=\overline{OP}$為圓O之半徑， $\overline{OP}\perp L$，$\angle OPA=90^\circ$	作圖 已知直線L與圓O相切於P點
(2)△OPA為直角三角形， $\overline{OP}^2+\overline{AP}^2=\overline{OA}^2$	由(1) $\angle OPA=90^\circ$ 畢氏定理
(3) $\overline{OP}^2+\overline{AP}^2=(\overline{OB}+\overline{AB})^2$	由(2) & $\overline{OA}=\overline{OB}+\overline{AB}$
(4) $\overline{OP}^2+15^2=(\overline{OP}+9)^2$	由(3) & 已知$\overline{PA}=15$，$\overline{AB}=9$ & (1) $\overline{OB}=\overline{OP}$
(5) $\overline{OP}=8$	由(4) 解一元二次方程式
(6) 所以圓O的半徑為8	由(5) $\overline{OP}=8$ & (1) $\overline{OP}$為圓O之半徑

例題 8.3-39

如圖8.3-41，$\overleftrightarrow{PA}$與$\overleftrightarrow{PB}$分別與圓O相切於A、B兩點。已知圓O的半徑為6，$\overline{OP}=12$。則：

(1) $\overline{PA}=$______，$\overline{PB}=$______。

(2) ∠APB=______度。

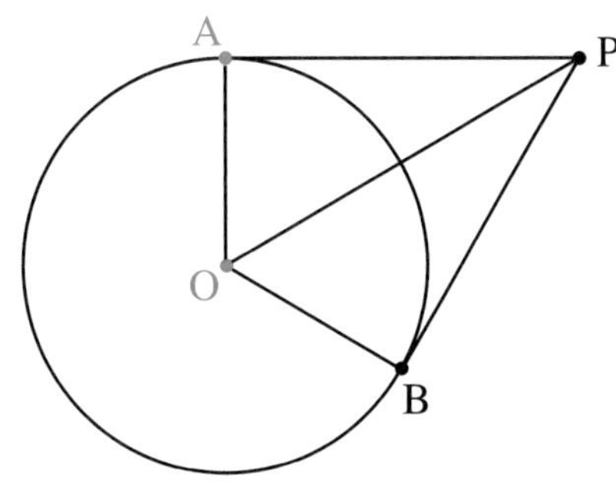

圖 8.3-41

(1) 利用已知$\overleftrightarrow{PA}$與$\overleftrightarrow{PB}$分別與圓O相切於A、B兩點，得知△AOP與△BOP皆為直角三角形；

(2) 利用△AOP為直角三角形 & 畢氏定理，可求得$\overline{PA}$；

(3) 利用定理 7.3-2 切線長定理（自圓外一點到圓的兩切點連線段等長），得知$\overline{PB}=\overline{PA}$；

(4) 最後利用直角三角形三邊比為1：2：$\sqrt{3}$，則三內角為30°-90°-60°，求得∠APB之度數

敘述	理由
(1) $\overline{OA}\perp\overleftrightarrow{PA}$ & $\overline{OB}\perp\overleftrightarrow{PB}$且 圓O的半徑$\overline{OA}=\overline{OB}=6$	已知$\overleftrightarrow{PA}$與$\overleftrightarrow{PB}$分別與圓O相切於A、B兩點 & 已知圓O的半徑為6
(2)△AOP為直角三角形 $\overline{OA}^2+\overline{PA}^2=\overline{OP}^2$	由(1) $\overline{OA}\perp\overleftrightarrow{PA}$ 畢氏定理
(3) $6^2+\overline{PA}^2=12^2$	由(2) & (1) $\overline{OA}=6$ & 已知$\overline{OP}=12$
(4) $\overline{PA}=-6\sqrt{3}$ 或 $\overline{PA}=6\sqrt{3}$	由(3) 求平方根
(5) 所以$\overline{PA}=6\sqrt{3}$	由(4) & $\overline{AP}$為線段長度必大於0

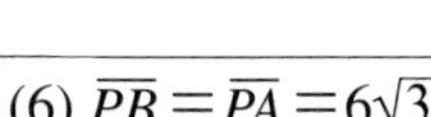 (6) $\overline{PB}=\overline{PA}=6\sqrt{3}$	已知$\overleftrightarrow{PA}$與$\overleftrightarrow{PB}$分別與圓O相切於A、B兩點 & 定理 7.3-2 切線長定理（自圓外一點到圓的兩切點連線段等長）& (5) $\overline{PA}=6\sqrt{3}$
(7)△AOP為直角三角形，且 $\overline{OA}:\overline{OP}:\overline{PA}=6:12:6\sqrt{3}$ $=1:2:\sqrt{3}$	由(1) $\overline{OA}\perp\overleftrightarrow{PA}$ & (1) $\overline{OA}=6$、已知$\overline{OP}=12$、(5) $\overline{PA}=6\sqrt{3}$ & 倍比定理
(8) 所以∠APO＝30°	由(7) & 直角三角形三邊比為$1:2:\sqrt{3}$，則三內角為30°-90°-60°
(9)△BOP為直角三角形，且 $\overline{OB}:\overline{OP}:\overline{PB}=6:12:6\sqrt{3}$ $=1:2:\sqrt{3}$	由(1) $\overline{OB}\perp\overleftrightarrow{PB}$ & (1) $\overline{OB}=6$、已知$\overline{OP}=12$、(6) $\overline{PB}=6\sqrt{3}$ & 倍比定理
(10) 所以∠BPO＝30°	由(9) & 直角三角形三邊比為$1:2:\sqrt{3}$，則三內角為30°-90°-60°
(11)∠APB＝∠APO＋∠BPO ＝30°＋30°＝60°	全量等於分量之和 & (8) ∠APO＝30° & (10) ∠BPO＝30°

例題 8.3-40

如圖8.3-42，△ABC為直角三角形，∠ABC＝90°，半圓和$\overline{AC}$相切於D點，和$\overline{BC}$相交於B、E兩點。已知$\overline{AC}$＝13，$\overline{BC}$＝5，則圓O的半徑為_____。

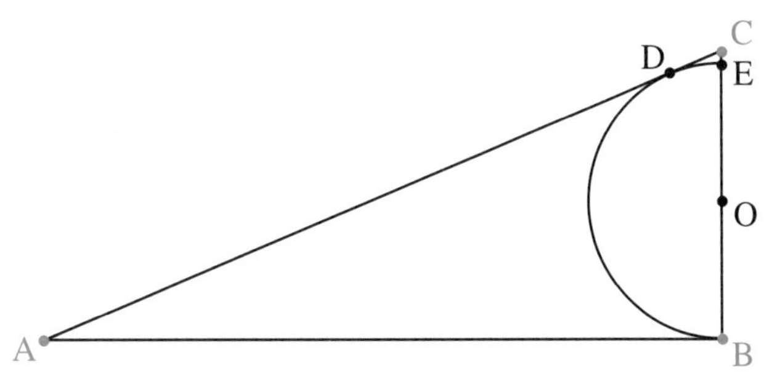

圖 8.3-42

(1) 利用定理 7.3-2 切線長定理（自圓外一點到圓的兩切點連線段等長）
(2) 畢氏定理來解題

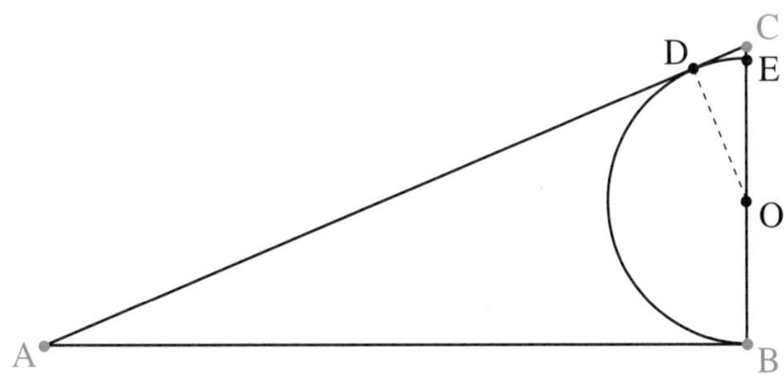

圖 8.3-42(a)

敘述	理由
(1) 連接$\overline{OD}$，如圖8.3-42(a)所示 則$\overline{OB}$＝$\overline{OD}$為圓O之半徑， $\overline{OD}\perp\overline{AC}$，∠ODC＝90°	作圖 已知半圓和 相切於D點
(2)△ABC為直角三角形， $\overline{AB}^2+\overline{BC}^2=\overline{AC}^2$	已知∠ABC＝90° 畢氏定理
(3) $\overline{AB}^2+5^2=13^2$	由(2) & 已知$\overline{AC}$＝13，$\overline{BC}$＝5

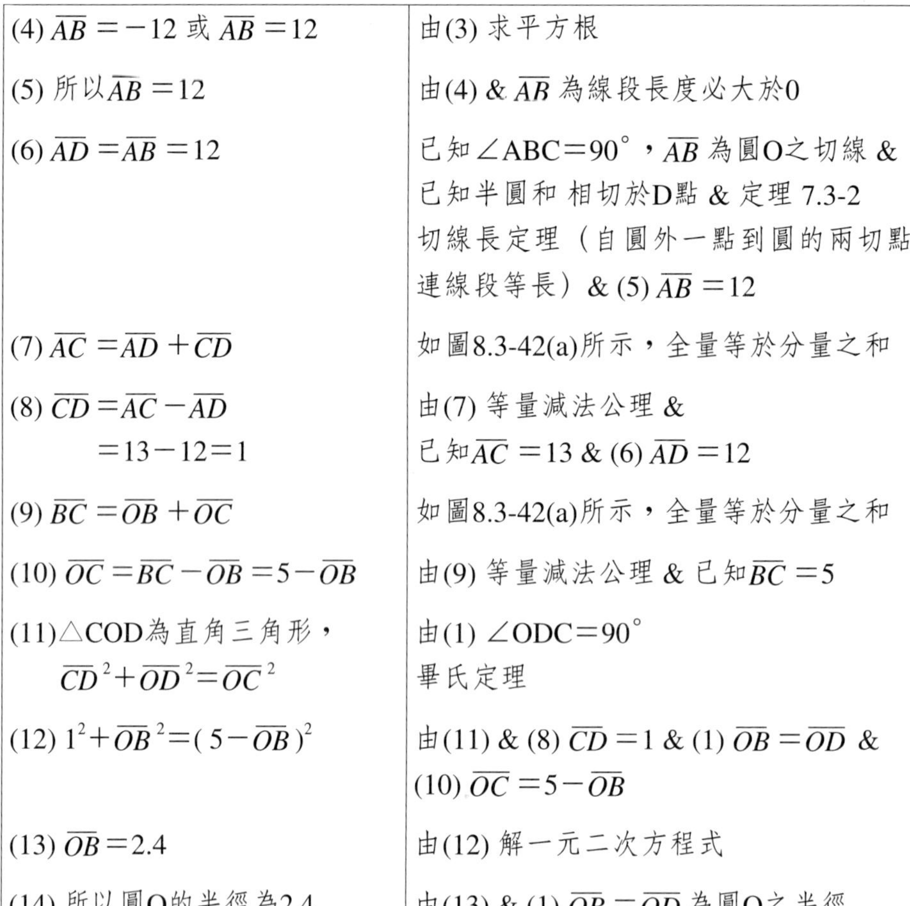

(4) $\overline{AB}=-12$ 或 $\overline{AB}=12$	由(3) 求平方根
(5) 所以$\overline{AB}=12$	由(4) & $\overline{AB}$ 為線段長度必大於0
(6) $\overline{AD}=\overline{AB}=12$	已知∠ABC＝90°，$\overline{AB}$ 為圓O之切線 & 已知半圓和 相切於D點 & 定理 7.3-2 切線長定理（自圓外一點到圓的兩切點連線段等長）& (5) $\overline{AB}=12$
(7) $\overline{AC}=\overline{AD}+\overline{CD}$	如圖8.3-42(a)所示，全量等於分量之和
(8) $\overline{CD}=\overline{AC}-\overline{AD}$ $=13-12=1$	由(7) 等量減法公理 & 已知$\overline{AC}=13$ & (6) $\overline{AD}=12$
(9) $\overline{BC}=\overline{OB}+\overline{OC}$	如圖8.3-42(a)所示，全量等於分量之和
(10) $\overline{OC}=\overline{BC}-\overline{OB}=5-\overline{OB}$	由(9) 等量減法公理 & 已知$\overline{BC}=5$
(11)△COD為直角三角形， $\overline{CD}^2+\overline{OD}^2=\overline{OC}^2$	由(1) ∠ODC＝90° 畢氏定理
(12) $1^2+\overline{OB}^2=(5-\overline{OB})^2$	由(11) & (8) $\overline{CD}=1$ & (1) $\overline{OB}=\overline{OD}$ & (10) $\overline{OC}=5-\overline{OB}$
(13) $\overline{OB}=2.4$	由(12) 解一元二次方程式
(14) 所以圓O的半徑為2.4	由(13) & (1) $\overline{OB}=\overline{OD}$ 為圓O之半徑

例題 8.3-41

如圖8.3-43，圓O_1與圓O_2外切，且直線L分別切圓O_1與圓O_2於A、B兩點。已知圓O_1與圓O_2的半徑分別為12和5，則外公切線段$\overline{AB}$ ＝_____。

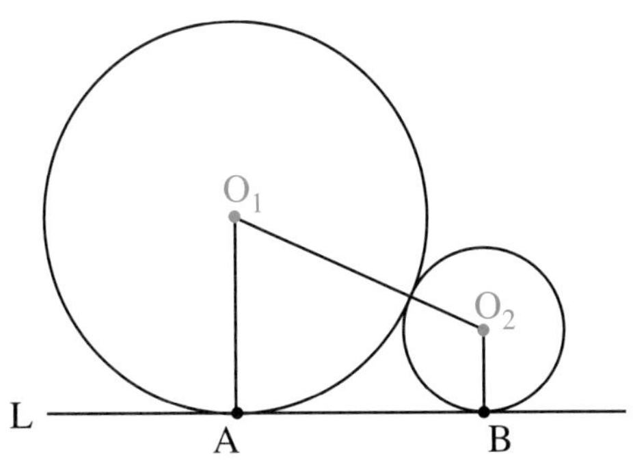

圖 8.3-43

(1) 過O_2作$\overline{O_2C} // \overline{AB}$，則$\overline{O_2C} = \overline{AB}$，如圖8.3-43(a)；

(2) 利用畢氏定理求出$\overline{O_2C}$，則外公切線$\overline{AB} = \overline{O_2C}$

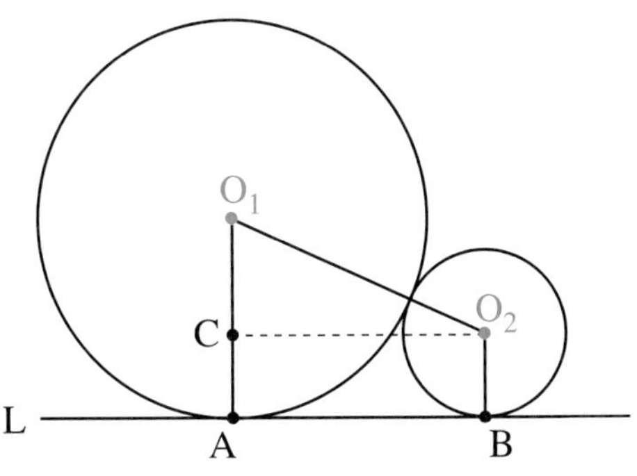

圖 8.3-43

敘述	理由
(1) 過O_2作$\overline{O_2C} // \overline{AB}$，如圖8.3-43(a)所示；所以$\overline{O_1A} \perp \overline{AB}$、$\overline{O_2B} \perp \overline{AB}$，$\angle O_1AB = 90°$；$\overline{O_1A}$為圓$O_1$的半徑，$\overline{O_1A} = 12$；$\overline{O_2B}$為圓$O_2$的半徑，$\overline{O_2B} = 5$	作圖 已知直線L分別切圓O_1與圓O_2於A、B兩點 已知圓O_1與圓O_2的半徑分別為12和5

(2) $\overline{O_1A}$ // $\overline{O_2B}$	由(1) $\overline{O_1A} \perp \overline{AB}$、$\overline{O_2B} \perp \overline{AB}$ & 定理3.2-1兩條直線如都與一直線垂直，則此二直線互相平行
(3) 四邊形ACO_2B為平行四邊形	由(1) $\overline{O_2C}$ // $\overline{AB}$ & (2) $\overline{O_1A}$ // $\overline{O_2B}$ & 兩組對邊平行為平行四邊形
(4) $\overline{O_2C}=\overline{AB}$、$\overline{O_2B}=\overline{AC}=5$	由(3) & 平行四邊形兩組對邊相等 & 由(1) $\overline{O_2B}=5$
(5) $\overline{O_1A}=\overline{O_1C}+\overline{AC}$	如圖8.3-43(a)所示，全量等於分量之和
(6) $\overline{O_1C}=\overline{O_1A}-\overline{AC}$ $=12-5=7$	由(5) 等量減法公理 & (1) $\overline{O_1A}=12$ & (4) $\overline{AC}=5$
(7) $\overline{O_1O_2}=12+5=17$	已知圓O_1與圓O_2外切 & 兩圓外切，連心線長等於兩半徑之和 & 已知圓O_1與圓O_2的半徑分別為12和5
(8)$\angle O_1CO_2=\angle O_1AB=90^\circ$	由(1) $\overline{O_2C}$ // $\overline{AB}$ & 同位角相等 & (1) $\angle O_1AB=90^\circ$
(9)$\triangle O_1CO_2$為直角三角形， $\overline{O_1C}^2+\overline{O_2C}^2=\overline{O_1O_2}^2$	由(8) $\angle O_1CO_2=90^\circ$ 畢氏定理
(10) $7^2+\overline{AB}^2=17^2$	由(9) & (6) $\overline{O_1C}=7$ & (4) $\overline{O_2C}=\overline{AB}$ & (7) $\overline{O_1O_2}=17$
(11) $\overline{AB}=-4\sqrt{15}$ 或 $\overline{AB}=4\sqrt{15}$	由(10) 求平方根
(12) 所以外公切線段$\overline{AB}=4\sqrt{15}$	由(11) & $\overline{AB}$ 為線段長度必大於0

例題 8.3-42

如圖8.3-44，直線L分別切圓O_1與圓O_1於A、B兩點，圓O_1與圓O_1的半徑分別為10和2，$\overline{O_1C_2}=17$，則$\overline{AB}=$______。

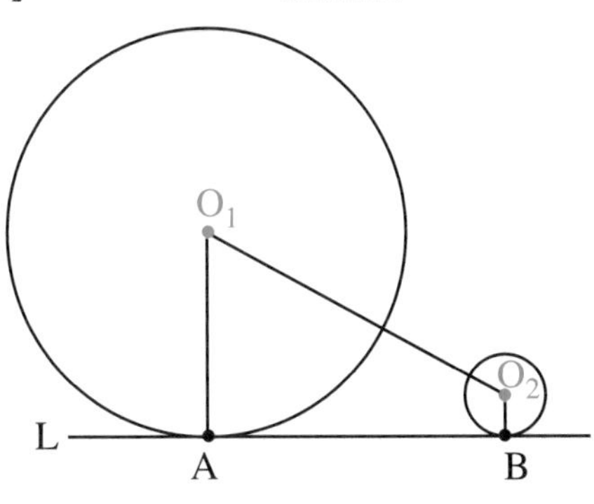

圖 8.3-44

(1) 過O_2作$\overline{O_2C}$ // $\overline{AB}$，則$\overline{O_2C}=\overline{AB}$，如圖8.3-44(a)；
(2) 利用畢氏定理求出$\overline{O_2C}$，則外公切線$\overline{AB}=\overline{O_2C}$

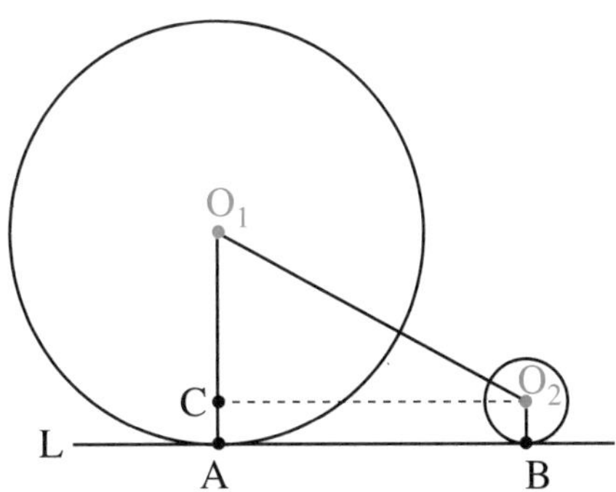

圖 8.3-44(a)

敘述	理由
(1)過O_2作$\overline{O_2C}$ // $\overline{AB}$，如圖8.3-44(a)所示；所以$\overline{O_1A}\perp\overline{AB}$、$\overline{O_2B}\perp\overline{AB}$，$\angle O_1AB=90°$；$\overline{O_1A}$為圓$O_1$的半徑，$\overline{O_1A}=10$；$\overline{O_2B}$為圓$O_2$的半徑，$\overline{O_2B}=2$	作圖 已知直線L分別切圓O_1與圓O_2於A、B兩點 已知圓O_1與圓O_2的半徑分別為10和2
(2) $\overline{O_1A}$ // $\overline{O_2B}$	由(1) $\overline{O_1A}\perp\overline{AB}$、$\overline{O_2B}\perp\overline{AB}$ & 定理3.2-1兩條直線如都與一直線垂直，則此二直線互相平行

(3) 四邊形ACO_2B為平行四邊形	由(1) $\overline{O_2C} // \overline{AB}$ & (2) $\overline{O_1A} // \overline{O_2B}$ & 兩組對邊平行為平行四邊形
(4) $\overline{O_2C}=\overline{AB}$、$\overline{O_2B}=\overline{AC}=2$	由(3) & 平行四邊形兩組對邊相等 & 由(1) $\overline{O_2B}=2$
(5) $\overline{O_1A}=\overline{O_1C}+\overline{AC}$	如圖8.3-43(a)所示，全量等於分量之和
(6) $\overline{O_1C}=\overline{O_1A}-\overline{AC}$ $=10-2=8$	由(5) 等量減法公理 & (1) $\overline{O_1A}=10$ & (4) $\overline{AC}=2$
(7) $\angle O_1CO_2=\angle O_1AB=90^\circ$	由(1) $\overline{O_2C} // \overline{AB}$ & 同位角相等 & (1) $\angle O_1AB=90^\circ$
(8)$\triangle O_1CO_2$為直角三角形，$\overline{O_1C}^2+\overline{O_2C}^2=\overline{O_1O_2}^2$	由(7) $\angle O_1CO_2=90^\circ$ 畢氏定理
(9) $8^2+\overline{AB}^2=17^2$	由(8) & (6) $\overline{O_1C}=8$ & (4) $\overline{O_2C}=\overline{AB}$ & 已知$\overline{O_1O_2}=17$
(10) $\overline{AB}=-15$ 或 $\overline{AB}=15$	由(9) 求平方根
(11) 所以外公切線段$\overline{AB}=15$	由(10) & $\overline{AB}$ 為線段長度必大於0

例題 8.3-43

若圓O_1半徑10公分，圓O_2半徑5公分，且連心線段長為13公分，則這兩圓的外公切線段$\overline{AB}$為何？

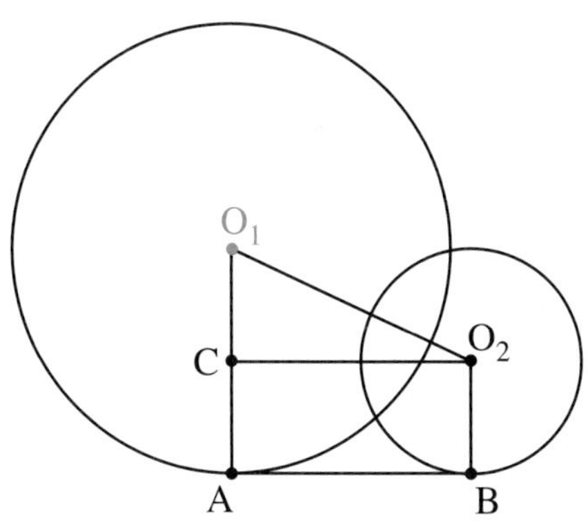

圖 8.3-45

(1) 根據已知圓O_1半徑10公分，圓O_2半徑5公分，且連心線段長為13公分，判斷出兩圓相交於兩點，並畫出圖形，如圖8.3-45；

(2) 利用畢氏定理求出外公切線長

敘述	理由
(1) 根據已知作圖，如圖8.3-45所示$\overline{AB}$為兩圓外公切線，故$\overline{O_1A}\perp\overline{AB}$、$\overline{O_2B}\perp\overline{AB}$，$\angle O_1AB=90°$；$\overline{O_1A}$為圓$O_1$的半徑，$\overline{O_1A}=10$；$\overline{O_2B}$為圓$O_2$的半徑，$\overline{O_2B}=5$；再作$\overline{O_2C}/\!/\overline{AB}$	作圖 根據已知圓O_1半徑10公分，圓O_2半徑5公分，且連心線段長為13公分，判斷兩圓相交於兩點
(2) $\overline{O_1A}/\!/\overline{O_2B}$	由(1) $\overline{O_1A}\perp\overline{AB}$、$\overline{O_2B}\perp\overline{AB}$ & 定理3.2-1兩條直線如都與一直線垂直，則此二直線互相平行
(3) 四邊形ACO_2B為平行四邊形	由(1) $\overline{O_2C}/\!/\overline{AB}$ & (2) $\overline{O_1A}/\!/\overline{O_2B}$ & 兩組對邊平行為平行四邊形

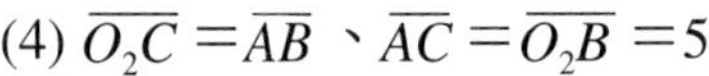

(4) $\overline{O_2C}=\overline{AB}$、$\overline{AC}=\overline{O_2B}=5$	由(3) & 平行四邊形兩組對邊相等 & 由(1) $\overline{O_2B}=5$
(5) $\overline{O_1A}=\overline{O_1C}+\overline{AC}$	如圖8.3-45所示，全量等於分量之和
(6) $\overline{O_1C}=\overline{O_1A}-\overline{AC}$ $=10-5=5$	由(5) 等量減法公理 & (1) $\overline{O_1A}=10$ & (4) $\overline{AC}=5$
(7) $\angle O_1CO_2=\angle O_1AB=90^\circ$	由(1) $\overline{O_2C}//\overline{AB}$ & 同位角相等 & (1) $\angle O_1AB=90^\circ$
(8) $\triangle O_1CO_2$為直角三角形， $\overline{O_1C}^2+\overline{O_2C}^2=\overline{O_1O_2}^2$	由(7) $\angle O_1CO_2=90^\circ$ 畢氏定理
(9) $5^2+\overline{AB}^2=132$	由(8) & (6) $\overline{O_1C}=5$ & (4) $\overline{O_2C}=\overline{AB}$ & 已知$\overline{O_1O_2}=13$
(10) $\overline{AB}=-12$ 或 $\overline{AB}=12$	由(9) 求平方根
(11) 所以外公切線段$\overline{AB}=12$	由(10) & $\overline{AB}$為線段長度必大於0

例題 8.3-44

如圖8.3-46，直線L切圓O_1於A點，切圓O_2於B點。若圓O_1的半徑為4，圓O_2的半徑為2，$\overline{O_1O_2}=10$，則$\overline{AB}=$______。

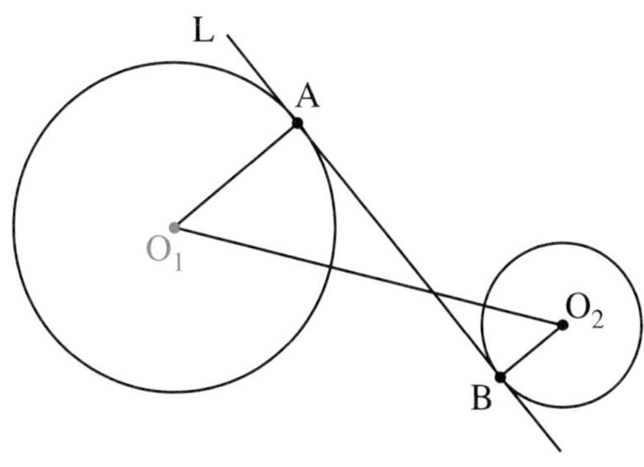

圖 8.3-46

想法

(1) 過O_2作$\overline{O_2C}\,/\!/\,\overline{AB}$交$\overline{O_1A}$的延長線於C點，則$\overline{O_2C}=\overline{AB}$，如圖8.3-46(a)；
(2) 利用畢氏定理求出$\overline{O_2C}$，則內公切線段$\overline{AB}=\overline{O_2C}$

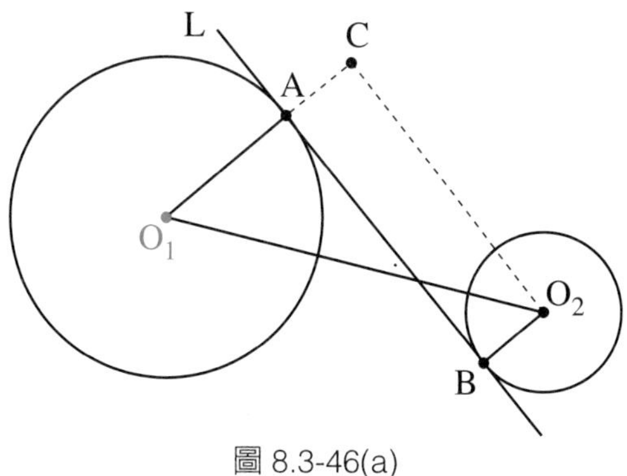

圖 8.3-46(a)

解

敘述	理由
(1) 過O_2作$\overline{O_2C}\,/\!/\,\overline{AB}$交$\overline{O_1A}$的延長線於C點，如圖8.3-46(a)所示；	作圖
所以$\overline{O_1A}\perp\overline{AB}$、$\overline{O_2B}\perp\overline{AB}$，$\angle O_1AB=90^\circ$；	已知直線L分別切圓O_1與圓O_2於A、B兩點
$\overline{O_1A}$為圓O_1的半徑，$\overline{O_1A}=4$；	已知圓O_1的半徑為4
$\overline{O_2B}$為圓O_2的半徑，$\overline{O_2B}=2$	已知圓O_2的半徑為2

(2) $\overline{O_1A}$ // $\overline{O_2B}$ 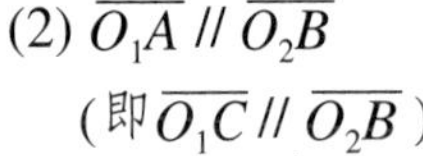 (即$\overline{O_1C}$ // $\overline{O_2B}$)	由(1) $\overline{O_1A} \perp \overline{AB}$ 、$\overline{O_2B} \perp \overline{AB}$ & 定理3.2-1兩條直線如都與一直線垂直，則此二直線互相平行
(3) 四邊形ACO_2B為平行四邊形	由(1)$\overline{O_2B}$ //$\overline{AB}$ & (2) $\overline{O_1C}$ // $\overline{O_2B}$ & 兩組對邊平行為平行四邊形
(4) $\overline{O_2B} = \overline{AB}$ 、$\overline{AC} = \overline{O_2B} = 2$	由(3) & 平行四邊形兩組對邊相等 & 由(1) $\overline{O_2B} = 2$
(5) $\overline{O_1C} = \overline{O_1A} + \overline{AC}$ $= 4 + 2 = 6$	如圖8.3-46(a)所示，全量等於分量之和 & (1) $\overline{O_1A} = 4$ & (4) $\overline{AC} = 2$
(6)$\angle O_1CO_2 = \angle O_1AB = 90^\circ$	由(1) $\overline{O_2C}$ //$\overline{AB}$ & 同位角相等 & (1) $\angle O_1AB = 90^\circ$
(7)$\triangle O_1CO_2$為直角三角形， $\overline{O_1C}^2 + \overline{O_2C}^2 = \overline{O_1O_2}^2$	由(6) $\angle O_1CO_2 = 90^\circ$ 畢氏定理
(8) $6^2 + \overline{AB}^2 = 10^2$	由(7) & (5) $\overline{O_1C} = 6$ & (4) $\overline{O_2C} = \overline{AB}$ & 已知$\overline{O_1O_2} = 10$
(9) $\overline{AB} = -8$或 $\overline{AB} = 8$	由(8) 求平方根
(10) 所以內公切線段$\overline{AB} = 8$	由(9) & $\overline{AB}$ 為線段長度必大於0

例題 8.3-45

如圖8.3-47，直線L分別切圓O_1與圓O_2於A、B兩點。已知圓O_1與圓O_2的半徑分別為3和4，且內公切線段$\overline{AB}=24$，則連心線段$\overline{O_1O_2}=$______。

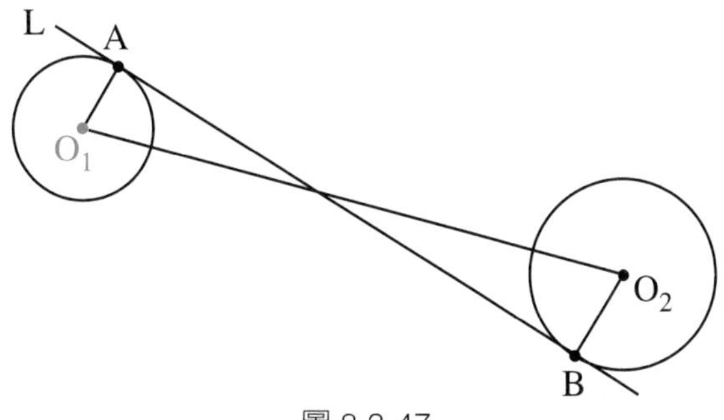

圖 8.3-47

想法 (1) 過O_2作$\overline{O_2C}$ // $\overline{AB}$交$\overline{O_1A}$的延長線於C點，則$\overline{O_2C}=\overline{AB}$，如圖8.3-47(a)；
(2) 利用畢氏定理求出連心線段$\overline{O_1O_2}$

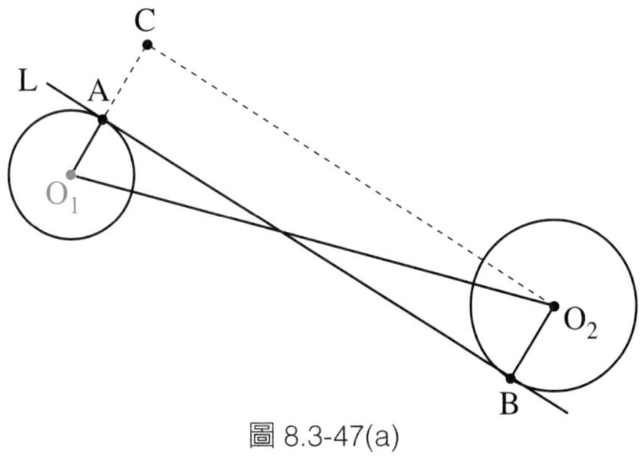

圖 8.3-47(a)

解

敘述	理由
(1) 過O_2作$\overline{O_2C}$ // $\overline{AB}$交$\overline{O_1A}$的延長線於C點，如圖8.3-47(a)所示；	作圖
所以$\overline{O_1A}\perp\overline{AB}$、$\overline{O_2B}\perp\overline{AB}$，$\angle O_1AB=90^\circ$；	已知直線L分別切圓O_1與圓O_2於A、B兩點
$\overline{O_1A}$為圓O_1的半徑，$\overline{O_1A}=3$；	已知圓O_1的半徑為3
$\overline{O_2B}$為圓O_2的半徑，$\overline{O_2B}=4$	已知圓O_2的半徑為4

(2) $\overline{O_1A} // \overline{O_2B}$ (即$\overline{O_1C} // \overline{O_2B}$) 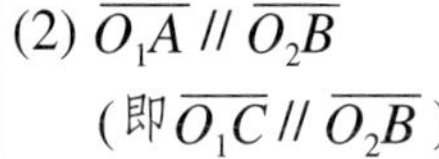	由(1) $\overline{O_1A} \perp \overline{AB}$、$\overline{O_1C} \perp \overline{AB}$ & 定理3.2-1兩條直線如都與一直線垂直，則此二直線互相平行
(3) 四邊形ACO_2B為平行四邊形	由(1) $\overline{O_2C} // \overline{AB}$ & (2) $\overline{O_1C} // \overline{O_2B}$ & 兩組對邊平行為平行四邊形
(4) $\overline{O_2C} = \overline{AB} = 24$、$\overline{AC} = \overline{O_2B} = 4$	由(3) & 平行四邊形兩組對邊相等& 已知$\overline{AB} = 24$ & 由(1) $\overline{O_2B} = 4$
(5) $\overline{O_1C} = \overline{O_1A} + \overline{AC}$ $= 3 + 4 = 7$	如圖8.3-47(a)所示，全量等於分量之和 & (1) $\overline{O_1A} = 3$ & (4) $\overline{AC} = 4$
(6) $\angle O_1CO_2 = \angle O_1AB = 90^\circ$	由(1) $\overline{O_2C} // \overline{AB}$ & 同位角相等 & (1) $\angle O_1AB = 90^\circ$
(7) $\triangle O_1CO_2$為直角三角形， $\overline{O_1C}^2 + \overline{O_2C}^2 = \overline{O_1O_2}^2$	由(6) $\angle O_1CO_2 = 90^\circ$ 畢氏定理
(8) $7^2 + 24^2 = \overline{O_1O_2}^2$	由(7) & (5) $\overline{O_1C} = 7$ & (4) $\overline{O_2C} = 24$
(9) $\overline{O_1O_2} = -25$ 或 $\overline{O_1O_2} = 25$	由(8) 求平方根
(10) 所以連心線段$\overline{O_1O_2} = 25$	由(9) & $\overline{O_1O_2}$為線段長度必大於0

例題 8.3-46

已知圓O_1、圓O_2的半徑分別為4公分、2公分。若$\overline{O_1O_2}=10$公分，則：

(1) 外公切線段長為______公分。

(2) 內公切線段長為______公分。

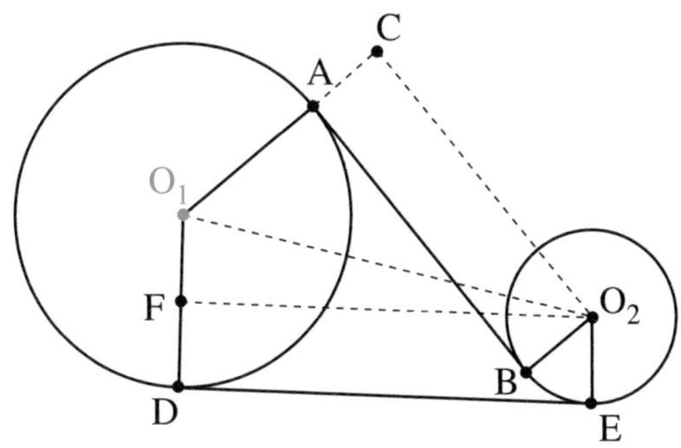

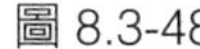
圖 8.3-48

(1) 根據已知圓O_1、圓O_2的半徑分別為4公分、2公分，$\overline{O_1O_2}=10$公分，判斷兩圓的關係為外離，如圖8.3-48；

(2) 利用畢氏定理求出外公切線段長與內公切線段長

敘述	理由
(1) 根據已知作圖，畫出內公切線段$\overline{AB}$與外公切線段$\overline{DE}$，並作$\overline{O_2C}$ // $\overline{AB}$交$\overline{O_1A}$的延長線於C點、作$\overline{O_2F}$ //$\overline{DE}$交$\overline{O_1D}$於F點，如圖8.3-48所示； 所以$\overline{O_1A}\perp\overline{AB}$、$\overline{O_2B}\perp\overline{AB}$， $\angle O_1AB=90°$； 所以$\overline{O_1D}\perp\overline{DE}$、$\overline{O_2E}\perp\overline{DE}$， $\angle O_1DE=90°$； $\overline{O_1A}=\overline{O_1D}$為圓$O_1$的半徑， $\overline{O_1A}=\overline{O_1D}=4$； $\overline{O_2B}=\overline{O_2E}$為圓$O_2$的半徑， $\overline{O_2B}=\overline{O_2E}=2$	作圖 已知圓O_1、圓O_2的半徑分別為4公分、2公分，$\overline{O_1O_2}=10$公分，
(2) $\overline{O_1A}$ // $\overline{O_2B}$ (即$\overline{O_1C}$ // $\overline{O_2B}$)	由(1) $\overline{O_1A}\perp\overline{AB}$、$\overline{O_2B}\perp\overline{AB}$ & 定理3.2-1兩條直線如都與一直線垂直，則此二直線互相平行
(3)四邊形ACO_2B為平行四邊形	由(1) $\overline{O_2C}$ // $\overline{AC}$ & (2) $\overline{O_1C}$ // $\overline{O_2B}$ & 兩組對邊平行為平行四邊形

(4) $\overline{O_2C}=\overline{AB}$、$\overline{AC}=\overline{O_2B}=2$	由(3) & 平行四邊形兩組對邊相等 & 由(1) $\overline{O_2B}=2$
(5) $\overline{O_1C}=\overline{O_1A}+\overline{AC}=4+2=6$	如圖8.3-48所示，全量等於分量之和 & (1) $\overline{O_1A}=4$ & (4) $\overline{AC}=2$
(6) $\angle O_1CO_2=\angle O_1AB=90^\circ$	由(1) $\overline{O_2C}$ // $\overline{AB}$ & 同位角相等 & (1) $\angle O_1AB=90^\circ$
(7) $\triangle O_1CO_2$為直角三角形，$\overline{O_1C}^2+\overline{O_2C}^2=\overline{O_1O_2}^2$	由(6) $\angle O_1CO_2=90^\circ$ 畢氏定理
(8) $6^2+\overline{AB}^2=10^2$	由(7) & (5) $\overline{O_1C}=6$ & (4) $\overline{O_2C}=\overline{AB}$ & 已知$\overline{O_1O_2}=10$
(9) $\overline{AB}=-8$ 或 $\overline{AB}=8$	由(8) 求平方根
(10) 所以內公切線段$\overline{AB}=8$	由(9) & $\overline{AB}$為線段長度必大於0
(11) $\overline{O_1D}$ // $\overline{O_2E}$	由(1) $\overline{O_1D}\perp\overline{DE}$、$\overline{O_2E}\perp\overline{DE}$ & 定理3.2-1兩條直線如都與一直線垂直，則此二直線互相平行
(12) 四邊形DEO_2F為平行四邊形	由(1) $\overline{O_2F}$ // $\overline{DE}$ & (11) $\overline{O_1D}$ // $\overline{O_2E}$ & 兩組對邊平行為平行四邊形
(13) $\overline{AB}=\overline{O_2E}=2$、$\overline{O_2F}=\overline{DF}$	由(12) & 平行四邊形兩組對邊相等 & 由(1) $\overline{O_2E}=2$
(14) $\overline{O_1D}=\overline{O_1F}+\overline{DF}$	如圖8.3-48所示，全量等於分量之和
(15) $\overline{O_1F}=\overline{O_1D}-\overline{DF}$ $=4-2=2$	由(14) 等量減法公理 & (1) $\overline{O_1D}=4$ & (13) $\overline{DF}=2$
(16) $\angle O_1FO_2=\angle O_1DE=90^\circ$	由(1) $\overline{O_1F}$ // $\overline{DE}$ & 同位角相等 & (1) $\angle O_1DE=90^\circ$
(17) $\triangle O_1FO_2$為直角三角形，$\overline{O_1F}^2+\overline{O_2F}^2=\overline{O_1O_2}^2$	由(16) $\angle O_1FO_2=90^\circ$ 畢氏定理
(18) $2^2+\overline{DE}^2=10^2$	由(17) & (15) $\overline{O_1F}=2$ & (13) $\overline{O_2F}=\overline{DE}$ & 已知$\overline{O_1O_2}=10$
(19) $\overline{DE}=-4\sqrt{6}$ 或 $\overline{DE}=4\sqrt{6}$	由(18) 求平方根
(20) 所以外公切線段$\overline{DE}=4\sqrt{6}$	由(19) & $\overline{DE}$為線段長度必大於0

例題 8.3-47

如圖8.3-49，若圓O_1、圓O_2外切於P點，且半徑各為4 cm、16 cm，外公切線$\overline{AB}$交內公切線$\overline{PQ}$於Q點，A、B為切點，則：

(1) $\overline{AB}$＝______cm。

(2) $\overline{PQ}$＝______cm。

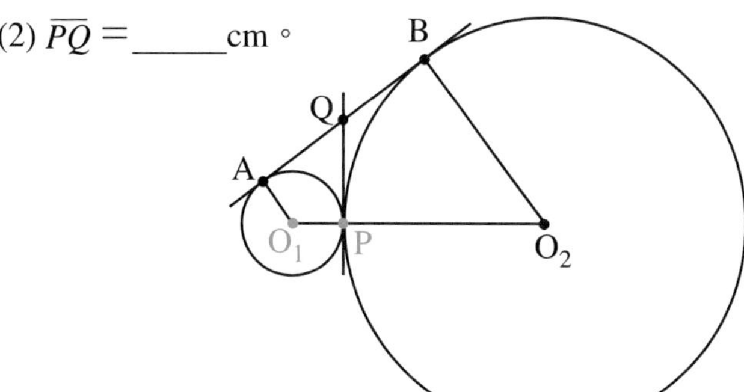

圖 8.3-49

(1) 過O_1作$\overline{O_1C}$ // $\overline{AB}$，則$\overline{O_1C}$ = $\overline{AB}$，如圖8.3-49(a)；

(2) 利用畢氏定理求出$\overline{O_1C}$，則外公切線$\overline{AB}$＝$\overline{O_1C}$；

(3) 再利用定理 7.3-2 切線長定理（自圓外一點到圓的兩切點連線段等長），$\overline{PQ}$＝$\overline{AQ}$＝$\overline{BQ}$來求出$\overline{PQ}$之值

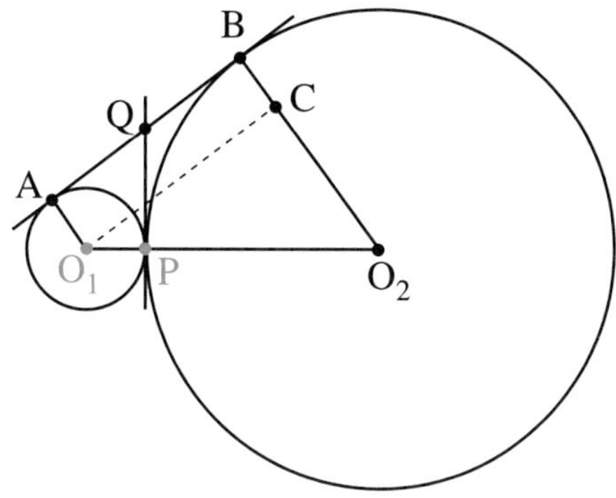

圖 8.3-49(a)

敘述	理由
(1) 過O_1作$\overline{O_2C}$ // $\overline{AB}$，如圖8.3-49(a) 所以$\overline{O_1A}$ ⊥$\overline{AB}$ 、$\overline{O_2B}$ ⊥$\overline{AB}$， ∠ O_2BA＝90° ； $\overline{O_1A}$ 為圓O_1的半徑，$\overline{O_1A}$ ＝4； $\overline{O_2B}$ 為圓O_2的半徑，$\overline{O_2B}$ ＝16	作圖 已知$\overline{AB}$為外公切線 已知圓O_1的半徑為3cm 已知圓O_2的半徑為4cm

(2) $\overline{O_1A} // \overline{O_2B}$	由(1) $\overline{O_1A} \perp \overline{AB}$、$\overline{O_1A} \perp \overline{AB}$ & 定理3.2-1 兩條直線如都與一直線垂直，則此二直線互相平行
(3)四邊形$ABCO_1$為平行四邊形	由(1) $\overline{O_1C} // \overline{AB}$ & (2) $\overline{O_1A} // \overline{O_2B}$ & 兩組對邊平行為平行四邊形
(4) $\overline{O_1C}=\overline{AB}$、$\overline{BC}=\overline{O_1A}=4$	由(3) & 平行四邊形兩組對邊相等 & 由(1) $\overline{O_1A}=4$
(5) $\overline{O_2B}=\overline{O_2C}+\overline{BC}$	如圖8.3-49(a)所示，全量等於分量之和
(6) $\overline{O_2C}=\overline{O_2B}-\overline{BC}$ $=16-4=12$	由(5) 等量減法公理 & (1) $\overline{O_2B}=16$ & (4) $\overline{BC}=4$
(7) $\overline{O_1O_2}=4+16=20$	已知若圓O_1、圓O_2外切於P點，且半徑各為4 cm、16 cm & 兩圓外切，連心線長等於兩半徑之和
(8)$\angle O_2CO_1=\angle O_2BA=90^\circ$	由(1) $\overline{O_1C} // \overline{AB}$ & 同位角相等 & (1) $\angle O_2BA=90^\circ$
(9)$\triangle O_1CO_2$為直角三角形， $\overline{O_1C}^2+\overline{O_2C}^2=\overline{O_1O_2}^2$	由(8) $\angle O_2CO_1=90^\circ$ 畢氏定理
(10) $\overline{AB}^2+12^2=20^2$	由(9) & (4) $\overline{O_1C}=\overline{AB}$ & (6) $\overline{O_2C}=12$ & (7) $\overline{O_1O_2}=20$
(11) $\overline{AB}=-16$ 或 $\overline{AB}=16$	由(10) 求平方根
(12) 所以外公切線段$\overline{AB}=16$	由(11) & $\overline{AB}$為線段長度必大於0
(13) $\overline{PQ}=\overline{AQ}=\overline{BQ}$	已知外公切線 交內公切線 於Q點 & 定理 7.3-2 切線長定理（自圓外一點到圓的兩切點連線段等長）
(14) $\overline{AB}=\overline{AQ}+\overline{BQ}$	如圖8.3-49(a)所示，全量等於分量之和
(15) $16=\overline{PQ}+\overline{PQ}$	由(14) & (13) $\overline{PQ}=\overline{AQ}=\overline{BQ}$ & (12) $\overline{AB}=16$
(16) $\overline{PQ}=16\div 2=8$	由(15) 解一元一次方程式

定理 8.3-3 同圓中大弦對小弦心距、小弦對大弦心距定理

同一圓中不等長之兩弦，大弦的弦心距小於小弦的弦心距。

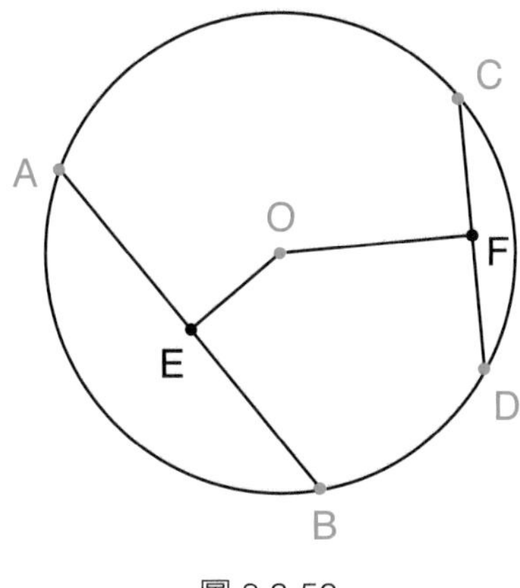

圖 8.3-50

已知　如圖8.3-50，$\overline{AB}$ 與 $\overline{CD}$ 為圓O之兩弦 $\overline{AB} > \overline{CD}$，且 $\overline{OE} \perp \overline{AB}$ 、$\overline{OF} \perp \overline{CD}$。

求證　$\overline{OE} < \overline{OF}$

想法　利用畢氏定理 & 等量減不等量公理。

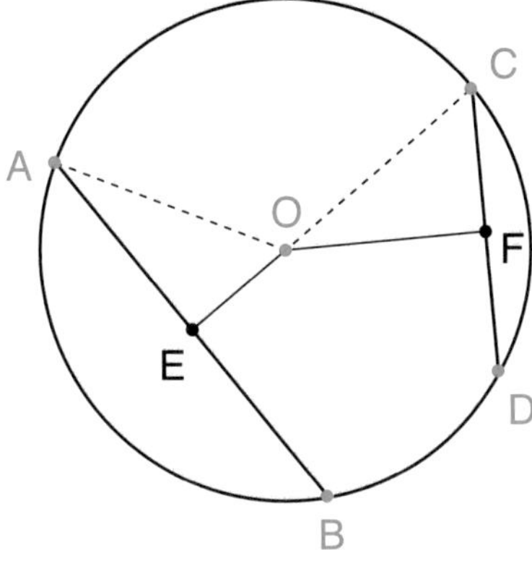

圖 8.3-50(a)

敘述	理由
(1) 作$\overline{OA}$及$\overline{OC}$，如圖8.3-50(a)，	幾何作圖
$\overline{OA}=\overline{OC}$	同圓中半徑等長
(2) $\overline{AE}=\frac{1}{2}\overline{AB}$ & $\overline{CF}=\frac{1}{2}\overline{CD}$	已知$\overline{OE}\perp\overline{AE}$、$\overline{OF}\perp\overline{CD}$ & 通過圓心對弦作垂直線必平分此弦
(3) $\overline{AE}=\frac{1}{2}\overline{AB}>\frac{1}{2}\overline{CD}=\overline{CF}$	由(2) & 已知$\overline{AB}>\overline{CD}$
(4) △AOE為直角三角形 $\overline{OE}^2=\overline{OA}^2-\overline{AE}^2$	已知$\overline{OE}\perp\overline{AB}$ 畢氏定理
(5) △COF為直角三角形 $\overline{OF}^2=\overline{OC}^2-\overline{CF}^2$	已知$\overline{OF}\perp\overline{CD}$ 畢氏定理
(6) $\overline{OA}^2=\overline{OC}^2$ & $\overline{AE}^2>\overline{CF}^2$	由(1) $\overline{OA}=\overline{OC}$ & (3) $\overline{AE}>\overline{CF}$
(7) 所以$\overline{OA}^2-\overline{AE}^2<\overline{OC}^2-\overline{CF}^2$	由(6) & 等量減不等量公理（詳見第一章）
(8) 所以$\overline{OE}^2<\overline{OF}^2$	由(7) & (4) & (5) 代換
(9) 所以$\overline{OE}<\overline{OF}$	由(8)

Q.E.D.

例題 8.3-48

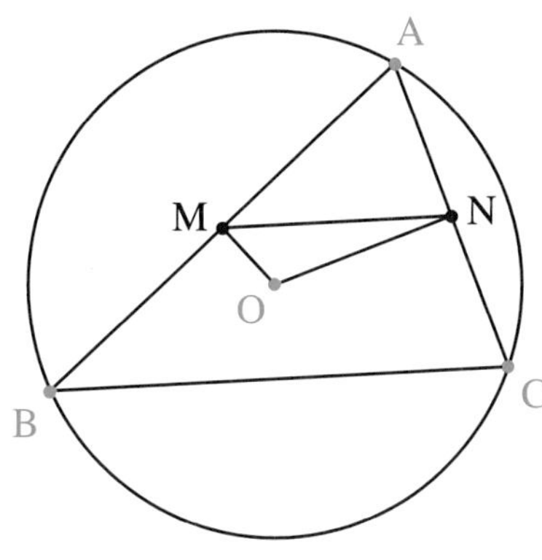

圖 8.3-51

已知

如圖8.3-51，$\overline{AB}$、$\overline{BC}$、$\overline{AC}$ 是圓O的三條弦，∠C＞∠B，$\overline{OM}\perp\overline{AB}$，$\overline{ON}\perp\overline{AC}$，

求證

∠OMN ＞∠ONM。

想法

(1) 在△ABC中，利用三角形大角對大邊的性質，可得知$\overline{AB}>\overline{AC}$；
(2) 在圓O中，利用同圓中大弦對小弦心距、小弦對大弦心距定理，可得 $\overline{ON}>\overline{OM}$；
(3) 在△OMN中，利用三角形大邊對大角的性質，可得∠OMN＞∠ONM

證明

敘述	理由
(1)△ABC中，$\overline{AB}>\overline{AC}$	已知∠C＞∠B & 三角形大邊對大角定理
(2) 圓O中，$\overline{ON}>\overline{OM}$	由(1) $\overline{AB}>\overline{AC}$ & 已知$\overline{OM}\perp\overline{AB}$，$\overline{ON}\perp\overline{AC}$ & 同圓中大弦對小弦心距、小弦對大弦心距定理
(3)△OMN中，∠OMN＞∠ONM	由(2) $\overline{ON}>\overline{OM}$ & 三角形大邊對大角定理

Q.E.D

例題 8.3-49

如圖8.3-52，在圓O中，$\overline{OP}$、$\overline{OQ}$、$\overline{OR}$、$\overline{OS}$分別為弦$\overline{AB}$、$\overline{CD}$、$\overline{EF}$、$\overline{GH}$的弦心距。已知$\overline{AB}=5$，$\overline{CD}=4$，$\overline{EF}=6$，$\overline{GH}=8$。試判斷$\overline{OP}$、$\overline{OQ}$、$\overline{OR}$與$\overline{OS}$的大小。

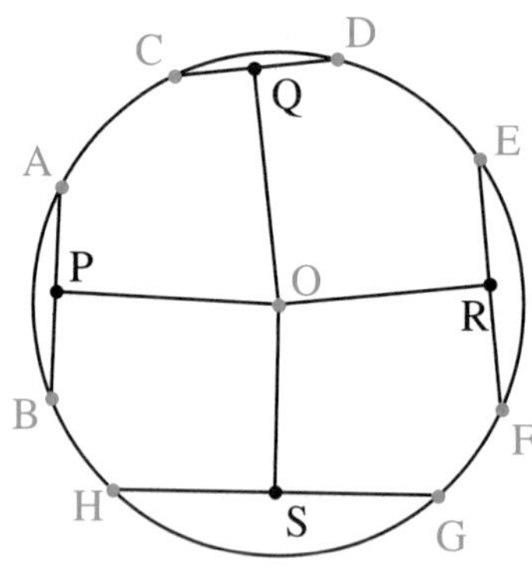

圖 8.3-52

在圓O中，利用同圓中大弦對小弦心距、小弦對大弦心距定理，判斷$\overline{OP}$、$\overline{OQ}$、$\overline{OR}$與$\overline{OS}$的大小。

敘述	理由
(1) 在圓O中， $\overline{OQ}>\overline{OP}>\overline{OR}>\overline{OS}$	已知$\overline{OP}$、$\overline{OQ}$、$\overline{OR}$、$\overline{OS}$分別為弦$\overline{AB}$、$\overline{CD}$、$\overline{EF}$、$\overline{GH}$的弦心距 & 已知$\overline{AB}=5$，$\overline{CD}=4$，$\overline{EF}=6$，$\overline{GH}=8$ & 同圓中大弦對小弦心距、小弦對大弦心距定理

定理 8.3-4

畢氏定理推廣

三角形中，銳角對邊的平方，等於其他兩邊的平方和減去這兩邊中一邊與另一邊在這邊上射影乘積的兩倍。

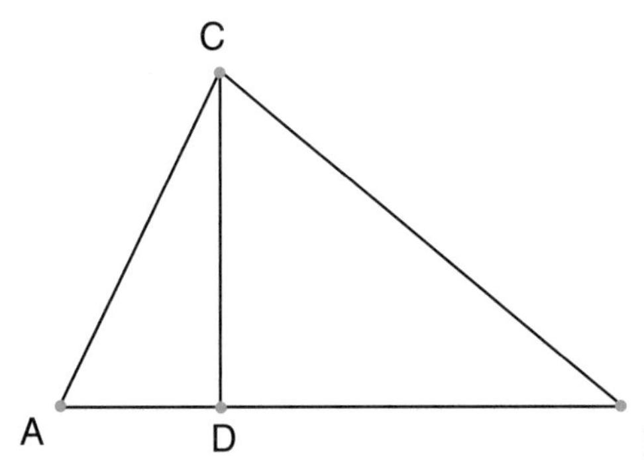

圖 8.3-53

如圖8.3-53，△ABC中，∠A為銳角。

$\overline{BC}^2=\overline{AB}^2+\overline{AC}^2-2\times\overline{AB}\times\overline{AD}$

利用畢氏定理

敘述	理由
(1) 過C點作$\overline{CD}\perp\overline{AB}$交$\overline{AB}$於D點	垂直線作圖
(2) △CDB為直角三角形 $\overline{BC}^2=\overline{BD}^2+\overline{CD}^2$	由(1) $\overline{CD}\perp\overline{AB}$ & ∠CDB＝90° 畢氏定理
(3) △CDA為直角三角形 $\overline{AC}^2=\overline{AD}^2+\overline{CD}^2$	由(1) $\overline{CD}\perp\overline{AB}$ & ∠CDA＝90° 畢氏定理
(4) $\overline{CD}^2=\overline{AC}^2-\overline{AD}^2$	由(3) 等量減法公理
(5) $\overline{BC}^2=(\overline{AB}-\overline{AD})^2+\overline{AC}^2-\overline{AD}^2$ $=\overline{AB}^2-2\times\overline{AB}\times\overline{AD}+\overline{AD}^2$ $+\overline{AC}^2-\overline{AD}^2$ $=\overline{AB}^2+\overline{AC}^2-2\times\overline{AB}\times\overline{AD}$	由(2) & $\overline{BD}=\lvert\overline{AB}-\overline{AD}\rvert$ & (4) $\overline{CD}^2=\overline{AC}^2-\overline{AD}^2$ & 展開化簡
(6) 所以 $\overline{BC}^2=\overline{AB}^2+\overline{AC}^2-2\times\overline{AB}\times\overline{AD}$	由(5)

Q.E.D.

習題 8.3

習題8.3-1 已知：如圖8.3-54，$\overline{AD}$ 為△ABC中 $\overline{BC}$ 上的高

求證：$\overline{AB}^2-\overline{AC}^2=\overline{BD}^2-\overline{CD}^2$

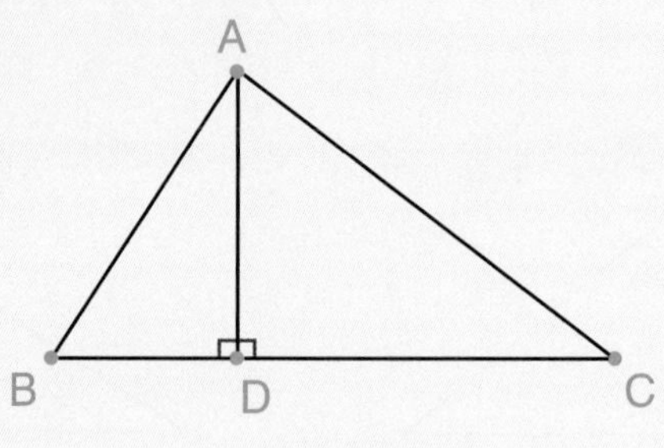

圖 8.3-54

習題8.3-2 如圖8.3-55，已知△ABC、△ACD、△ADE為直角三角形，其中∠B＝∠ACD＝∠ADE＝90°，且 $\overline{AB}=\overline{BC}=\overline{CD}=\overline{DE}=1$，求 $\overline{AE}=$？

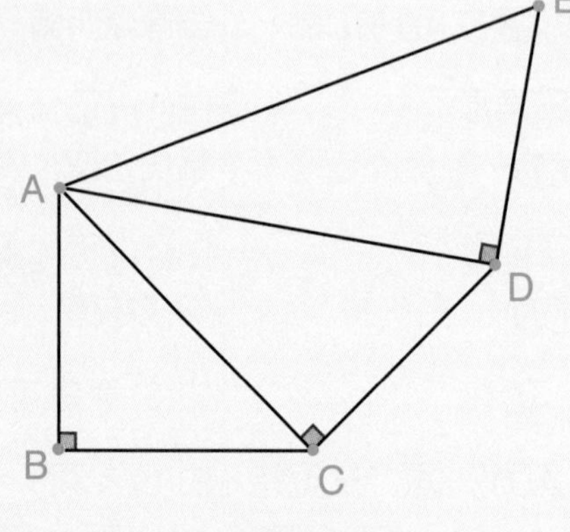

圖 8.3-55

習題8.3-3　如圖8.3-56，$\overline{AE} \perp \overline{BC}$，∠B＝30°，∠ADE＝60°，∠C＝45°，若$\overline{AD}$＝2，求$\overline{BD}$與$\overline{AC}$之值。

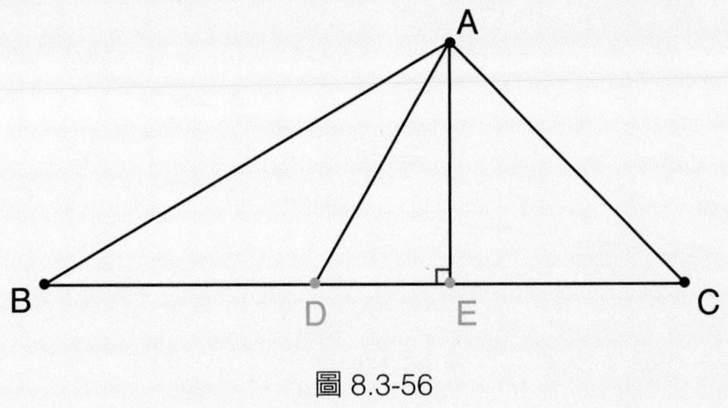

圖 8.3-56

習題8.3-4　如圖8.3-57，圓I為直角三角形ABC的內切圓，D、E、F為切點，$\overline{AB} \perp \overline{BC}$。若$\overline{AB}$＝4公分，$\overline{BC}$＝3公分，求圓I的半徑。

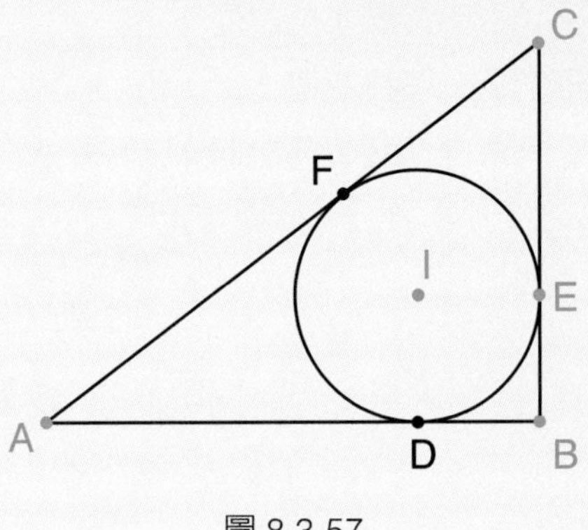

圖 8.3-57

習題8.3-5 如圖8.3-58，已知I為△ABC的內心，若∠BIC＝135°，且$\overline{AB}$＝7公分，$\overline{AC}$＝24公分，試求△ABC內切圓的半徑。

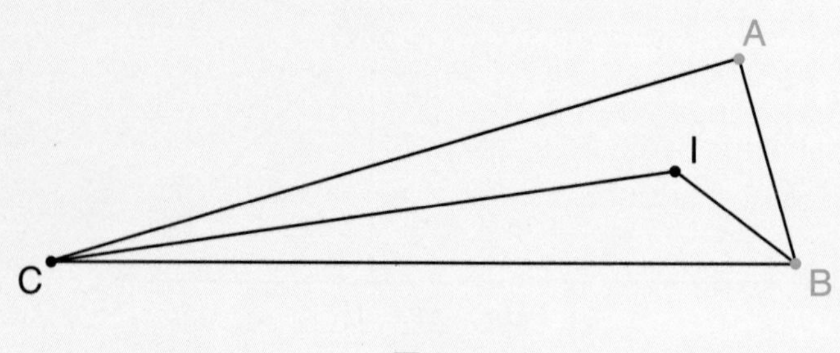

圖 8.3-58

習題8.3-6 如有一個直角三角形，其外心到三頂點的距離和為75公分，若有一股長為14公分，則：

(1) 此直角三角形外接圓半徑為何？

(2) 此三角形的另一股長為何？

(3) 此直角三角形內切圓半徑為何？

習題8.3-7　如圖8.3-59，長方形ABCD中，對角線$\overline{AC}$、$\overline{BD}$相交於O點，且$\overline{AD}=24$，$\overline{AB}=7$，求$\overline{OD}$之值。

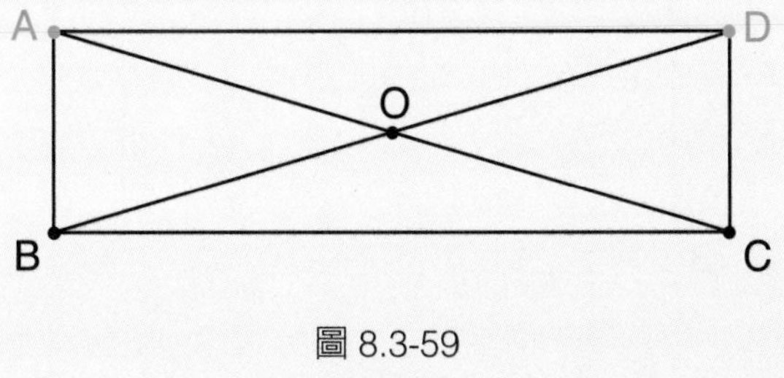

圖 8.3-59

習題8.3-8　如圖8.3-60，長方形ABCD中，對角線$\overline{AC}$、$\overline{BD}$相交於O點，且$\overline{OA}=13$，$\overline{BC}=10$，求$\overline{OC}+\overline{OD}+\overline{CD}$之值。

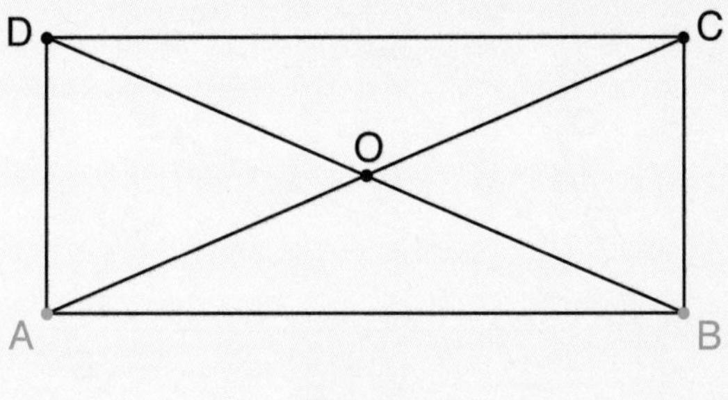

圖 8.3-60

習題8.3-9　如圖8.3-61，矩形ABCD中，$\overline{AB}=5$，$\overline{AD}=12$。以A為圓心，r為半徑畫圓，使得B、C、D中的一點在圓外，兩點在圓內，求r的範圍。

圖 8.3-61

習題8.3-10　如圖8.3-62，已知半圓O的半徑為2，且C、D、E三點將半圓弧分成四等分，則$\overline{AB}^2+\overline{AD}^2+\overline{AE}^2=$？

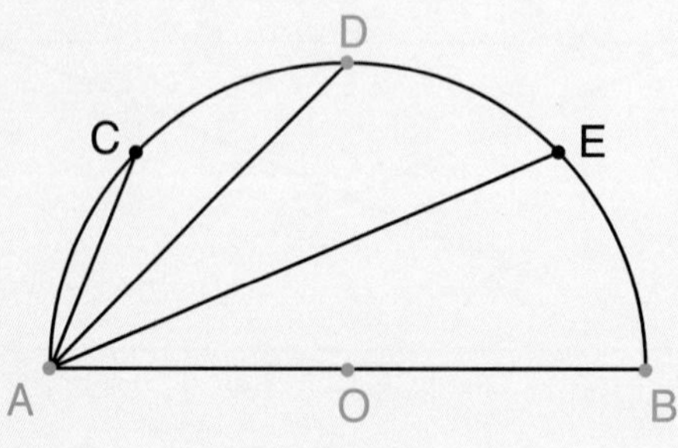

圖 8.3-62

習題8.3-11　已知有一圓O，$\overline{AB}$為其一弦，且$\overline{AB}=16$公分，此弦到圓心的距離是15公分，則此圓O的直徑為______公分。

習題8.3-12　如圖8.3-63，圓O是半徑為5的圓，$\overline{AB}$、$\overline{CD}$為圓O的兩弦，$\overline{OM}\perp\overline{AB}$，$\overline{ON}\perp\overline{CD}$。則：

(1) 若$\overline{OM}=4$，則$\overline{AB}=$？

(2) 若$\overline{CD}=8$，則$\overline{ON}=$？

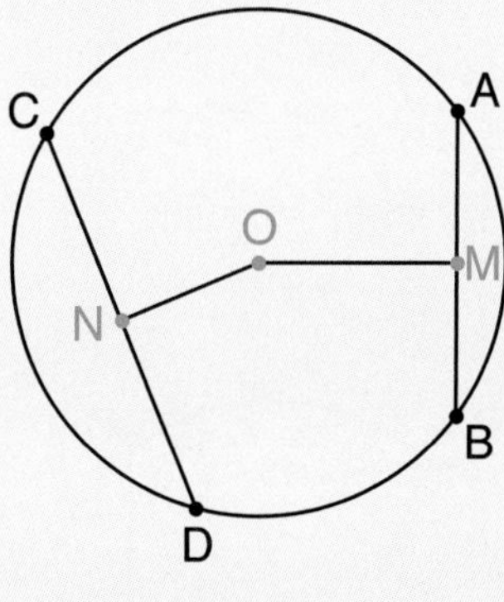

圖 8.3-63

習題8.3-13

如圖8.3-64，$\overline{AB}$、$\overline{CD}$與$\overline{EF}$皆為圓O的弦，其弦心距分別為$\overline{OX}$、$\overline{OY}$與$\overline{OZ}$。已知$\overline{AB}=16$，$\overline{OX}=6$，$\overline{OZ}=8$，$\overline{CD}=14$，則：

(1) 圓O的半徑＝______。

(2) $\overline{OY}$＝______。

(3) 弦$\overline{EF}$＝______。

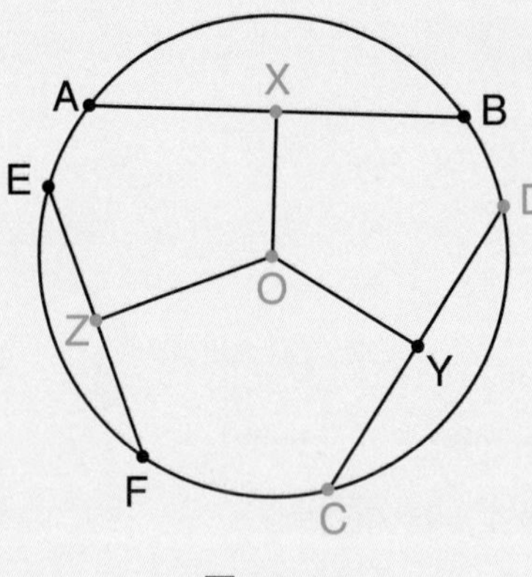

圖 8.3-64

習題8.3-14

如圖8.3-65，$\overline{AB}$是圓O的直徑，$\overline{AB}\perp\overline{CD}$於E點，且$\overline{AE}=\overline{CD}=20$，則$\overline{OE}$＝？

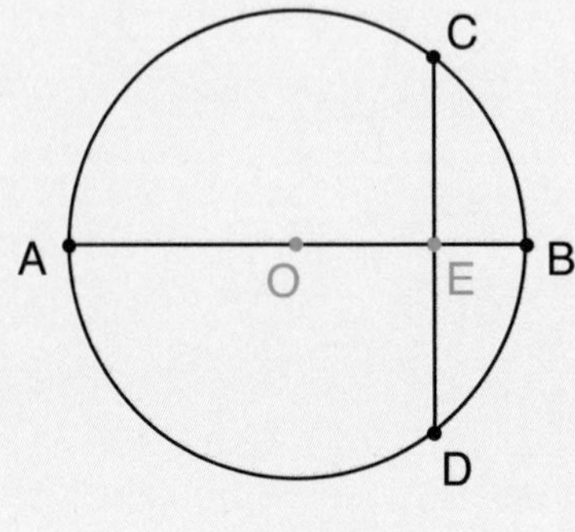

圖 8.3-65

習題8.3-15　如圖8.3-66，直線L與圓O相切於P點，A為直線L上一點，$\overline{AO}$與圓O交於B點。若$\overline{PA}$＝12，$\overline{AB}$＝8，則圓O的半徑為______。

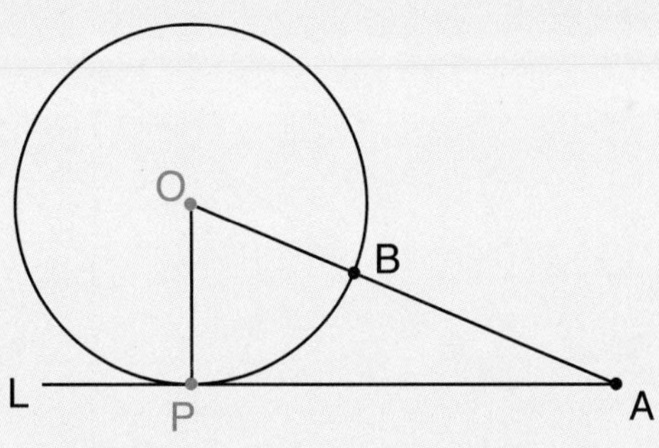

圖 8.3-66

習題8.3-16　如圖8.3-67，$\overline{PA}$與$\overline{PB}$分別與圓O相切於A、B兩點。已知圓O的半徑為8，$\overline{OP}$＝16。則$\overline{PA}$＝______，$\overline{PB}$＝______，∠APB＝______度。

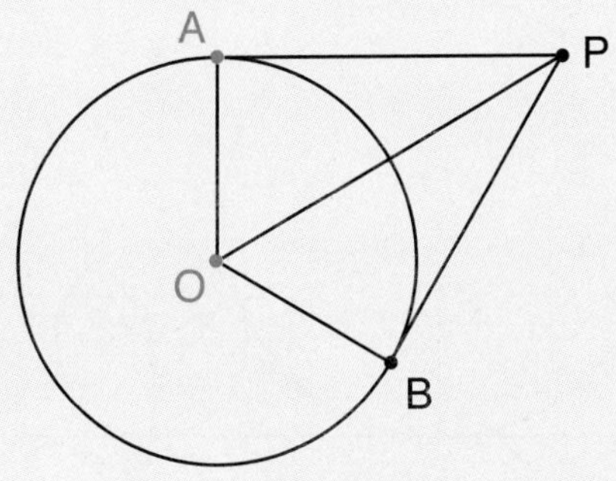

圖 8.3-67

習題8.3-17

如圖8.3-68，△ABC為直角三角形，∠ABC＝90°，半圓和$\overline{AC}$相切於D點，和$\overline{BC}$相交於B、E兩點。已知$\overline{AB}$＝8，$\overline{BC}$＝6，則圓O的半徑為______。

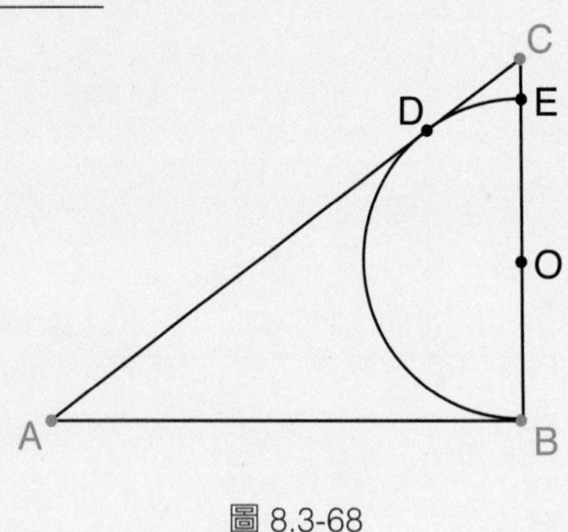

圖 8.3-68

習題8.3-18

如圖8.3-69，圓O_1與圓O_2外切，且直線L分別切圓O_1與圓O_2於A、B兩點。已知圓O_1與圓O_2的半徑分別為9和4，則外公切線段$\overline{AB}$＝______。

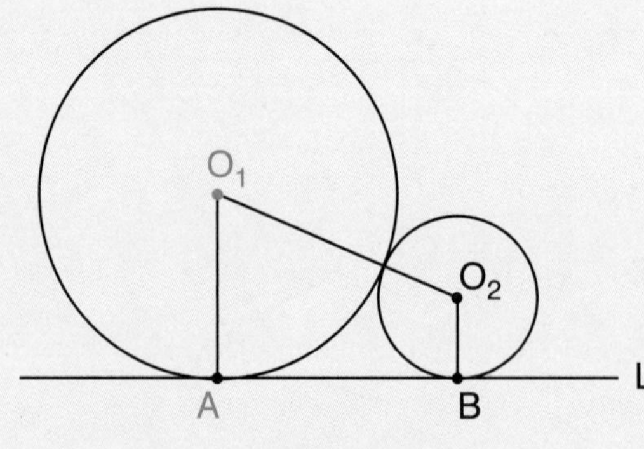

圖 8.3-69

習題8.3-19　如圖8.3-70，直線L分別切圓O_1與圓O_2於A、B兩點。已知圓O_1與圓O_2的半徑分別為3和5，且內公切線段$\overline{AB}=15$，則連心線段$\overline{O_1O_2}=$_____。

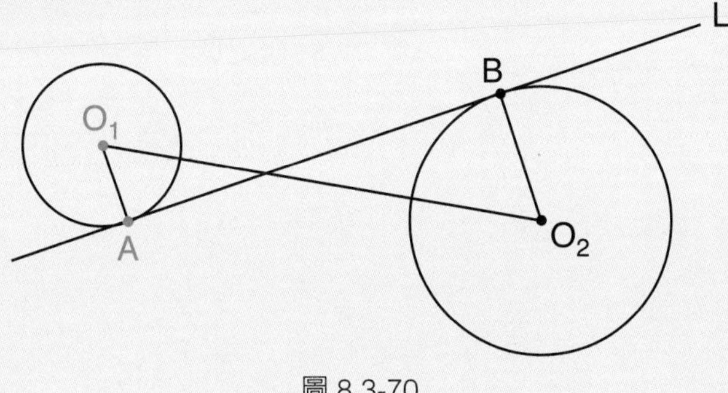

圖 8.3-70

習題8.3-20　如圖8.3-71，已知圓O1、圓O2的半徑分別為5公分、2公分。若$\overline{O_1O_2}=10$公分，則：

(1) 外公切線段長為_____公分。

(2) 內公切線段長為_____公分。

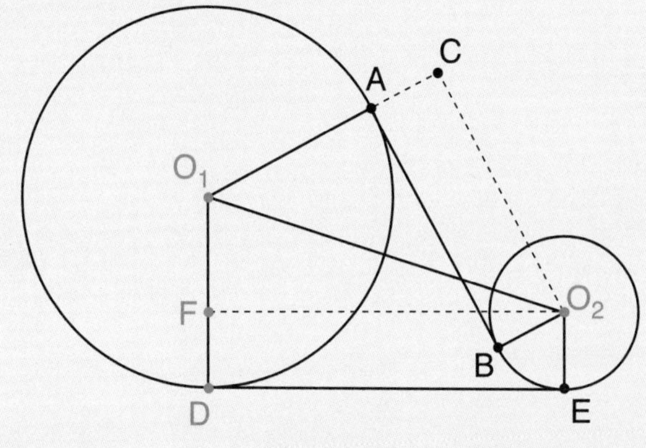

圖 8.3-71

習題8.3-21　如圖8.3-72，在圓O中，$\overline{OP}$、$\overline{OQ}$、$\overline{OR}$、$\overline{OS}$ 分別為弦$\overline{AB}$、$\overline{CD}$、$\overline{EF}$、$\overline{GH}$ 的弦心距。已知$\overline{AB}=5$，$\overline{CD}=6$，$\overline{EF}=7$，$\overline{GH}=8$。試判斷$\overline{OP}$、$\overline{OQ}$、$\overline{OR}$ 與$\overline{OS}$ 的大小。

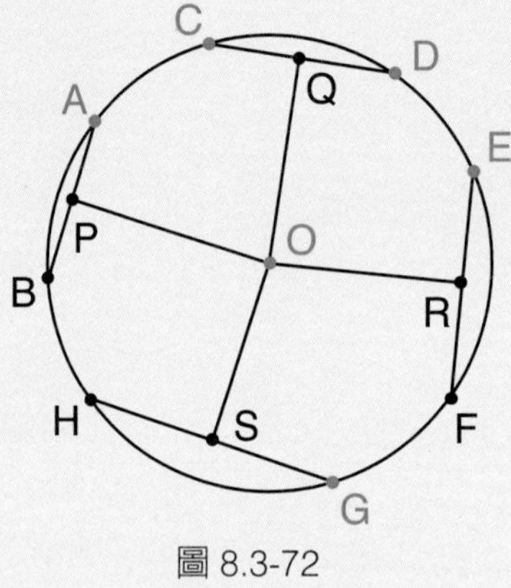

圖 8.3-72

本章重點

一、本章有關比例的介紹：

1. 在一比例式中，內項乘積等於外項乘積。
2. 比例中項定理：在比例式a：b＝b：c中，b為a、c的比例中項，且$b^2=a\times c$。
3. 更比定理：若a：b＝c：d，則a：c＝b：d且d：b＝c：a。
4. 反比定理：若a：b＝c：d，則b：a＝d：c。
5. 合比定理：若a：b＝c：d，則(a＋b)：b＝(c＋d)：d。
6. 分比定理：若a：b＝c：d，則(a－b)：b＝(c－d)：d。
7. 合分比定理：若a：b＝c：d，則(a＋b)：(a－b)＝(c＋d)：(c－d)。
8. 比例乘法定理：若a：b＝c：d且p：q＝m：n，
   則(a×p)：(b×q)＝(c×m)：(d×n)。
9. 和比定理：若a：b＝c：d＝e：f＝r，則(a＋c＋e)：(b＋d＋f)＝r。
10. 倍比定理：若a，b，m為任意三數，則a：b＝(m×a)：(m×b)。
11. 若a：b＝c：d，則我們可以假設a＝c×r、b＝d×r，(r為常數)。
12. 三角形之平行線截比例線段定理：
    三角形一邊的平行線，必分另兩邊成比例線段。
13. 三角形一邊的平行判別定理：
    若一直線截三角形的兩邊成比例線段，則這直線必平行這三角形的第三邊。
14. 平行線截比例線段定理：
    任意兩直線被一組平行線所截，則截於平行線間的對應線段成比例。
15. 三角形內角平分線定理：
    三角形任一內角的角平分線，內分對邊所成兩線段的比，等於夾這內角的兩邊的比。
16. 三角形外角平分線定理：
    三角形任一外角的角平分線，外分對邊延長線所成兩線段的比，等於夾這外角的鄰角兩邊的比。

二、本章有關相似形的介紹：

1. 相似多邊形邊長和之比值定理：

兩相似多邊形邊長和的比值等於它們的任意兩對應邊的比值。

2. 三角形(AAA)相似定理：

若一個三角形的三個內角與另一個三角形的三個內角對應相等，則這兩個三角形相似。

3. 直角三角形斜邊上的高分成相似形定理：（直角三角形子母相似定理）

直角三角形斜邊上的高分原直角三角形成兩相似三角形，並各與原直角三角形相似。

4. 直角三角形中比例中項定理：

直角三角形斜邊上的高分斜邊成兩線段，斜邊上的高為這兩線段的比例中項。

5. 直角三角形中直角邊比例中項定理：

直角三角形斜邊上的高分斜邊成兩線段，任一直角邊為斜邊與這直角邊相鄰斜邊上的線段的比例中項。

6. 三角形(SAS)相似定理：

若兩三角形中有一相同角度的角，又夾這角的兩邊成比例，則這兩個三角形相似。

7. 三角形(SSS)相似定理：

若兩三角形對應邊的比相等，則這兩個三角形相似。

8. 相似多邊形分成定理：

兩相似多邊形，可分成個數相同的相似三角形，且其關係位置相同。

9. 相似多邊形組成定理：

兩多邊形，若由個數相等，關係位置相同的相似三角形所組成，則這兩多邊形相似。

10. 兩弦內分定理（圓內冪性質）：

若兩弦相交於圓內，則一弦上兩線段的積等於另一弦上兩線段的積。

11. 兩割線外分定理（圓外冪性質）：

若兩割線相交於圓外一點，則一割線的全長與其圓外線段的積，等於另一割線的全長與其圓外線段的積。

12. 切線與割線外分定理（圓切冪性質）：

若切線與割線相交，則切線長是割線全長與圓外線段的比例中項。

三、本章有關畢氏定理的介紹：

1. 畢氏定理：直角三角形中，兩直角邊的平方和等於斜邊的平方和。

2. 常見的直角三角形三邊長之比為：

   $1:2:\sqrt{3}$；$1:1:\sqrt{2}$； $3:4:5$；$5:12:13$；$8:15:17$；

   $7:24:25$； $9:40:41$。

3. 30°-90°-60°的直角三角形邊長比為$1:2:\sqrt{3}$。

4. 等腰直角三角形邊長比為$1:1:\sqrt{2}$

5. 畢氏定理的逆定理：

   三角形的三邊中，若其中兩邊的平方和等於第三邊的平方和，則此三角形為直角三角形。

6. 同圓中大弦對小弦心距、小弦對大弦心距定理：

   同一圓中不等長之兩弦，大弦的弦心距小於小弦的弦心距。

7. 畢氏定理推廣：

   三角形中，銳角對邊的平方，等於其他兩邊的平方和減去這兩邊中一邊與另一邊在這邊上射影乘積的兩倍。

歷年基測題目

1

如圖8.1，過P點的兩直線將矩形ABCD分成甲、乙、丙、丁四個矩形，其中P在$\overline{AC}$上，且$\overline{AP}:\overline{PC}=\overline{AD}:\overline{AB}=4:3$。下列對於矩形是否相似的判斷，何者正確？〔98-1〕

(A) 甲、乙不相似　(B) 甲、丁不相似　(C) 丙、乙相似　(D) 丙、丁相似

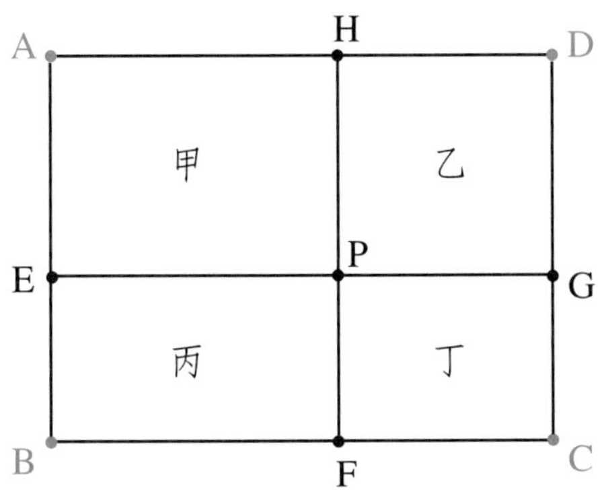

圖 8.1

(A) 甲、乙不相似

若兩多邊形對應角相等且對應邊成比例，則此兩多邊形相似

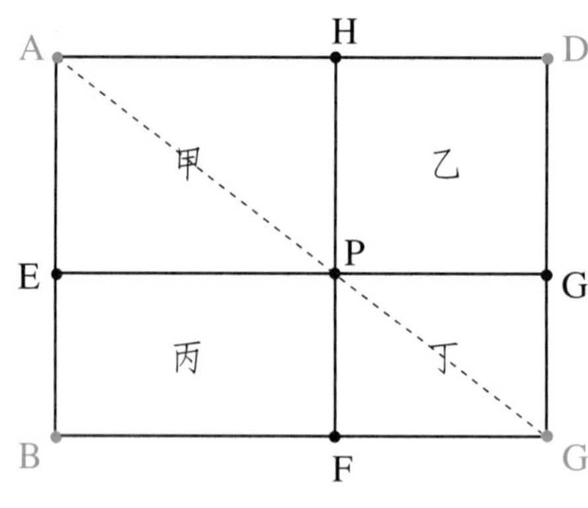

圖 8.1(a)

敘述	理由
(1) 連接$\overline{AC}$，如圖8.1(a)所示；假設$\overline{AD}$＝4t、$\overline{AB}$＝3t	作圖 已知 $\overline{AP}$：$\overline{PC}$＝$\overline{AD}$：$\overline{AB}$＝4：3；
(2) ∠AEP＝∠HPG＝∠ABC＝∠PFC＝90° $\overline{AE}$＝$\overline{HP}$＝$\overline{DG}$、$\overline{EB}$＝$\overline{PF}$＝$\overline{GC}$ $\overline{AH}$＝$\overline{EP}$＝$\overline{BF}$、$\overline{HD}$＝$\overline{PG}$＝$\overline{FC}$	已知甲、乙、丙、丁皆為矩形 & 矩形四個內角皆為直角 & 矩形兩組對邊相等
(3) $\overline{AB}$ // $\overline{HF}$	由(2) ∠ABC＝∠PFC＝90° & 同位角相等則兩線互相平行
(4) $\overline{EG}$ // $\overline{BC}$	由(2) ∠ABC＝∠AEP＝90° & 同位角相等則兩線互相平行
(5) 在△AEP與△PFC中 ∠EAP＝∠FPC ∠APE＝∠PCF ∠AEP＝∠PFC	如圖8.1(a) 由(3) $\overline{AB}$ // $\overline{HF}$ &同位角相等 由(4) $\overline{EG}$ // $\overline{BC}$ & 同位角相等 由(2) ∠AEP＝∠PFC＝90°
(6) 所以△AEP～△PFC	由(5) & 根據(A.A.A.)三角形相似定理

(7) $\overline{AE}:\overline{PF}=\overline{EP}:\overline{FC}=\overline{AP}:\overline{PC}$ $=4:3$	由(6) & 相似多邊形對應邊成比例 & 已知$\overline{AP}:\overline{PC}=4:3$
(8) $\overline{AE}:\overline{PF}=\overline{AE}:\overline{EB}=4:3$	由(7) $\overline{AE}:\overline{PF}=4:3$ & (2) $\overline{EB}=\overline{PF}$
(9) $3\overline{AE}=4\overline{EB}$ (即$\overline{AE}=\frac{4}{3}\overline{EB}$)	由(8) $\overline{AE}:\overline{EB}=4:3$ & 外項乘積等於內項乘積
(10) $\overline{AB}=\overline{AE}+\overline{EB}$	如圖8.1(a)，全量等於分量之和
(11) $3t=\frac{4}{3}\overline{EB}+\overline{EB}$	由(10) & (1)$\overline{AB}=3t$ & (9) $\overline{AE}=\frac{4}{3}\overline{EB}$
(12) $\overline{EB}=\frac{9}{7}t$	由(11) & 解一元一次方程式
(13) $\overline{EB}=\overline{PF}=\overline{GC}=\frac{9}{7}t$	由(2) $\overline{EB}=\overline{PF}=\overline{GC}$ & (12)$\overline{AE}=\frac{12}{7}t$
(14) $\overline{AE}=\frac{4}{3}\overline{EB}=\frac{4}{3}\times\frac{9}{7}t=\frac{12}{7}t$	由(9) $\overline{AE}=\frac{4}{3}\overline{EB}$ & (12) $\overline{EB}=\frac{9}{7}t$
(15) $\overline{AE}=\overline{HP}=\overline{DG}=\frac{12}{7}t$	由(2) $\overline{AB}=\overline{HP}=\overline{DG}$ & (14)$\overline{AE}=\frac{12}{7}t$
(16) $\overline{EP}:\overline{FC}=\overline{AH}:\overline{HD}=4:3$	由(7) $\overline{EP}:\overline{FC}=4:3$ & (2) $\overline{EP}=\overline{AH}$、$\overline{FC}=\overline{HD}$
(17) $3\overline{AH}=4\overline{HD}$ (即$\overline{AH}=\frac{4}{3}\overline{HD}$)	由(16) $\overline{AH}:\overline{HD}=4:3$ & 外項乘積等於內項乘積
(18) $\overline{AD}=\overline{AH}+\overline{HD}$	如圖8.1(a)，全量等於分量之和
(19) $4t=\frac{4}{3}\overline{HD}+\overline{HD}$	由(18) & (1) $\overline{AD}=4t$、(17)$\overline{AH}=\frac{4}{3}\overline{HD}$
(20) $\overline{HD}=\frac{12}{7}t$	由(19) & 解一元一次方程式
(21) $\overline{HD}=\overline{PG}=\overline{FC}=\frac{12}{7}t$	由(2) $\overline{HD}=\overline{PG}=\overline{FC}$ & (20) $\overline{HD}=\frac{12}{7}t$
(22) $\overline{AH}=\frac{4}{3}\overline{HD}=\frac{4}{3}\times\frac{12}{7}t=\frac{16}{7}t$	由(17) $\overline{AH}=\frac{4}{3}\overline{HD}$ & (20) $\overline{HD}=\frac{12}{7}t$
(23) $\overline{AH}=\overline{EP}=\overline{BF}=\frac{16}{7}t$	由(2) $\overline{AH}=\overline{EP}=\overline{BF}$ & (22) $\overline{AH}=\frac{16}{7}t$
(24) 在甲(AEPH)與乙(HPGD)中	如圖8.1(a)
$\overline{AE}:\overline{HP}=\frac{12}{7}t=\frac{12}{7}t:t=1:1$	由(14) $\overline{AH}=\frac{12}{7}t$ & (15) $\overline{HP}=\frac{12}{7}t$
$\overline{AH}:\overline{HD}=\frac{16}{7}t:\frac{12}{7}t=4:3$	由(22) $\overline{AH}=\frac{16}{7}t$ & (20) $\overline{HD}=\frac{12}{7}t$

(25) 所以甲(AEPH)與乙(DHPG)不相似	由(24) $\overline{AE}:\overline{HP}\neq\overline{AH}:\overline{HD}$
(26) 在甲(AEPH)與丁(PFCG)中	如圖8.1(a)
$\overline{AE}:\overline{PF}=\frac{12}{7}t:\frac{9}{7}t=4:3$	由(14) $\overline{AE}=\frac{12}{7}t$ & (13) $\overline{PF}=\frac{9}{7}t$
$\overline{AH}:\overline{PG}=\frac{16}{7}t:\frac{12}{7}t=4:3$	由(22) $\overline{AH}=\frac{16}{7}t$ & (21) $\overline{PG}=\frac{12}{7}t$
$\overline{HP}:\overline{GC}=\frac{12}{7}t:\frac{9}{7}t=4:3$	由(15) $\overline{HP}=\frac{12}{7}t$ & (13) $\overline{GC}=\frac{9}{7}t$
$\overline{EP}:\overline{FC}=\frac{16}{7}t:\frac{12}{7}t=4:3$	由(23) $\overline{EP}=\frac{16}{7}t$ & (21) $\overline{FC}=\frac{12}{7}t$
∠EAH＝∠FPG、 ∠AHP＝∠PGC、 ∠EPH＝∠FCG、 ∠AEP＝∠PFC	已知甲(AEPH)與丁(PFCG)皆為矩形 & 矩形四個內角皆為直角
(27) 所以甲(AEPH)與丁(PFCG)相似	由(26)&對應角相等且對應邊成比例
(28) 在丙(EBFP)與乙(HPGD)中	如圖8.1(a)
$\overline{EB}:\overline{HP}=\frac{9}{7}t:\frac{12}{7}t=3:4$	由(12) $\overline{EB}=\frac{9}{7}t$ & (15) $\overline{HP}=\frac{12}{7}t$
$\overline{EP}:\overline{HD}=\frac{16}{7}t:\frac{12}{7}t=4:3$	由(23) $\overline{EP}=\frac{16}{7}t$ & (20) $\overline{HD}=\frac{12}{7}t$
(29) 所以丙(EBFP)與乙(HPGD)不相似	由(28) $\overline{EB}:\overline{HP}\neq\overline{EP}:\overline{HD}$
(30) 在丙(EBFP)與丁(PFCG)中	如圖8.1(a)
$\overline{EB}:\overline{PF}=\frac{9}{7}t:\frac{9}{7}t=1:1$	由(12) $\overline{EB}=\frac{9}{7}t$ & (13) $\overline{PF}=\frac{9}{7}t$
$\overline{EP}:\overline{PG}=\frac{16}{7}t:\frac{12}{7}t=4:3$	由(23) $\overline{EP}=\frac{16}{7}t$ & (21) $\overline{PG}=\frac{12}{7}t$
(31) 所以丙(EBFP)與丁(PFCG)不相似	由(30) $\overline{EB}:\overline{PF}\neq\overline{EP}:\overline{PG}$
(32) 所以本題選(A) 甲、乙不相似	由(25) & (27) & (29) & (31)

2

如圖8.2，$\overline{AD}$為圓O的直徑。

甲、乙兩人想在圓上找B、C兩點，作一個正三角形ABC，其作法如下：

甲：1. 作$\overline{OD}$中垂線，交圓O於B、C兩點。

2. 連接$\overline{AB}$、$\overline{AC}$、$\overline{BC}$，△ABC即為所求。

乙：1. 以D為圓心，$\overline{OD}$為半徑畫弧，交圓O於B、C兩點。

2. 連$\overline{AB}$、$\overline{BC}$、$\overline{CA}$，△ABC即為所求。

對於甲、乙兩人的作法，判斷下列何者正確？〔97-1〕

(A) 甲、乙皆正確　　(B) 甲、乙皆錯誤

(C) 甲正確、乙錯誤　(D) 甲錯誤、乙正確

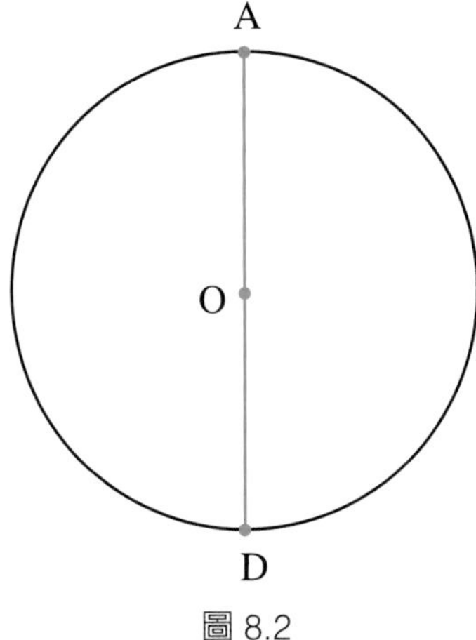

圖 8.2

解答　(A) 甲、乙皆正確

想法　(1) 依兩甲、乙兩人之作法作圖，並證明結果正確。

(2) 等邊三角形為正三角形

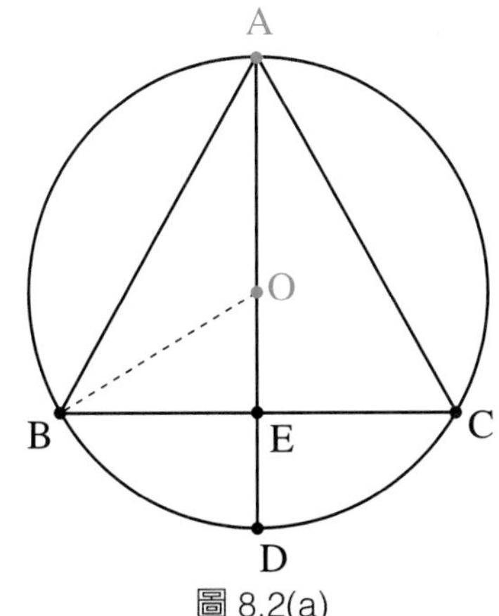

圖 8.2(a)

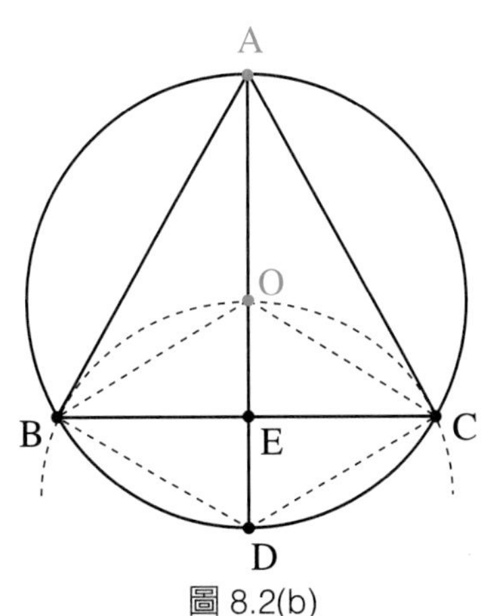

圖 8.2(b)

甲正確

敘述	理由
(1) 假設圓O的半徑$\overline{OA}=\overline{OD}=1$	假設 & 圓半徑皆相等
(2) 作$\overline{OD}$中垂線，交圓O於B、C兩點連接$\overline{AB}$、$\overline{AC}$、$\overline{BC}$，連接$\overline{OB}$，$\overline{OB}$為半徑，則$\overline{OB}=1$，如圖8.2(a)所示	依題意甲的作法作圖
(3) $\overline{OE}=\overline{ED}=\frac{1}{2}\overline{OD}=\frac{1}{2}\times 1=\frac{1}{2}$	由(2) $\overline{BC}$為$\overline{OD}$的中垂線，$\overline{OD}=\overline{BC}$ & (1) 假設$\overline{OD}=1$
(4) △OBE為直角三角形 $\overline{BE}^2+\overline{OE}^2=\overline{OB}^2$	由(2) $\overline{BC}$為$\overline{OD}$的中垂線，$\overline{OD}\perp\overline{BC}$ & 畢氏定理
(5) $\overline{BE}^2+\left(\frac{1}{2}\right)^2=1^2$	由(4) & (3) $\overline{OE}=\frac{1}{2}$ & (2) $\overline{OB}=1$
(6) $\overline{BE}=-\frac{\sqrt{3}}{2}$ 或 $\overline{BE}=\frac{\sqrt{3}}{2}$	由(5) 求平方根
(7) 所以$\overline{BE}=\frac{\sqrt{3}}{2}$	由(6) & $\overline{BE}$為線段長度必大於0
(8) $\overline{CE}=\overline{BE}=\frac{\sqrt{3}}{2}$	由(2) $\overline{BC}$為$\overline{OD}$的中垂線，$\overline{OD}\perp\overline{BC}$ & 根據定理7.2-5垂直於弦的直徑定理 & $\overline{OD}$垂直平分$\overline{BC}$ & (7)
(9) $\overline{BC}=\overline{CE}+\overline{BE}=\frac{\sqrt{3}}{2}+\frac{\sqrt{3}}{2}=\sqrt{3}$	全量等於分量之和 & (8) $\overline{CE}=\overline{BE}=\frac{\sqrt{3}}{2}$
(10) 同理可證：$\overline{AB}=\overline{AC}=\sqrt{3}$	由(2)~(9)
(11) $\overline{AB}=\overline{AC}=\overline{BC}=\sqrt{3}$	由(9) & (10) 遞移律
(12) 所以△ABC為正三角形	由(11) & 等邊三角形為正三角形
(13) 甲正確	由(12)

乙正確

敘述	理由
(1) 假設圓O的半徑$\overline{OA}=\overline{OD}=1$ 直徑$\overline{AD}=2\overline{OA}=2\times1=2$	假設 & 圓半徑皆相等 直徑為半徑的2倍
(2) 以D為圓心，$\overline{OD}$為半徑畫弧，交圓O於B、C兩點，連接$\overline{AB}$、$\overline{BC}$、$\overline{CA}$，如圖8.2(b)所示 連接$\overline{OB}$與$\overline{OC}$，$\overline{OB}=\overline{OC}$為圓O半徑，則$\overline{OB}=\overline{OC}=1$， 連接$\overline{OB}$與$\overline{DC}$，$\overline{OB}=\overline{OD}=\overline{DC}$為圓D半徑，由(1) $\overline{OD}=1$， 因此$\overline{DB}=\overline{OD}=\overline{DC}=1$	依題意乙的作法作圖
(3) $\angle ABD=90^\circ$	已知$\overline{AD}$為圓O的直徑 & 直徑所對的圓周角為直角
(4) △ABD為直角三角形 $\overline{DB}^2+\overline{AB}^2=\overline{AD}^2$	由(3) $\angle ABD=90^\circ$ 畢氏定理
(5) $1^2+\overline{AB}^2=2^2$	由(4) & (2) $\overline{DB}=1$ & (1) $\overline{AD}=2$
(6) $\overline{AB}=-\sqrt{3}$ 或 $\overline{AB}=\sqrt{3}$	由(5) 求平方根
(7) 所以$\overline{AB}=\sqrt{3}$	由(6) & $\overline{AB}$為線段長度必大於0
(8) 同理可證：$\overline{AC}=\sqrt{3}$	同理：△ACD為直角三角形
(9) 四邊形BOCD為菱形	由(2) $\overline{OB}=\overline{OC}=\overline{DB}=\overline{DC}=1$ & 四邊等長的四邊形為菱形
(10) $\overline{BC}\perp\overline{OD}$且$\overline{OE}=\overline{ED}$、 $\overline{BE}=\overline{EC}$	由(9) & 菱形對角線互相垂直且平分
(11) $\overline{OE}=\overline{ED}=\frac{1}{2}\overline{OD}=\frac{1}{2}\times1=\frac{1}{2}$	由(10) $\overline{DE}=\overline{ED}$ & (1) $\overline{OD}=1$
(12) △BOE為直角三角形 $\overline{OE}^2+\overline{BE}^2=\overline{OB}^2$	由(11) $\overline{BC}\perp\overline{OD}$ 畢氏定理

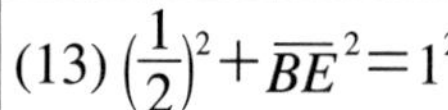

(13) $(\frac{1}{2})^2+\overline{BE}^2=1^2$	由(12) & (11) $\overline{OE}=\frac{1}{2}$ & (2) $\overline{OB}=1$
(14) $\overline{BE}=-\frac{\sqrt{3}}{2}$ 或 $\overline{BE}=\frac{\sqrt{3}}{2}$	由(13) 求平方根
(15) 所以$\overline{BE}=\frac{\sqrt{3}}{2}$	由(14) & $\overline{BE}$為線段長度必大於或等於0
(16) $\overline{CE}=\overline{BE}=\frac{\sqrt{3}}{2}$	由(15) & (9) $\overline{BE}=\overline{EC}$
(14) $\overline{BC}=\overline{CE}+\overline{BE}=\frac{\sqrt{3}}{2}+\frac{\sqrt{3}}{2}=\sqrt{3}$	全量等於分量之和
(18) 所以$\overline{AB}=\overline{AC}=\overline{BC}=\sqrt{3}$	由(7) & (8) & (15)
(19) 所以△ABC為正三角形	由(17) & 等邊三角形位正三角形
(15) 乙正確	由(18)

所以本題選(A) 甲、乙皆正確

3

如圖8.3，$\overline{AB}$、$\overline{CD}$分別為兩圓的弦，$\overline{AC}$、$\overline{BD}$為兩圓的內公切線且相交於P點。若$\overline{PC}=2$，$\overline{CD}=3$，$\overline{DB}=6$，則$\overline{PA}+\overline{AB}+\overline{CD}$之值為何？〔97-1〕

(A) 6　(B) 9　(C) 12　(D) 14

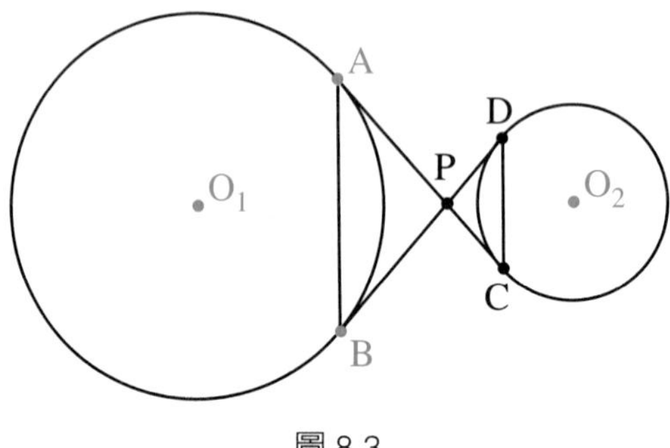

圖 8.3

(D) 14

(1) 定理 7.3-2 切線長定理（自圓外一點到圓的兩切點連線段等長）；

(2) 根據(S.A.S.) 三角形相似定理；

(3) 相似三角形對應邊成比例

敘述	理由
(1) $\overline{PD}$與$\overline{PC}$為圓O_1之切線	已知$\overline{AB}$、$\overline{BD}$為兩圓的內公切線且相交於P點
(2) $\overline{PD}=\overline{PC}=2$	由(1) & 定理 7.3-2 切線長定理（自圓外一點到圓的兩切點連線段等長） & 已知$\overline{PC}=2$
(3) $\overline{DB}=\overline{PB}+\overline{PD}$	全量等於分量之和
(4) $\overline{PB}=\overline{DB}-\overline{PD}$ $=6-2=4$	由(3) 等量減法公理 & 已知$\overline{DB}=6$ & (2) $\overline{PD}=2$
(5) $\overline{PA}$與$\overline{PB}$為圓O_2之切線	已知$\overline{AC}$、$\overline{BD}$為兩圓的內公切線且相交於P點
(6) $\overline{PA}=\overline{PB}=4$	由(5) & 定理 7.3-2 切線長定理（自圓外一點到圓的兩切點連線段等長） & (4) $\overline{PB}=4$
(7) $\overline{PA}:\overline{PD}=4:2=2:1$	由(6) $\overline{PA}=4$、(2) $\overline{PD}=2$ & 倍比定理
(8) $\overline{PB}:\overline{PC}=4:2=2:1$	由(6) $\overline{PB}=4$、(2) $\overline{PC}=2$ & 倍比定理
(9) 在△PAB與△PDC中 ∠APB＝∠DPC $\overline{PA}:\overline{PD}=\overline{PB}:\overline{PC}=2:1$	如圖8.3所示 對頂角相等 由(7) & (8) 遞移律
(10) 所以△PAB～△PDC	由(9) & 根據(S.A.S.) 三角形相似定理
(11) $\overline{PA}:\overline{PD}=\overline{AB}:\overline{DC}$	由(10) & 相似三角形對應邊成比例
(12) $4:2=\overline{AB}:3$	由(11) & (6) $\overline{PA}=4$、(2) $\overline{PD}=2$ & 已知$\overline{CD}=3$
(13) $2\times\overline{AB}=4\times3$	由(12) & 內項乘積等於外項乘積
(14) $\overline{AB}=(4\times3)\div2=6$	由(13) 等量除法公理
(15) 所以 $\overline{PA}+\overline{AB}+\overline{PB}$ $=4+6+4=14$	由(6) $\overline{PA}=\overline{PB}=4$ & (14) $\overline{AB}=6$ 加法
(16) 所以此題選(D) 14	由(15)

4

如圖8.4所示，已知圓A、圓B、圓C兩兩互相外切，且圓A、圓B、圓C分別與圓O內切，圓O直徑 分別切圓A、圓B於K點、H點，若圓A與圓B的半徑皆為1公分，則圓C的半徑為何？〔97-1〕

(A) 1 (B)$\frac{1}{2}$ (C)$\sqrt{2}-1$ (D)$\sqrt{2}+1$

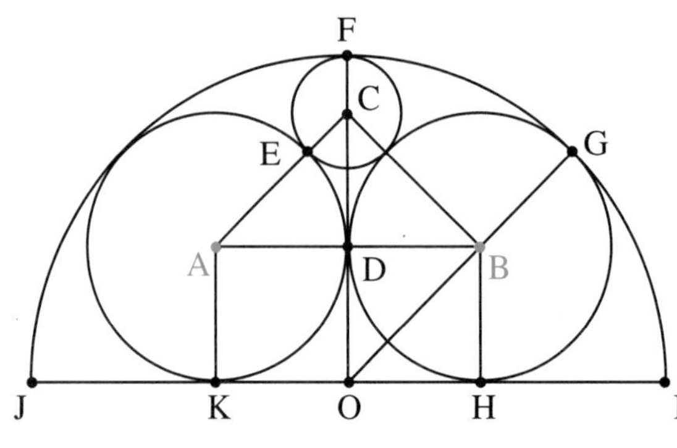

圖 8.4

解答 (C) $\sqrt{2}-1$

想法 利用畢氏定理求解

解答說明

敘述	理由
(1) $\overline{AK}\perp\overline{IJ}$ 且 $\overline{BH}\perp\overline{IJ}$ ($\angle AKO=\angle BHO=90^\circ$)	已知圓O直徑$\overline{IJ}$ 分別切圓A、圓B於K點、H點 & 切線與過切點的半徑互相垂直
(2) $\overline{AK}\,//\,\overline{BH}$	由(1) $\overline{AK}\perp\overline{IJ}$、$\overline{BH}\perp\overline{IJ}$ & 定理3.2-1 兩直線同時與另一直線垂直，則此兩直線互相平行
(3) $\overline{AE}=\overline{AK}=\overline{AD}$ $=\overline{BH}=\overline{BD}=\overline{EG}=1$	已知圓A與圓B的半徑皆為1
(4) 四邊形ABHK為平行四邊形	由(2) $\overline{AK}\,//\,\overline{BH}$ & (3) $\overline{AK}\,//\,\overline{BH}$ 一組對邊平行且相等為平行四邊形定理

(5) $\overline{AB} // \overline{KH}$	由(4) & 平行四邊形兩組對邊平行
(6) ∠DBH＝180°－∠BHO ＝180°－90°＝90°	由(5) $\overline{AK} // \overline{BH}$ 同側內角互補 & 由(1) ∠BHO＝90° 已證
(7)∠BDO＝∠ADC＝90°	已知圓A、圓B外切 & 切線與過切點的半徑互相垂直
(8)∠DOH＝180°－∠BDO ＝180°－90°＝90°	由(5) $\overline{AB} // \overline{KH}$ 同側內角互補 & 由(7) ∠BDO＝90° 已證
(9) 四邊形BDOH為矩形（長方形）	由(1) ∠BHO＝90° & (6) ∠DBH＝90° & (7) ∠BDO＝90° & (8) ∠DOH＝90° & 矩形（長方形）定義
(10) $\overline{DO}=\overline{BH}=1$	由(9) 矩形對邊相等 & (3) $\overline{BH}=1$
(11) $\overline{HO}=\overline{BD}=1$	由(9) 矩形對邊相等 & (3) $\overline{BD}=1$
(12)△BHO為直角三角形	由(1) ∠BHO＝90°
(13) $\overline{OB}^2=\overline{BH}^2+\overline{HO}^2$	由(12) & 畢氏（勾股）定理
(14) $\overline{OB}^2=1^2+1^2=2$	將(10) $\overline{BH}=1$ & (11) $\overline{HO}=1$代入(13)得
(15) 所以$\overline{OB}=\sqrt{2}$	由(14) 等式兩邊同開根號
(16) O、B、G三點共線	已知圓B與圓O內切於G點 & 兩圓相切定理：相切兩圓的兩圓心連線，必過切點
(17) $\overline{OG}=\overline{OB}+\overline{BG}$	由(16) & 全量等於分量和
(18) 所以$\overline{OG}=\sqrt{2}+1$	將(15) $\overline{OB}=\sqrt{2}$ & (3) $\overline{BG}=1$代入(17)得
(19) $\overline{OF}=\overline{OG}=\sqrt{2}+1$	同圓半徑相等 & 由(18) $\overline{OG}=\sqrt{2}+1$
(20) 假設圓C的半徑$\overline{CE}=\overline{CF}=r$	同圓半徑相等 & 假設
(21) $\overline{OF}=\overline{OD}+\overline{DC}+\overline{CF}$	全量等於分量之和
(22) $\sqrt{2}+1=1+\overline{DC}+r$	將(19) $\overline{OF}=\sqrt{2}+1$ & (10) $\overline{DO}=1$ & (20) $\overline{CF}=r$ 代入(20)式得

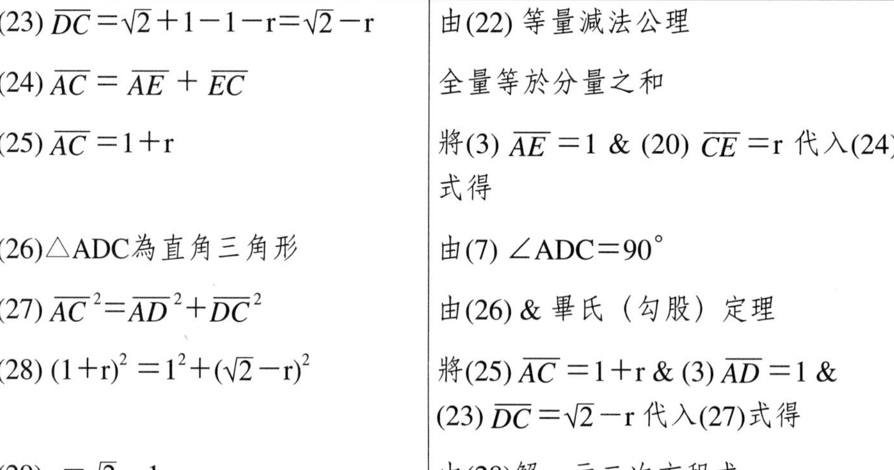

(23) $\overline{DC}=\sqrt{2}+1-1-r=\sqrt{2}-r$	由(22) 等量減法公理
(24) $\overline{AC}=\overline{AE}+\overline{EC}$	全量等於分量之和
(25) $\overline{AC}=1+r$	將(3) $\overline{AE}=1$ & (20) $\overline{CE}=r$ 代入(24)式得
(26)△ADC為直角三角形	由(7) ∠ADC＝90°
(27) $\overline{AC}^2=\overline{AD}^2+\overline{DC}^2$	由(26) & 畢氏（勾股）定理
(28) $(1+r)^2=1^2+(\sqrt{2}-r)^2$	將(25) $\overline{AC}=1+r$ & (3) $\overline{AD}=1$ & (23) $\overline{DC}=\sqrt{2}-r$ 代入(27)式得
(29) $r=\sqrt{2}-1$	由(28)解一元二次方程式
(30) 所以圓C的半徑為$\sqrt{2}-1$	由(20) & (29)

5

如圖8.5，將一個大三角形剪成一個小三角形及一個梯形。若梯形上、下底的長分別為6、14，兩腰長為12、16，則下列哪一選項中的數據表示此小三角形的三邊長？　〔96-1〕

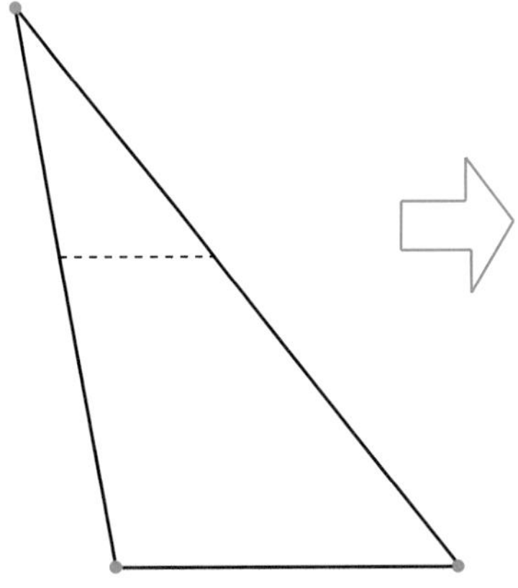

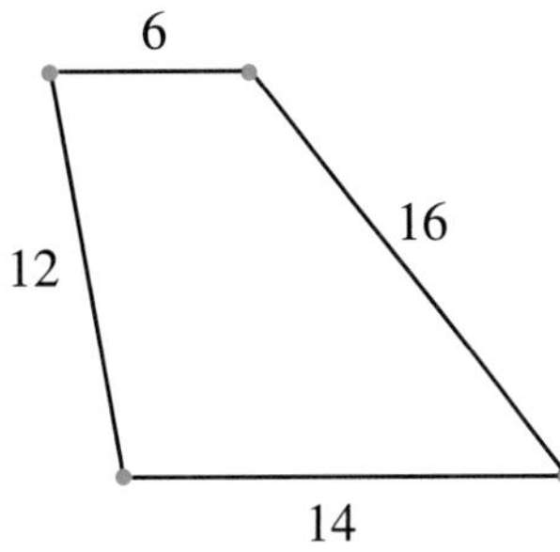

圖 8.5

(A)

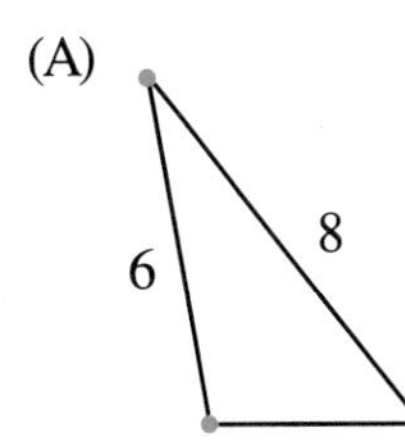

(B) 9　12　6

(C)

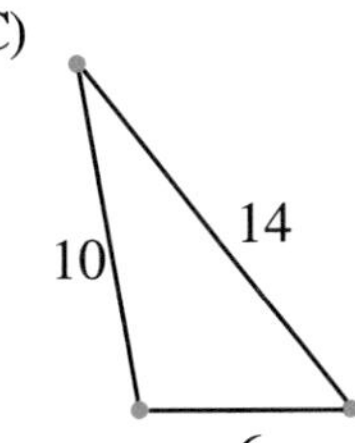

(D)

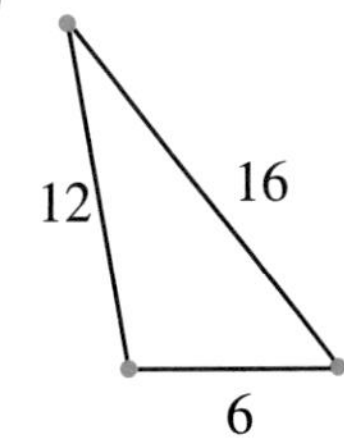

解答　(B)

(1) 相似三角形　(2)相似形之對應邊成比例

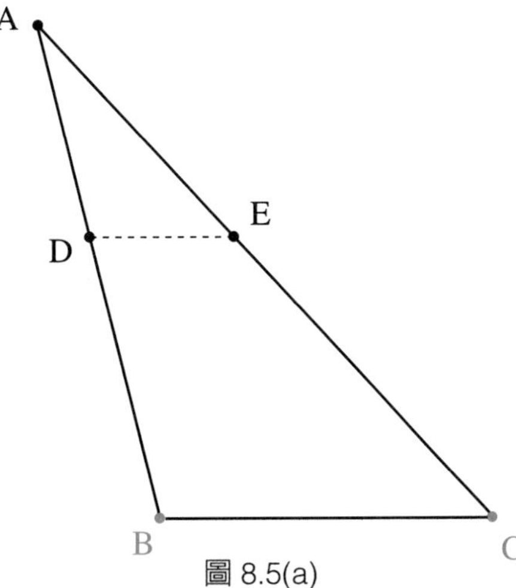

圖 8.5(a)

敘述	理由
(1) 在△ADE與△ABC中 ∠ADE＝∠ABC ∠AED＝∠ACB ∠A＝∠A	如圖8.5(a)所示 已知DECB為梯形，$\overline{DE}$ // $\overline{BC}$ & 同位角相等 已知DECB為梯形，$\overline{DE}$ // $\overline{BC}$ & 同位角相等 共同角
(2) 所以△ADE～△ABC	由(1) & 根據三角形(A.A.A.)相似定理
(3) $\overline{AD}$：$\overline{AB}$＝$\overline{DE}$：$\overline{BC}$	由(2) & 相似三角形對應邊成比例
(4) $\overline{AD}$：($\overline{AD}$＋$\overline{DE}$)＝$\overline{DE}$：$\overline{BC}$	由(3) & $\overline{AB}$＝$\overline{AD}$＋$\overline{DB}$
(5) $\overline{AD}$：($\overline{AD}$＋12)＝6：14	由(4) & 已知$\overline{DB}$＝12、$\overline{DE}$＝6、$\overline{BC}$＝14
(6) 14×$\overline{AD}$＝($\overline{AD}$＋12)×6	由(5) & 外項乘積等於內項乘積
(7) $\overline{AD}$＝9	由(6) & 解一元一次方程式
(8) $\overline{AE}$：$\overline{AC}$＝$\overline{DE}$：$\overline{BC}$	由(2) & 相似三角形對應邊成比例
(9) $\overline{AE}$：($\overline{AE}$＋$\overline{EC}$)＝$\overline{DE}$：$\overline{BC}$	由(8) & $\overline{AC}$＝$\overline{AE}$＋$\overline{EC}$
(10) $\overline{AE}$：($\overline{AE}$＋16)＝6：14	由(9) & 已知$\overline{EC}$＝16、$\overline{DE}$＝6、$\overline{BC}$＝14
(11) 14×$\overline{AE}$＝($\overline{AE}$＋16)×6	由(10) & 外項乘積等於內項乘積
(12) $\overline{AE}$＝12	由(11) & 解一元一次方程式
(13) 所以△ADE三邊長分別為9-6-12，如圖(B)所示	由(7) $\overline{AD}$＝9、(12) $\overline{AE}$＝12 & 已知$\overline{DE}$＝6

6

如圖8.6，四邊形ABCD中，不等長的兩對角線$\overline{AC}$、$\overline{BD}$相交於O點，將四邊形ABCD分成甲、乙、丙、丁四個三角形。若$\overline{OA}:\overline{OC}=\overline{OB}:\overline{OD}=1:2$，則此四個三角形的關係，下列敘述何者正確？〔96-1〕

(A) 甲丙相似，乙丁相似　(B) 甲丙相似，乙丁不相似

(C) 甲丙不相似，乙丁相似　(D) 甲丙不相似，乙丁不相似

(B) 甲丙相似，乙丁不相似

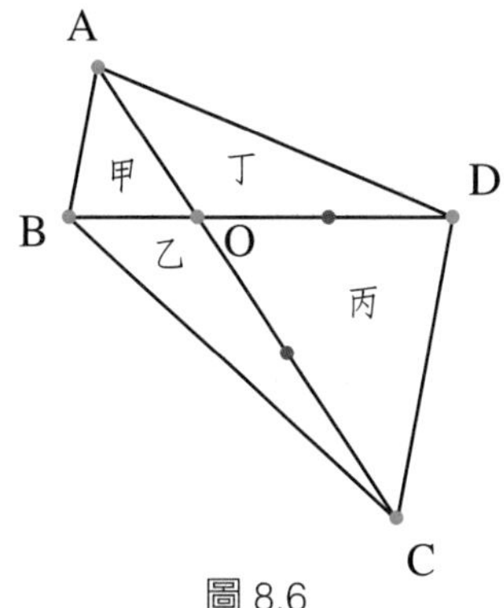

圖 8.6

判斷三角形相似的方法有：

(1) 三角形(AAA)相似定理

(2) 三角形(SAS)相似定理

(3) 三角形(SSS)相似定理

敘述	理由
(1) 假設$\overline{OA}=r$、$\overline{OC}=2r$（其中$r\neq0$）	已知$\overline{OA}:\overline{OC}=1:2$
(2) 假設$\overline{OB}=s$、$\overline{OD}=2s$（其中$s\neq0$）	已知$\overline{OB}:\overline{OD}=1:2$
(3) 在△OAB與△OCD中 ∠AOB＝∠COD $\overline{OA}:\overline{OC}=\overline{OB}:\overline{OD}$	如圖8.6所示 對頂角相等 已知$\overline{OA}:\overline{OC}=\overline{OB}:\overline{OD}=1:2$
(4) 所以△OAB～△OCD(即甲丙相似)	由(3) & 根據三角形(S.A.S.)相似定理
(5) 在△OBC與△OAD中 $\overline{OB}:\overline{OA}=s:r$ $\overline{OC}:\overline{OD}=2r:2s=r:s$	如圖8.6所示 由(1) $\overline{OA}=r$ & (2) $\overline{OB}=s$ 由(1) $\overline{OC}=2r$ & (2) $\overline{OD}=2s$
(6) 所以△OBC與△OAD不相似 （即乙丁不相似）	由(5) $\overline{OB}:\overline{OA}\neq\overline{OC}:\overline{OD}$ & 三角形對應邊不成比例則不相似
(7) 所以本題選 (B) 甲丙相似，乙丁不相似	由(4) & (6)

7

以下是甲、乙兩人證明$\sqrt{15}+\sqrt{8}\neq\sqrt{15+8}$的過程：

（甲）因為$\sqrt{15}>\sqrt{9}=3$，$\sqrt{8}>\sqrt{4}=2$

所以$\sqrt{15}+\sqrt{8}>3+2=5$

且$\sqrt{15+8}=\sqrt{23}<\sqrt{25}=5$

所以$\sqrt{15}+\sqrt{8}>5>\sqrt{15+8}$

故$\sqrt{15}+\sqrt{8}\neq\sqrt{15+8}$

（乙）作一個直角三角形，兩股長分別為$\sqrt{15}$、$\sqrt{8}$

利用商高定理$(\sqrt{15})^2+(\sqrt{8})^2=15+8$

得斜邊長為$\sqrt{15+8}$

因為$\sqrt{15+8}$、$\sqrt{15}$、$\sqrt{8}$為此三角形的三邊長，所以$\sqrt{15}+\sqrt{8}>\sqrt{15+8}$

故$\sqrt{15}+\sqrt{8}\neq\sqrt{15+8}$

對於兩人的證法，下列哪一個判所是正確的　〔96-1〕

(A) 兩人都正確 (B) 兩人都錯誤 (C) 甲正確、乙錯誤 (D) 甲錯誤、乙正確

(A) 兩人都正確

檢查每一步驟的正確性，是否都有依據。

敘述	理由
(1) 甲正確	甲的步驟都正確
因為$\sqrt{15}>\sqrt{9}=3$，$\sqrt{8}>\sqrt{4}=2$	已知
所以$\sqrt{15}+\sqrt{8}>3+2=5$	不等式相加
且$\sqrt{15+8}=\sqrt{23}<\sqrt{25}=5$	已知
所以$\sqrt{15}+\sqrt{8}>5>\sqrt{15+8}$	由$\sqrt{15}+\sqrt{8}>5$ & $\sqrt{15+8}<5$
故$\sqrt{15}+\sqrt{8}\neq\sqrt{15+8}$	由$\sqrt{15}+\sqrt{8}>\sqrt{15+8}$
(2) 乙正確	乙的步驟都正確
作一個直角三角形，兩股長分別為$\sqrt{15}$、$\sqrt{8}$	作圖
利用商高定理$(\sqrt{15})^2+(\sqrt{8})^2=15+8$	商高定理
得斜邊長為$\sqrt{15+8}$	求$(15+8)$的正平方根
因為$\sqrt{15+8}$、$\sqrt{15}$、$\sqrt{8}$為此三角形的三邊長	三角形邊角關係，
所以$\sqrt{15}+\sqrt{8}>\sqrt{15+8}$	兩邊之和大於第三邊
故$\sqrt{15}+\sqrt{8}\neq\sqrt{15+8}$	由$\sqrt{15}+\sqrt{8}>\sqrt{15+8}$
(3) 所以本題選(A) 兩人都正確	由(1) & (2)

8

有甲、乙、丙、丁、戊五塊三角形紙板，已知各紙板其中的兩內角分別為甲：55°、80°，乙：55°、45°，丙：45°、80°，丁：55°、65°，戊：45°、55°。在甲、乙、丙、丁四塊紙板中，哪一塊與戊不相似？〔95-1〕

丁

(1) 三角形內角和定理

(2) 相似三角形對應角相等定理

敘述	理由
(1) 三角形的各內角分別為： 甲：55°、80°、45° 乙：55°、45°、80° 丙：45°、80°、55° 丁：55°、65°、70° 戊：45°、55°、80°	三角形的三內角和為180° 已知甲的兩內角分別為55°、80° 已知乙的兩內角分別為55°、45° 已知丙的兩內角分別為45°、80° 已知丁的兩內角分別為55°、65° 已知戊的兩內角分別為45°、55°
(2) 丁三角形紙板與戊不相似	因為相似三角形的對應角相等，只有丁三角形與其他各三角形沒有相等的對應角

9

如圖8.7，△ABC中，$\overline{AB}=3$，$\overline{AC}=4$，$\overline{BC}=5$。若三直線$\overleftrightarrow{AB}$、$\overleftrightarrow{AC}$、$\overleftrightarrow{BC}$分別與圓O切於D、E、F三點，則$\overleftrightarrow{BE}$＝？ 〔95-1〕

(A) 6 (B)$\frac{25}{3}$ (C) $\sqrt{45}$ (D) $\sqrt{72}$

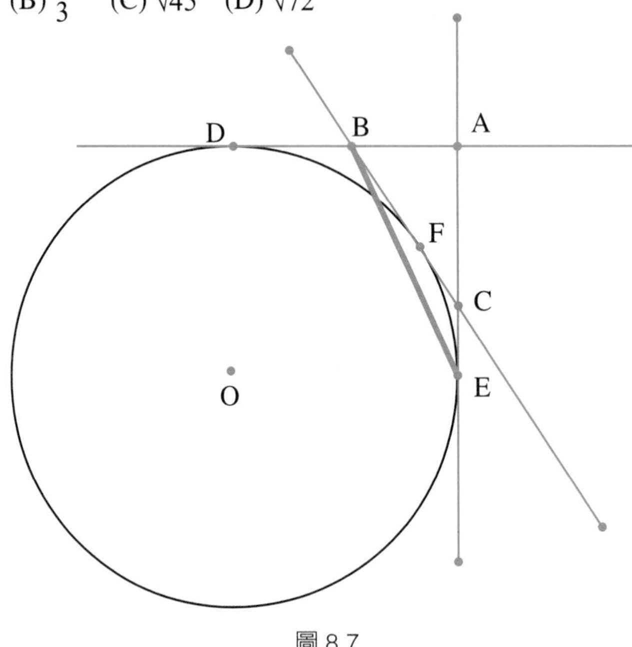

圖 8.7

(C) $\sqrt{45}$

(1) 畢氏定理

(2) 定理 7.3-2 切線長定理（自圓外一點到圓的兩切點連線段等長）

敘述	理由
(1)△ABC為直角三角形， ∴ ∠BAC＝90°	已知△ABC中，$\overline{AB}=3$，$\overline{AC}=4$，$\overline{BC}=5$， 由畢氏定理得知△ABC為直角三角形
(2)△BAE為直角三角形， $\overline{BE}^2=\overline{AB}^2+\overline{AE}^2$	由(1) ∠BAC＝90° 畢氏定理
(3) $\overline{CF}=\overline{CE}$	已知$\overleftrightarrow{AC}$、$\overleftrightarrow{BC}$分別與圓O切於E、F兩點 & 定理 7.3-2 切線長定理（自圓外一點到圓的兩切點連線段等長）

(4) $\overline{BC}=\overline{BF}+\overline{CF}=\overline{BF}+\overline{CE}$	全量等於分量之和 & (3) $\overline{CF}=\overline{CE}$
(5) $\overline{BF}=\overline{BC}-\overline{CE}=5-\overline{CE}$	由(4) 等量減法公理 & 已知$\overline{BC}=5$
(6) $\overline{BD}=\overline{BF}=5-\overline{CE}$	已知$\overleftrightarrow{AB}$、$\overleftrightarrow{BC}$分別與圓O切於D、F兩點 & 定理 7.3-2 切線長定理（自圓外一點到圓的兩切點連線段等長） & (5) $\overline{BF}=5-\overline{CE}$
(7) $\overline{AD}=\overline{AE}$	已知 $\overleftrightarrow{AB}$、$\overleftrightarrow{BC}$分別與圓O切於D、E兩點 & 定理 7.3-2 切線長定理（自圓外一點到圓的兩切點連線段等長）
(8) $\overline{AB}+\overline{BD}=\overline{AC}+\overline{CE}$	由(7) & $\overline{AD}=\overline{AB}+\overline{BD}$、$\overline{AE}=\overline{AC}+\overline{CE}$
(9) $3+5-\overline{CE}=4+\overline{CE}$	由(8) &已知$\overline{AB}=3$、$\overline{AC}=4$ & (6) $\overline{BD}=5-\overline{CE}$
(10) $\overline{CE}=2$	由(9) & 解一元一次方程式
(11) $\overline{AE}=\overline{AC}+\overline{CE}=4+2=6$	全量等於分量之和&已知$\overline{AC}=4$ & (10) $\overline{CE}=2$
(12) $\overline{BE}^2=3^2+6^2$	由(2) & 已知$\overline{AB}=3$ & (11) $\overline{AE}=6$
(13) $\overline{BE}=-\sqrt{45}$ 或 $\overline{BE}=\sqrt{45}$	由(12) 求平方根
(14) 所以$\overline{BE}=\sqrt{45}$	由(13) & $\overline{BE}$為線段長度必大於0
(15) 所以本題選(C) $\sqrt{45}$	由(14)

10

若將2700個大小相同的小正方形緊密地排出一個長邊有60個小正方形、短邊有45個小正方形的長方形後，在此長方形中畫一條對角線，則此線通過幾個小正方形？〔95-1〕

(A) 60　(B) 75　(C) 90　(D) 105

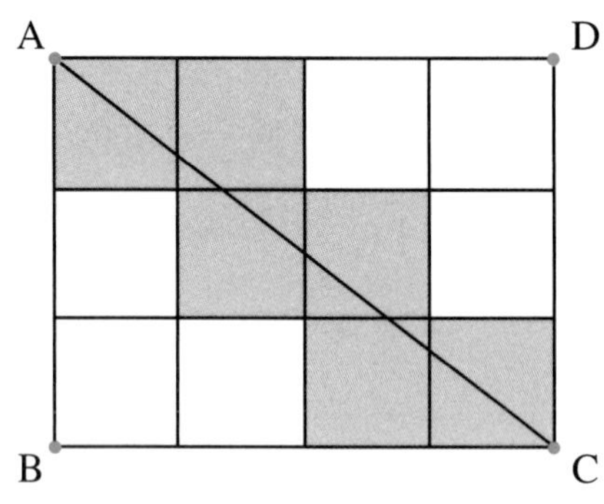

圖 8.8

解答

(C) 90

想法

利用相似形與比例

解答說明

敘述	理由
(1) 長邊60、短邊45的長方形與長邊4、短邊3的長方形為相似形，其比值為15。 （60：4＝45：3＝15）	相似形定義
(2) 長邊4、短邊3長方形的對角線通過6個小正方形，（如圖8.8中的灰色區域）所以通過長邊60、短邊45長方形的對角線會通過6×15＝90個小正方形	比例

11

如圖8.9，某車由甲地等速前往丁地，過程是：自甲向東直行8分鐘至乙後，朝東偏南直行8分鐘至丙，左轉90度直行15分鐘至丁。若此車由甲地以原來的速率向東直行可到達丁地，則此車程需多少分鐘？　〔94-1〕

(A) 19.5　(B) 24　(C) 25　(D) 28

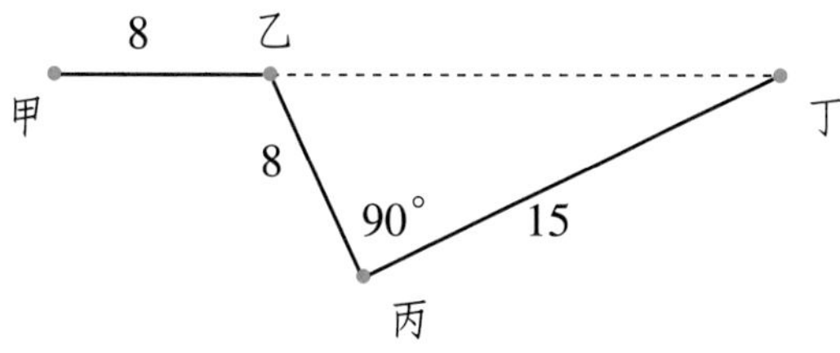

圖 8.9

(C) 25

畢氏定理

敘述	理由
(1) 乙丁兩地車程為 $\sqrt{8^2+15^2}=\sqrt{64+225}=17$分鐘	畢氏定理
(2) 甲丁兩地車程＝甲乙兩地車程＋乙丁兩地車程 ＝8分鐘＋17分鐘＝25分鐘	已知甲乙兩地車程8分鐘&(1)乙丁兩地車程17分鐘

12

如圖8.10，$\overline{AQ}$為∠BAC的角平分線，P在$\overline{AQ}$上，且$\overline{PB}\perp\overline{AB}$、$\overline{QC}\perp\overline{AC}$。若$\overline{PB}=3$、$\overline{QC}=9$、$\overline{AP}=5$，則$\overline{PQ}=$？〔94-1〕

(A) 7 (B) 10 (C) 12 (D) 15

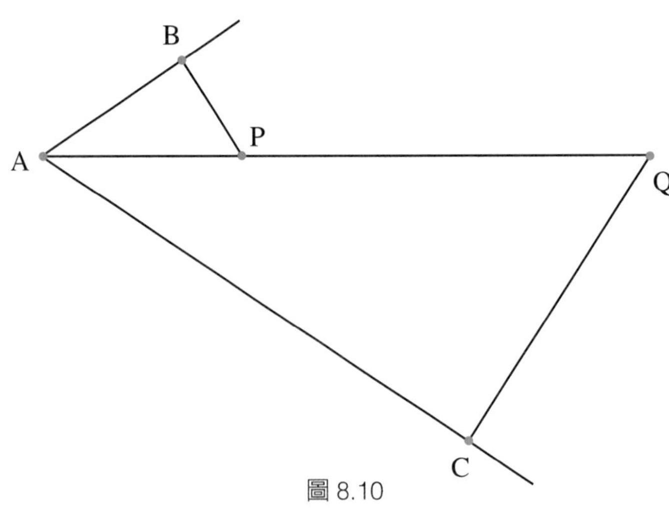

圖 8.10

解答 (B) 10

想法 (1)三角形相似定理 (2)相似形之對應邊成比例

解答說明

敘述	理由
(1)∠ABP＝∠ACQ＝90°	已知$\overline{PB}\perp\overline{AB}$、$\overline{QC}\perp\overline{AC}$
(2)∠PAB＝∠QAC	已知$\overline{AQ}$為∠BAC的角平分線
(3)△ABP中， ∠ABP＋∠PAB＋∠APB＝180°	如圖8.10所示 三角形內角和為180°
(4)∠APB＝180°－∠ABP－∠PAB ＝180°－90°－∠PAB ＝90°－∠PAB＝90°－∠QAC	由(3) 等量減法公理 & (1)∠ABP＝90° & (2)∠PAB＝∠QAC
(5)△ACQ中， ∠ACQ＋∠QAC＋∠AQC＝180°	如圖8.10所示 三角形內角和為180°

(6) $\angle AQC = 180^\circ - \angle ACQ - \angle QAC$ $= 180^\circ - 90^\circ - \angle QAC$ $= 90^\circ - \angle QAC$	由(5) 等量減法公理 & (1) $\angle ACQ = 90^\circ$
(7) 在△ABP與△ACQ中， $\angle ABP = \angle ACQ = 90^\circ$ $\angle PAB = \angle QAC$ $\angle APB = \angle AQC$	如圖8.10所示 由(1) $\angle ABP = \angle ACQ = 90^\circ$ 由(2) $\angle PAB = \angle QAC$ 由(4) & (6) 遞移律
(8) 所以△ABP～△ACQ	由(7) & 根據 (A.A.A.) 三角形相似定理
(9) $\overline{PB} : \overline{QC} = \overline{AP} : \overline{AQ}$	由(8) & 相似三角形對應邊成比例
(10) $3 : 9 = 5 : \overline{AQ}$	由(9) & 已知$\overline{PB}=3$、$\overline{QC}=9$、$\overline{AP}=5$
(11) $3 \times \overline{AQ} = 9 \times 5$	由(10) & 外項乘積等於內項乘積
(12) $\overline{AQ} = 9 \times 5 \div 3 = 15$	由(11) 等量除法公理
(13) $\overline{AQ} = \overline{AP} + \overline{PQ}$	全量等於分量之和
(14) $\overline{PQ} = \overline{AQ} - \overline{AP}$ $= 15 - 5 = 10$	由(13) 等量減法公理 & (12) $\overline{AQ} = 15$ & 已知$\overline{AP} = 5$
(15) 所以本題選(B) 10	由(14) $\overline{PQ} = 10$

13

已知有長3公分、6公分之兩線段，下列敘述何者錯？ 〔94-1〕

(A) 若另有一長為3公分的線段，則此三線段可以構成等腰三角形。

(B) 若另有一長為6公分的線段，則此三線段可以構成等腰三角形。

(C) 若另有一長為$3\sqrt{3}$公分的線段，則此三線段可以構成直角三角形。

(D) 若另有一長為$3\sqrt{5}$公分的線段，則此三線段可以構成直角三角形。

(A)

(1) 三角形的兩邊和大於第三邊　　(2) 畢氏定理

敘述	理由
(1) (A) 錯誤 $3+3=6$ 不大於6	三角形的兩邊和沒有大於第三邊，不能構成三角形
(2) (B) 正確 $6-6<3<6+6$ $6-3<6<6+3$	三角形的兩邊和大於第三邊，兩邊差小於第三邊且有兩邊相等，可以構成等腰三角形。
(3) (C) 正確 $3^2+(3\sqrt{3})^2=6^2$	三角形的三邊滿足畢氏定理，可以構成直角三角形
(4) (D) 正確 $3^2+6^2=(3\sqrt{5})^2$	三角形的三邊滿足畢氏定理，可以構成直角三角形

14

如圖8.11，有A村與一直線型的公路，今以A村為基準點，向北走4公里可到達公路。若由A村向東走6公里，再向北走6公里也可到達公路，則由A村向西走多少公里可到達公路？〔93-1〕

(A) 4　(B) 6　(C) 9　(D) 12

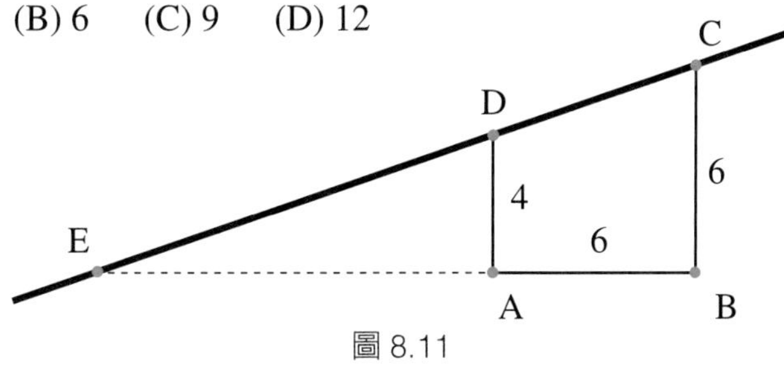

圖8.11

解答　(D) 12

想法　相似三角形

解答說明

敘述	理由
(1)∠DAE＝∠CBE＝90°	南北向與東西向互相垂直
(2)△DAE中， ∠DAE＋∠DEA＋∠EDA＝180°	如圖8.11所示 三角形內角和為180°
(3)∠EDA＝180°－∠DAE－∠DEA ＝180°－90°－∠DEA ＝90°－∠DEA＝90°－∠CEB	由(2) 等量減法公理 & (1) ∠DAE＝90° ∠DEA＝∠CEB（共同角）
(4)△CBE中， ∠CBE＋∠CEB＋∠ECB＝180°	如圖8.11所示 三角形內角和為180°
(5)∠ECB＝180°－∠CBE－∠CEB ＝180°－90°－∠CEB ＝90°－∠CEB	由(4) 等量減法公理 & (1) ∠CBE＝90°
(6) 在△DAE與△CBE中， ∠DAE＝∠CBE＝90° ∠DEA＝∠CEB ∠EDA＝∠ECB	如圖8.11所示 由(1) ∠ABP＝∠ACQ＝90° 共同角 由(3) & (5) 遞移律

(7) 所以△DAE～△CBE	由(6) & 根據 (A.A.A.) 三角形相似定理
(8) $\overline{EA}$：$\overline{EB}$＝$\overline{AD}$：$\overline{BC}$	由(7) & 相似三角形對應邊成比例
(9) $\overline{EA}$：($\overline{EA}$＋$\overline{AB}$)＝$\overline{AD}$：$\overline{BC}$	由(8) & $\overline{EB}$＝$\overline{EA}$＋$\overline{AB}$
(10) $\overline{EA}$：($\overline{EA}$＋6)＝4：6	由(9) & 已知$\overline{AB}$＝6、$\overline{AD}$＝4、$\overline{BC}$＝6
(11) 6×$\overline{EA}$＝($\overline{EA}$＋6)×4	由(10) & 外項乘積等於內項乘積
(12) $\overline{EA}$＝12	由(11) & 解一元一次方程式
(13) 所以本題選(D) 12	由(12)

15

如圖8.12，S、R、Q在$\overline{AP}$上，B、C、D、E在$\overline{AF}$上，其中$\overline{BS}$、$\overline{CR}$、$\overline{DQ}$、$\overline{PE}$皆垂直於$\overline{AF}$，且$\overline{AB}=\overline{BC}=\overline{CD}=\overline{DE}$。若$\overline{PE}=2$公尺，則$\overline{SB}+\overline{RS}+\overline{QD}$的長度是多少公尺？〔92-1〕

(A) $\frac{3}{2}$　(B) 2　(C) $\frac{5}{2}$　(D) 3

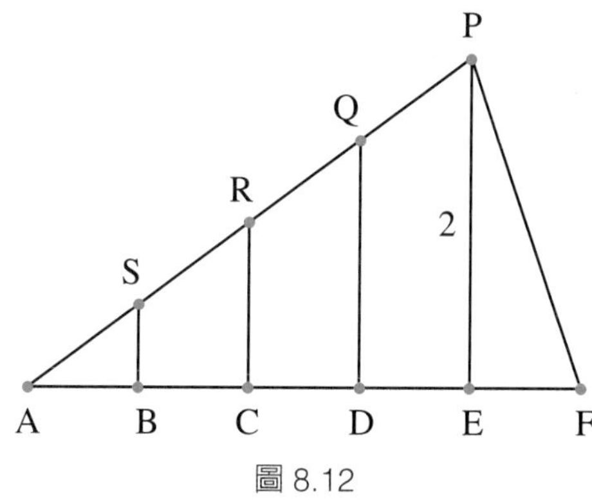

圖 8.12

(D) 3

相似三角形對應邊成比例

敘述	理由
(1) $\overline{BS}//\overline{CR}//\overline{DQ}//\overline{PE}$	已知$\overline{BS}$、$\overline{CR}$、$\overline{DQ}$、$\overline{PE}$皆垂直於$\overline{AF}$ & 同時垂直於一線段的線段皆互相平行
(2) 在△APE、△AQD、△ARC與△ASB中	如圖8.12所示
∠APE＝∠AQD＝∠ARC＝∠ASB	由(1) & 同位角相等
∠AEP＝∠ADQ＝∠ACR＝∠ABS	由(1) & 同位角相等
∠PAE＝∠QAD＝∠RAC＝∠SAB	共同角
(3) 所以△APE～△AQD～△ARC～△ASB	由(2) & 根據 (A.A.A.) 三角形相似定理

(4) 假設$\overline{AB}=\overline{BC}=\overline{CD}=\overline{DE}=r$	已知$\overline{AB}=\overline{BC}=\overline{CD}=\overline{DE}$ & 假設
(5) $\overline{AE}:\overline{AD}=\overline{PE}:\overline{QD}$	由(3) △APE～AQD & 相似三角形對應邊成比例
(6) $4r:3r=2:\overline{QD}$	由(5) & $\overline{AE}=4r$、$\overline{AD}=3r$ & 已知$\overline{PE}=2$
(7) $4r\times\overline{QD}=3r\times 2$	由(6) & 外項乘積等於內項乘積
(8) $\overline{QD}=3r\times 2\div 4r=1.5$	由(7) 等量除法公理
(9) $\overline{AE}:\overline{AC}=\overline{PE}:\overline{RC}$	由(3) △APE～△ARC & 相似三角形對應邊成比例
(10) $4r:2r=2:\overline{RC}$	由(9) & $\overline{AE}=4r$、$\overline{AC}=2r$ & 已知$\overline{PE}=2$
(11) $4r\times\overline{RC}=2r\times 2$	由(10) & 外項乘積等於內項乘積
(12) $\overline{RC}=2r\times 2\div 4r=1$	由(11) 等量除法公理
(13) $\overline{AE}:\overline{AB}=\overline{PE}:\overline{SB}$	由(3) △APE～△ASB & 相似三角形對應邊成比例
(14) $4r:r=2:\overline{SB}$	由(13) & $\overline{AE}=4r$、$\overline{AB}=r$ & 已知$\overline{PE}=2$
(15) $4r\times\overline{SB}=r\times 2$	由(14) & 外項乘積等於內項乘積
(16) $\overline{SB}=r\times 2\div 4r=0.5$	由(15) 等量除法公理
(17) $\overline{SB}+\overline{RC}+\overline{QD}=0.5+1+1.5=3$	由(16)、(12) & (8)
(18) 所以本題選(D) 3	由(17)

16

圖8.13為一拱橋的側面圖，其拱橋下緣呈一弧形，若洞頂為橋洞的最高點，且知當洞頂至水面距離90公分時，量得洞內水面寬240公分。後因久旱不雨，水面位置下降，使得拱橋下緣呈現半圓，這時，橋洞內的水面寬度變為多少公分？　〔91-1〕

(A) 240　(B) 250　(C) 260　(D) 270

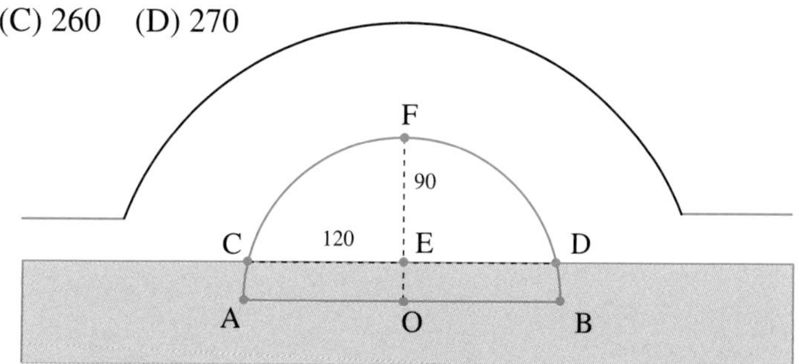

圖 8.13

解答　(B) 250

想法

(1) 利用定理7.2-5垂直於弦的直徑定理：垂直於弦的直徑必平分這弦與這弦所對的弧。

(2) 畢氏定理

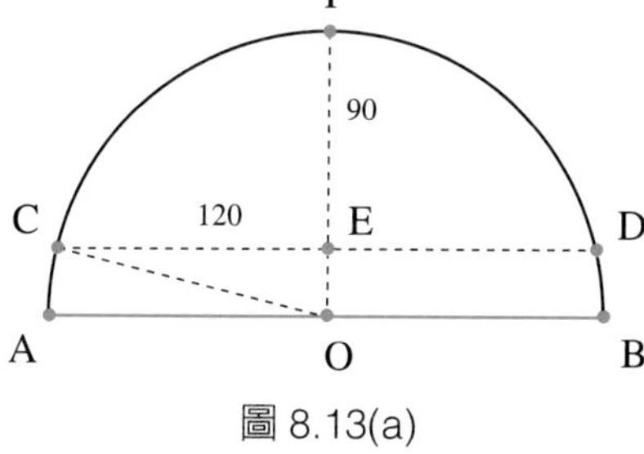

圖 8.13(a)

解答說明

敘述	理由
(1)△CEO直角三角形 $\overline{OC}^2=\overline{OE}^2+\overline{OE}^2$	如圖8.13(a)，$\overline{OE}$與水面垂直 畢氏定理
(2) $\overline{OC}=\overline{OF}=\overline{OE}+\overline{EF}=\overline{OE}+90$	$\overline{OC}$、$\overline{OF}$為圓O半徑 & 同圓的半徑相等 & 全量等於分量之和 & 已知 $\overline{EF}=90$
(3) $(\overline{OE}+90)^2=\overline{OE}^2+120^2$	由(1) & (2) $\overline{OC}=\overline{OE}+90$ & 已知$\overline{CE}=120$
(4) $\overline{OE}=35$	由(3) & 解一元二次方程式
(5) $\overline{OC}=35+90=125$	由(2) $\overline{OC}=\overline{OE}+90$ & (4) $\overline{OE}=35$
(6) 直徑$\overline{AB}=2\ \overline{OC}=2\times125=250$	直徑為半徑之2倍 & (5) $\overline{OC}=125$
(7) 所以本題選(B) 250	由(6)

國家圖書館出版品預行編目資料

專門用來打好幾何基礎的數學課本／財團法人博幼社會福利基金會著. -- 二版. -- 臺北市：五南, 2019.08
冊； 公分
ISBN 978-957-763-489-4 (第3冊：平裝附光碟片). --
ISBN 978-957-763-490-0 (第4冊：平裝附光碟片)

1.數學教育 2.中等教育

524.32 108010086

ZD13

專門用來打好幾何基礎的數學課本 3

作　　者 — 財團法人博幼社會福利基金會（499）

發 行 人 — 楊榮川

總 經 理 — 楊士清

總 編 輯 — 楊秀麗

主　　編 — 王正華

責任編輯 — 金明芬

封面設計 — 童安安、姚孝慈

出 版 者 — 五南圖書出版股份有限公司

地　　址：106台北市大安區和平東路二段339號4樓

電　　話：(02)2705-5066　　傳　　真：(02)2706-6100

網　　址：http://www.wunan.com.tw

電子郵件：wunan@wunan.com.tw

劃撥帳號：01068953

戶　　名：五南圖書出版股份有限公司

法律顧問　林勝安律師事務所　林勝安律師

出版日期　2014年9月初版一刷

　　　　　2019年8月二版一刷

定　　價　新臺幣500元

行政院新聞局局版臺業字第1848號